Hintzen
Vollstreckung durch den Gerichtsvollzieher

D1669013

Zivilprozessrecht

Vollstreckung durch den Gerichtsvollzieher

Mobiliarvollstreckung
Sachpfändung
Vermögensauskunft

4. Auflage 2017

von

Prof. Dipl.-Rechtspfleger **Udo Hintzen**,
Berlin

Zitiervorschlag:
Hintzen, Vollstreckung durch den Gerichtsvollzieher, § 1 Rn 1

Hinweis
Die Ausführungen in diesem Werk wurden mit Sorgfalt und nach bestem Wissen erstellt. Sie stellen jedoch lediglich Arbeitshilfen und Anregungen für die Lösung typischer Fallgestaltungen dar. Die Eigenverantwortung für die Formulierung von Verträgen, Verfügungen und Schriftsätzen trägt der Benutzer. Herausgeber, Autoren und Verlag übernehmen keinerlei Haftung für die Richtigkeit und Vollständigkeit der in diesem Buch enthaltenen Ausführungen.

Anregungen und Kritik zu diesem Werk senden Sie bitte an
kontakt@zap-verlag.de
·Autor und Verlag freuen sich auf Ihre Rückmeldung.

www.zap-verlag.de
Alle Rechte vorbehalten.
© 2017 ZAP Verlag GmbH, Rochusstraße 2–4, 53123 Bonn

Satz: Griebsch & Rochol Druck GmbH, Hamm
Druck: Medienhaus Plump GmbH, Rheinbreitbach
Umschlaggestaltung: gentura, Holger Neumann, Bochum
ISBN 978-3-89655-803-9

Bibliografische Information der Deutschen Nationalbibliothek
Die Deutsche Nationalbibliothek verzeichnet diese Publikation in der Deutschen Nationalbibliografie; detaillierte bibliografische Daten sind im Internet abrufbar über http://dnb.d-nb.de.

Vorwort

Die Zwangsvollstreckung wegen Geldforderungen in körperliche Sachen erfolgt durch Pfändung und Verwertung durch den Gerichtsvollzieher. In 2015 erledigten die Gerichtsvollzieher bundesweit insgesamt rund 4,8 Mio. Zustellungen (persönlich bewirkt und unter Mitwirkung der Post), über 2 Mio. Zwangsvollstreckungsaufträge mit dem Ziel der Sachpfändung und über 3,8 Mio. Aufträge zur Vermögensauskunft. Präsenz-Versteigerungen werden weniger, noch rund 2.800, aber dafür auch knapp 1.200 Internet-Versteigerungen. Es wurden weiter über 15.000 Vorpfändungen durchgeführt und rund 513.000 Vollstreckungsaufträge der Justizbehörden erledigt. Insgesamt betrug die Summe der eingezogenen Parteigelder rund 1 Mrd. 218 Mio. EUR (DGVZ 2016,261).

Eine der wichtigsten Reformen der letzten Jahre war das **Gesetz zur Reform der Sachaufklärung in der Zwangsvollstreckung vom 29.7.2009** (BGBl I 2009, S. 2258), welches überwiegend am 1.1.2013 in Kraft getreten ist. Die Regelungen zur Zwangsvollstreckung wegen Geldforderungen waren nach Erkenntnissen des Gesetzgebers in Bezug auf Vollstreckungsziel, Verfahren, verfügbare Hilfsmittel sowie vorgesehene Sanktionen nicht mehr zeitgemäß. Unzulänglich waren insbesondere die Möglichkeiten der Informationsgewinnung für den Gläubiger, diese setzten erst nach einem erfolglosen Fahrnispfändungsversuch und damit zu spät ein. Zudem waren sie auf Eigenangaben des Schuldners beschränkt. Die Vermögensverzeichnisse und das Schuldnerverzeichnis wurden in Papierform geführt und lokal bei den einzelnen Vollstreckungsgerichten verwaltet. Dies führte zu hohem Verwaltungsaufwand bei den einzelnen Gerichten und behinderte die Effektivität von Vollstreckungsmaßnahmen des Gläubigers. Das Schuldnerverzeichnis in seiner damaligen Form war zur Warnung des Rechtsverkehrs vor illiquiden Wirtschaftsteilnehmern nur bedingt geeignet, da seine Eintragungen lediglich auf der Abgabe der eidesstattlichen Versicherung wegen erfolglosen Fahrnispfändungsversuchs oder auf dem Erlass eines Erzwingungshaftbefehls beruhten. Neu geschaffen durch das Reformgesetz wurden u.a. die §§ 802a bis 802l ZPO mit der Verpflichtung zur Abgabe einer Vermögensauskunft des Schuldners vor Beginn der eigentlichen Vollstreckung. Hinzugekommen sind zahlreiche Ermittlungsmöglichkeiten für den Gerichtsvollzieher. Außerdem wurden die durch die moderne Informationstechnologie eröffneten Möglichkeiten zur Modernisierung des Verfahrens und zu einer Neugestaltung des Schuldnerverzeichnisses unter Wahrung datenschutzrechtlicher Belange ausgeschöpft, um die Justiz zu entlasten und den Schutz des Rechtsverkehrs weiter zu verbessern. Dies alles hat die Rechtsstellung des Gerichtsvollziehers als selbstständiges Organ der Rechtspflege erheblich gestärkt.

Aufgrund des § 753 Abs. 3 ZPO, der durch Art. 1 Nr. 2 des Gesetzes vom 29.7.2009 (BGBl I, S. 2258) eingefügt worden ist, hat das Bundesministerium der Justiz und für Verbraucherschutz die **Gerichtsvollzieherformular-Verordnung** vom 28.9.2015 (BGBl I, S. 1586) erlassen. Das Formular ist für den Vollstreckungsauftrag verbindlich, nicht aber, wenn der Auftrag ausschließlich die Zustellung eines Schriftstücks zum Inhalt hat.

Durch das Gesetz zur Durchführung der Verordnung (EU) Nr. 655/2014 sowie zur Änderung sonstiger zivilprozessualer, grundbuchrechtlicher und vermögensrechtlicher Vorschriften und zur Änderung der Justizbeitreibungsordnung (**EuKoPf-VODG**) vom 21.11.2016 (BGBl I, S. 2591) wurden insbesondere der vereinfachte Vollstreckungsauftrag bei Vollstreckungsbescheiden geregelt, die Auskunftsermittlungsmöglichkeiten korrigiert und einige nach 2013 aufgetretene Praxisprobleme gelöst.

Der Vollstreckungsauftrag seitens des Gläubigers an den Gerichtsvollzieher ist überwiegend der erste Einstieg in die zwangsweise Beitreibung der titulierten Forderung. Dies liegt nach der Reform 2013 naturgemäß daran, dass die Vermögensauskunft vor die Sachpfändung gestellt wurde.

Die vorliegende Broschüre will dem Gläubiger eine praxisgerechte Hilfestellung für die Gerichtsvollziehervollstreckung geben. Besonderer Wert wurde auch auf Tendenzen in der Rechtsprechung gelegt, die durch zahlreiche, auch untere Instanzentscheidungen dokumentiert werden.

Da die Texte der Gerichtsvollziehergeschäftsanweisung (GVGA) und der Gerichtsvollzieherordnung (GVO) in der Praxis immer noch wenig bekannt sind, haben Autor und Verlag sich entschlossen, diese Texte auszugsweise im Anhang abzudrucken.

Dem Verlag gilt mein Dank für die Herausgabe und Betreuung dieses Werkes sowie der Werke „Forderungspfändung" und „Pfändung und Vollstreckung im Grundbuch" und auch „Zwangsversteigerung von Immobilien".

Kritik und Anregungen aus der Leserschaft werden jederzeit dankbar entgegengenommen.

Berlin, im Mai 2017   Udo Hintzen

Inhaltsverzeichnis

Vorwort 5

Abkürzungsverzeichnis 11

Literaturverzeichnis 19

§ 1 Mobiliarvollstreckung durch den Gerichtsvollzieher 21

A. Einleitung 21
B. Informationsbeschaffung 22
   I. Vor der Vollstreckung 22
   II. Während der Vollstreckung 24
      1. Fragerecht 24
      2. Ermittlung des Aufenthaltsorts 25
C. Der Gerichtsvollzieher als selbstständiges Vollstreckungsorgan 28
   I. Aufgaben 28
   II. Weisungen an den Gerichtsvollzieher 30
   III. Vollstreckungsaufschub 33
D. Formularzwang – Vollstreckungsauftrag 36
   I. Gerichtsvollzieherauftrag 36
   II. Vereinfachter Vollstreckungsauftrag bei Vollstreckungsbescheiden . . 47

§ 2 Sachpfändung durch den Gerichtsvollzieher 51

A. Der Vollstreckungsauftrag 51
   I. Form und Inhalt 51
   II. Forderungsaufstellung 53
   III. Bagatellforderung 55
   IV. Zug-um-Zug-Leistung 56
      1. Gesetzliche Regelung 56
      2. Wörtliches Angebot 59
      3. Annahmeverzug des Schuldners 60
      4. Nachweis des Annahmeverzugs 60
   V. Weitere Hinweise im Antrag 63
      1. Vorpfändungsbenachrichtigung 63
      2. Durchsuchungsbeschluss 64
      3. Nacht-, Sonn- und Feiertagsbeschluss 65
B. Durchsuchungsanordnung 65
   I. Grundgesetzlich geschützte Rechte 65
   II. Durchsuchungsanordnung erforderlich 66

III. Keine Durchsuchungsanordnung erforderlich 67
IV. Anwesenheitsrecht des Gläubigers 70
V. Verfahren 70
VI. Verhältnismäßigkeit 71
VII. Antragsvoraussetzungen 71
VIII. Beschluss und Rechtsmittel 76
C. Nacht-, Sonn- und Feiertagsbeschluss 77
   I. Gesetzliche Regelung 77
   II. Verfahren 78
D. Gewahrsamsprüfung 80
   I. Begriffsbestimmung 80
   II. Prüfungsumfang durch den Gerichtsvollzieher 81
   III. Gewahrsam bei juristischen Personen 82
   IV. Gewahrsam bei Ehegatte/Lebenspartner 83
E. Durchführung der Pfändung 84
F. Vollstreckungsverbot 85
   I. Insolvenzeröffnungsverfahren 85
   II. Insolvenzeröffnung 87
      1. Absolutes Vollstreckungsverbot 87
      2. Rückschlagsperre 88
      3. Weitere Verbote 89
G. Pfändungsprotokoll 90
H. Hilfsvollstreckung 92
I. Eidesstattliche Versicherung – Auskunft 93
J. Protokollanalyse 95
K. (Un)Pfändbare Gegenstände 96
   I. Abgrenzung zur Immobiliarzwangsvollstreckung 96
   II. Pfändungsverbote 97
   III. Haustiere, § 811c ZPO 104
   IV. Vorwegpfändung, § 811d ZPO 104
   V. Hausrat, § 812 ZPO 104
L. Eigentumsvorbehalt/Anwartschaftsrecht 105
M. Austauschpfändung 107
   I. Anwendbarkeit 107
   II. Verfahren 109
      1. Ersatzbeschaffung 109
      2. Überlassung eines Geldbetrages 109
      3. Geldbetrag aus Vollstreckungserlös 110
   III. Vorläufige Austauschpfändung 110
N. Verwertung 111
   I. Öffentliche Versteigerung 111
      1. Zuständigkeit 111

2. Geld 111
3. Wertpapiere 113
4. Gold- und Silberwaren 113
5. Ablauf der Versteigerung 114
II. Internetversteigerung 116
O. Anderweitige Verwertung 117
I. Verfahrensmöglichkeiten 117
II. Eigentumsvorbehalt 119

§ 3 Verfahren zur Abgabe der Vermögensauskunft 121

A. Einleitung 121
B. Zuständigkeit 121
C. Antrag 123
I. Inhalt 123
II. Zusatzfragen im Antrag 124
1. Zulässigkeit 124
2. Ablehnung von Fragen 126
III. Sicherungsvollstreckung 126
IV. Insolvenz 127
V. Kenntnis der Unpfändbarkeit 127
D. Vermögensauskunft vor Ort, § 807 ZPO 128
I. Voraussetzung 128
II. Durchsuchungsverweigerung 129
III. Erfolgloser Pfändungsversuch 129
E. Verfahren zur Vermögensauskunft 130
I. Einsicht in das Schuldnerverzeichnis 130
II. Mehrere Gläubiger 130
III. Vorladung des Schuldners 131
IV. Vorladung juristischer Personen 132
1. Allgemein 132
2. Geschäftsführer der GmbH 134
V. Terminsteilnahme 135
VI. Inhalt des Vermögensverzeichnisses 136
VII. Rechtsbehelf 143
VIII. Ergänzungsverfahren 143
1. Voraussetzungen 143
2. Antragsrecht 148
F. Haftbefehl 149
I. Erlass des Haftbefehls 149
II. Zeitliche Befristung des Haftbefehls 150
III. Verhaftung 151
IV. Anwesenheit des Gläubigers 153

V. Aussetzung des Haftbefehls 153
VI. Entlassung aus der Haft 153
VII. Ratenzahlung 154
VIII. Beugehaft 154
G. Wiederholte Vermögensauskunft 155
   I. Verfahrensvoraussetzungen 155
   II. Vermögenserwerb 156
H. Auskunftsrechte 159
   I. Gesetzliche Grundlage 159
   II. Antrag 161
   III. Drittauskünfte 161
   IV. Mitteilungspflicht 162
I. Schuldnerverzeichnis 164
   I. Zentrales Vollstreckungsgericht 164
   II. Inhalt des Schuldnerverzeichnisses 165
   III. Eintragungsanordnung 165
   IV. Vollziehung und Widerspruch 168
   V. Löschung 169

Anhang 1   Geschäftsanweisung für Gerichtsvollzieher – GVGA ... 171

Anhang 2   Gerichtsvollzieherordnung – GVO 257

Stichwortverzeichnis 283

Abkürzungsverzeichnis

A

a.A.	anderer Ansicht
a.a.O.	am angeführten Ort
a.E.	am Ende
a.F.	alte Fassung
a.M.	anderer Meinung
abl.	ablehnend
Abs.	Absatz
AbzG	Abzahlungsgesetz
AcP	Archiv für die civilistische Praxis (Band und Seite)
AFG	Arbeitsförderungsgesetz
AG	Amtsgericht
AktG	Aktiengesetz
allg.M.	allgemeine Meinung
Alt.	Alternative
AnfG	Anfechtungsgesetz
Anh.	Anhang
Anl.	Anlage
Anm.	Anmerkung
AnwBl	Anwaltsblatt (Jahr und Seite)
AO	Abgabenordnung
ArbG	Arbeitsgericht
ArbGG	Arbeitsgerichtsgesetz
arg.	argumentum
Art.	Artikel
Aufl.	Auflage
AV	Allgemeine Verfügung

B

BAföG	Bundesausbildungsförderungsgesetz
BAnz.	Bundesanzeiger
BauGB	Baugesetzbuch
BayObLG	Bayerisches Oberstes Landesgericht
BGH	Bundesgerichtshof
BGHZ	Entscheidungssammlung des BGH in Zivilsachen
BeckRS	Beck-Rechtsprechung (Jahr und Nummer)
BErzGG	Bundeserziehungsgeldgesetz
bestr.	bestritten

11

Bl.	Blatt
BR-Drucks	Bundesratsdrucksache
BSHG	Bundessozialhilfegesetz
Bsp.	Beispiel
BStBl	Bundessteuerblatt
BT-Drucks	Bundestagsdrucksache
BtG	Betreuungsgesetz
Buchst.	Buchstabe
BVerfG	Bundesverfassungsgericht
BVerfGE	Entscheidungssammlung des Bundesverfassungsgerichts
BVerfGG	Bundesverfassungsgerichtsgesetz
BVerwG	Bundesverwaltungsgericht
bzw.	beziehungsweise

D

DAVorm	Der Amtsvormund (Zs.)
DB	Der Betrieb (Zs.)
DGVZ	Deutsche Gerichtsvollzieher-Zeitschrift
DNotZ	Deutsche Notarzeitschrift
DR-Nr.	Dienstregister
DtZ	Deutsch-Deutsche Rechts-Zeitschrift
DWW	Deutsche Wohnungswirtschaft (Zs.)
DZWIR	Deutsche Zeitschrift für Wirtschafts- und Insolvenzrecht

E

e.V.	eingetragener Verein
EGBGB	Einführungsgesetz zum BGB
EGInsO	Einführungsgesetz zur Insolvenzordnung
EGInsOÄndG	Änderungsgesetz zur EGInsO
EGStGB	Einführungsgesetz zum StGB
EGZVG	Einführungsgesetz zum ZVG
ErbbauRG	Erbbaurechtsgesetz
EStG	Einkommensteuergesetz
EuroEG	Euro-Einführungsgesetz
EWiR	Entscheidungen zum Wirtschaftsrecht (Jahr und Seite)

F

f., ff.	folgend/e
FamFG	Gesetz über das Verfahren in Familiensachen und in den Angelegenheiten der freiwilligen Gerichtsbarkeit

FamNamRG	Familiennamensrechtsgesetz
FamRZ	Zeitschrift für das gesamte Familienrecht (Jahr und Seite)
FG	Finanzgericht
Fn	Fußnote

G

GBA	Grundbuch(amt)gericht
GBO	Grundbuchordnung
GBV	Grundbuchverfügung
gem.	gemäß
GG	Grundgesetz
ggf.	gegebenenfalls
GKG	Gerichtskostengesetz
GmbH	Gesellschaft mit beschränkter Haftung
GmbHG	Gesetz über die Gesellschaft mit beschränkter Haftung
GNotKG	Gesetz über Kosten der freiwilligen Gerichtsbarkeit für Gerichte und Notare (Gerichts- und Notarkostengesetz)
GrdStVG	Grundstücksverkehrsgesetz
GVG	Gerichtsverfassungsgesetz
GVGA	Geschäftsanweisung für Gerichtsvollzieher
GvKostG	Gerichtsvollzieherkostengesetz
GVO	Gerichtsvollzieherordnung
GVZ	Gerichtsvollzieher

H

h.M.	herrschende Meinung
HaftpflG	Haftpflichtgesetz
HansOLG	Hanseatisches Oberlandesgericht Hamburg
HausratsVO	Hausratsverordnung
HGB	Handelsgesetzbuch
HintO	Hinterlegungsordnung
HK	Heidelberger Kommentar
HRR	Höchstrichterliche Rechtsprechung (Entscheidungssammlung)
Hs.	Halbsatz

I

i.d.F.	in der Fassung
i.d.R.	in der Regel
IPRax	Praxis des Internationalen Privat- und Verfahrensrechts
i.S.	im Sinne
i.V.m.	in Verbindung mit

13

InsO	Insolvenzordnung
InVo	Insolvenz & Vollstreckung (Zs.)

J

JBeitrO	Justizbeitreibungsordnung
jew.	jeweils
JMBl.	NW Justizministerialblatt Nordrhein-Westfalen (Jahr und Seite)
JR	Juristische Rundschau (Jahr und Seite)
JurBüro	Das Juristische Büro (Jahr und Seite)
JZ	Juristenzeitung (Jahr und Seite)

K

Kap.	Kapitel
KfB	Kostenfestsetzungsbeschluss
KG	Kammergericht in Berlin
KGJ	Jahrbuch für Entscheidungen des Kammergerichts (Band und Seite)
KJHG	Kinder- und Jugendhilfegesetz
KKZ	Kommunal Kassenzeitschrift (Jahr und Seite)
KO	Konkursordnung
KostO	Kostenordnung
krit.	kritisch
KTS	Zeitschrift für das Konkurs-, Treuhand- und Schiedsgerichtswesen (Jahr und Seite)

L

L	Leitsatz
LAG	Landesarbeitsgericht
lfd. Nr.	laufende Nummer
LG	Landgericht

M

m.E.	meines Erachtens
MDR	Monatsschrift für Deutsches Recht (Zs.)
MittBayNot	Mitteilungen des Bayerischen Notarvereins (Zs.)
Mittlg.	Mitteilungen
MittRhNotK	Mitteilungen der Rheinischen Notarkammer (Zs.)
MüKo	Münchener Kommentar
MuSchG	Mutterschutzgesetz
m.w.N.	mit weiteren Nachweisen

N

n.F.	neue Fassung
NdsRpfl	Niedersächsische Rechtspflege (Zs.)
NJW	Neue Juristische Wochenschrift (Zs.)
NJW-MietR	NJW-Entscheidungsdienst Miet- und Wohnungsrecht
NJW-RR	NJW Rechtsprechungs-Report (Zs.)
NotBZ	Zeitschrift für die notarielle Beratungs- und Beurkundungspraxis
Nr.	Nummer
NStZ	Neue Zeitschrift für Strafrecht
NZA	Neue Zeitschrift für Arbeitsrecht
NZI	Neue Zeitschrift für das Insolvenzrecht (Jahr und Seite)
NZM	Neue Zeitschrift für Mietrecht

O

OHG	Offene Handelsgesellschaft
OLG	Oberlandesgericht
OLGE	s. OLGRspr.
OLGRspr.	Rechtsprechung der OLG in Zivilsachen
OLGZ	Entscheidungen der OLG in Zivilsachen
OVG	Oberverwaltungsgericht

P

PartG	Partnerschaftsgesellschaft
PartGG	Partnerschaftsgesellschaftsgesetz
PKH (VKH)	Prozesskostenhilfe (Verfahrenskostenhilfe)
Prot.	Protokoll
PStG	Personenstandsgesetz

R

Rdn	Randnummer innerhalb des Werks
RegE	Regierungsentwurf
RG	Reichsgericht
RGZ	Entscheidungssammlung des Reichsgerichts in Zivilsachen (Band und Seite)
RHeimStG	Reichsheimstättengesetz
RNotZ	Rheinische Notar-Zeitschrift (vormals: Mitteilungen der Rheinischen Notarkammer)
Rn	Randnummer in anderen Veröffentlichungen
Rpfleger	Der Deutsche Rechtspfleger (Zs.)

RPflG	Rechtspflegergesetz
RVG	Rechtsanwaltsvergütungsgesetz

S

S.	Seite
s.	siehe
SchlHA	Schleswig-Holsteinische Anzeigen (Jahr und Seite)
SchuFV	Verordnung über die Führung des Schuldnerverzeichnisses
SGB	Sozialgesetzbuch
SGBÄndG	Änderungsgesetz zum Sozialgesetzbuch
sog.	sogenannte
Sp.	Spalte
StGB	Strafgesetzbuch
str.	streitig

U

u.a.	unter anderem
u.U.	unter Umständen
UdG	Urkundsbeamter der Geschäftsstelle

V

v.A.w.	von Amts wegen
VerbrKrG	Verbraucherkreditgesetz
VerglO	Vergleichsordnung
VermBG	Vermögensbildungsgesetz
VersR	Versicherungsrecht (Zs.)
VGH	Verwaltungsgerichtshof
vgl.	vergleiche
VglO	Vergleichsordnung
VKH	Verfahrenskostenhilfe
VIZ	Zeitschrift für Vermögens- und Investitionsrecht (Jahr und Seite)
VO	Verordnung
VwGO	Verwaltungsgerichtsordnung
VwZG	Verwaltungszustellungsgesetz

W

WährG	Währungsgesetz
WEG	Wohnungseigentumsgesetz
WGG	Wohngeldgesetz
WM	Wertpapiermitteilungen (Zs.)

WRP	Wettbewerb in Recht und Praxis (Zs.)
WuM	Wohnungswirtschaft und Mietrecht (Zs.)

Z

z.B.	zum Beispiel
ZAP	Zeitschrift für die Anwaltspraxis
ZEV	Zeitschrift für Erbrecht und Vermögensnachfolge
ZInsO	Zeitschrift für das gesamte Insolvenzrecht
ZIP	Zeitschrift für Wirtschaftsrecht und Insolvenzpraxis
ZMR	Zeitschrift für Miet- und Raumrecht

Literaturverzeichnis

Baumbach/Lauterbach/Albers/Hartmann, Kommentar zur ZPO, 75. Aufl., 2017; zitiert: Baumbach/Bearbeiter

Baur/Stürner/Bruns, Zwangsvollstreckungsrecht, 13. Aufl., 2006

Brox/Walker, Zwangsvollstreckungsrecht, 10. Aufl., 2014

Dassler/Schiffhauer/Hintzen/Engels/Rellermeyer, Zwangsversteigerungsrecht, 15. Aufl., 2016; zitiert: Dassler/Schiffhauer/*Bearbeiter*

Diepold/Hintzen, Musteranträge Pfändung und Überweisung, 10. Aufl., 2015

Gaul/Schilken/Becker-Eberhard, Zwangsvollstreckungsrecht, 12. Aufl., 2010

Haarmeyer/Hintzen, Zwangsverwaltung, Kommentar, 6. Aufl., 2016

Hintzen, Pfändung und Vollstreckung im Grundbuch, 4. Aufl., 2015

Hintzen, Forderungspfändung, 4. Aufl., 2016

Hintzen/Wolf, Zwangsvollstreckung, Zwangsversteigerung und Zwangsverwaltung, Handbuch, 2006

Hartmann, Kostengesetze, Kommentar, 47. Aufl., 2017

HK-ZV/*Bearbeiter*, Kindl/Meller-Hannich/Wolf (Hrsg.), Recht der Zwangsvollstreckung, 3. Aufl., 2016

HK-InsO/*Bearbeiter*, Kayser/Thole (Hrsg.), Heidelberger Kommentar zur Insolvenzordnung, 8. Aufl., 2016

Keller (Hrsg.), Handbuch Zwangsvollstreckung, 2013

MüKo zum Bürgerlichen Gesetzbuch, 6. Aufl., ab 2011 und 7. Aufl., ab 2016; zitiert: MüKo/*Bearbeiter*, BGB

MüKo zur Zivilprozessordnung, 4. Aufl., 2012; 5. Aufl., 2016; zitiert: MüKo/*Bearbeiter*, ZPO

MüKo zur Insolvenzordnung, 3. Aufl., 2013; zitiert: MüKo/*Bearbeiter*, InsO

Musielak/Voit, Zivilprozessordnung, 12. Aufl., 2015; zitiert: Musielak/Voit/*Bearbeiter*

Nerlich/Römermann, Insolvenzordnung, Kommentar, Loseblatt, ab 1999; Stand 7/2016

Palandt, Kurzkommentar zum BGB, 76. Aufl., 2017; zitiert: Palandt/*Bearbeiter*

Prütting/Wegen/Weinreich (Hrsg.), BGB, 11. Aufl., 2016; zitiert: Prütting/Wegen/Weinreich/*Bearbeiter*

Schuschke/Walker, Vollstreckung und Vorläufiger Rechtsschutz, Kommentar zum Achten Buch der ZPO, 6. Aufl., 2015

Stein/Jonas, Kommentar zur ZPO, 22. Aufl., 2013; zitiert: Stein/Jonas/*Bearbeiter*

Stöber, Forderungspfändung, 16. Aufl., 2013

Stöber, Zwangsversteigerungsgesetz, Kommentar, 21. Aufl., 2016

Thomas/Putzo, Kommentar zur ZPO, 37. Aufl., 2016; zitiert: Thomas/Putzo/*Bearbeiter*

Uhlenbruck, Insolvenzordnung, 14. Aufl., 2015

Wimmer, Frankfurter Kommentar zur Insolvenzordnung, 8. Aufl., 2015; zitiert: FK-InsO/*Bearbeiter*

Zöller, Kommentar zur ZPO, 31. Aufl., 2016; zitiert: Zöller/*Bearbeiter*

§ 1 Mobiliarvollstreckung durch den Gerichtsvollzieher

A. Einleitung

Sofern der Gläubiger nicht aus dem abgeschlossenen Prozessverfahren zur Erlangung des Vollstreckungstitels oder aus sonstigen Informationen Kenntnis von pfändbaren und verwertbaren Vermögenswerten des Schuldners hat, ist der Vollstreckungsauftrag an den Gerichtsvollzieher nahezu immer der Einstieg in die zwangsweise Beitreibung der titulierten Forderung. Leider führt die Sachpfändung durch den Gerichtsvollzieher in der Praxis nicht immer zu dem gewünschten Ergebnis für den Gläubiger.

1

Die Ineffektivität der Mobiliarvollstreckung durch den Gerichtsvollzieher zeigte sich bis zuletzt auch darin, dass der Gläubiger erst eine ergebnislose Vollstreckung durchführen musste, da er regelmäßig ohne eine Unpfändbarkeitsbescheinigung den Schuldner nicht zur Abgabe der eidesstattlichen Versicherung (§§ 807, 899 ff. ZPO a.F.) laden lassen konnte.

2

Eine der wichtigsten Reformen der letzten Jahre war daher das **Gesetz zur Reform der Sachaufklärung in der Zwangsvollstreckung vom 29.7.2009** (BGBl I 2009, S. 2258), welches überwiegend am 1.1.2013 in Kraft getreten ist.[1] Die Regelungen zur Zwangsvollstreckung wegen Geldforderungen waren nach Erkenntnissen des Gesetzgebers in Bezug auf Vollstreckungsziel, Verfahren, verfügbare Hilfsmittel sowie vorgesehene Sanktionen nicht mehr zeitgemäß. Unzulänglich waren insbesondere die Möglichkeiten der Informationsgewinnung für den Gläubiger, diese setzten erst nach einem erfolglosen Fahrnispfändungsversuch und damit zu spät ein. Zudem waren sie auf Eigenangaben des Schuldners beschränkt. Neu geschaffen wurden durch das Reformgesetz insbesondere die §§ 802a bis 802l ZPO mit der Verpflichtung zur Abgabe einer Vermögensauskunft des Schuldners **vor Beginn** der eigentlichen Vollstreckung. Seitdem steht die Informationsgewinnung am Anfang und nicht mehr am Ende der Vollstreckung.

3

Mit der Reform der Sachaufklärung in der Zwangsvollstreckung 2013 und mit dem Gesetz zur Durchführung der Verordnung (EU) Nr. 655/2014 sowie zur Änderung sonstiger zivilprozessualer, grundbuchrechtlicher und vermögensrechtlicher Vorschriften und zur Änderung der Justizbeitreibungsordnung (**EuKoPfVODG**) vom

4

---

1 Hierzu: *Brunner*, Die Reform der Sachaufklärung, DGVZ 2014,181; *Gietmann*, Ein halbes Jahr Reform der Sachaufklärung in der Zwangsvollstreckung, DGVZ 2013,121; *Wasserl*, Reform der Sachaufklärung, DGVZ 2013,61; *Mroß*, Heiß oder Kalt? Rechtssicherheit ist etwas anderes!, DGVZ 2013,41; *Mroß*, Rechtliche Lösungen für die Anwendungen des Gesetzes zur Reform der Sachaufklärung in der Zwangsvollstreckung, DGVZ 2013, 69; *Harnacke*, Das neue Recht – Probleme über Probleme, DGVZ 2013,1.

21.11.2016 (BGBl I, S. 2591) wurden auch völlig neue Bestandteile eingeführt, z.B. die mögliche Einholung von Drittauskünften und Adressermittlung des Schuldners.

5 Neue/alte Verfahrensbestandteile nach der Reform sind:
- Herbeiführung einer gütlichen Erledigung,
- Einholung Vermögensauskunft (frühere EV),
- Einholung Drittauskünfte,
- Pfändung und Verwertung körperlicher Sachen,
- Vorpfändung § 845 ZPO,
- stets auf Antrag möglich: Ermittlung Anschrift/Sitz aus
- Einwohnermelderegister,
- Gewerbemelderegister,
- Ausländer-Zentralregister,
- gesetzlicher Rentenversicherung,
- Kfz-Bundesamt,
- Einsicht in diverse handels- und vereinsrechtliche Register.

B. Informationsbeschaffung

I. Vor der Vollstreckung

6 Vor Einleitung konkreter Zwangsvollstreckungsmaßnahmen sollte der Gläubiger auch an andere Möglichkeiten denken, die Anschrift, den Arbeitgeber oder Vermögenswerte des Schuldners zu erfahren. Um sich ein Bild über die **Einkommens- und Vermögensverhältnisse des Schuldners** zu machen, kann der Inhalt eines Vermögensverzeichnisses zur Abgabe der Vermögensauskunft zur Hilfe genommen werden:
- Wovon lebt der Schuldner? (Arbeitgeber, Arbeitslosenunterstützung, Sozialleistungen, Krankengeld, Rentner, Selbstständig, Auftraggeber),
- Bankverbindung (Sparguthaben, Wertpapierdepot, Bankschließfach),
- Kapitaleinkünfte,
- Grundbesitz (Haus, Eigentumswohnung, Erbbaurecht),
- Miet- oder Pachteinkünfte,
- Wertvolle Sammlungen (Münz-, Uhren-, Briefmarkensammlung),
- Pkw, Motorrad, Wohnmobil, Fahrrad,
- Mitglied in einer Genossenschaft, Verein,
- Gesellschafter in einer GmbH, KG, OHG oder UG,
- Lebensversicherung,
- Bausparvertrag.

7 Kommt bereits die Zustellung des Vollstreckungstitels bzw. der Vollstreckungsauftrag mit dem Bemerken zurück, der Schuldner sei unbekannt verzogen oder gänzlich unbekannt, wird der Gläubiger zunächst beim **Einwohnermeldeamt** nachfragen. Hat der Schuldner z.B. den Namen geändert, was viele Schuldner nach

Inkrafttreten des Familiennamensrechtsgesetzes (FamNamRG vom 16.12.1993, BGBl I, S. 2054 insbes. die Übergangsregelung Art. 7, wonach binnen eines Jahres nach Inkrafttreten der Name durch Erklärung gegenüber dem Standesbeamten jederzeit geändert werden konnte) in Anspruch genommen haben, muss der Gläubiger nicht immer vom Standesamt eine beglaubigte Abschrift aus dem Familienbuch beantragen, er kann auch beim Einwohnermeldeamt eine **erweiterte Meldeauskunft** beantragen, die als Nachweisurkunde ausreicht.[2]

Eine weitere Möglichkeit ist die Nachfrage bei der **Post oder anderen Dienstleistern**, ob ein Nachsendeauftrag vorliegt. Manchmal hilft sogar ein Blick ins amtliche **Telefonbuch** (auch online) und ein sich anschließender **Testanruf**, da einige Schuldner sich nur zum Schein beim Einwohnermeldeamt abmelden. Hilfreich ist auch eine Suche über **Internetanbieter**, die jeweils über Telefonangaben bzw. entsprechende Suchmaschinen verfügen. Gleiches gilt für eine Suche in Foren oder Netzwerken, z.B. facebook, Xing oder LinkedIn. **8**

Bei einem Schuldner, der mit dem Gläubiger in nachbarrechtlicher Beziehung steht, sollte bei dem **Hausnachbarn** oder den Wohnungseigentümern in derselben Wohnungsgemeinschaft bzw. dem **Wohnungseigentumsverwalter** nachgefragt werden. Auch der **Hausmeister** ist zu befragen.[3] Zur Feststellung der persönlichen oder gewerblichen Anschrift empfiehlt sich eine Anfrage bei dem **Gewerbemeldeamt**, der **IHK** oder der **Handwerkskammer**. Weitere Erkenntnisse kann der Gläubiger auch durch Anfragen bei bundesweit tätigen größeren **Auskunfteien** erlangen, die für durchaus angemessene Pauschalen Ermittlungen durchführen.[4] **9**

Durch Anfragen beim **Insolvenzgericht, Handelsregister** (auch www.handelsregister.de oder www.unternehmensregister.de), **Vereinsregister** oder **Grundbuchamt** können sich ebenfalls wertvolle Erkenntnisse ergeben. **10**

Sinnvoll ist oft eine Vorabanfrage beim zentralen **Vollstreckungsgericht**, §§ 802k, 882b ZPO (Auskunft aus dem Schuldnerverzeichnis, § 882f ZPO). Die Auskunft bezieht sich auf die Tatsachen, die nach § 882b Abs. 2 und 3 ZPO im Schuldnerverzeichnis eingetragen werden. Die Einsicht in das Schuldnerverzeichnis ist jedem gestattet, der darlegt, Angaben zu benötigen: **11**

---

2 LG Braunschweig v. 8.11.1994 – 8 T 459/94, Rpfleger 1995, 306.
3 LG Lübeck v. 14.1.1997 – 7 T 4/97, DGVZ 1997, 140; AG Westerburg v. 19.6.1997 – 12 M 1733/96, DGVZ 1998, 79.
4 Achtung: Kostenerstattung nur in Höhe der üblichen RA-Kosten; hierzu AG Bad Hersfeld v. 26.4.1993 – 5 M 128/93, DGVZ 1993, 116; zu vorprozessualen Detekteikosten OLG Schleswig v. 26.5.2005 – 15 WF 363/04, MDR 2006, 174; OLG Koblenz v. 1.3.2002 – 14 W 123/02, JurBüro 2002, 318; HansOLG Hamburg v. 7.3.1991 – 8 W 57/91, JurBüro 1991, 1105; OLG Köln v. 21.7.1993 – 17 W 165/93, Rpfleger 1994, 38; OLG München v. 18.6.1993 – 11 W 1592/93, JurBüro 1994, 226; LAG Düsseldorf v. 4.4.1995 – 7 Ta 243/94, NZA 1995, 808; OLG Nürnberg v. 22.9.1993 – 12 U 1911/93, JurBüro 1994, 280; zu hohen Detektivkosten vgl. LG Bochum v. 9.7.1987 – 7 T 457/87, JurBüro 1988, 256; LG Berlin v. 26.11.1985 – 82 T 437/85, Rpfleger 1986, 107 und LG Berlin v. 23.5.1984 – 82 T 84/84, JurBüro 1985, 628.

■ für Zwecke der Zwangsvollstreckung,

■ um gesetzliche Pflichten zur Prüfung der wirtschaftlichen Zuverlässigkeit zu erfüllen,

■ um Voraussetzungen für die Gewährung von öffentlichen Leistungen zu prüfen,

■ um wirtschaftliche Nachteile abzuwenden, die daraus entstehen können, dass Schuldner ihren Zahlungsverpflichtungen nicht nachkommen,

■ für Zwecke der Strafverfolgung und der Strafvollstreckung,

■ zur Auskunft über ihn selbst betreffende Eintragungen.

12 Die Informationen dürfen nur für den Zweck verwendet werden, für den sie übermittelt worden sind; sie sind nach Zweckerreichung zu löschen. Nichtöffentliche Stellen sind darauf bei der Übermittlung hinzuweisen.

II. Während der Vollstreckung

1. Fragerecht

13 Durch das Rechtspflege-Vereinfachungsgesetz vom 17.12.1990 (BGBl I, S. 2847) ist die Vorschrift über die Mitteilung an den Gläubiger und die **Befragung** des Schuldners durch den Gerichtsvollzieher in das Gesetz eingefügt worden (§ 806a ZPO). Die Vorschrift findet in der Zwangsvollstreckung wegen Geldforderungen Anwendung, auch bei der Sicherungsvollstreckung (§ 720a ZPO) oder der Arrestvollziehung (§ 930 ZPO).[5]

14 Trifft der Gerichtsvollzieher den Schuldner selbst an, muss er diesen über Geldforderungen gegen Dritte befragen und die Namen und Anschriften der Drittschuldner sowie den Grund der Forderungen und die für diese bestehenden Sicherheiten dem Gläubiger mitteilen. Gleiches gilt, wenn er den Schuldner nicht antrifft, aber durch Einsicht in Schriftstücke Kenntnis von solchen Geldforderungen erlangt (§ 806a Abs. 1 ZPO). Kenntnisse über Geldforderungen des Schuldners an Dritte hat der Gerichtsvollzieher dem Gläubiger auch dann mitzuteilen, wenn sie offenkundig oder ihm aus einer vorhergehenden Vollstreckung bekannt sind. Voraussetzung für die Mitteilung an den Gläubiger ist lediglich die Erfolglosigkeit der Mobiliarvollstreckung.[6]

15 Trifft der Gerichtsvollzieher den Schuldner bei der Vollstreckung selbst nicht an, und wird die Sachpfändung ganz oder teilweise erfolglos bleiben, so kann der Ge-

---

5 Musielak/Voit/*Becker*, ZPO, § 806a Rn 1; hierzu auch *Krauthausen*, Die Befragung und Mitteilung gem. § 806a ZPO, DGVZ 1995, 68.
6 AG Bad Iburg v. 30.8.1995 – 313 E, DGVZ 1995, 173.

richtsvollzieher auch die zum Hausstand des Schuldners gehörenden **erwachsenen Personen** nach dem Arbeitgeber des Schuldners befragen (§ 806a Abs. 2 S. 1 ZPO). Auch wenn es sich hierbei nur um eine Kann-Bestimmung handelt, ist der Gerichtsvollzieher regelmäßig verpflichtet, diesem Fragerecht nachzukommen.[7]

Die zur Auskunft befragten Personen sind jedoch ausdrücklich nicht verpflichtet, **16** die Fragen des Gerichtsvollziehers zu beantworten; der Gerichtsvollzieher hat insbes. auf die **Freiwilligkeit der Angaben** hinzuweisen (§ 806a Abs. 2 S. 2 ZPO).

Bereits früher haben die Gerichtsvollzieher regelmäßig den Schuldner nach dem **17** Arbeitgeber, dem Arbeitsamt bei bestehender Arbeitslosigkeit oder dem Rententräger bei Pensionierung des Schuldners befragt. Die Einfügung dieser Vorschrift sollte die Vielzahl der Anträge auf Abgabe der eidesstattlichen Versicherung (jetzt Vermögensauskunft) vermeiden helfen. Die Praxis zeigt, dass das Fragerecht weder zu einer effektiveren Vollstreckung für den Gläubiger noch zu einer Reduzierung der eidesstattlichen Versicherungen geführt hat. Nach der Reform 2013 dürfte diese Vorschrift so gut wie keine Bedeutung mehr haben.

2. Ermittlung des Aufenthaltsorts

Aufgrund der Reform zur Sachaufklärung in der Zwangsvollstreckung 2013 kann **18** der Gläubiger den **Gerichtsvollzieher** zur Informationsgewinnung mit erweiterten Befugnissen einschalten.[8] Allerdings ist dies nur mit einem Vollstreckungsauftrag möglich, der eine konkrete Vollstreckungsmaßnahme bezeichnet.[9]

Für die Adressermittlung durch den Gerichtsvollzieher ist von einer **Zuständigkeit** **19** aller Gerichtsvollzieher im Bundesgebiet auszugehen, wenn kein Anknüpfungspunkt für den Aufenthalt des Schuldners besteht.[10]

Ist der Wohnsitz oder gewöhnliche Aufenthaltsort des Schuldners nicht bekannt, **20** darf der Gerichtsvollzieher aufgrund des **Vollstreckungsauftrags** und der Übergabe der vollstreckbaren Ausfertigung zur Ermittlung des Aufenthaltsorts des Schuldners bei der Meldebehörde die gegenwärtigen Anschriften sowie Angaben zur Haupt- und Nebenwohnung des Schuldners erheben, § 755 Abs. 1 S. 1 ZPO. Liegt bei der Meldebehörde eine **Auskunftssperre** nach dem betroffenen Schuldner vor,

---

7 Anders wohl: Musielak/Voit/*Becker*, ZPO, § 806a Rn 3, Ermessen des Gerichtsvollziehers.

8 Zu § 755 ZPO: *Büttner*, DGVZ 2014, 188; *Schmidt*, JurBüro 2015, 8 und JurBüro 2014, 397 und JurBüro 2013, 453; *Ehmann*, NJW 2013, 1862; *Sturm*, JurBüro 2012, 627; zu den Kosten: *Puppe*, DGVZ 2013, 73.

9 BGH v. 14.8.2014 – VII ZB 4/14; LG Heidelberg v. 20.1.2014 – 2 T 89/13, DGVZ 2014, 93; AG Wiesloch v. 28.11.2013 – 2 M 481/13, DGVZ 2014, 20; AG Leipzig v. 23.9.2013 – 435 M 9602/13, DGVZ 2013, 245; *Büttner*, DGVZ 2014, 188.

10 LG Frankenthal v. 17.7.2013 – 1 T 110/13, DGVZ 2013, 186 = Rpfleger 2013, 631.

darf der Gerichtsvollzieher eine erteilte Meldeauskunft nicht an den Gläubiger weitergeben.[11]

21 Der Gerichtsvollzieher darf nach § 755 Abs. 1 S. 2 ZPO auch beauftragt werden, die gegenwärtigen Anschriften, den Ort der Hauptniederlassung oder den Sitz des Schuldners zu erheben

- durch Einsicht in das Handels-, Genossenschafts-, Partnerschafts-, Unternehmens- oder Vereinsregister oder

- durch Einholung einer Auskunft bei den nach Landesrecht für die Durchführung der Aufgaben nach § 14 Abs. 1 GewO zuständigen Behörden (regelmäßig die örtlichen Ordnungsämter).

22 Ist der Aufenthaltsort des Schuldners auf diese Weise nicht zu ermitteln, darf der Gerichtsvollzieher nach § 755 Abs. 2 ZPO:

- zunächst beim Ausländerzentralregister die Angaben zur aktenführenden Ausländerbehörde sowie zum Zuzug oder Fortzug des Schuldners und anschließend bei der gemäß der Auskunft aus dem Ausländerzentralregister aktenführenden Ausländerbehörde den Aufenthaltsort des Schuldners,

- bei den Trägern der gesetzlichen Rentenversicherung die dort bekannte derzeitige Anschrift, den derzeitigen oder zukünftigen Aufenthaltsort des Schuldners sowie

- bei dem Kraftfahrt-Bundesamt die Halterdaten nach § 33 Abs. 1 S. 1 Nr. 2 StVG

erheben.

23 Der Gerichtsvollzieher kann den Auftrag, die Ermittlung der Anschrift beim gesetzlichen Rententräger durchzuführen, nicht mit der Begründung ablehnen, eine vom Gläubiger eingereichte Einwohnermeldeamts-Auskunft sei nach Ablauf von 14 Tagen nicht mehr verwendbar.[12] Beantragt der Gläubiger, eine Adressauskunft bei der Deutschen Rentenversicherung einzuholen, ist eine vom Gläubiger vorgelegte Meldeauskunft eines **Privatanbieters** nicht ausreichend. Der Gerichtsvollzieher kann ohne Weiteres auf Kosten des Gläubigers vorab eine Einwohnermeldeamtsauskunft einholen.[13]

24 Ist der Schuldner Unionsbürger, darf der Gerichtsvollzieher die Daten aus dem Ausländerzentralregister 1 nur erheben, wenn ihm tatsächliche Anhaltspunkte für die Vermutung der Feststellung des Nichtbestehens oder des Verlusts des Freizügig-

---

11 LG Bamberg v. 16.4.2015 – 3 T 61/15, DGVZ 2017, 18; AG Marbach v. 20.12.2013 – 3 M 1312/13, DGVZ 2014, 70.

12 AG Offenbach v. 15.7.2013 – 61 M 3427/13, DGVZ 2013, 188.

13 AG Strausberg v. 23.12.2014 – 11 M 5085/14, BeckRS 2015, 4034; AG Berlin-Schöneberg v. 27.10.2014 – 32 M 8128/14, DGVZ 2015, 43 = JurBüro 2015, 163.

keitsrechts vorliegen. Eine Übermittlung der Daten an den Gerichtsvollzieher ist ausgeschlossen, wenn der Schuldner Unionsbürger ist, für den eine Feststellung des Nichtbestehens oder des Verlusts des Freizügigkeitsrechts nicht vorliegt.

Die auf diese Weise erhobenen Daten, die innerhalb der letzten drei Monate bei **25** dem Gerichtsvollzieher eingegangen sind, darf dieser auch in einem Zwangsvollstreckungsverfahren eines weiteren Gläubigers gegen denselben Schuldner nutzen, wenn die Voraussetzungen für die Datenerhebung auch bei diesem Gläubiger vorliegen, § 755 Abs. 3 ZPO.

Bei all diesen erweiterten Auskunftsmöglichkeiten darf nicht vergessen werden, **26** dass der Gerichtsvollzieher selbst auch eine originäre Ermittlungspflicht kraft seines Amtes hat. Bei einem **Mehrfamilienhaus** zum Beispiel trifft den Gerichtsvollzieher die Pflicht zur Erkundung, ob der unter der Anschrift offiziell gemeldete Schuldner in dem Haus tatsächlich wohnhaft ist. Der Gerichtsvollzieher hat insbesondere durch Befragung des Vermieters oder Hauswirts zu ermitteln, ob der Schuldner verzogen ist oder das Mietverhältnis andauert; gegebenenfalls sind Nachbarn zu befragen. Zwar kann von einem Gerichtsvollzieher angesichts des erheblichen Arbeitsaufwands nicht verlangt werden, detektivisch tätig zu werden; offenkundigen Anhaltspunkten und mühelos feststellbaren Äußerlichkeiten ist jedoch nachzugehen. Aufgrund der Einführung von § 755 ZPO besteht seit dem 1.1.2013 eine erweiterte Verpflichtung zur Aufenthaltsermittlung. Zwar formuliert § 755 ZPO Rechte des Gerichtsvollziehers („darf"); hiermit korrespondieren jedoch entsprechende Pflichten im Sinne einer pflichtgemäßen Ermessensausübung. Wenn der Gerichtsvollzieher nunmehr ermächtigt bzw. verpflichtet sein kann, die aktuelle Schuldneranschrift über bestimmte Behörden ermitteln zu lassen, so ist er erst recht berechtigt bzw. verpflichtet, die offiziell gültige Meldeadresse selbst zu überprüfen; Gründe des Datenschutzes stehen dem nicht entgegen. Andernfalls bestünde das Risiko, dass sich jeder Schuldner denkbar einfach der Zwangsvollstreckung entziehen könnte: Er müsste lediglich seinen Namen von Klingelschild und Briefkasten entfernen oder durch einen alias Namen (Müller, Meyer, Schulze) ersetzen. Im Gegensatz zum Gerichtsvollzieher verfügt der Gläubiger über keine staatliche Autorität; Dritte sind dem Gläubiger nicht auskunftspflichtig. Daher kann es nicht Aufgabe des – oftmals auswärtigen – Gläubigers sein, die Meldeanschrift zu überprüfen. Außerdem ist dem Gerichtsvollzieher die Person des jeweiligen Hauseigentümers/Vermieters oftmals bekannt.[14]

---

14 LG Berlin v. 9.7.2015 – 51 T 438/15, BeckRS 2016, 15309; LG Verden v. 31.5.2016 – 6 T 2/16, NJW-RR 2016, 1209; AG Bremen v. 11.6.2014 – 243 M 430663/14, BeckRS 2014, 11980.

27

Kostenhinweise

Für den Gerichtsvollzieher entstehen Gebühren nach GvKostG KV[15]

440	Erhebung von Daten bei einer der in § 755 Abs. 2, § 8021 Abs. 1 ZPO genannten Stellen	13,00 EUR
	Die Gebühr entsteht nicht, wenn die Auskunft nach § 882c Abs. 3 S. 2 ZPO eingeholt wird.	
441	Erhebung von Daten bei einer der in § 755 Abs. 1 ZPO genannten Stellen	5,00 EUR
	Die Gebühr entsteht nicht, wenn die Auskunft nach § 882c Abs. 3 S. 2 ZPO eingeholt wird.	
708	An deutsche Behörden für die Erfüllung von deren eigenen Aufgaben zu zahlende Gebühren sowie diejenigen Auslagen, die diesen Behörden, öffentlichen Einrichtungen oder deren Bediensteten als Ersatz für Auslagen der in den Nummern 700 und 701 bezeichneten Art zustehen	in voller Höhe

C. Der Gerichtsvollzieher als selbstständiges Vollstreckungsorgan

I. Aufgaben

28 Die Zwangsvollstreckung wegen Geldforderungen in körperliche Sachen (Mobiliarzwangsvollstreckung) erfolgt durch Pfändung und Verwertung der gepfändeten Sachen durch den Gerichtsvollzieher. Dies ist aber nicht alleine die Aufgabe des Gerichtsvollziehers. Er ist u.a. zuständig für

- die Mobiliarvollstreckung, §§ 803 ff. ZPO,
- die Herausgabevollstreckung in bewegliche Sachen, §§ 846 ff., 883 ZPO,
- die Herausgabevollstreckung in unbewegliche Sachen, §§ 885 ff. ZPO,
- die Abnahme der Vermögensauskunft, §§ 802c ff. ZPO,
- die Abnahme der eidesstattlichen Versicherung, § 836 Abs. 3 ZPO,
- die Zustellung von behördlichen oder privaten Schriftstücken, §§ 191, 192 ff. ZPO.

Eine vollständige Tätigkeitsauflistung ergibt sich aus § 30 GVGA. Aus den Hauptaufgaben des Gerichtsvollziehers ergeben sich zahlreiche Nebenpflichten, z.B.

---

15 Hierzu *Puppe*, DGVZ, 2013,73; *Seip*, DGVZ, 2013,74.

sachgemäßer Abtransport und Lagerung von Räumungsgut, § 885 ZPO. Der Gerichtsvollzieher ist hierbei selbstständiges Organ der Rechtspflege (§ 154 GVG).[16]

Mit der Reform der Sachaufklärung in der Zwangsvollstreckung 2013 wurden die **29** Regelbefugnisse des Gerichtsvollziehers bei der Vollstreckung wegen einer Geldforderung in § 802a Abs. 2 ZPO festgehalten. Aufgrund eines entsprechenden Vollstreckungsauftrags und der Übergabe der vollstreckbaren Ausfertigung ist der Gerichtsvollzieher unbeschadet weiterer Zuständigkeiten befugt,

- eine gütliche Erledigung der Sache (§ 802b ZPO) zu versuchen,
- eine Vermögensauskunft des Schuldners (§ 802c ZPO) einzuholen,
- Auskünfte Dritter über das Vermögen des Schuldners (§ 802l ZPO) einzuholen,
- die Pfändung und Verwertung körperlicher Sachen zu betreiben,
- eine Vorpfändung (§ 845 ZPO) durchzuführen; hierfür bedarf es nicht der vorherigen Erteilung einer vollstreckbaren Ausfertigung und der Zustellung des Schuldtitels.

Bei all diesen Maßnahmen wirkt der Gerichtsvollzieher auf eine zügige, vollständi- **30** ge und Kosten sparende Beitreibung von Geldforderungen hin, § 802a Abs. 1 ZPO. Der Grundsatz effizienter Vollstreckung, der insbesondere für die Zwangsvollstreckung wegen Geldforderungen gilt, war bislang in der ZPO nicht ausdrücklich niedergelegt. Richtschnur der Vorgehensweise des Gerichtsvollziehers ist die möglichst zeitnahe und vollständige Befriedigung des Gläubigers, bei der jeder überflüssige Aufwand vermieden werden soll. Aus dem geltenden Recht nimmt die Vorschrift den Gedanken der zügigen Erledigung auf (vgl. derzeit § 806b S. 1 ZPO). Die Regelung versteht sich als **programmatische Leitlinie** und zugleich als Maßstab für die Rechtsanwendung des Gerichtsvollziehers im Einzelfall. Konkrete

---

16 Vgl. hierzu: *Glenk*, Unverzichtbares Allerlei – Amt und Haftung des Gerichtsvollziehers, NJW 2014, 2315; *Vollkommer*, Die Reform der Sachaufklärung in der Zwangsvollstreckung, NJW 2012, 3681; *Gaul*, Die erneute Gesetzesvorlage zur Reform des Gerichtsvollzieherwesens, ZZP Bd. 124, 271; *Bruns*, Vom Forderungseinzug zum Forderungsmanagement – Neue Aufgaben für den Gerichtsvollzieher?, DGVZ 2010, 24; *Hess*, Rechtspolitische Perspektiven der Zwangsvollstreckung, DGVZ 2010, 7; *Seip*, Die Entwicklung der Geschäftsbelastung der Gerichtsvollzieher von 1993 bis 2007, DGVZ 2009, 11; *Blaskowitz*, Die Privatisierung des Gerichtsvollzieherwesens – Reform ohne Alternative?, DGVZ 2007, 97; *Seip*, Reformbestrebungen im Gerichtsvollzieherwesen, ZVI 2006, 329; **früher bereits:** *Dütz*, Freiheit und Bindung des Gerichtsvollziehers, DGVZ 1975, 49, 65, 81; *Stoltenberg*, Der Gerichtsvollzieher. Vollstreckungsorgan zwischen Selbstständigkeit und Weisungsgebundenheit, DGVZ 1987, 97; *Schilken*, Der Gerichtsvollzieher als Vermittler zwischen Gläubiger und Schuldner bei der Realisierung titulierter Geldforderungen, DGVZ 1989, 161 und DGVZ 1998, 129; *Schilken*, Der Gerichtsvollzieher auf dem Weg in das 21. Jahrhundert, DGVZ 1995, 133; *Uhlenbruck*, Das Bild des Gerichtsvollziehers, DGVZ 1993, 97; *Polzius*, Gerichtsvollzieher. Grundsatzfragen, DGVZ 1993, 103; *Vallender*, Neue Aufgaben im künftigen Insolvenzverfahren, DGVZ 1997, 53; *Seip*, Der Versuch einer Änderung des Gerichtsvollziehersystems, DGVZ 1997, 103; *Hartenbach*, Der Status des Gerichtsvollziehers im nächsten Jahrtausend, DGVZ 1999, 149; *Harnacke*, Neue Aufgaben für Gerichtsvollzieherinnen und Gerichtsvollzieher, DGVZ 2002, 65; *Köhler*, Der Gerichtsvollzieher. Ein organisationsrechtliches Stiefkind des Gesetzgebers! Immer noch?, DGVZ 2002, 85.

Rechtsfolgen sind aus ihr allein jedoch nicht abzuleiten.[17] Bei großzügiger Anwendung könnten sich hieraus Amtspflichten des Gerichtsvollziehers ableiten.

31 Der Gerichtsvollzieher wird auf Antrag des Gläubigers tätig (§ 753 Abs. 1 ZPO). Auch wenn im Gesetz der Begriff „im Auftrag" verwandt wird, bedeutet dies stets „auf Antrag", da der Gerichtsvollzieher in keinem Auftragsverhältnis zum Gläubiger steht, sondern grundsätzlich hoheitlich tätig wird.[18] Da der Gerichtsvollzieher nicht „namens und im Auftrag" des Gläubigers tätig wird, kann er auch für diesen keine rechtsgeschäftlichen Erklärungen abgeben. Der Gerichtsvollzieher muss daher z.b. bei der Vollstreckung jede Zahlung des Schuldners annehmen, aber er kann nicht selbstständig mit dem Schuldner für den Gläubiger eine Ratenzahlungsvereinbarung treffen.[19] Auch die gütliche Erledigung bzw. der Vollstreckungsaufschub bei Zahlungsvereinbarung nach § 802b ZPO (früher § 806b ZPO) macht dies deutlich, da das Einverständnis des Gläubigers zwingend vorgesehen ist (§ 802b Abs. 2 S. 1 ZPO).

32 Den Gerichtsvollzieher trifft kraft seiner gesetzlichen Stellung als Vollstreckungsorgan im Rahmen des ihm erteilten Vollstreckungsauftrags eine **Vermögensbetreuungspflicht** gegenüber dem Vollstreckungsgläubiger.[20] Mit dieser Entscheidung hat der Strafrechtssenat einen Gerichtsvollzieher wegen Gebührenüberhebung in 81 Fällen, jeweils in Tateinheit mit Untreue, und wegen Abgabenüberhebung in sieben Fällen zu einer Gesamtfreiheitsstrafe von acht Monaten auf Bewährung verurteilt. Der Senat betont, dass der Gerichtsvollzieher zwar hoheitlich handelt und somit nicht als Vertreter des Gläubigers tätig wird, jedoch die Zwangsvollstreckung grundsätzlich dem Gläubigerinteresse dient.

II. Weisungen an den Gerichtsvollzieher

33 In seiner Eigenschaft als Vollstreckungsorgan handelt der Gerichtsvollzieher selbstständig, er übt hoheitliche Gewalt aus und ist insoweit grundsätzlich **weisungsfrei**. Er unterliegt zwar der Aufsicht des Gerichts, nicht aber deren unmittelbarer Leitung (§ 31 Abs. 1 GVGA). Außerhalb seiner Tätigkeit als Vollstreckungsorgan untersteht er als Beamter der Dienstaufsicht der Justizverwaltung. Innerhalb seiner Zwangsvollstreckungstätigkeit können die einzelnen Vollstreckungshandlungen durch das Vollstreckungsgericht überprüft werden (§§ 764, 766 ZPO).

---

17 BT-Drucks 16/10069.
18 BGH v. 18.1.1985 – V ZR 233/83, NJW 1985, 1714; Zöller/*Stöber*, ZPO, § 753 Rn 4; Gaul/Schilken/*Becker-Eberhard*, Zwangsvollstreckungsrecht, § 25 Rn 8 ff., 45 ff.; Musielak/Voit/*Lackmann*, ZPO, § 753 Rn 2; HK-ZPO/*Sievers*, § 753 Rn 10.
19 Gaul/Schilken/*Becker-Eberhard*, Zwangsvollstreckungsrecht, § 25 Rn 66; Musielak/Voit/*Lackmann*, ZPO, § 754 Rn 3; anders wohl *Wieser*, DGVZ 1991, 129.
20 BGH v. 7.1.2011 – 4 StR 409/10, Rpfleger 2011,334 = NJW 2011, 2149.

Das Vollstreckungsverfahren steht jedoch unter der Parteiherrschaft des Gläubigers. **34**
Der Gläubiger kann daher durchaus **Weisungen** erteilen, um die Effektivität der
Zwangsvollstreckung nachhaltig zu beeinflussen. Diese Weisungen hat der
Gerichtsvollzieher grundsätzlich zu beachten, soweit sie nicht dem Gesetz oder
der Gerichtsvollziehergeschäftsanweisung (GVGA) widersprechen, § 31 Abs. 2
GVGA.[21]

Der Gerichtsvollzieher entscheidet z.B. nach pflichtgemäßem Ermessen, in **35**
welcher Reihenfolge die vorliegenden Gläubigeraufträge nach ihrer Dringlichkeit zu erledigen sind, § 5 GVGA. Hierbei hat er darauf zu achten, ob es sich bei
dem Auftrag um eine Eilsache handelt oder nicht. Sofern sich die Eilbedürftigkeit
nicht aus der Art der vorzunehmenden Vollstreckungshandlung ergibt, z.b. für die
Vollziehung von Arresten oder einstweiligen Verfügungen oder auch für die Benachrichtigung des Drittschuldners nach § 845 ZPO, muss der Gläubiger für sein
Verlangen auf eilige Ausführung im Antrag den maßgebenden Grund für die besondere Beschleunigung erkennen lassen (§ 5 Abs. 1 S. 6 GVGA).

Der Gerichtsvollzieher hat die Zwangsvollstreckung grds. schnell und nachdrück- **36**
lich durchzuführen (§ 802a ZPO – „zügige Erledigung"). Zwar sind hierfür keine
Fristen vorgegeben, es kann jedoch im Einzelfall angebracht sein, den Pfändungsauftrag umgehend auszuführen, um den Rang des Pfändungsrechts zu sichern, § 5
Abs. 2 S. 2 GVGA. Kann die erste Vollstreckungshandlung nicht innerhalb eines
Monats erfolgen, muss der Grund der Verzögerung aktenkundig gemacht werden,
§ 5 Abs. 1 S. 2 GVGA, und sollte dem Gläubiger mitgeteilt werden.

Bei bekannter **Arbeitsüberlastung** ist aber auch nach zwei Jahren eine Nichterle- **37**
digung des Antrages nicht mit der Erinnerung anfechtbar, die unerledigten Anträge
werden auch dann der Reihenfolge nach erledigt.[22]

Der Gläubiger kann im Rahmen seiner Parteiherrschaft sicherlich den **Beginn, die** **38**
Art und das Ausmaß der Zwangsvollstreckung bestimmen, die zu pfändenden
Gegenstände jedoch bestimmt der Gerichtsvollzieher selbstständig.[23] Nach § 58
GVGA wahrt der Gerichtsvollzieher neben dem Interesse des Gläubigers auch das
des Schuldners, soweit dies ohne Gefährdung des Erfolgs der Zwangsvollstreckung
geschehen kann. Er ist darauf bedacht, dass nur die unbedingt notwendigen Kosten
und Aufwendungen entstehen. Auf etwaige Wünsche des Gläubigers oder des
Schuldners hinsichtlich der Ausführung der Zwangsvollstreckung nimmt der Gerichtsvollzieher Rücksicht, soweit dies ohne überflüssige Kosten und Schwierigkeiten und ohne Beeinträchtigung des Zwecks der Vollstreckung geschehen kann.

---

21 Gaul/Schilken/*Becker-Eberhard*, Zwangsvollstreckungsrecht, § 25 Rn 49 m.w.N.

22 LG Dessau v. 31.5.1996 – 7 T 146/96, JurBüro 1997, 46.

23 BVerwG v. 29.4.1982 – 2 C 33/80, DGVZ 1982, 155; vgl. hierzu *Wieser*, Die Dispositionsbefugnis
    des Vollstreckungsgläubigers, NJW 1988, 665.

39 Der Gläubiger kann z.b. **nachfolgende Anweisungen** erteilen:

■ Antrag auf **Ruhen des Verfahrens** und Abwarten weiterer Weisungen.[24] Gewährt der Gläubiger oder der Gerichtsvollzieher dem Schuldner eine Frist von unbestimmter Dauer oder von mehr als zwölf Monaten oder mehrere aufeinander folgende Fristen von zusammen mehr als zwölf Monaten, so bleiben die getroffenen Vollstreckungsmaßnahmen zwar bestehen, für die Akten- und Buchführung des Gerichtsvollziehers gilt der Auftrag als büromäßig erledigt (Ruhen des Vollstreckungsauftrags), § 27 Abs. 1 GVO.

■ **Wiederholter Antrag** auf Vornahme eines Vollstreckungsversuchs, auch wenn damit zu rechnen ist, dass dieser wiederum erfolglos sein wird.[25]

■ **Dauerauftrag** für eine Kassenpfändung.[26]

■ Das Ausnehmen bestimmter Gegenstände **von der Vollstreckung**.[27]

■ Ausdrücklicher Auftrag auf Pfändung auch solcher Gegenstände, die offensichtlich zum **Vermögen eines Dritten** gehören, da nicht sicher ist, ob der Dritte der Vollstreckung überhaupt widerspricht.[28]

■ Mitteilung des Zeitpunkts der Vollstreckung im Hinblick auf die **Anwesenheit des Gläubigers** während des Vollstreckungsversuches, § 31 Abs. 7 GVGA.[29]

40 Der Gläubiger kann aber z.B. nicht **den Zeitpunkt der Vollstreckungshandlung** einer Kassenpfändung bestimmen, sollte aber unabhängig davon zwecks Effektivität der Zwangsvollstreckung einen Hinweis geben, wann die Vollstreckung den größten Erfolg verspricht.[30]

41 Weisungen des Gläubigers, zur Nachtzeit an einem bestimmten Ort zu einer bestimmten Zeit eine Kassenpfändung vorzunehmen, sind für den Gerichtsvollzieher nicht verbindlich; insbesondere dann nicht, wenn nach vorher gemachten Erfahrungen mit einem Erfolg nicht zu rechnen ist.[31] Der Gläubiger ist auch nicht berech-

---

24 AG Straubing v. 5.10.1987 – M 703/78, Rpfleger 1979, 72; *Wieser*, NJW 1988, 665.

25 LG Essen v. 4.9.1980 – 11 T 374/80, DGVZ 1981, 22; LG Göttingen v. 21.4.1986 – 5 T 48/86, DGVZ 1986, 174; AG Karlsruhe 12.12.1989 – 2 M 995/89, DGVZ 1990, 45; nicht aber, wenn erst vor kurzem ein erfolgloser Vollstreckungsversuch unternommen wurde, LG Hannover v. 16.2.1984 – 11 T 26/84, DGVZ 1984, 90; AG Offenbach v. 26.11.1990 – 61 M 13081/90, DGVZ 1991, 29; die Kosten eines erneuten Pfändungsauftrags sind erstattungsfähig, wenn seit der vorausgegangenen erfolglosen Pfändung ein Zeitraum von sechs Monaten vergangen ist, LG Oldenburg v. 8.7.1997 – 6 T 544/97, DGVZ 1998, 28.

26 LG Bonn, DGVZ 1974, 56.

27 AG Offenbach v. 16.3.1976 – 62 M 1073/76, DGVZ 1977, 44.

28 § 71 GVGA; LG Aschaffenburg v. 10.5.1994 – 1 O 580/93, DGVZ 1995, 57.

29 KG v. 11.2.1983 – 1 W 6124/82, DGVZ 1983, 72; LG Münster v. 26.3.1991 – 5 T 212/91, NJW-RR 1991, 1407.

30 AG Gelsenkirchen, DGVZ 1972, 120.

31 AG Memmingen v. 9.3.1988 – M 313/88, DGVZ 1989, 27.

tigt, den Gerichtsvollzieher anzuweisen, monatliche Teilleistungen des Schuldners über Jahre hinweg entgegenzunehmen.[32]

Ähnliches gilt auch bei **Zustellungsaufträgen**. Die Gläubigeranweisung im Voll-   **42** streckungsauftrag, alle erforderlichen Zustellungen durch Aufgabe zur Post zu erledigen, kann sich nach der Gesetzesterminologie (§§ 183, 184 ZPO) nur auf Auslandszustellungen beziehen und ist deshalb bei einer im Inland durchzuführenden Zustellung unbeachtlich. Die Wahl zwischen der Zustellung durch ihn selbst (§§ 192, 193 ZPO) oder durch die Post (§§ 192, 194 ZPO) trifft der Gerichtsvollzieher nach pflichtgemäßem Ermessen. Bei der ihm obliegenden Ermessensausübung darf er auf allgemeine Erwägungen und generelle Erfahrungswerte zurückgreifen, er ist nicht auf die Umstände des konkreten Einzelfalls beschränkt.[33]

III. Vollstreckungsaufschub

Mit dem Gesetz zur Reform der Sachaufklärung in der Zwangsvollstreckung 2013   **43** wurden in § 802b Abs. 1 ZPO entsprechend der großen praktischen Bedeutung gütlicher Erledigungsformen in der Mobiliarvollstreckung die bis dato geltenden Regelungen in den §§ 806b, 813a und 900 Abs. 3 ZPO (aufgehoben) zusammengefasst und der Gedanke der jederzeitigen Einigung mit dem Gläubiger als Leitlinie vorangestellt. Die gütliche Erledigung gilt für alle Abschnitte der Zwangsvollstreckung.[34]

Hat der Gläubiger Zahlungsfrist oder eine Ratenzahlung nicht ausgeschlossen,   **44** kann der Gerichtsvollzieher dem Schuldner eine Zahlungsfrist einräumen oder eine Tilgung durch Teilleistungen gestatten. Hierbei muss der Schuldner glaubhaft darlegen, dass er die nach Höhe und Zeitpunkt festzusetzenden Zahlungen auch erbringen kann und wird. Hierbei kommt es ausschließlich darauf an, den Gerichtsvollzieher zu überzeugen, eine Beweiserhebung findet nicht statt.

Soweit ein **Zahlungsplan**, § 802b Abs. 2 S. 2 ZPO festgesetzt wird, ist die Vollstre-   **45** ckung aufgeschoben. Die Tilgung soll binnen zwölf Monaten abgeschlossen sein. Der Gläubiger kann durch konkrete Zahlungsraten auch einen kürzeren oder längeren Zahlungsaufschub erwirken. Bereits getroffene Maßnahmen bleiben bestehen.

Ein Zahlungsplan nach § 802b ZPO, der festgesetzt und nicht hinfällig ist, steht der   **46** Eintragung in das Schuldnerverzeichnis gemäß § 882c Abs. 1 S. 2 ZPO nicht nur im Falle des Eintragungsgrundes gem. § 882c Abs. 1 Nr. 3 ZPO, sondern auch im Falle der Eintragungsgründe nach § 882c Abs. 1 Nr. 1 und 2 ZPO entgegen.[35]

---

32 AG Augsburg v. 12.4.2012 – 1 M 11305/12.
33 OLG Stuttgart v. 23.2.2015 – 8 W 75/15, NJW 2015, 2513.
34 *Becker-Eberhard*, DGVZ 2016, 163; *Gothe*, DGVZ 2013, 197; *Hergenröder*, DGVZ 2013, 145.
35 BGH v. 21.12.2015 – I ZB 107/14, Rpfleger 2016, 360 = DGVZ 2016, 46.

47 Der Gerichtsvollzieher unterrichtet den Gläubiger unverzüglich über den festgesetzten Zahlungsplan und den Vollstreckungsaufschub. Widerspricht der Gläubiger unverzüglich, so wird der Zahlungsplan mit der Unterrichtung des Schuldners hinfällig; zugleich endet der Vollstreckungsaufschub. Dieselben Wirkungen treten ein, wenn der Schuldner mit einer festgesetzten Zahlung ganz oder teilweise länger als zwei Wochen in Rückstand gerät.

48 Problematisch wird es, wenn mit einem Gläubiger ein Zahlungsplan festgelegt wurde, dann ein weiterer Vollstreckungsgläubiger hinzukommt. Nach § 68 GVGA hat der Schuldner in diesem Fall für jede Angelegenheit seine Leistungsfähigkeit und -bereitschaft glaubhaft darzulegen, da § 802b ZPO für jeden Gläubiger gilt und es somit zu mehreren Zahlungsplänen kommen kann. Ohne Zustimmung des erstrangigen Gläubigers können dessen vereinbarte Zahlungsmodalitäten natürlich nicht geändert werden. Der Gerichtsvollzieher wägt die zumutbaren Möglichkeiten des Schuldners und das Interesse des Auftraggebers an einer auch teilweisen alsbaldigen Befriedigung ab. Für jeden einzelnen Auftraggeber hat der Gerichtsvollzieher einen gesonderten Ratenzahlungsplan zu erstellen. Das gilt auch, wenn mehrere Vollstreckungsaufträge gleichzeitig gegen einen Schuldner eingehen. Die Erstellung eines Gesamtratenzahlungsplans bei mehreren, gleichzeitig vorliegenden Aufträgen ist auch zulässig.

49 Schwierig wird es, wenn der nachrangige Gläubiger anders als der erstrangige Gläubiger mit einer Ratenzahlung nicht einverstanden ist. Der nachrangige Gläubiger kann dem Zahlungsplan mit dem erstrangigen Gläubiger nicht widersprechen, andererseits muss der Gerichtsvollzieher dem Vollstreckungsantrag des weiteren Gläubigers Fortgang geben. Dies sollte er aber nicht tun, ohne den erstrangigen Gläubiger zu informieren, damit dieser seinen festgelegten Zahlungsplan widerrufen kann. Wenn dies nicht geschieht, würde der nachrangige Gläubiger mit einer sich anschließenden Sachpfändung den erstrangigen Gläubiger „überholen", was rechtlich nicht zulässig sein dürfte. Daher wird auch die Auffassung vertreten, dass in solch einem Fall der Zahlungsplan mit dem ersten Gläubiger automatisch als widerrufen gilt und der Gerichtsvollzieher für alle Gläubiger mit der Vollstreckung fortfährt,[36] oder der Gerichtsvollzieher versucht, zwischen allen Gläubigern und dem Schuldner einen Zahlungsplan zu vereinbaren.[37]

50 *Kostenhinweis*

Für den Gerichtsvollzieher entstehen Gebühren nach GvKostG KV:

207	Versuch einer gütlichen Erledigung der Sache (§ 802b ZPO)	16,00 EUR
	Die Gebühr entsteht auch im Fall der gütlichen Erledigung.	

---

36 Hk-ZV/*Sternal*, § 802b Rn 22; Musielak/Voit/*Becker*, ZPO § 802b Rn 17.
37 Thomas/Putzo/*Seiler*, ZPO § 802b Rn 4;

208	Der Gerichtsvollzieher ist gleichzeitig mit einer auf eine Maßnahme nach § 802a Abs. 2 S. 1 Nr. 2 **oder** Nr. 4 ZPO gerichteten Amtshandlung beauftragt:	
	Die Gebühr 207 ermäßigt sich auf	8,00 EUR

Nach KV 207 erhält der Gerichtsvollzieher für den Versuch einer gütlichen Einigung eine Gebühr von 16,00 EUR. Diese entsteht mit Abschluss eines Zahlungsplans, auch wenn der Gerichtsvollzieher nicht mit einer gütlichen Einigung beauftragt war, da er ohnehin in jeder Lage des Verfahrens auf eine gütliche Einigung hinwirken soll.[38]

Bisher stand in der Nachbemerkung, dass die Gebühr nicht entsteht, „wenn der Gerichtsvollzieher gleichzeitig mit einer auf eine Maßnahme nach § 802a Abs. 2 Nr. 2 **und** Nr. 4 ZPO gerichteten Amtshandlung beauftragt ist."[39] Mit dem Gesetz zur Durchführung der Verordnung (EU) Nr. 655/2014 sowie zur Änderung sonstiger zivilprozessualer, grundbuchrechtlicher und vermögensrechtlicher Vorschriften und zur Änderung der Justizbeitreibungsordnung (EuKoPfVODG) vom 21.11.2016 wurde KV 207 geändert und durch KV 207 und 208 ersetzt. Die Gebühr für einen gütlichen Erledigungsversuch beträgt jetzt 16,00 EUR und kann sich auf 8,00 EUR ermäßigen, wenn der Gerichtsvollzieher mit einer weiteren Maßnahme beauftragt wurde.

51

---

38 Kritisch zur Neuregelung: *Herrfurth*, DGVZ 2017, 25; *Richter*, DGVZ 2017, 29.

39 In der Rechtsprechung umstritten war, wie die Nachbemerkung, insbesondere die Konjunktion „und" auszulegen ist. Keine zusätzliche Gebühr, aber nur, wenn ein kombinierter Auftrag vorliegt: OLG Düsseldorf v. 15.1.2015 – 10 W 1/15, BeckRS 2015, 20885; LG Stendal v. 18.2.2015 – 25 T 219/14, BeckRS 2015, 7365; LG Heilbronn v. 28.11.2014 – 1 T 431/14, BeckRS 2015, 8501; vgl. zur Problematik auch *Mroß* DGVZ 2015, 55; a.A. zusätzliche Gebühr bei nur einer beauftragten Maßnahme: OLG Düsseldorf v. 14.7.2016 – I-10 W 97/16, NJW-RR 2016, 1278; OLG Stuttgart v. 4.2.2015 – 8 W 458/14, NJW-RR 2015, 1343; OLG Frankfurt v. 7.1.2016 – 18 W 235/15, NJOZ 2016, 580; OLG Karlsruhe v. 25.8.2015 – 11 W 3/15, NJOZ 2016, 109; OLG Koblenz v. 16.11.2015 – 14 W 701/15, BeckRS 2015, 19512; LG Mönchengladbach v. 4.12.2014 – 5 T 256/14, BeckRS 2015, 4805.

D.   Formularzwang – Vollstreckungsauftrag

I.   Gerichtsvollzieherauftrag

52   **Vollstreckungsauftrag an die Gerichtsvollzieherin/den Gerichtsvollzieher**
        – zur Vollstreckung von Geldforderungen –

☐ Amtsgericht
☐ Verteilungsstelle für Gerichtsvollzieheraufträge
☐ Geschäftsstelle
☐ Frau/Herrn Haupt-/Ober-/Gerichtsvollzieher/-in

_____

Straße, Hausnummer

_____

Postleitzahl, Ort

Kontaktdaten des
☐ Gläubigers
☐ Gläubigervertreters

Telefon	
Fax	
E-Mail	
Rechtsverbindliche elektronische Kommunikationswege (z. B. De-Mail, EGVP, besonderes Anwaltspostfach)	
Geschäftszeichen	

☐ Der Gläubiger beabsichtigt, für die Gerichtsvollzieherkosten ein SEPA-Lastschriftmandat
zu erteilen.

In der Zwangsvollstreckungssache

Module:

A   **Parteien**

          Zutreffendes markieren ☒ bzw. ausfüllen

A 1   **Gläubiger**

Herrn/Frau/Firma	Straße, Hausnummer
Postleitzahl, Ort	Land (wenn nicht Deutschland)

A 2   **Gesetzlicher Vertreter des Gläubigers** (Angaben bei jeder Art der gesetzlichen Vertretung, z. B. durch Mutter, Vater, Vormund, Geschäftsführer)

Herrn/Frau/Firma	Straße, Hausnummer
Postleitzahl, Ort	Land (wenn nicht Deutschland)

A 3   **Bevollmächtigter des Gläubigers** (Angaben bei jeder Art der Bevollmächtigung, z. B. Rechtsanwalt, Inkassounternehmen)

Herrn/Frau/Firma	Straße, Hausnummer
Postleitzahl, Ort	Land (wenn nicht Deutschland)

A 4 | **Bankverbindung des**

☐ Gläubigers ☐ Gläubigervertreters ☐ abweichenden Kontoinhabers/der abweichenden Kontoinhaberin:

zur Überweisung eingezogener Beträge

IBAN:

BIC:
(Angabe kann entfallen, wenn IBAN mit DE beginnt)

Verwendungszweck, ggf. Geschäfts- bzw. Kassenzeichen:

gegen

A 5 | **Schuldner**

Herrn/Frau/Firma

Straße, Hausnummer

Postleitzahl, Ort

Land (wenn nicht Deutschland)

Geburtsname, -datum und -ort/Registergericht und Handelsregisternummer (soweit bekannt)

A 6 | **Gesetzlicher Vertreter des Schuldners** (Angaben bei jeder Art der gesetzlichen Vertretung, z. B. durch Mutter, Vater, Vormund, Geschäftsführer)

Herrn/Frau/Firma

Straße, Hausnummer

Postleitzahl, Ort

Land (wenn nicht Deutschland)

A 7 | **Bevollmächtigter des Schuldners** (Angaben bei jeder Art der Bevollmächtigung, z. B. Rechtsanwalt)

Herrn/Frau/Firma

Straße, Hausnummer

Postleitzahl, Ort

Land (wenn nicht Deutschland)

A 8 | **Geschäftszeichen des Schuldners bzw. des gesetzlichen Vertreters oder des Bevollmächtigten des Schuldners**

B | ☐ Ich reiche nur die ausgefüllten Seiten _____
(Bezeichnung der Seiten)
dem Gericht bzw. der Gerichtsvollzieherin/dem Gerichtsvollzieher ein.

überreiche ich

C   **die Anlage/-n**

Dazu bitte die Hinweise zum Ausfüllen und Einreichen des Vollstreckungsauftrags (Anlage 2 des Formulars) beachten.

☐   Vollstreckungstitel
(Titel bitte nach Art, Gericht/Notar/Behörde, Datum und Geschäftszeichen bezeichnen)

☐   Vollmacht

☐   Geldempfangsvollmacht

☐   Forderungsaufstellung gemäß der Anlage 1 des Formulars

☐   Forderungsaufstellung gemäß sonstiger Anlage/-n des Gläubigers/Gläubigervertreters _____

☐   Anwaltskosten für weitere Vollstreckungsmaßnahmen gemäß zusätzlicher Anlage/-n _____

☐   Inkassokosten gemäß § 4 Absatz 4 des Einführungsgesetzes zum Rechtsdienstleistungsgesetz
(RDGEG) gemäß Anlage/-n _____

☐   _____

☐   _____

**wegen der aus der Anlage/den Anlagen ersichtlichen Forderung/-en
zur Durchführung des folgenden Auftrags/der folgenden Aufträge:**

D   ☐   **Zustellung**

E   **gütliche Erledigung (§ 802b der Zivilprozessordnung – ZPO)**

E 1   ☐   Ich bin einverstanden, dass die folgende Zahlungsfrist gewährt wird: _____

E 2   ☐   Mit der Einziehung von Teilbeträgen bin ich einverstanden.

     ☐   Ratenhöhe mindestens _____ Euro

     ☐   monatlicher Turnus   ☐   sonstiger Turnus: _____

E 3   ☐   Ich bin mit einer Abweichung von den Zahlungsmodalitäten nach dem Ermessen der Gerichtsvollzieherin/des
Gerichtsvollziehers einverstanden.

E 4   sonstige Weisungen

☐   _____

E 5   ☐   Der Auftrag beschränkt sich auf die gütliche Erledigung.

F   **keine Zahlungsvereinbarung**

☐   Mit einer Zahlungsvereinbarung bin ich nicht einverstanden (§ 802b Absatz 2 Satz 1 ZPO).

| G | **Abnahme der Vermögensauskunft** (bitte Hinweise in der Anlage 2 des Formulars beachten) |

| G1 | ☐ nach den §§ 802c, 802f ZPO (ohne vorherigen Pfändungsversuch) |

| G2 | ☐ nach den §§ 802c, 807 ZPO (nach vorherigem Pfändungsversuch)
Sofern der Schuldner wiederholt nicht anzutreffen ist,
☐ bitte ich um Rücksendung der Vollstreckungsunterlagen.
☐ beantrage ich, das Verfahren zur Abnahme der Vermögensauskunft nach den §§ 802c, 802f ZPO einzuleiten. |

| G3 | ☐ erneute Vermögensauskunft nach § 802d ZPO (wenn der Schuldner bereits innerhalb der letzten zwei Jahre die Vermögensauskunft abgegeben hat)
Die Vermögensverhältnisse des Schuldners haben sich wesentlich geändert, weil |

Zur Glaubhaftmachung füge ich bei:

| G4 | weitere Angaben im Zusammenhang mit der Vermögensauskunft
☐ |

| H | ☐ **Erlass des Haftbefehls nach § 802g ZPO**
Bleibt der Schuldner dem Termin zur Abgabe der Vermögensauskunft unentschuldigt fern oder weigert er sich ohne Grund, die Vermögensauskunft zu erteilen, beantrage ich den Erlass eines Haftbefehls nach § 802g Absatz 1 ZPO. Die Gerichtsvollzieherin/den Gerichtsvollzieher bitte ich, den Antrag an das zuständige Amtsgericht weiterzuleiten und dieses zu ersuchen, nach Erlass des Haftbefehls diesen an
☐ den Gläubiger ☐ den Gläubigervertreter zu übersenden.
☐ die zuständige Gerichtsvollzieherin/den zuständigen Gerichtsvollzieher weiterzuleiten. Gegenüber der Gerichtsvollzieherin/dem Gerichtsvollzieher stelle ich den Antrag auf Verhaftung des Schuldners. |

| I | ☐ **Verhaftung des Schuldners (§ 802g Absatz 2 ZPO)** |

Haftbefehl des Amtsgerichts   Datum   Geschäftszeichen

| J | ☐ **Vorpfändung (§ 845 ZPO)**
Anfertigung der Benachrichtigung über die Vorpfändung und Zustellung sowie unverzügliche Mitteilung über die Vorpfändung
☐ für pfändbare Forderungen, die der Gerichtsvollzieherin/dem Gerichtsvollzieher bekannt sind oder bekannt werden
☐ für die folgenden Forderungen: |

| K | ☐ **Pfändung körperlicher Sachen** |

| K1 | ☐ Pfändung von Forderungen aus Wechseln und anderen Papieren, die durch Indossament übertragen werden können |

| K2 | ☐ Taschenpfändung/Kassenpfändung |

| K3 | ☐ Pfändung soll nach Abnahme der Vermögensauskunft durchgeführt werden, soweit sich aus dem Vermögensverzeichnis pfändbare Gegenstände ergeben. |

K4 ☐ Mit der Erteilung einer Fruchtlosigkeitsbescheinigung nach § 32 der Geschäftsanweisung für Gerichtsvollzieher (GVGA) bin ich **nicht** einverstanden.

K5 Aufträge und Hinweise zur Pfändung und Verwertung, z. B. zu besonderen Gegenständen

☐ _____

_____

L   **Ermittlung des Aufenthaltsorts des Schuldners (§ 755 ZPO)** (bitte Hinweise in der Anlage 2 des Formulars beachten)

L1 ☐ Mir ist bekannt, dass der Schuldner unbekannt verzogen ist.

L2 ☐ Negativauskunft des Einwohnermeldeamtes ist beigefügt.

Ermittlung

L3 ☐ der gegenwärtigen Anschriften sowie der Angaben zur Haupt- und Nebenwohnung des Schuldners durch Nachfrage bei der **Meldebehörde**

L4 ☐ des Aufenthaltsorts durch Nachfragen beim **Ausländerzentralregister** und bei der aktenführenden **Ausländerbehörde**

L5 ☐ der bekannten derzeitigen Anschrift sowie des derzeitigen oder zukünftigen Aufenthaltsorts des Schuldners bei den **Trägern der gesetzlichen Rentenversicherung**

L6 ☐ der Halterdaten nach § 33 Absatz 1 Satz 1 Nummer 2 des Straßenverkehrsgesetzes (StVG) des Schuldners beim **Kraftfahrt-Bundesamt**

L7 ☐ der gegenwärtigen Anschriften, des Ortes der Hauptniederlassung oder des Sitzes des Schuldners durch Einsicht in das **Handels-, Genossenschafts-, Partnerschafts-, Unternehmens- oder Vereinsregister**

L8 ☐ der gegenwärtigen Anschriften, des Ortes der Hauptniederlassung oder des Sitzes des Schuldners durch Einholung einer Auskunft bei den nach Landesrecht **für die Durchführung der Aufgaben nach § 14 Absatz 1 der Gewerbeordnung (GewO) zuständigen Behörden**

L9 Hinweise zur Reihenfolge der Ermittlungen (wenn Anfrage nach den Modulen L3, L7 und L8 ergebnislos oder ein Fall des Moduls L1 gegeben ist)

☐

M   **Einholung von Auskünften Dritter (§ 802l ZPO)**
(bitte Hinweise zur Einholung von Auskünften Dritter in der Anlage 2 des Formulars beachten)

M1 ☐ Ermittlung der Namen, der Vornamen oder der Firma sowie der Anschriften der derzeitigen Arbeitgeber eines versicherungspflichtigen Beschäftigungsverhältnisses des Schuldners bei den **Trägern der gesetzlichen Rentenversicherung**

M2 ☐ Ersuchen an das **Bundeszentralamt für Steuern,** bei den Kreditinstituten die in § 93b Absatz 1 der Abgabenordnung (AO) bezeichneten Daten abzurufen

M3 ☐ Ermittlung der Fahrzeug- und Halterdaten nach § 33 Absatz 1 StVG zu einem Fahrzeug, als dessen Halter der Schuldner eingetragen ist, beim **Kraftfahrt-Bundesamt**

M4 ☐ Die vorstehend ausgewählte/-n Drittauskunft/Drittauskünfte sollen nur eingeholt werden, wenn der Schuldner seiner Pflicht zur Abgabe der Vermögensauskunft nicht nachkommt.

M5 ☐ Antrag auf aktuelle Einholung von Auskünften (§ 802l Absatz 4 Satz 3 ZPO)
Zur Änderung der Vermögensverhältnisse des Schuldners trage ich vor:

_____

_____

N   **Angaben zur Reihenfolge bzw. Kombination der einzelnen Aufträge**

N1 ☐ Die Aufträge _____ werden ohne Angabe einer Reihenfolge erteilt.
(Bezeichnung der Module bitte angeben)

N2 ☐ Der Pfändungsauftrag soll **vor** weiteren Aufträgen durchgeführt werden.

N3 ☐ Der Pfändungsauftrag soll **nach** Abnahme der Vermögensauskunft durchgeführt werden.

N4 ☐ Die gestellten Aufträge sollen in folgender Reihenfolge durchgeführt werden:

zuerst Auftrag _____ ,
                (Bezeichnung des Moduls bitte angeben)

danach der Auftrag/die Aufträge _____ .
                        (Bezeichnung des Moduls/der Module bitte angeben)

N5 sonstige Angaben zur Reihenfolge bzw. Kombination der einzelnen Aufträge
☐ _____

_____

_____

O **weitere Aufträge**

☐ _____

_____

☐ _____

_____

☐ _____

_____

P **Hinweise für die Gerichtsvollzieherin/den Gerichtsvollzieher**

P1 ☐ Ich bitte um Übersendung des ☐ Protokolls. ☐ Gesamtprotokolls (bei gleichzeitiger Pfändung für mehrere Gläubiger).

P2 ☐ Hinweis zum Aufenthaltsort des Schuldners: _____

P3 ☐ Prozesskostenhilfe/Verfahrenskostenhilfe wurde gemäß anliegendem Beschluss bewilligt.

P4 ☐ Ich bitte um Übersendung des Abdrucks des Vermögensverzeichnisses in elektronischer Form gemäß § 802d Absatz 2 ZPO auf dem in den Kontaktdaten bezeichneten rechtsverbindlichen elektronischen Kommunikationsweg.

P5 ☐ Im Falle der Nichtzuständigkeit bitte ich um Weiterleitung des Vollstreckungsauftrags an die zuständige Gerichtsvollzieherin/den zuständigen Gerichtsvollzieher, wenn nicht bereits eine Weiterleitung von Amts wegen erfolgt.

P6 Meine Teilnahme an dem Termin
☐ zur Abnahme der Vermögensauskunft

ist beabsichtigt.

P7 Zum Vorsteuerabzug ist der Gläubiger ☐ berechtigt. ☐ nicht berechtigt.

P8 sonstige Hinweise

☐ _____

☐ _____

41

Q | **Anwaltskosten gemäß Rechtsanwaltsvergütungsgesetz (RVG)**

für den oben stehenden Auftrag/die oben stehenden Aufträge, und zwar für

_____

(Angabe der Vollstreckungsmaßnahme)

Gegenstandswert (§ 25 RVG) aus _____ €

1. Verfahrensgebühr (VV Nr. 3309, ggf. i. V. m. VV Nr. 1008) _____ €

2. _____ (VV Nr. _____) _____ €

3. Auslagen oder Auslagenpauschale (VV Nr. 7001 oder VV Nr. 7002) _____ €

4. weitere Auslagen (VV Nr. _____) _____ €

5. Umsatzsteuer (VV Nr. 7008) _____ €

Summe _____ 0,00 €

Anwaltskosten gemäß Rechtsanwaltsvergütungsgesetz (RVG)

für den oben stehenden Auftrag/die oben stehenden Aufträge, und zwar für

_____

(Angabe der Vollstreckungsmaßnahme)

Gegenstandswert (§ 25 RVG) aus _____ €

1. Verfahrensgebühr (VV Nr. 3309, ggf. i. V. m. VV Nr. 1008) _____ €

2. _____ (VV Nr. _____) _____ €

3. Auslagen oder Auslagenpauschale (VV Nr. 7001 oder VV Nr. 7002) _____ €

4. weitere Auslagen (VV Nr. _____) _____ €

5. Umsatzsteuer (VV Nr. 7008) _____ €

Summe _____ 0,00 €

_____   _____

(Datum)   (Unterschrift, Auftraggeber)

Anlage 1

Forderungsaufstellung

☐ Der Gläubiger kann von dem Schuldner die nachfolgend aufgeführten Beträge beanspruchen:

☐ _____

(zusätzliche Informationen, z. B. bei Vollstreckung in unterschiedlicher Höhe gegen mehrere Schuldner)

_____ € ☐ Hauptforderung

_____ € ☐ Restforderung

_____ € ☐ Teilforderung

_____ € ☐ nebst _____ % Zinsen daraus/aus _____ Euro

seit dem _____ ☐ bis _____

_____ € ☐ nebst _____ % Zinsen daraus/aus _____ Euro
ab Antragstellung

_____ € ☐ nebst Zinsen in Höhe von _____ Prozentpunkten

über dem jeweiligen Basiszinssatz daraus/aus _____ Euro

seit dem _____ ☐ bis _____

_____ € ☐ nebst Zinsen in Höhe von _____ Prozentpunkten

über dem jeweiligen Basiszinssatz daraus/aus _____ Euro
ab Antragstellung

_____ € ☐ _____

_____ € ☐ _____

_____ € ☐ Säumniszuschläge gemäß § 193 Absatz 6 Satz 2 des Versicherungsvertragsgesetzes

_____ € ☐ titulierte vorgerichtliche Kosten ☐ Wechselkosten

_____ € ☐ Kosten des Mahn-/Vollstreckungsbescheides

_____ € ☐ festgesetzte Kosten

_____ € ☐ nebst _____ % Zinsen daraus/aus _____ Euro

seit dem _____ ☐ bis _____

_____ € ☐ nebst _____ % Zinsen daraus/aus _____ Euro
ab Antragstellung

_____ € ☐ nebst Zinsen in Höhe von _____ Prozentpunkten

über dem jeweiligen Basiszinssatz daraus/aus _____ Euro

seit dem _____ ☐ bis _____

_____ € ☐ nebst Zinsen in Höhe von _____ Prozentpunkten

über dem jeweiligen Basiszinssatz daraus/aus _____ Euro
ab Antragstellung

_____ € ☐ bisherige Vollstreckungskosten

____0,00___ € **Summe I**

_____ € ☐ gemäß sonstiger Anlage/-n des Gläubigers/Gläubigervertreters _____
(wenn Angabe möglich)
(zulässig, wenn in dieser Aufstellung die erforderlichen Angaben nicht oder nicht vollständig eingetragen werden können)

____0,00___ € **Summe II** (aus Summe I und Summe aus sonstiger Anlage/sonstigen Anlagen des
(wenn Angabe möglich) Gläubigers/Gläubigervertreters)

43

Anlage 2
Hinweise zum Ausfüllen und Einreichen des Vollstreckungsauftrags

Prozesskostenhilfe/ Verfahrenskostenhilfe	Ein Antrag auf Prozesskostenhilfe/Verfahrenskostenhilfe kann bei dem zuständigen Vollstreckungsgericht (Amtsgericht) unter Verwendung des amtlichen Formulars gestellt werden. Hierbei ist nach Maßgabe der Prozesskostenhilfeformularverordnung (PKHFV) das amtliche Formular zu verwenden.

Modul C   **Hinweise zur Beifügung von zusätzlichen Anlagen**

Die Beifügung einer zusätzlichen Anlage/von zusätzlichen Anlagen ist nur zulässig für Aufträge, Hinweise und Auflistungen, für die im Formular keine oder keine ausreichende Eingabemöglichkeit besteht.

Die Beifügung von zusätzlichen Anlagen für die Forderungsaufstellung, die von der Anlage 1 abweichen, ist zulässig, wenn die für den Auftrag erforderlichen Angaben nicht oder nicht vollständig in die Anlage 1 eingetragen werden können.

Modul G   Bei einem Auftrag zur Abnahme der Vermögensauskunft bitte das papiergebundene Formular **zweifach einreichen.**

Das Verfahren nach § 807 ZPO (Modul G2) kann nicht durchgeführt werden, wenn der Schuldner nicht angetroffen wird. In diesem Fall bleibt die Möglichkeit, die Vermögensauskunft nach § 802f Absatz 1 Satz 1 ZPO zu beantragen.

Modul L   **Hinweise zur Ermittlung des Aufenthaltsorts des Schuldners (§ 755 ZPO)**
Der Auftrag ist nur in Verbindung mit einem Vollstreckungsauftrag und nur für den Fall zulässig, dass der Wohnsitz oder der gewöhnliche Aufenthaltsort bzw. die gegenwärtige Anschrift, der Ort der Hauptniederlassung oder der Sitz des Schuldners nicht bekannt ist.

Die Anfragen beim Ausländerzentralregister und der aktenführenden Ausländerbehörde (Modul L4), bei den Trägern der gesetzlichen Rentenversicherung (Modul L5) sowie beim Kraftfahrt-Bundesamt (Modul L6) sind nur zulässig, falls der Aufenthaltsort des Schuldners durch Nachfrage bei der Meldebehörde (Modul L3) nicht zu ermitteln ist. Der Nachfrage bei der Meldebehörde steht gleich die Einsicht in das Handels-, Genossenschafts-, Partnerschafts-, Unternehmens- oder Vereinsregister (Modul L7) und die Einholung einer Auskunft bei den nach Landesrecht für die Durchführung der Aufgaben nach § 14 Absatz 1 der Gewerbeordnung zuständigen Behörden (Modul L8) bei dem Schuldner, der in die genannten Register eingetragen ist.

Die Anfrage beim Ausländerzentralregister (Modul L4) ist bei Unionsbürgern nur zulässig, wenn – darzulegende – tatsächliche Anhaltspunkte für die Vermutung der Feststellung des Nichtbestehens oder des Verlusts des Freizügigkeitsrechts vorliegen.

Modul M   **Hinweise zur Einholung von Auskünften Dritter (§ 802l ZPO)**
Die Einholung von Drittauskünften ist zulässig, wenn der Schuldner seiner Pflicht zur Abgabe der Vermögensauskunft nicht nachkommt oder bei einer Vollstreckung in die dort aufgeführten Vermögensgegenstände eine vollständige Befriedigung des Gläubigers nicht zu erwarten ist.

Der Gerichtsvollzieher darf Daten, die er im Auftrag eines anderen Gläubigers eingeholt hat und die innerhalb der letzten drei Monate bei ihm eingegangen sind, an den weiteren Gläubiger weitergeben, wenn die Voraussetzungen für die Datenerhebung auch bei dem weiteren Gläubiger vorliegen (§ 802l Absatz 4 Satz 1 ZPO). Auf Antrag des weiteren Gläubigers ist eine erneute Auskunft nur dann einzuholen, wenn Anhaltspunkte dargelegt werden, dass nach dem Eingang der Auskunft bei dem Gerichtsvollzieher eine Änderung der Vermögensverhältnisse des Schuldners eingetreten ist. Ein solcher Antrag kann – vorsorglich – bereits mit der Auftragserteilung gestellt werden.

Auf der Grundlage von § 753 Abs. 3 ZPO, der durch das Gesetz zur Reform der **53** Sachaufklärung in der Zwangsvollstreckung vom 29.7.2009 (BGBl I, S. 2258) eingefügt worden ist, hat das Bundesministerium der Justiz und für Verbraucherschutz die „**Gerichtsvollzieherformular-Verordnung** vom 28.9.2015" (BGBl I, S. 1586) erlassen.[40] Durch die Änderungen aufgrund des Gesetzes zur Durchführung der Verordnung (EU) Nr. 655/2014 sowie zur Änderung sonstiger zivilprozessualer, grundbuchrechtlicher und vermögensrechtlicher Vorschriften und zur Änderung der Justizbeitreibungsordnung (EuKoPfVODG) vom 21.11.2016 (BGBl I, S. 2591) wurde das Formular für den Vollstreckungsauftrag angepasst. Die derzeit gültige Form ist vorstehend abgedruckt. Das Formular beinhaltet weitgehend alle Möglichkeiten zu Ermittlung, Anfragen, Auftrag und Vermögensauskunft.

Nach § 2 der Formular-VO sind inhaltliche Abweichungen nicht zulässig. Soweit **54** für den beabsichtigten Vollstreckungsauftrag in dem Formular keine zweckmäßige Möglichkeit zur Eintragung vorgesehen ist, kann ein geeignetes Freitextfeld oder eine zusätzliche Anlage verwendet werden. Die Verwendung mehrerer Freitextfelder und zusätzlicher Anlagen ist zulässig. Weiterhin reicht es aus, wenn der Antragsteller nur die Seiten des Formulars nutzt und einreicht, auf denen sich Angaben des Antragstellers befinden oder nur die Module des Formulars, die Angaben des Antragstellers enthalten. Die durch das Formular festgelegte Reihenfolge der Module ist einzuhalten.

Die mehrfache Verwendung von Modulen für den Vollstreckungsauftrag ist zulässig. Innerhalb eines Moduls darf eine Erweiterung der für Eintragungen vorgesehenen Felder vorgenommen werden, soweit hierfür Bedarf besteht. Im Fall der Einreichung eines Vollstreckungsauftrags, der Module mehrfach verwendet oder nicht aus allen Modulen des Formulars besteht, muss der Antragsteller dafür Sorge tragen, dass das eingereichte Formular aus sich heraus für die Durchführung des Vollstreckungsauftrags durch einen Gerichtsvollzieher verständlich ist.

Bereits vor dem amtlichen Vordruck für den Gerichtsvollzieherauftrag hatte der **56** Verordnungsgeber zur Vereinfachung und Vereinheitlichung in der Forderungspfändung den Vordruckzwang geregelt (Zwangsvollstreckungsformular-Verordnung – ZVFV) vom 23.8.2012,[41] geändert durch Art. 1 der Verordnung vom 16.6.2014.[42] Auf der Grundlage von § 758a Abs. 6 und § 829 Abs. 4 ZPO wurde ein Formular für den Antrag auf Erlass einer richterlichen Durchsuchungsanordnung und Formulare für den Antrag auf Erlass eines Pfändungs- und Überweisungsbeschlusses eingeführt. Diese Formulare wurden ab dem 1.3.2013 verbindlich. Allerdings war und ist weiterhin nicht unbestritten, ob der Formzwang nur für den Antrag selbst gilt (§ 2 ZVFV: „Für den *Antrag* auf Erlass eines Pfändungs- und

---

40 Hierzu *Brückner*, DGVZ 2015, 237.
41 BGBl I, S. 1822.
42 BGBl I, S. 754.

Überweisungsbeschlusses ... werden folgende Formulare eingeführt ...") oder auch für das gesamte Formular, einschließlich des gerichtlichen Beschlusses (§ 3 ZVFV: „Vom 1.3.2013 an sind die ...*Formulare* verbindlich zu nutzen."). Richtig sein kann aber nur, dass der Antrag des Gläubigers verbindlich vorgegeben wird. Der Inhalt eines gerichtlichen Beschlusses kann nicht vom Verordnungsgeber verbindlich vorgeschrieben werden.

57 Die amtlichen Formulare für den Pfändungs- und Überweisungsbeschluss haben von Anfang an zu enormen praktischen Umsetzungsproblemen geführt. Der BGH[43] hat in seinem Beschl. v. 13.2.2014 mit erstaunlicher Deutlichkeit festgestellt:

■ Die den Formularzwang für Anträge auf Erlass eines Pfändungs- und Überweisungsbeschlusses regelnden Rechtsnormen können verfassungskonform dahingehend ausgelegt werden, dass der Gläubiger vom Formularzwang entbunden ist, soweit das Formular unvollständig, unzutreffend, fehlerhaft oder missverständlich ist.

■ In diesen, seinen Fall nicht zutreffend erfassenden Bereichen ist es nicht zu beanstanden, wenn er in dem Formular Streichungen, Berichtigungen oder Ergänzungen vornimmt oder das Formular insoweit nicht nutzt, sondern auf beigefügte Anlagen verweist.

■ Ein Antrag auf Erlass eines Pfändungs- und Überweisungsbeschlusses ist nicht formunwirksam, wenn sich der Antragsteller eines Antragsformulars bedient, das im Layout geringe, für die zügige Bearbeitung des Antrags nicht ins Gewicht fallende Änderungen enthält.

■ Ein Antrag auf Erlass eines Pfändungs- und Überweisungsbeschlusses ist auch nicht deshalb formunwirksam, weil das Antragsformular nicht die in dem Formular gemäß Anlage 2 zu § 2 Nr. 2 ZVFV enthaltenen grünfarbigen Elemente aufweist.

58 Die Leitsätze 3 zum Layout und 4 zur farblichen Gestaltung lassen erkennen, mit welch „schwerwiegenden" Fragen sich die Instanzgerichte befassen mussten (!). Nicht zuletzt aufgrund der Entscheidung des BGH (und der massiven Kritik aus der Praxis) wurde die Zwangsvollstreckungsformular-Verordnung vom 23.8.2012 durch Art. 1 der Verordnung vom 16.6.2014 (BGBl I 2014, S. 754) geändert. Allerdings hat der Gesetzgeber mit den geänderten Formularen auf die Diskussion der Unstimmigkeiten in den amtlichen Formularen nur minimal reagiert. Die Diskussion über den Inhalt der Formulare geht weiter. In einer neueren Entscheidung betont der BGH[44] allerdings auch: „*Bietet das Antragsformular gemäß Anlage 2 zu § 2 Satz 1 Nr. 2 ZVFV hinsichtlich der Forderungsaufstellung eine vollständige Eintragungsmöglichkeit, ist ausschließlich das vorgegebene Formular zu nutzen*". Nach

---

43 BGH v. 13.2.2014 – VII ZB 39/13, Rpfleger 2014, 272.
44 BGH v. 4.11.2015 – VII ZB 22/15, NJW 2016, 81 = Rpfleger 2016, 167 und erneut BGH v. 11.5.2016 – VII ZB 54/15, Rpfleger 2016, 660 = NJW 2016, 2668.

dem Sachverhalt hatte der Gläubiger auf Seite 3 des Formulars keine Eintragung zur Forderungshöhe vorgenommen, sondern ausschließlich auf eine als Anlage beigefügte Forderungsaufstellung verwiesen. Dieser Vorgehensweise widerspricht der BGH nunmehr. Da in dem Antrag auf Erlass eines Pfändungs- und Überweisungsbeschlusses eine Eintragung von Inkassokosten nicht vorgesehen ist, können diese in einer Anlage dargestellt werden. Es ist auch nicht zu beanstanden, wenn die Gerichtskosten nicht auf Blatt 9, Feld I eingetragen sind, sondern in der Anlage, in welcher auch die Inkassokosten geltend gemacht wurden.[45]

Die für die amtlichen Formulare geführte Diskussion ist genereller Natur und auch **59** auf das Auftragsformular für Gerichtsvollzieher übertragbar. Füllt der Antragsteller das Formular nicht korrekt aus oder ändert es unbegründet eigenständig ab, kann der Gerichtsvollzieher den Auftrag monieren oder sogar ablehnen.

II. Vereinfachter Vollstreckungsauftrag bei Vollstreckungsbescheiden

Mit dem Gesetz zur Durchführung der Verordnung (EU) Nr. 655/2014 sowie zur **60** Änderung sonstiger zivilprozessualer, grundbuchrechtlicher und vermögensrechtlicher Vorschriften und zur Änderung der Justizbeitreibungsordnung (EuKoPf-VODG) vom 21.11.2016 (BGBl I, S. 2591) wurde § 754a ZPO neu eingefügt. Im Fall eines elektronisch eingereichten Auftrags zur Zwangsvollstreckung aus einem Vollstreckungsbescheid, der einer Vollstreckungsklausel nicht bedarf, ist bei der Zwangsvollstreckung wegen Geldforderungen die Übermittlung der Ausfertigung des Vollstreckungsbescheides entbehrlich, wenn

■ die sich aus dem Vollstreckungsbescheid ergebende fällige Geldforderung einschließlich titulierter Nebenforderungen und Kosten nicht mehr als 5.000,00 EUR beträgt; Kosten der Zwangsvollstreckung sind bei der Berechnung der Forderungshöhe nur zu berücksichtigen, wenn sie allein Gegenstand des Vollstreckungsauftrags sind;

■ die Vorlage anderer Urkunden als der Ausfertigung des Vollstreckungsbescheides nicht vorgeschrieben ist;

■ der Gläubiger dem Auftrag eine Abschrift des Vollstreckungsbescheides nebst Zustellungsbescheinigung als elektronisches Dokument beifügt und

■ der Gläubiger versichert, dass ihm eine Ausfertigung des Vollstreckungsbescheides und eine Zustellungsbescheinigung vorliegen und die Forderung in Höhe des Vollstreckungsauftrags noch besteht.

Sollen Kosten der Zwangsvollstreckung vollstreckt werden, sind dem Auftrag zu- **61** sätzlich eine nachprüfbare Aufstellung der Kosten und entsprechende Belege als elektronisches Dokument beizufügen, § 754a Abs. 1 ZPO.

---

45 LG Neubrandenburg v. 8.10.2014 – 2 T 206/14, JurBüro 2015, 101.

62   Hat der Gerichtsvollzieher Zweifel an dem Vorliegen einer Ausfertigung des Vollstreckungsbescheides oder der übrigen Vollstreckungsvoraussetzungen, teilt er dies dem Gläubiger mit und führt die Zwangsvollstreckung erst durch, nachdem der Gläubiger die Ausfertigung des Vollstreckungsbescheides übermittelt oder die übrigen Vollstreckungsvoraussetzungen nachgewiesen hat, § 754a Abs. 2 ZPO.

63   Die Vorschrift übernimmt den Regelungsinhalt von § 829a ZPO (vereinfachter Antrag auf Zwangsvollstreckung zur Pfändung und Überweisung einer Geldforderung bei Vollstreckungsbescheiden). Für Vollstreckungsaufträge an Gerichtsvollzieher sieht § 753 Abs. 3 S. 2 ZPO vor, dass für elektronisch eingereichte Aufträge besondere Formulare eingeführt werden können. Der mit dieser Möglichkeit verbundene Ressourcengewinn wird allerdings in der Praxis nicht ausgeschöpft werden können, wenn dem Antrag die vollstreckbare Ausfertigung des Titels und gegebenenfalls weitere Urkunden beigefügt werden müssen, die in der Regel nur in Papierform vorliegen. Mit der neuen Bestimmung soll eine Vereinfachung und Beschleunigung des Zwangsvollstreckungsverfahrens erreicht werden, soweit die Zwangsvollstreckung von Geldforderungen durch den Gerichtsvollzieher auf der Grundlage von Vollstreckungsbescheiden betroffen ist.

64   Bei der Bemessung der Wertgrenze bis zu 5.000,00 EUR sind nur „titulierte" Nebenforderungen und Kosten zu berücksichtigen. Der Gerichtsvollzieher hat dadurch keine schwierigen Abgrenzungsfragen zu klären, zumal er die zu vollstreckende Gesamtforderung ohnehin berechnen muss.

65   Die Berücksichtigung dieser Forderungen ist auch darin begründet, dass sie sich aus grundsätzlich erstattungsfähigen, tatsächlich entstandenen Aufwendungen des Gläubigers, gesetzlichen Zinsen bzw. aus Verfahrenskosten, die durch einen Kostenfestsetzungsbeschluss festgestellt werden, zusammensetzen, die gemäß § 367 BGB vorrangig befriedigt werden. Dabei laufen insbesondere die Zinsen nicht deshalb auf, weil der Gläubiger mit der Vollstreckung zuwartet, sondern weil der Schuldner die titulierte Forderung nicht bezahlt. Außer Betracht sollen die in § 788 Abs. 1 ZPO genannten Kosten der Zwangsvollstreckung bleiben, die ohne gerichtliche Kostenfestsetzung zusammen mit dem vollstreckbaren Anspruch beigetrieben werden. Der Gläubiger ist allerdings berechtigt, für die Kosten der Zwangsvollstreckung ebenfalls einen gesonderten Kostenfestsetzungsbeschluss zu beantragen.

66   Für den Fall einer missbräuchlichen Vollstreckung über das titulierte Maß hinaus wird der Schuldner dadurch geschützt, dass der Gerichtsvollzieher auch bei einem vereinfachten Vollstreckungsauftrag eine Quittung nach § 757 Abs. 1 ZPO zu erteilen hat. Die Quittung ermöglicht – unabhängig von einer beim vereinfachten Vollstreckungsauftrag nach § 754a ZPO nicht stattfindenden Übergabe einer vollstreckbaren Ausfertigung – eine Einstellung oder Beschränkung der Zwangsvollstreckung nach § 775 Nr. 4 ZPO.

67   Zusätzlichen Schuldnerschutz gewährt § 754a Abs. 2 ZPO für Fälle, in denen der Gerichtsvollzieher trotz entsprechender Gläubigerversicherung begründete Zweifel an dem Vorliegen einer Vollstreckungsvoraussetzung hat. Er kann auch beim vereinfachten Vollstreckungsauftrag eine schriftliche Ausfertigung des Vollstreckungsbescheides und den Nachweis der Vollstreckungsvoraussetzungen verlangen. Derlei begründete Zweifel können sich beispielsweise aus der Unleserlichkeit der elektronisch übermittelten Ausfertigung oder aus Abweichungen zwischen dieser und dem Vollstreckungsauftrag etwa hinsichtlich des Forderungsbetrages ergeben.

§ 2 Sachpfändung durch den Gerichtsvollzieher

A. Der Vollstreckungsauftrag

I. Form und Inhalt

Der Gerichtsvollzieher wird nur auf Antrag des Gläubigers tätig (§ 753 Abs. 1 **1** ZPO). Wie in jedem anderen Zwangsvollstreckungsverfahren bestimmt auch hier die Dispositionsmaxime des Gläubigers die Einleitung und den Umfang des Verfahrens. Der Gläubiger kann jederzeit den Vollstreckungsauftrag zurücknehmen, in diesem Fall hat der Gerichtsvollzieher seine Tätigkeit sofort einzustellen, bereits getroffene Vollstreckungsmaßnahmen werden aufgehoben.

Der Antrag kann **isoliert** oder **kombiniert** mit einem Antrag auf Vermögensaus- **2** kunft gestellt werden, § 802 Abs. 2 S. 4, § 807 ZPO. Der Antrag auf Vermögensauskunft kann auch alleine an den Anfang der Vollstreckung gestellt werden, § 802a Abs. 2 Nr. 2, § 802c ff. ZPO.

Örtlich zuständig ist der Gerichtsvollzieher, in dessen Bezirk die Sachpfändung **3** erfolgen soll; die Bezirke werden durch den Präsidenten bzw. Direktor des AG zugewiesen (§ 154 GVG). Ein Verstoß gegen die örtliche Zuständigkeit macht die Vollstreckungsmaßnahme nicht nichtig, sondern nur anfechtbar (§ 20 GVO).[1] Falls dem Gläubiger der zuständige Gerichtsvollzieher nicht bekannt ist, kann wegen Erteilung des Auftrags die Mithilfe des Amtsgerichts in Anspruch genommen werden (§ 753 Abs. 2 ZPO). In der Praxis ist es üblich, den Antrag an die jeweilige **Gerichtsvollzieherverteilerstelle** des Amtsgerichts zu senden (vgl. § 31 GVGA).

> *Hinweis* **4**
>
> Empfehlenswert ist jedoch immer, den Vollstreckungsauftrag direkt an den zuständigen Gerichtsvollzieher zu richten. Den Namen und die Anschrift erfährt der Gläubiger über die Gerichtsvollzieherverteilerstelle. Hierbei sollte direkt gefragt werden, ob der zuständige Gerichtsvollzieher auch zurzeit im Dienst und nicht abwesend ist.

---

1 Thomas/Putzo/*Seiler*, ZPO, § 753 Rn 7; Musielak/Voit/*Lackmann*, ZPO, § 753 Rn 16.

5 Der Antrag kann **schriftlich** gestellt und muss unterschrieben werden, ein Faksimile-Stempel genügt nicht.[2] Wurde ein Vollstreckungsauftrag mittels eingescannter Unterschrift erteilt, reicht ein später an den Gerichtsvollzieher gerichteter, vom Gläubigervertreter eigenhändig unterschriebener Schriftsatz aus, um eventuelle Zweifel an der Ernsthaftigkeit und Authentizität des Vollstreckungsauftrags zu beseitigen und dem etwaigen Erfordernis einer eigenhändigen Unterschrift zu genügen.[3] Aufgrund einer einem Rechtsanwalt erteilten Vollmacht kann dieser die gesamte Zwangsvollstreckung durchführen. Ist eine Kanzleimitarbeiterin von dem Rechtsanwalt ständig zur Abgabe von Willenserklärungen i.R.d. Zwangsvollstreckung bevollmächtigt, kann diese auch für den vom Rechtsanwalt vertretenen Gläubiger wirksam einen Zwangsvollstreckungsauftrag erteilen.[4]

6 Durch den Vollstreckungsauftrag und die Übergabe der vollstreckbaren Ausfertigung wird der Gerichtsvollzieher ermächtigt, Leistungen des Schuldners entgegenzunehmen und diese zu quittieren sowie mit Wirkung für den Gläubiger Zahlungsvereinbarungen nach Maßgabe des § 802b ZPO zu treffen. Dem Schuldner und Dritten gegenüber wird der Gerichtsvollzieher zur Vornahme der Zwangsvollstreckung und notwendiger weiterer Handlungen durch den Besitz der vollstreckbaren Ausfertigung ermächtigt, § 754 ZPO.

7 Auf der Grundlage von § 753 Abs. 3 ZPO, der durch das Gesetz zur Reform der Sachaufklärung in der Zwangsvollstreckung vom 29.7.2009 (BGBl I, S. 2258) eingefügt worden ist, hat das Bundesministerium der Justiz und für Verbraucherschutz die „**Gerichtsvollzieherformular-Verordnung**" vom 28.9.2015" (BGBl I, S. 1586) erlassen. Durch die Änderungen aufgrund des Gesetzes zur Durchführung der Verordnung (EU) Nr. 655/2014 sowie zur Änderung sonstiger zivilprozessualer, grundbuchrechtlicher und vermögensrechtlicher Vorschriften und zur Änderung der Justizbeitreibungsordnung (EuKoPfVODG) vom 21.11.2016 (BGBl I, S. 2591) wurde das Formular für den Vollstreckungsauftrag angepasst.[5]

Die derzeit gültige Form des Formulars ist abgedruckt in § 1 Rdn 52.

---

2 LG Coburg v. 26.11.1993 – 2 T 112/93, DGVZ 1994, 62; LG München I v. 26.10.1982 – 20 T 18645/82, DGVZ 1983, 57; Zöller/*Stöber*, ZPO, § 753 Rn 5; Musielak/Voit/*Lackmann*, ZPO, § 753 Rn 6; anders *Riecke*, DGVZ 2002, 49: Die Entscheidung des gemeinsamen Senats der obersten Gerichtshöfe des Bundes v. 5.4.2000, GmSOGB 1/98 (NJW 2000, 2340), die EG-Richtlinie 1999/93/EG sowie die gem. § 126b BGB eingeführte Textform eröffnen zumindest spätestens ab 19.7.2001 die Möglichkeit der Antragsabfassung als Compu-Fax mit eingescannter Unterschrift, da § 754 ZPO keine Schriftform festlegt, mündliche und konkludente Antragstellung zulässt und die Antragstellung in Textform dem Auftraggeber/Gläubiger allemal besser erkennen lässt als dies bei einer konkludenten Antragstellung möglich wäre.
3 BGH v. 5.4.2005 – VII ZB 18/05, DGVZ 2005, 94.
4 LG Amberg v. 11.10.2005 – 31 T 523/05, Rpfleger 2006, 90.
5 Hierzu *Salten*, MDR 2016, 125; *Brückner*, DGVZ 2015, 237.

II. Forderungsaufstellung

Grundsätzlich hat der Gläubiger die Forderung nach Kosten, Zinsen und Haupt-
anspruch zu bezeichnen. Bereits geleistete Zahlungen des Schuldners sind hierbei
zu verrechnen (§ 367 BGB bzw. § 497 Abs. 3 BGB). Der Gerichtsvollzieher prüft
hierbei auch die Notwendigkeit der bisherigen Vollstreckungskosten (§ 788 ZPO). **8**

Maschinell ausgedruckte Forderungsaufstellungen können neben dem amtlichen **9**
Formular nur noch in besonderen Ausnahmefällen in Betracht kommen. In jedem
Falle müssen dann die **Einzelpositionen** hierbei im Klartext dargestellt, klar unter-
schieden und leicht nachprüfbar sein.[6] Allerdings hat sich der BGH[7] bereits zum
Formular für einen Pfändungsbeschluss deutlich geäußert: „Bietet das Antragsfor-
mular [...] hinsichtlich der Forderungsaufstellung eine vollständige Eintragungsmöglichkeit, ist ausschließlich das vorgegebene Formular zu nutzen." Nach dem
Sachverhalt hatte der Gläubiger auf Seite 3 des Formulars für den Pfändungs- und
Überweisungsbeschluss keine Eintragung zur Forderungshöhe vorgenommen, sondern ausschließlich auf eine als Anlage beigefügte Forderungsaufstellung verwiesen. Dieser Vorgehensweise widerspricht der BGH. Nur wenn in dem Antrag auf
Erlass eines Pfändungs- und Überweisungsbeschlusses eine Eintragung von Inkassokosten nicht vorgesehen ist, können diese in einer Anlage dargestellt werden. Es
ist auch nicht zu beanstanden, wenn die Gerichtskosten nicht auf Blatt 9, Feld I eingetragen sind, sondern in der Anlage, in welcher auch die Inkassokosten geltend
gemacht wurden.[8]

Der Gläubiger hat bei Erteilung des Vollstreckungsauftrags die **Forderungsent-** **10**
wicklung nicht lückenlos nachzuweisen; der Antrag ist auch dann zutreffend gefasst, wenn er nur noch die zu vollstreckende Rest- oder Teilforderung bezeichnet.
Eine Gesamtabrechnung der Forderung einschließlich aller einmal entstandenen
Nebenkosten und die Glaubhaftmachung der Vollstreckungskosten sowie die Darstellung aller Ratenzahlungen des Schuldners kann vom Gläubiger i.d.R. nicht verlangt werden.[9]

Macht der Gläubiger eine **Restforderung** geltend, hat er auch diese durch eine **11**
nachvollziehbare und verständliche Berechnung darzutun. Auch hier genügt eine
maschinell hergestellte Berechnung nur dann, wenn sie nicht mit einer Vielzahl
von Schlüsselzahlen und Abkürzungen zu lesen ist.[10] Bei einer **Rest*haupt*for-**

6   LG Paderborn v. 7.9.1987 – 5 T 349/87, JurBüro 1988, 249 = DGVZ 1989, 63; LG Tübingen v.
    15.11.1988 – 5 T 243/88, DGVZ 1990, 43; LG Heidelberg v. 9.2.1982 – 4 T 16/81, DGVZ 1982,
    119; Angabe der Zinsen; AG Itzehoe v. 30.9.1996 – 24 M 2781/96, DGVZ 1997, 95.
7   BGH v. 4.11.2015 – VII ZB 22/15, NJW 2016, 81 = Rpfleger 2016, 167 und erneut BGH v.
    11.5.2016 – VII ZB 54/15, Rpfleger 2016, 660 = NJW 2016, 2668.
8   LG Neubrandenburg v. 8.10.2014 – 2 T 206/14, JurBüro 2015, 101.
9   LG Stendal v. 5.5.2000 – 25 T 116/00, JurBüro 2000, 491; a.A. LG Deggendorf v. 25.4.2006 – 1 T
    39/06, DGVZ 2006, 116; LG Coburg v. 3.6.1996 – 41 T 18/96, DGVZ 1996, 158.
10 LG Tübingen v. 15.11.1988 – 5 T 243/88, DGVZ 1990, 43.

derung ist der Gerichtsvollzieher verpflichtet, die nicht titulierten bisherigen Vollstreckungskosten auf ihre Höhe und Notwendigkeit zu überprüfen, und dazu befugt, eine spezifizierte Forderungsberechnung vom Gläubiger anzufordern.[11] Diese Auffassung ist jedoch als zu weitgehend und vom Gesetz auch nicht legitimiert abzulehnen. Der Schuldner muss die Einwendungen gegen die nach seiner Ansicht zu hohe Restforderung im Wege der Vollstreckungsgegenklage geltend machen.[12]

12 Nicht überzeugend ist daher auch das Argument, der Schuldner müsse davor geschützt werden, dass unberechtigte Beträge gegen ihn vollstreckt werden. Prädestiniert und berufen zu einer solchen Überprüfung soll in erster Linie das Vollstreckungsgericht bzw. der Gerichtsvollzieher sein, da insoweit ein staatlicher Anspruch auf Gewährung von Rechtsschutz gegeben sein muss.

13 Richtig ist jedoch, dass der Schuldner erstens Rechtsschutz grundsätzlich nur auf Antrag erhält. Auch sind die Einwendungen gegen die vollstreckbare Forderung als solche und auch die angeblich fehlerhafte Verrechnung von bereits geleisteten Teilzahlungen ausschließlich im Wege der Vollstreckungsgegenklage zu verfolgen. Es ist nicht Aufgabe des Vollstreckungsorgans, diese Prüfung im formalisierten Zwangsvollstreckungsverfahren vorzunehmen. Selbst wenn der Schuldner i.R.d. Vollstreckung Zahlungsbelege vorlegt, ist die Vollstreckung bei Bestreiten des Gläubigers fortzusetzen (§ 775 Nr. 4, 5 ZPO).[13]

14 *Hinweis*

Um diese Probleme zu umgehen, aber auch aus Gründen der Zeit- und Kostenersparnis empfiehlt es sich für den Gläubiger, den Pfändungsauftrag auf einen Teilbetrag zu beschränken.[14]

15 Streitig ist, ob der Gläubiger auch in diesem Fall eine genaue Berechnung seiner Forderung beizufügen hat.[15] Überwiegend wird jedoch die Auffassung vertreten, dass bei Geltendmachung einer Teilforderung eine Forderungsaufstellung nicht vorgelegt werden muss. Ebenfalls sind die Kosten früherer Vollstreckungsmaßnah-

---

11 OLG Stuttgart v. 28.7.1987 – 8 W 341/87, JurBüro 1987, 1813; LG Tübingen v. 15.11.1988 – 5 T 243/88, DGVZ 1990, 43; LG Hagen v. 18.3.1994 – 3 T 181/94, DGVZ 1994, 91; LG Siegen v. 12.9.1990 – 4 T 304/90, DGVZ 1991, 27; LG Bad Kreuznach v. 24.1.1991 – 2 T 1/91, DGVZ 1991, 117; AG Berlin-Schöneberg v. 8.2.1991 – 30 M 7003/91, JurBüro 1991, 1265; AG Ibbenbüren v. 3.12.1987 – 9 M 2375/87, JurBüro 1988, 674; AG St. Wendel v. 21.10.1999 – 2 M 1301/99, DGVZ 2000, 46; vgl. auch die zahlreichen Nachweise bei *Stöber*, Forderungspfändung, Rn 464 Fn 7.

12 LG Ravensburg v. 8.7.1987 – 2 T 88/87, DGVZ 1988, 44; LG Rottweil v. 17.5.1995 – 3 T 59/95, DGVZ 1995, 169; Musielak/Voit/*Lackmann*, ZPO § 753 Rn 10, 11.

13 Hierzu mit überzeugender Begründung *Stöber*, Forderungspfändung, Rn 464; Zöller/*Stöber*, ZPO, § 754 Rn 3; MüKo/*Heßler*, ZPO, § 753 Rn 27.

14 Musielak/Voit/*Lackmann*, ZPO, § 753 Rn 11.

15 In diesem Sinn: *E. Schneider*, DGVZ 1982, 149; LG München v. 2.6.1978 – 20 T 6355/78, DGVZ 1978, 170; LG Darmstadt v. 9.6.1983 – 5 T 1131/82, DGVZ 1984, 88; LG Aachen v. 5.9.1983 – 5 T 321/83, JurBüro 1984, 297; LG Bad Kreuznach v. 24.1.1991 – 2 T 1/91, DGVZ 1991, 117.

men nicht anzugeben und auch durch das Vollstreckungsorgan nicht nachzuprüfen.[16]

Der Gerichtsvollzieher ist auch nicht berechtigt, die Vollstreckung wegen einer **16** Teilforderung von der Hergabe einer Forderungsaufstellung abhängig zu machen, insbesondere dann nicht, wenn keine Anhaltspunkte für geleistete Zahlungen des Schuldners bestehen.[17]

III. Bagatellforderung

Es kommt immer wieder vor, dass der Gläubiger nur (noch) geringe Beträge zu **17** vollstrecken hat: Der Vollstreckungsauftrag wurde erteilt und genau in diesem Zeitraum zahlt der Schuldner die titulierte Forderung, offen bleiben somit die Kosten für den Vollstreckungsauftrag und die Gerichtsvollzieherkosten, oder der Schuldner hat den Hauptsachebetrag gezahlt, offen bleiben die Zinsbeträge, oder es ist tatsächlich nur ein geringer Betrag tituliert.

Die Inanspruchnahme des Gerichtsvollziehers setzt als Vollstreckungshandlung ein **18** **Rechtsschutzbedürfnis** voraus. Dieses Rechtsschutzbedürfnis ist aber nicht ausgeschlossen, wenn der Gläubiger nur wegen einer geringen Forderung (Bagatellforderung) die Zwangsvollstreckung beantragt.[18] Da es im Gesetz keine Beschränkung hinsichtlich der Höhe eines zu erstreitenden Urteils gibt, muss auch die zwangsweise Durchsetzung einer noch so geringen titulierten Forderung vom Ansatz her zulässig sein.[19]

Dass der Staat (z.B. das FA[20] oder die Justizkassen) noch offenstehende Schuld- **19** beträge in geringer Höhe (Bagatellforderung[21]) nicht mehr beitreibt, kann nicht zu der Auffassung führen, dass auch ein privater Gläubiger in diesem Umfang nicht mehr vollstrecken darf. Etwas anderes kann nur dann gelten, wenn die Vollstreckung mit grundgesetzlich geschützten Rechten kollidiert, z.B. dem Recht auf

---

16 LG Oldenburg v. 14.2.1980 – 5 T 19/80, DGVZ 1980, 88; LG Kaiserslautern v. 29.7.1981 – 5 T 105/81, DGVZ 1982, 157; LG Bielefeld v. 29.9.1983 – 3 T 717/83, DGVZ 1984, 121; LG Düsseldorf v. 14.2.1986 – 25 T 102/86, MDR 1986, 505; Zöller/*Stöber*, ZPO, § 754 Rn 7; Stein/Jonas/ *Münzberg*, ZPO, § 754 Rn 1; *Stöber*, Forderungspfändung, Rn 464; *Schuschke/Walker*, Vollstreckung und vorläufiger Rechtsschutz, § 753 Rn 6; Musielak/Voit/*Lackmann*, ZPO, § 753 Rn 10; *Wolf*, in: Hintzen/Wolf, Rn 2.7.

17 LG Frankfurt am Main v. 17.2.1988 – 2/9 T 1089/87, DGVZ 1988, 95.

18 In diesem Sinne aber: *E. Schneider*, DGVZ 1983, 132, der den Missbrauch bei Kleinstforderungen bejaht; AG Bremen v. 9.1.1989 – 25 M 8118/88, JurBüro 1989, 1021.

19 LG Verden v. 19.2.2015 – 6 T 35/15, DGVZ 2015, 169: 109,– EUR sind keine Bagatellforderung; LG Aachen v. 16.2.1987 – 5 T 17/87, JurBüro 1987, 924; AG Dresden v. 15.4.2008 – 501 M 5815/08, BeckRS 2008, 29128.

20 Vgl. Kleinbetragsverordnung vom 19.12.2000 (BGBl I, S. 1790, 1805), geändert durch Artikel 3 des Gesetzes vom 18.7.2016 (BGBl I, S. 1679).

21 Hierzu *Fischer/Mroß*, DGVZ 2016, 67.

Wohnung oder Eigentum.[22] Eine vermittelnde Auffassung verneint Rechtsmissbrauch und Treuwidrigkeit, wenn der Gläubiger vor der Vollstreckung den Schuldner erfolglos zur Zahlung des noch offenstehenden Restbetrags aufgefordert hat.[23]

IV. Zug-um-Zug-Leistung

1. Gesetzliche Regelung

20 In der Praxis tauchen immer wieder Schwierigkeiten auf, wenn die Vollstreckung von einer Zug-um-Zug zu bewirkenden Leistung des Gläubigers an den Schuldner abhängt. Die Abhängigkeit des zu vollstreckenden Anspruchs von einer Zug-um-Zug zu bewirkenden Gegenleistung des Gläubigers muss sich aus dem zugrunde liegenden Schuldtitel selbst eindeutig ergeben.[24]

21 Die Vollstreckung wegen einer Forderung, die den Schuldner nur gegen Aushändigung einer Inhaberschuldverschreibung zur Leistung verpflichtet, fällt grundsätzlich nicht unter §§ 756, 765 ZPO. Deshalb ist zu tenorieren, dass der Schuldner gegen Aushändigung der **Inhaberschuldverschreibung** zur Leistung verpflichtet ist. Ist irrtümlich der Schuldner zu einer Leistung Zug-um-Zug gegen Herausgabe von Inhaberschuldverschreibungen verurteilt worden, muss jedoch die Vollstreckung in Anwendung von §§ 756, 765 ZPO erfolgen.[25] Der BGH betont, dass die Vollstreckung wegen einer Forderung, die den Schuldner nur gegen Aushändigung einer Inhaberschuldverschreibung zur Leistung verpflichtet (§ 797 BGB), grundsätzlich nicht unter §§ 756, 765 ZPO fällt, da die Herausgabe des Papiers kein selbstständiger Gegenanspruch, sondern eine besondere Ausgestaltung des Rechts auf Quittung ist. Das Papier selbst hat keinen eigenen Vermögenswert, sondern ist ein Präsentations- und Einlösepapier. Allerdings ist die Zug-um-Zug-Leistung rein vollstreckungsrechtlich zu verstehen, unabhängig davon, ob materiell-rechtlich ein synallagmatisches Verhältnis besteht oder nicht. Im formalisierten Zwangsvollstreckungsverfahren ist daher grundsätzlich allein der Inhalt des Vollstreckungstitels maßgebend. Das Vollstreckungsorgan ist nicht befugt, in eigenmächtiger Abweichung vom Titel die Vollstreckung von der Vorlage von Urkunden abhängig zu machen. Dies gilt auch bei sammelverwahrten Wertpapieren.[26]

22 Vgl. hierzu MüKo/*Heßler*, ZPO § 753 Rn 50–51.

23 MüKo/*Heßler*, ZPO § 753 Rn 50–51; *Sibben*, DGVZ 1988, 181; LG Hannover v. 11.7.1991 – 11 T 139/91, DGVZ 1991, 190, Zinsforderung von 0,18 DM; LG Bochum v. 17.8.1993 – 7 T 761/93, Rpfleger 1994, 117.

24 KG v. 25.7.2000 – 1 W 2542/99, Rpfleger 2000, 556 = MDR 2000, 1213 = JurBüro 2000, 666 = DGVZ 2000, 150.

25 BGH v. 8.7.2008 – VII ZB 64/07, Rpfleger 2008, 648 = NJW 2008, 3144 = MDR 2008, 1182 = ZIP 2008, 2382.

26 LG Frankfurt am Main v. 5.5.2015 – 2–09 T 175/15, Rpfleger 2015, 716.

Ist bei einer Zug-um-Zug-Vollstreckung der Gläubiger nach dem Urteilstenor zur **22** Herausgabe von **Wertpapieren** verpflichtet, darf der Gerichtsvollzieher mit der Zwangsvollstreckung nur beginnen, wenn die Papiere der Schuldnerin tatsächlich körperlich zur Übergabe angeboten wurden.[27]

Ist der Schuldner zur Zahlung von Schadensersatz Zug-um-Zug gegen **Abtretung** **23** aller Ansprüche aus der Beteiligung des Gläubigers an einem **Investmentfonds** verurteilt worden, dann hat der Gerichtsvollzieher im Namen des Gläubigers dem Schuldner ein entsprechendes Angebot zum Abschluss eines Abtretungsvertrags vorzulegen. Die in der Übertragung einer Fondsbeteiligung bestehende Gegenleistung im Rahmen einer Zug-um-Zug-Verurteilung ist durch die Angabe des Gläubigers hinreichend bestimmt, wenn der Gläubiger nur Inhaber eines Anteils und nicht mehrerer Beteiligungen an dem Investmentfonds ist.[28]

Hängt die Zwangsvollstreckung des Gläubigers wegen der titulierten Geldforde- **24** rung davon ab, dass er dem Schuldner seine Ansprüche aus der Beteiligung an einer **Kommanditgesellschaft abtritt**, muss der Gerichtsvollzieher vor Beginn der Zwangsvollstreckung dem Schuldner die Schließung eines entsprechenden Abtretungsvertrages namens des Gläubigers antragen. Mit dem Einwand, zur Abtretung der Ansprüche aus der Beteiligung des Gläubigers erforderliche Zustimmungen lägen nicht vor, kann der Schuldner im Vollstreckungsverfahren nicht gehört werden; die betrifft eine materiell-rechtliche Frage, die im Erkenntnisverfahren vom Prozessgericht zu beantworten ist. Gesellschaftsrechtliche Schwierigkeiten bei der Übertragung von Fondsbeteiligungen stehen der Verurteilung zur Zahlung von Schadensersatz Zug um Zug gegen Übertragung aller Ansprüche aus der Beteiligung nicht entgegen, weil diese Schwierigkeiten in den Risikobereich des Schadensersatzpflichtigen und nicht in denjenigen des Geschädigten fallen.[29]

Die Vollstreckung setzt weiter voraus, dass die im Titel genannte Gegenleistung zu- **25** mindest **identifizierbar** bestimmt ist.[30] Ist dies nicht der Fall, kann auch wegen der Hauptleistung nicht vollstreckt werden. Lautet der Titel z.B. auf Rückgabe einer näher bezeichneten Software, so kann die Auslegung ergeben, dass damit die gesamte Nutzungsmöglichkeit entzogen werden soll. Dies reicht jedoch für die Bestimmtheit noch nicht aus, wenn sich aus dem Titel nicht auch ergibt, was genau die Gläubigerin in Bezug auf die von dem Schuldner entwickelte Software von diesem erhalten und in Besitz hat, es sei denn, insoweit bestünde Einigkeit zwischen

---

27 LG Wiesbaden v. 28.7.2010 – 4 T 325/10, DGVZ 2011, 70.
28 BGH v. 16.6.2016 – I ZB 58/15, NJW 2016, 3455.
29 BGH v. 16.6.2016 – I ZB 72/15, BeckRS 2016, 15391.
30 OLG Naumburg v. 28.10.2014 – 12 U 25/14, BeckRS 2015, 19834; LG Dresden v. 23.12.2015 – 2 T 1038/15, DGVZ 2016, 132; LG Koblenz v. 18.11.1999 – 2 T 689/99, DGVZ 2000, 117; LG Hildesheim v. 25.11.1998 – 5 T 713/98, DGVZ 2000, 93; AG Euskirchen v. 3.2.2015 – 11 M 2774/14, DGVZ 2015, 119.

den Parteien.[31] Ein Urteil auf Zahlung Zug-um-Zug gegen Rückgabe einer **Software** ist nur dann vollstreckbar, wenn in ihm die zu erbringende Gegenleistung in der Weise hinreichend bestimmt genug ist, dass diese ihrerseits zum Gegenstand einer Leistungsklage gemacht werden könnte.[32] Ist eine mittlere Art und Güte eines als Gegenleistung zur Verfügung zu stellenden Gegenstandes nicht zu ermitteln, kann die Zug-um-Zug-Leistung nicht vollstreckt werden.[33]

26 Allerdings ist ein Titel, in dem die Höhe einer Zahlungsverpflichtung sich aus einem noch einzuholenden Gutachten ergeben soll, inhaltlich unbestimmt und nicht zur Vollstreckung geeignet. Dies gilt auch dann, wenn die Höhe der Zug-um-Zug zu erbringenden Gegenleistung durch Gutachten ermittelt werden soll. Die Bestimmtheit eines Titels ist im Verfahren auf Erteilung der Vollstreckungsklausel zu prüfen. Trotz der Bindung des Vollstreckungsorgans an eine wirksam erteilte Klausel ist die Bestimmtheit des Titels aus faktischen Gründen im Vollstreckungsverfahren erneut zu untersuchen. Dies gilt auch dann, wenn eine Klauselerinnerung nach § 732 ZPO (zu Unrecht) rechtskräftig zurückgewiesen worden ist.[34]

27 Der Gerichtsvollzieher darf mit der Zwangsvollstreckung erst dann beginnen, wenn
- der Schuldner die ihm *tatsächlich* und in der *rechten Art und Weise* angebotene Leistung annehmen will, aber seinerseits die geschuldete Leistung nicht oder nicht vollständig erbringen kann

oder
- er sie nicht annimmt und dadurch in Annahmeverzug gerät

oder
- der Schuldner hinsichtlich der ihm gebührenden Leistung schon befriedigt ist[35] oder sich bereits in Annahmeverzug befindet

und
- sich die Tatsache der Befriedigung bzw. des Annahmeverzugs aus öffentlichen oder öffentlich beglaubigten Urkunden ergibt, die spätestens bei Beginn der Zwangsvollstreckung zugestellt werden.[36]

---

31 OLG Koblenz v. 17.4.2000 – 4 W 189/00, BeckRS 2000, 12786.
32 LG Heidelberg v. 19.7.2004 – 6 T 61/04 II, CR 2004, 890.
33 LG Münster v. 1.3.2013 – 5 T 111/13, DGVZ 2014, 67.
34 OLG Hamm v. 30.4.2010 – 25 W 74/10, NJOZ 2010, 2692 = MDR 2010, 1086.
35 LG Stuttgart v. 14.2.2007 – 2 T 44/07, DGVZ 2007, 69.
36 Hierzu *Fichtner*, DGVZ 2004, 1 und DGVZ 2004, 33: Bei der Zwangsvollstreckung nach § 756 Abs. 1 ZPO besteht eine enge Verknüpfung von materiellem und formellem Recht. Die materiell-rechtlichen Voraussetzungen des Annahmeverzugs sind zugleich formell-rechtliche Voraussetzung der Zwangsvollstreckung. Ein Titel auf Leistung Zug um Zug liegt nur vor, wenn die vom Vollstreckungsgläubiger geschuldete Leistung in der Erfüllung eines im Zurückbehaltungsrecht begründenden Anspruchs des Vollstreckungsschuldners liegt. Das Angebot des Gerichtsvollziehers ist ein hoheitlicher Vollstreckungsakt, der im Verhältnis von Gläubiger und Schuldner eine privatrechtliche Wirkung entfaltet. Es muss in Annahmeverzug begründender Weise erfolgen.

2. Wörtliches Angebot

Ausnahmsweise genügt ein **wörtliches Angebot**, wenn   **28**

■ zur Bewirkung der Leistung eine Mitwirkungshandlung des Schuldners notwendig ist (§ 295 S. 1, 2. Alt. BGB),

■ der Schuldner ausdrücklich und schon vor dem Angebot erklärt hat, er werde dieses nicht annehmen (§ 295 S. 1, 1. Alt. BGB).

Im Fall einer **Holschuld**, wenn also zur Leistungsbewirkung eine Handlung des Schuldners selbst erforderlich ist, reicht ein wörtliches Angebot an den Schuldner aus (§ 295 BGB).[37]   **29**

Das wörtliche Angebot allein genügt dann, wenn der Schuldner zuvor bestimmt und eindeutig die Erfüllung seiner Verpflichtung verweigert hat.[38] Ist eine Mitwirkungshandlung des Schuldners bzw. Gläubigers bei der Gegenleistung erforderlich, genügt ebenfalls ein wörtliches Angebot, wobei lediglich der Zugang dieses Angebots nachgewiesen sein muss, um den Verzug des Schuldners herzustellen. Bei einem unstreitigen Zugang des Angebots ist ein förmlicher Nachweis hierüber entbehrlich.[39]   **30**

Ist der Schuldner zur Zahlung Zug-um-Zug gegen Übergabe eines Grundstücks verurteilt, genügt ein wörtliches Angebot, um den Annahmeverzug herbeizuführen. Der Schuldner kommt auch in Annahmeverzug, wenn er zwar zur Annahme der Gegenleistung bereit ist, gegenüber der Vollstreckungsforderung aber die Aufrechnung erklärt.[40]   **31**

> *Hinweis*   **32**
>
> Nach dem Wortlaut des **§ 756 Abs. 2 ZPO** darf der Gerichtsvollzieher mit der Zwangsvollstreckung beginnen, wenn **der Schuldner auf dessen wörtliches Angebot erklärt**, dass er die Leistung nicht annehmen wird. So begrüßenswert diese Regelung auf der einen Seite ist, birgt sie jedoch die Gefahr, dass der Schuldner zu Beginn der Zwangsvollstreckung überhaupt keine Erklärung abgibt (er ist nicht anwesend oder schweigt). Fehlt in diesem Fall die wörtliche Annahmeverweigerung, bleibt dem Gläubiger wiederum nur, den Annahmeverzug nach § 756 Abs. 1 ZPO herbeizuführen.[41]

---

37 OLG Oldenburg v. 5.8.1991 – 2 W 88/91, MDR 1992, 74; LG Ravensburg v. 13.12.1985 – 2 T 258/85, DGVZ 1986, 88; AG Hamburg-Wandsbek v. 17.4.1980 – 718 M 3406/80, DGVZ 1980, 189; AG Hannover v. 30.10.1980 – 38 M 1176/80, DGVZ 1981, 45; Musielak/Voit/*Lackmann*, ZPO, § 756 Rn 5; *Wolf*, in: Hintzen/Wolf, Rn 3.340.

38 BGH v. 15.11.1996 – V ZR 292/95, Rpfleger 1997, 221.

39 LG Coburg v. 18.4.2005 – 41 T 66/05, DGVZ 2005, 107.

40 AG Hannover v. 26.1.2016 – 753 M 37507/16, DGVZ 2016, 53.

41 Vgl. hierzu ausführlich *Behr*, JurBüro 2000, 117, 118.

3. Annahmeverzug des Schuldners

33 Liegen die Voraussetzungen nach § 756 Abs. 2 ZPO nicht vor, muss der Gerichtsvollzieher selbstständig prüfen, ob der Gläubiger seine Leistung erbracht oder in einer den Verzug begründenden Weise angeboten hat.[42]

34 Bei der Vollstreckung muss in jedem Fall die volle **Gegenleistung** erbracht werden. Eine Teilvollstreckung nach teilweise erfolgter Gegenleistung ist nicht zulässig.[43] Besteht die Gegenleistung einer Zug-um-Zug-Verurteilung in einer von dem Gläubiger zu erbringenden handwerklichen Leistung, so kann die Vollstreckung erst erfolgen, wenn der Gläubiger seine Leistung tatsächlich erbracht hat.[44]

35 Lautet ein **Wechselurteil** auf Zahlung Zug-um-Zug gegen Herausgabe des Klagewechsels, so hängt die Vollstreckung nicht von dem Nachweis der Befriedigung oder des Annahmeverzugs des Schuldners ab. Es handelt sich hierbei nicht um die Befriedigung eines selbstständigen Gegenanspruchs, sondern um eine besondere Ausgestaltung des Rechts auf Quittung. Dennoch hat der Gläubiger bei der Vollstreckung dem Vollstreckungsorgan gegenüber den Klagewechsel immer vorzulegen, da er den Nachweis seiner Berechtigung zu erbringen hat, der an den Besitz des Wechsels geknüpft ist.[45]

36 Wird jedoch umgekehrt der Gläubiger verurteilt, an den Beklagten einen Scheck herauszugeben, Zug-um-Zug gegen Zahlung des verbrieften Betrags, dann handelt es sich um eine Leistungsverpflichtung des Gläubigers an den Schuldner und damit um eine echte Gegenleistung i.S.d. § 756 ZPO.[46]

4. Nachweis des Annahmeverzugs

37 Vielfach wird es in der Praxis für den Gläubiger nicht einfach sein, den Annahmeverzug des Schuldners nachzuweisen. Hat der Gläubiger z.B. ein Urteil erstritten, in dem der Schuldner zur Zahlung eines bestimmten Geldbetrags verurteilt wird, Zug-um-Zug gegen Rückübertragung veräußerter Grundstücke, kann der Nachweis des Annahmeverzugs in der erforderlichen Form regelmäßig überhaupt nicht erbracht werden.[47] Nach einer Entscheidung des BGH[48] dürfte es jedoch genügen,

---

42 OLG München v. 5.7.1996 – 21 U 1903/96, NJW-RR 1997, 944, die Leistung muss so erbracht werden, dass der Gläubiger nur noch zugreifen muss; Thomas/Putzo/*Seiler*, ZPO, § 756 Rn 1; Zöller/ *Stöber*, ZPO, § 756 Rn 6.

43 AG Schönau v. 22.9.1989 – M 337/89, DGVZ 1990, 45; LG Wuppertal v. 23.5.1985 – 6 T 250/85, DGVZ 1986, 90.

44 LG Arnsberg v. 8.12.1982 – 5 T 538/82, DGVZ 1983, 151.

45 OLG Frankfurt v. 12.2.1981 – 20 W 60/81, Rpfleger 1981, 312; AG Hannover v. 13.2.1991 – 756 M 974/90, DGVZ 1991, 142; Musielak/Voit/*Lackmann*, ZPO, § 756 Rn 2; *Wolf*, in: Hintzen/Wolf, Rn 3.325.

46 OLG Frankfurt v. 9.1.1979 – 20 W 914/78, Rpfleger 1979, 144.

47 Vgl. LG Wuppertal v. 12.11.1987 – 6 T 956/87, Rpfleger 1988, 153.

48 BGH v. 6.12.1991 – V ZR 229/90, NJW 1992, 556 = Rpfleger 1992, 207 m. Anm. *Hintzen*.

wenn der Schuldner einem ihm unter Wahrung einer angemessenen Frist mitgeteilten Termin zur Auflassung vor einem Notar einseitig fernbleibt. Der erforderliche Nachweis könnte dann durch die notarielle Bestätigung erbracht werden, dass nur der Gläubiger im Termin anwesend war.

Dem Gerichtsvollzieher steht grundsätzlich das Recht zu, die vom Gläubiger zu erbringende Leistung abzulehnen, wenn diese nicht den tatsächlichen Gegebenheiten entspricht. Der Gerichtsvollzieher muss prüfen, ob die angebotene Gegenleistung richtig und vollständig ist. Im Zweifel kann der Gerichtsvollzieher auch zur weiteren Prüfung einen **Sachverständigen** beiziehen.[49]   **38**

Streitig wird die Frage beantwortet, wie weit die Prüfungspflicht des Gerichtsvollziehers geht, wenn die dem Gläubiger obliegende Leistung in der Lieferung einer bestimmten Sache besteht, und der Schuldner angebliche **Mängel** rügt, die den Wert der Sache zwischenzeitlich gemindert haben. Nach einer Auffassung handelt der Gerichtsvollzieher hierbei in eigener Verantwortung und muss die Vollstreckung ablehnen, wenn er die Gegenleistung nicht für ordnungsgemäß hält.[50]   **39**

Nach anderer und zutreffender Auffassung hat der Gerichtsvollzieher nur die **Identität** der angebotenen Sache zu prüfen. Der Einwand des Schuldners, die im Zug-um-Zug-Urteil als Gegenleistung konkret bezeichnete Sache sei mit einem Mangel behaftet, ist vom Gerichtsvollzieher nicht zu berücksichtigen.[51] Ob sich die Gegenleistung tatsächlich in ihrem früheren Zustand befindet oder verschlechtert hat, ist häufig aus tatsächlichen Gründen nicht überprüfbar – und oft ist die Identität selbst mangels Bestimmtheit des Gegenstands unter den Parteien bereits streitig. Diese Tatsachen können insgesamt nicht in der formalisiert ausgerichteten Zwangsvollstreckung geklärt werden.[52] Bestreitet der Schuldner allerdings die Identität der angebotenen Gegenleistung und reichen der Vollstreckungstitel und die Prüfung des angebotenen Leistungsgegenstands durch den Gerichtsvollzieher zur Feststellung der Identität der Leistung nicht aus, darf die Zwangsvollstreckung wegen ungenügender Bestimmtheit des Leistungsinhaltes im Vollstreckungstitel nicht begonnen   **40**

49 OLG Celle v. 5.7.1999 – 4 W 154/99, NJW-RR 2000, 828; OLG Stuttgart v. 2.12.1981 – 8 W 235/81, Justiz 1982, 129; OLG Köln v. 14.4.1986 – 17 W 85/86, MDR 1986, 1033 = JurBüro 1986, 1581; KG v. 3.2.1989 – 7 U 3866/88, NJW-RR 1989, 638; AG Hannover v. 6.1.1981 – 38 M 1776/80, DGVZ 1981, 89; Musielak/Voit/*Lackmann*, ZPO, § 756 Rn 8; MüKo/*Heßler*, ZPO, § 756 Rn 30.

50 Hierzu: *Schneider*, DGVZ 1982, 37; Thomas/Putzo/*Seiler*, ZPO, § 756 Rn 7; MüKo/*Heßler*, ZPO, § 756 Rn 31; LG Bonn v. 10.5.1983 – 4 T 163/83, DGVZ 1983, 187.

51 BGH v. 2.6.2005 – V ZB 32/05, DGVZ 2005, 154 = MDR 2005, 1311 = WM 2005, 1954.

52 OLG Hamm v. 26.11.1987 – 10 U 35/87, NJW-RR 1988, 1268; LG Düsseldorf v. 16.4.1986 – 25 T 273/86, DGVZ 1986, 139; LG Hamburg v. 3.11.1982 – 1 T 434/82, DGVZ 1984, 10; LG Rottweil v. 1.6.1990 – 1 T 54/90, DGVZ 1990, 171; LG Tübingen v. 16.3.1989 – 5 T 52/89, DGVZ 1991, 60; LG Karlsruhe v. 6.10.1997 – 11 T 458/97, DGVZ 1998, 27.

werden.[53] **Mängel der Gegenleistung**, die der Schuldner zu vertreten hat, sind nicht zu berücksichtigen.[54]

41 Bei tatsächlichem Streit über die Identität der Gegenleistung selbst bleibt dem Gläubiger nur die **Feststellungsklage**.[55]

42 Gleiches gilt **bei einer Zug-um-Zug-Verurteilung**, wenn die dem Gläubiger zu bewirkende **Gegenleistung** in einer **Mängelbeseitigung** besteht. Der Schuldner ist nur dann zur Zahlung verpflichtet, wenn der Gläubiger die festgestellten Mängel beseitigt hat. Vielfach wird der Schuldner die Mängelbeseitigung ermöglichen, dann aber bei der von dem Gerichtsvollzieher vorzunehmenden Prüfung der Vollständigkeit der Nachbesserung die unsachgemäße oder unvollständige Mängelbeseitigung rügen. Nach h.M.[56] muss dann der Gerichtsvollzieher ggf. unter Hinzuziehung eines Sachverständigen[57] selbstständig prüfen, ob die Mängel fachgerecht beseitigt worden sind.

43 | *Hinweis*

Um diese Schwierigkeit insgesamt zu umgehen, ist dem Gläubiger dringend zu raten, den **Annahmeverzug** des Schuldners bereits durch den **Vollstreckungstitel** nachzuweisen.[58]

44 Der Annahmeverzug kann sich hierbei sowohl aus dem Tenor des Urteils ergeben[59] als auch aus den Entscheidungsgründen des zu vollstreckenden Urteils. Die Ausführungen selbst in den Gründen für das Vollstreckungsgericht sind dabei nicht bindend.[60]

45 Mängel der Gegenleistung, die bereits während des vorausgegangenen zivilrechtlichen Verfahrens entstanden sind, sind in keinem Fall bei der weiteren Vollstreckung zu berücksichtigen.[61]

---

53 LG Koblenz v. 3.3.2005 – 2 T 114/05, DGVZ 2005, 76.
54 LG Itzehoe v. 27.8.1986 – 7 T 61/86, DGVZ 1987, 43.
55 OLG Koblenz v. 3.6.1992 – 7 U 1626/91, Rpfleger 1993, 28; LG Darmstadt v. 30.8.1988 – 5 T 1023/88, DGVZ 1989, 71; LG Landau v. 15.12.1994 – 3 T 254/94, DGVZ 1995, 87, Identität von Programm-Disketten; *Doms*, NJW 1984, 1340.
56 Vgl. BGH, NJW 1973, 1792; OLG Köln, MDR 1986, 1033 [OLG Köln 14.4.1986 – 17 W 85/86] = JurBüro 1986, 1581; OLG Stuttgart, DGVZ 1989, 11; OLG Hamm, DGVZ 1995, 182; Zöller/*Stöber*, ZPO, § 756 Rn 7.
57 LG Mühlhausen, Beschl. v. 18.1.2012 – 2 T 290/11, DGVZ 2012, 186.
58 BGH v. 4.6.1973 – VII ZR 112/71, NJW 1982, 1049; OLG Köln v. 27.12.1988 – 2 W 119/88, JurBüro 1989, 870 = DGVZ 1989, 151; OLG Köln v. 23.11.1990 – 2 W 195/90, MDR 1991, 260; *Wolf*, in: Hintzen/Wolf, Rn 3.348; *Christmann*, DGVZ 1990, 1.
59 OLG Köln v. 23.11.1990 – 2 W 195/90, MDR 1991, 260.
60 OLG Köln v. 27.12.1988 – 2 W 119/88, DGVZ 1989, 151.
61 AG Westerburg v. 4.9.1989 – 6 b M 3297/89, DGVZ 1990, 46.

Mängel, die während des Prozessverfahrens nicht gerügt worden sind, können auch **46** später bei der Vollstreckung dem Gerichtsvollzieher gegenüber nicht mit dem Hinweis entgegengehalten werden, es handele sich hierbei nicht um die dem Schuldner gebührende Leistung.[62]

> *Hinweis* **47**
>
> Zusammenfassend ist dem Gläubiger regelmäßig zu empfehlen, durch entsprechende Antragstellung bzw. Vergleichsformulierung durch das Prozessgericht zu erreichen, dass der Annahmeverzug im Urteil bzw. im Vergleich festgestellt wird.

Der Gläubiger eines Titels, der eine Vollstreckung nur Zug-um-Zug erlaubt, kann **48** die für das Angebot der Gegenleistung durch den Gerichtsvollzieher entstehenden Gerichtsvollziehergebühren im Regelfall als notwendige Kosten der Zwangsvollstreckung von dem Schuldner erstattet verlangen. Gleiches gilt für die Anwaltskosten, die durch die Inanspruchnahme anwaltlicher Hilfe bei der Beauftragung des Gerichtsvollziehers ausgelöst werden.[63]

V. Weitere Hinweise im Antrag

1. Vorpfändungsbenachrichtigung

Für die Anfertigung einer **Vorpfändungsbenachrichtigung** muss der Gerichtsvoll- **49** zieher ausdrücklich beauftragt werden (§ 845 Abs. 1 S. 2 ZPO).[64] Soweit dem Gerichtsvollzieher im Rahmen seines Vollstreckungsauftrags, seiner Ermittlungen, aus der Vermögensauskunft, auf Befragen des Schuldners oder der angetroffenen erwachsenen Hausgenossen pfändbare Forderungen bekannt werden, nimmt er diese in die Vorpfändungsbenachrichtigung auf. Diese muss die Forderung, deren Pfändung angekündigt wird, ebenso eindeutig bezeichnen wie die Pfändung der Forderung selbst.[65] Daher muss die gepfändete Forderung wenigstens in allgemeinen Umrissen angegeben werden, damit sie von anderen unterschieden werden kann.[66]

Die anschließende rechtzeitige Pfändung ist Aufgabe des Gläubigers (§ 829 ZPO). **50** Die nachfolgende Pfändung muss jedoch **innerhalb eines Monats** bewirkt werden, sonst fällt die Wirkung der Vorpfändungsbenachrichtigung wieder weg. Die Frist

---

62 OLG Stuttgart v. 18.7.1990 – 8 W 357/90, MDR 1991, 546, mit einem Motorschaden behaftetes Kfz.
63 BGH v. 5.6.2014 – VII ZB 21/12, NJW 2014, 2508 = DGVZ 2015, 126 = Rpfleger 2014, 611.
64 Vgl. *Hintzen*, Forderungspfändung, § 1 Rn 228 ff.
65 BGH v. 8.5.2001 – IX ZR 9/99, Rpfleger 2001, 504 = DGVZ 2002, 58 = NJW 2001, 2976 = MDR 2001, 1133 = WM 2001, 1223.
66 BGH v. 7.4.2005 – IX ZR 258/01, Rpfleger 2005, 450 = NJW-RR 2005, 1361 = MDR 2005, 1135.

beginnt mit dem Tag, an dem die Vorpfändungsbenachrichtigung dem Drittschuldner zugestellt wurde, § 845 Abs. 2 S. 2 ZPO.[67]

51 Auch eine wiederholte Vorpfändung ist zulässig. In der Praxis kommt es immer noch vor, dass die Monatsfrist, gerechnet von der Zustellung der Vorpfändungsbenachrichtigung an den Drittschuldner, nicht ausreicht, um den nachfolgenden Pfändungs- und Überweisungsbeschluss rechtzeitig zu erwirken und zustellen zu lassen. Der Gläubiger ist dann berechtigt, eine erneute Vorpfändungsbenachrichtigung fertigen und zustellen zu lassen. Bei einer Wiederholung der Vorpfändung läuft jedoch die Monatsfrist jeweils neu.[68]

52 *Hinweis*

Empfehlenswert ist, einen soweit wie möglich bereits ausgefüllten Vorpfändungsvordruck zur Arbeitserleichterung für den Gerichtsvollzieher beizufügen.

53 *Kostenhinweis*

Für die Fertigung einer Vorpfändungsbenachrichtigung nach § 845 ZPO erhält der Gerichtsvollzieher die Gebühr nach GvKostG KV

| 200 | Amtshandlung nach § 845 Abs. 1 Satz 2 ZPO (Vorpfändung) | 16,00 EUR |

2. Durchsuchungsbeschluss

54 Verweigert der Schuldner die Durchsuchung der Wohnung, muss der Gläubiger einen **Durchsuchungsbeschluss** erwirken, §§ 758, 758a ZPO (hierzu nachfolgend Rdn 57 ff.). Ob der Gerichtsvollzieher verpflichtet ist oder nur ermächtigt werden darf, den Antrag auf Erlass dieser richterlichen Anordnung selbst für den Gläubiger zu stellen, ist umstritten.[69]

Nach § 61 Abs. 3 GVGA ist es Sache des Gläubigers, die richterliche Durchsuchungsanordnung zu erwirken. Der Gerichtsvollzieher übersendet dem Gläubiger hierzu die Vollstreckungsunterlagen nebst einer Abschrift des Vollstreckungsprotokolls.

---

67 Vgl. *Hintzen*, Forderungspfändung, § 1 Rn 236.
68 Vgl. *Hintzen*, Forderungspfändung, § 1 Rn 240.
69 Für ein Antragsrecht des Gerichtsvollziehers: LG Aschaffenburg v. 26.9.1995 – 4 T 180/95, DGVZ 1995, 185; *Hemmerich*, DGVZ 1982, 83; *Zöller/Stöber*, ZPO, § 758a Rn 23; für ausschließliches Antragsrecht des Gläubigers: LG Hannover v. 14.6.1983 – 11 T 140/83, DGVZ 1983, 154; LG Bamberg v. 20.6.1989 – 3 T 64/89, DGVZ 1989, 152; MüKo/*Heßler*, ZPO, § 758a Rn 49; Musielak/Voit/*Lackmann*, ZPO, § 758a Rn 11; Thomas/Putzo/*Seiler*, ZPO, § 758a Rn 15.

3. Nacht-, Sonn- und Feiertagsbeschluss

Zur Nachtzeit und an Sonn- und Feiertagen darf eine Vollstreckungshandlung in   55
der Wohnung des Schuldners nur mit richterlicher Erlaubnis erfolgen (§ 758a
Abs. 4 ZPO). Es ist Sache des Gläubigers, die Anordnung zu erwirken, § 33 Abs. 2
S. 4 GVGA.[70]

Hinweis   56

Es empfiehlt sich, einen bereits vorgefertigten Antrag den Vollstreckungsunterlagen beizufügen und den Gerichtsvollzieher zu bitten, diesen mit den weiteren
Unterlagen unmittelbar an das Amtsgericht zu übergeben.

B. Durchsuchungsanordnung

I. Grundgesetzlich geschützte Rechte

Der Gerichtsvollzieher ist grundsätzlich ermächtigt, zum Zweck der Vollstreckung   57
die Wohnung und die Behältnisse des Schuldners oder die Geschäftsräume einer
juristischen Person oder Personenvereinigung zu durchsuchen und hierzu auch verschlossene Türen oder Behältnisse öffnen zu lassen (§ 758 Abs. 1, 2 ZPO). Widerstand des Schuldners darf der Gerichtsvollzieher auch durch Gewalt brechen (§ 758
Abs. 3 ZPO).

Durchsuchung bedeutet hierbei: ziel- und zweckgerichtetes Suchen staatlicher Or-   58
gane nach Personen oder Sachen oder zur Ermittlung eines Sachverhaltes, um etwas aufzuspüren, was der Inhaber der Wohnung von sich aus nicht offenlegen oder
herausgeben will.[71]

Die Durchsuchung gegen den Willen des Schuldners setzt nach der vorgenannten   59
Entscheidung des BVerfG einen richterlichen Durchsuchungsbeschluss voraus
(Art. 13 Abs. 2 GG). Eine ohne entsprechende Durchsuchungsanordnung vorgenommene Pfändung ist unzulässig.[72] Zweifellos geht mit dieser für die Gerichte
und Vollstreckungsorgane bindenden Entscheidung der Überraschungseffekt bei
der Vollstreckung weitgehend verloren. Die Entscheidung wurde daher in der Ver-
gangenheit zum großen Teil heftig kritisiert.[73]

70 Für viele: *Schuschke/Walker*, Vollstreckung und vorläufiger Rechtsschutz, § 758a Rn 58; Musielak/
     Voit/*Lackmann*, ZPO, § 758a Rn 20; Gaul/Schilken/*Becker-Eberhard*, Zwangsvollstreckungsrecht,
     § 26 Rn 27, 501.
71 BVerfG v. 3.4.1979 – 1 BvR 994/76, BVerfGE 51, 97 = NJW 1979, 1539.
72 LG Regensburg v. 25.5.1994 – 2 T 201/94, DGVZ 1995, 185; AG Cham v. 29.3.1994 – M 146/94,
     DGVZ 1995, 185.
73 Vgl. Stellungnahmen oder Übersichten bei: *Wesser*, NJW 2002, 2138; *Ewers*, DGVZ 1999, 65;
     Seip, NJW 1994, 352; *Däumichen*, DGVZ 1994, 41; *Hansens*, JurBüro 1987, 179; *Frank*, JurBüro
     1983, 801; *Bischof*, ZIP 1983, 522; *Pawlowski*, NJW 1981, 670; *Schneider*, NJW 1980, 2377; um-
     fassend hierzu auch Gaul/Schilken/*Becker-Eberhard*, Zwangsvollstreckungsrecht, § 26 Rn 32 ff.

60   Der Gerichtsvollzieher ist aber nicht verpflichtet, den Schuldner auf seine Rechte aus Art. 13 Abs. 2 GG hinzuweisen, auch wenn dies in der Praxis offenbar hin und wieder so gehandhabt wird. Dies ergibt sich aus keiner gesetzlichen Bestimmung. Auch § 61 Abs. 3 S. 1 GVGA besagt nur, dass der Gerichtsvollzieher den Schuldner nach den Gründen zu fragen hat, falls dieser die **Durchsuchung verweigern** sollte.[74] Seine Erklärungen sind ihrem wesentlichen Inhalt nach im Protokoll festzuhalten.

61   Verweigert der Schuldner dem Gerichtsvollzieher den Zutritt zu seiner Wohnung, vermerkt der Gerichtsvollzieher dies im Pfändungsprotokoll und schickt die gesamten Unterlagen an den Gläubiger zurück (§ 61 Abs. 3 S. 2 GVGA).

62   *Hinweis*

Der Gerichtsvollzieher belehrt den Schuldner zugleich, dass er aufgrund der Durchsuchungsverweigerung zur Abgabe der Vermögensauskunft nach § 807 Abs. 1 Nr. 1 ZPO verpflichtet ist, sofern ein entsprechender Antrag des Gläubigers vorliegt. Allerdings kann der Schuldner der sofortigen Abnahme widersprechen. Die entsprechende Belehrung vermerkt der Gerichtsvollzieher ebenfalls im Protokoll, § 61 Abs. 3 S. 3, 4 GVGA.

II.   Durchsuchungsanordnung erforderlich

63   Grundsätzlich ist die Durchsuchungsanordnung erforderlich:

- bei der Vollstreckung in der Wohnung des Schuldners, wenn dieser den Zutritt verweigert (§ 758a Abs. 1 S. 1 ZPO);[75]

- bei der Vollstreckung in den Geschäftsräumen oder Nebenräumen des Schuldners, da auch diese Räume grundgesetzlich geschützt sind (vgl. hierzu auch § 287 Abs. 4 AO, dort sind die Geschäftsräume extra erwähnt); hierzu gehören Arbeits-, Betriebs- und Geschäftsräume des Schuldners, einschließlich Abstellräumen, Garagen, Keller, Stall usw., oder Wohnwagen, Hotelzimmer pp.;[76]

---

74   Hierzu *Schneider*, NJW 1980, 2377.

75   BVerfG v. 3.4.1979 – 1 BvR 994/76, NJW 1979, 1539.

76   BVerfG v. 13.10.1971 – 1 BvR 280/66, NJW 1971, 2299; BFH v. 4.10.1988 – VII R 59/86, NJW 1989, 855; OLG Hamburg v. 5.6.1984 – 2 Ss 149/83, NJW 1984, 2898; LG München v. 5.5.1983 – 20 T 5569/83, NJW 1983, 2390; LG Aachen v. 10.12.1981 – 5 T 215/81, JurBüro 1982, 618; LG Düsseldorf v. 17.3.1981 – 25 T 102/81, DGVZ 1981, 115; *van den Hövel*, NJW 1993, 2031; *Schneider*, NJW 1980, 2377; MüKo/*Heßler*, ZPO, § 758a Rn 4 ff.; Gaul/Schilken/*Becker-Eberhard*, Zwangsvollstreckungsrecht, § 26 Rn 39; Thomas/Putzo/*Seiler*, ZPO, § 758a Rn 7; Musielak/Voit/ *Lackmann*, ZPO, § 758 Rn 2; *Hornung*, Rpfleger 1998, 381, 385; *Hintzen*, ZAP 1998, Fach 14, 549, 552; *Seip*, DGVZ 1998, 2.

■ bei der Vollstreckung aufgrund eines Nacht- oder Sonn- und Feiertagsbeschlusses (§ 758a Abs. 4 ZPO).[77]

Eine Durchsuchungsanordnung ist bei der Vollstreckung auf einem Marktstand ausnahmsweise entbehrlich, da dieser nur für wenige Stunden am Tage genutzt wird.[78]

III. Keine Durchsuchungsanordnung erforderlich

Keine Durchsuchungsanordnung ist in nachfolgenden Fällen erforderlich: **64**

■ Wenn der Schuldner mit der Durchsuchung **einverstanden** ist, da hierin ein Verzicht auf den Grundrechtsschutz zu sehen ist (§ 758a Abs. 1 S. 1 ZPO).[79]

■ Bei der **Taschenpfändung**.[80] Hierunter ist die Kleidertaschendurchsuchung zu verstehen und die Pfändung deren Inhalts. Ausnahmsweise ist der Durchsuchungsanordnungsbeschluss dann jedoch erforderlich, sofern sich der Schuldner in den durch Art. 13 GG geschützten Räumen aufhält, er den Zutritt hierzu verweigert und somit die Taschenpfändung selbst ebenfalls unzulässig wird;[81]

■ Wenn der Erfolg der **Durchsuchung gefährdet** ist (§ 758a Abs. 1 S. 2 ZPO), insbesondere wenn Gefahr im Verzug ist (§ 61 Abs. 4 GVGA).[82] Hierzu müssen dem Gerichtsvollzieher jedoch konkrete Anhaltspunkte für eine beabsichtigte Vollstreckungsvereitelung vorliegen, z.B. bevorstehende Ausreise ins Ausland, drohender Warenverkauf unter Wert oder Räumungsverkauf.[83] Gleiches soll gelten, wenn der Schuldner umziehen will.[84]

---

77 BGH v. 16.7.2004 – IXa ZB 46/04, NJW-RR 2005, 146 = Rpfleger 2004, 715 = DGVZ 2004, 154, HK-ZPO/*Sievers*, § 758a Rn 23; Thomas/Putzo/*Seiler*, ZPO, § 758 Rn 27 m.w.N, obwohl auch hier, zumindest nach altem Recht, teilweise die Auffassung vertreten wurde, dieser richterliche Beschluss beinhalte konkludent die Durchsuchungsanordnung; hierzu *Bischof*, ZIP 1983, 522.

78 AG Hamburg v. 12.2.1981 – 28 M 396/81, DGVZ 1981, 63.

79 Zöller/*Stöber*, ZPO, § 758a Rn 19; Musielak/Voit/*Lackmann*, ZPO, § 758 Rn 3 und § 758a Rn 4; *Goebel*, DGVZ 1998, 161, 163.

80 OLG Köln v. 21.4.1980 – 2 W 29/80, NJW 1980, 1531; LG Düsseldorf v. 8.9.1986 – 25 T 613/86, JurBüro 1987, 454; AG Augsburg v. 12.1.2012 – 1 M 10180/12, NJW-RR 2012, 511 = DGVZ 2012, 209, auch wenn die Taschenpfändung beim Schuldner in einem Sitzungssaal eines Amtsgerichts stattfindet.

81 LG Düsseldorf v. 8.9.1986 – 26 T 613/86, DGVZ 1987, 76.

82 BVerfG v. 3.4.1979 – 1 BvR 994/76, NJW 1979, 1539.

83 LG Kaiserslautern v. 21.8.1985 – 1 T 113/85, DGVZ 1986, 63; LG Bamberg v. 20.6.1989 – 3 T 64/89, DGVZ 1989, 152; vgl. hierzu auch: van den *Hövel*, NJW 1993, 2031; Thomas/Putzo/*Seiler*, ZPO, § 758a Rn 10; Musielak/Voit/*Lackmann*, ZPO, § 758a Rn 9.

84 OLG Karlsruhe v. 27.12.1991 – 17 W 59/91, DGVZ 1992, 41, krit. hierzu: Zöller/*Stöber*, ZPO, § 758a Rn 32.

■ Bei der **Vollstreckung aus einem Arrestbefehl** bzw. -urteil oder einer einstweiligen Verfügung, die ohne mündliche Verhandlung ergangen sind, da insoweit immer mit Gefahr im Verzug zu rechnen ist.[85]

■ Für die **Wohnungsräumung** aufgrund eines **Räumungstitels** (§ 758a Abs. 2 ZPO). Dies muss auch dann gelten, wenn die Zwangsräumung aus einem **Prozessvergleich**[86] **oder aus einem Zuschlagsbeschluss** in der Zwangsversteigerung erfolgt, auch wenn Letzterer vom Rechtspfleger erlassen wird[87] oder aus einer **notariellen Urkunde**, in der nach neuem Recht auch eine Räumungsverpflichtung beurkundet werden kann (§ 794 Abs. 1 Nr. 5 ZPO).[88]

Nach dieser klaren gesetzlichen Regelung bedarf es bei der Vollstreckung aufgrund eines Herausgabetitels bzgl. eines konkreten Gegenstands, zu dessen Auffinden der Gerichtsvollzieher die Wohnung nicht durchsuchen muss (z.B. die Herausgabe eines bestimmten Bildes, welches sichtbar aufgehängt ist oder der festinstallierte Gas- oder Stromzähler), keiner richterlichen Durchsuchungsanordnung. Der BGH[89] hat klar entschieden, dass der Zutritt zu einer Wohnung, um die Gasversorgung zu sperren, keine Durchsuchung darstellt. Dem Richtervorbehalt zum Schutz der Unverletzlichkeit der Wohnung ist in einem solchen Fall dadurch genügt, dass dem Schuldner in einer von einem Richter erlassenen Entscheidung aufgegeben wurde, dem Gläubiger den Zutritt zu seiner Wohnung zu gestatten und die Einstellung der Gasversorgung zu dulden.

■ Für die Verhaftung aufgrund des **Haftbefehls** (§ 758a Abs. 2 ZPO).[90]

■ Für die Verhaftung und Durchsuchung des Schuldners, auch wenn er sich in der **Wohnung eines Dritten** befindet, z.B. dem Lebensgefährten.[91]

■ Bei der Vollstreckung gegen den Schuldner als **Mitbewohner einer Wohngemeinschaft**, wenn der Schuldner selbst in die Vollstreckung einwilligt oder eine Anordnung nach § 758a Abs. 1 ZPO entbehrlich ist, die übrigen Mitbewohner der Vollstreckung jedoch widersprechen. Der Widerspruch hat nicht zur Folge, dass gegen jeden Mitbewohner nunmehr eine richterliche Durchsuchungsanordnung ergehen muss, die Mitbewohner haben die Vollstreckung zu dulden

---

85   LG Düsseldorf v. 25.9.1984 – 25 T 709/84, DGVZ 1985, 60; *Herdegen*, NJW 1982, 368; *Goebel*, DGVZ 1998, 161, 163; Thomas/Putzo/*Seiler*, ZPO, § 758a Rn 11; Musielak/Voit/*Lackmann*, ZPO, § 758a Rn 9; a.A. OLG Karlsruhe v. 16.6.1983 – 12 U 45/82, DGVZ 1983, 139; vgl. auch: MüKo/*Heßler*, ZPO, § 758a Rn 39 ff.

86   LG Ansbach v. 30.7.1996 – 4 T 786/96, DGVZ 1996, 174; Musielak/Voit/*Lackmann*, ZPO, § 758a Rn 6; Zöller/*Stöber*, ZPO § 758a Rn 33.

87   Gaul/Schilken/*Becker-Eberhard*, Zwangsvollstreckungsrecht, § 26 Rn 36; *Hornung*, Rpfleger 1998, 381, 385; Musielak/Voit/*Lackmann*, ZPO, § 758a Rn 9; Zöller/*Stöber*, ZPO § 758a Rn 33.

88   Vgl. *Schultes*, DGVZ 1998, 177.

89   BGH v. 10.8.2006 – I ZB 126/05, NJW 2006, 3352 = DGVZ 2006, 179 = Rpfleger 2007, 36.

90   LG Verden v. 19.2.2015 – 6 T 35/15, DGVZ 2015, 169; LG Hamburg v. 8.2.2010 – 332 T 20/10, BeckRS 2010, 13322; Zöller/*Stöber*, ZPO, § 758a Rn 33.

91   *Brändel*, DGVZ 1982, 181.

(§ 758a Abs. 3 S. 1 ZPO).[92] Unbillige Härten gegenüber den Mitgewahrsamsinhabern sind zu vermeiden (§ 758a Abs. 3 S. 2 ZPO);[93]

■ Für die Anschlusspfändung gem. § 826 ZPO, da sich diese Pfändung durch Protokollergänzung vollzieht, also außerhalb der Wohnung des Schuldners;[94]

■ Für alle **weitere Gläubiger**, soweit für einen von ihnen eine Durchsuchungsanordnung vorliegt und die Pfändung für alle Gläubiger gleichzeitig erfolgt.[95]

Im Ergebnis trifft dies alles auch für eine weitere **Entscheidung des BVerfG** zu.[96]   **65**
Im konkreten Einzelfall hat das BVerfG die Durchsuchung der Räumlichkeiten des Schuldners durch den Gerichtsvollzieher dann mit dem Grundgesetz für nicht vereinbar erklärt, wenn sich der Gerichtsvollzieher wegen der Vollstreckung für solche Gläubiger, die nicht im Besitz einer Durchsuchungsanordnung sind, länger in den Räumen des Schuldners aufhalten muss, als dies für die Zwangsvollstreckung des Gläubigers erforderlich ist, der einen richterlichen Durchsuchungsbeschluss erwirkt hat.

Hinweis   **66**

Die Entscheidung darf jedoch nicht dazu führen, dass der Gerichtsvollzieher – wenn er einen verwertbaren Gegenstand auffindet, dessen Erlös zwar die Forderung des Gläubigers abdeckt, der im Besitz einer Durchsuchungsanordnung ist, aber die Forderung der übrigen Gläubiger, wegen der er gleichzeitig vollstreckt, nicht genügend Erlös verspricht – nunmehr die Wohnung sofort wieder verlassen muss, da er für die Gläubiger, die nicht im Besitz einer Durchsuchungsanordnung sind, die Vollstreckung nicht weiter durchführen kann. Dem Gerichtsvollzieher muss es gestattet sein, die Vollstreckung auch für die übrigen Gläubiger weiter durchzuführen.[97]

---

92   AG Kaiserslautern v. 10.4.2015 – 3 M 985/15, BeckRS 2015, 18271.

93   Thomas/Putzo/*Seiler*, ZPO, § 758a Rn 23, akute schwere Erkrankung; Musielak/Voit/*Lackmann*, ZPO, § 758a Rn 5, Schlafen am Tag wegen nächtlicher Arbeit.

94   *Schneider*, NJW 1980, 2377; Musielak/Voit/*Lackmann*, ZPO, § 758a Rn 8.

95   LG München II v. 1.8.1984 – 20 T 1354/84, DGVZ 1985, 45; *Münzberg*, Rpfleger 1986, 485, 486.

96   BVerfG v. 16.6.1987 – 1 BvR 1202/84, NJW 1987, 2499.

97   Krit. hierzu Gaul/Schilken/*Becker-Eberhard*, Zwangsvollstreckungsrecht, § 26 Rn 53; vgl. insgesamt auch: MüKo/*Heßler*, ZPO, § 758a Rn 69; Zöller/*Stöber*, ZPO, § 758a Rn 8; Musielak/Voit/*Lackmann*, ZPO, § 758a Rn 8.

IV. Anwesenheitsrecht des Gläubigers

67 Grundsätzlich hat auch der Gläubiger das Recht, bei der Vollstreckung durch den Gerichtsvollzieher anwesend zu sein (§ 31 Abs. 7 GVGA).[98] Ob dies allerdings auch dann gilt, wenn der Schuldner der Anwesenheit des Gläubigers widerspricht, dürfte bezweifelt werden. Hierin könnte ein Verstoß gegen Art. 13 GG gesehen werden. Nach einer vermittelnden Auffassung kann es jedoch bei Vorliegen besonderer Umstände durchaus gerechtfertigt sein, auf Antrag des Gläubigers auch gegen den Willen des Schuldners eine richterliche Entscheidung über die Gestattung seiner Anwesenheit bei der Zwangsvollstreckung zu treffen.[99]

V. Verfahren

68 **Zuständig** für den Erlass der Durchsuchungsanordnung ist der Richter bei dem Amtsgericht, in dessen Bezirk die Durchsuchung vorgenommen werden soll (§ 758a Abs. 1 S. 1 ZPO).[100]

69 Ob vor Erlass der Durchsuchungsanordnung dem Schuldner **rechtliches Gehör** zu gewähren ist, wird unterschiedlich beantwortet: in den Regelfällen des normalen gerichtlichen Verfahrens nur nach Anhörung, in den auf sofortigen Zugriff angewiesenen Verfahrenslagen, wie z.b. in der Zwangsvollstreckung, auch ohne vorherige Anhörung.[101]

70 In jedem Fall kann auf die **Anhörung verzichtet** werden, wenn der Vollstreckungserfolg ansonsten vereitelt würde (§ 758a Abs. 1 S. 2 ZPO).[102]

98 LG Hof v. 19.11.1990 – T 102/90, DGVZ 1991, 123; LG Münster v. 26.3.1991 – 5 T 212/91, NJW-RR 1991, 1407 = DGVZ 1991, 124; LG Berlin v. 22.5.1991 – 81 T 354/91, DGVZ 1991, 142; Mü-Ko/*Heßler*, ZPO, § 758 Rn 23–24; Musielak/Voit/*Lackmann*, ZPO, § 758a Rn 10; Zöller/*Stöber*, ZPO, § 758 Rn 8; nur ausnahmsweise: LG Stuttgart v. 22.7.1991 – 2 T 373/91, DGVZ 1991, 188.

99 AG Reinbek v. 23.7.2004 – 7 M 464/04, DGVZ 2005, 44; hierzu auch *Schuschke/Walker*, Vollstreckung und vorläufiger Rechtsschutz, § 758 Rn 11–13; Zöller/*Stöber*, ZPO, § 758a Rn 8.

100 OLG Hamm v. 24.11.2014 – 5 W 69/14, BeckRS 2015, 4971; zum alten Recht: BGH v. 30.8.1985 – I ARZ 533/85, NJW-RR 1986, 286.

101 Vgl. Gaul/Schilken/*Becker-Eberhard*, Zwangsvollstreckungsrecht, § 26 Rn 55 unter Hinweis auf BVerfG v. 16.6.1981 – 1 BvR 1094/80, NJW 1981, 2112 und OVG Hamburg v. 22.4.1994 – Bs VI 5/94, NJW 1995, 610, 611; LG Braunschweig v. 10.7.1997 – 8 T 548/97, NdsRpfl 1997, 307; LG Hannover v. 9.12.1985 – 11 T 272/85, JurBüro 1986, 1417; LG Darmstadt v. 15.12.1986 – 5 T 1279/86, DGVZ 1987, 86; Baumbach/*Hartmann*, ZPO, § 758 Rn 12a; Musielak/Voit/*Lackmann*, ZPO, § 758a Rn 14; HK-ZPO/*Sievers*, § 758a Rn 12.

102 Thomas/Putzo/*Seiler*, ZPO, § 758a Rn 16; Musielak/Voit/*Lackmann*, ZPO, § 758a Rn 14; Zöller/*Stöber*, ZPO, § 758a Rn 25; vgl. auch: LG Berlin v. 23.11.1987 – 81 T 673/87, DGVZ 1988, 26; LG Berlin v. 6.9.1993 – 81 T 510/93, DGVZ 1993, 173 welches das rechtliche Gehör nur ausnahmsweise bejaht, wenn besondere Umstände dies rechtfertigen, i.Ü. ist der Anordnungsbeschluss ohne Anhörung zu erlassen; LG Verden v. 17.11.1995 – 1 T 316/95, JurBüro 1996, 272.

VI. Verhältnismäßigkeit

Nur durch die Anhörung des Schuldners kann jedoch festgestellt werden, ob die **71** Erteilung der Durchsuchungsanordnung mit dem **Grundsatz der Verhältnismäßigkeit** vereinbar ist.[103]

Eine Unverhältnismäßigkeit der Durchsuchung der Wohnung kann z.b. dann gege- **72** ben sein, wenn der Schuldner oder einer seiner Familienangehörigen schwer erkrankt ist.[104]

Auch die Durchsetzung einer **Bagatellforderung** kann dazu führen, dass die bean- **73** tragte Wohnungsdurchsuchung mit dem Grundsatz der Verhältnismäßigkeit nicht in Einklang zu bringen ist.[105]

Nach Bezug einer **neuen Wohnung** kann eine erneute Durchsuchungsanordnung **74** jedoch nicht als unverhältnismäßig abgelehnt werden.[106]

Einer beantragten Wohnungsdurchsuchung kann der Schuldner nicht entgegenhal- **75** ten, diese dürfe in Achtung seiner Zugehörigkeit zu einem ausländischen (hier: türkischen) Kulturkreis nur in der Weise angeordnet werden, dass die Vollziehungsbeamten ihre Straßenschuhe ausziehen.[107]

VII. Antragsvoraussetzungen

Auf der Grundlage von § 758a Abs. 6 (und § 829 Abs. 4 ZPO) hat das Bundesminis- **76** terium für Justiz auch ein Formular für den Antrag auf Erlass einer richterlichen Durchsuchungsanordnung eingeführt (**Zwangsvollstreckungsformular-Verordnung** – ZVFV vom 23.8.2012,[108] geändert durch Artikel 1 der Verordnung vom 16.6.2014[109]). Dieses Formular wurde ab dem 1.3.2013 verbindlich:

---

103 BVerfG v. 16.6.1981 – 1 BvR 1094/80, BVerfGE 57, 347 = ZIP 1981, 1032; LG Hannover v. 16.5.1995 – 11 T 308/94, Rpfleger 1995, 471.

104 LG Hannover v. 30.9.1985 – 11 T 249/84, NJW-RR 1986, 288; MüKo/*Heßler*, ZPO, § 758a Rn 55; Musielak/Voit/*Lackmann*, ZPO, § 758a Rn 13.

105 LG Hannover v. 5.1.1987 – 5.1.1987, JurBüro 1987, 932, noch offene Zinsen von 5,42 DM und 43,25 DM offene Vollstreckungskosten; Musielak/Voit/*Lackmann*, ZPO, § 758a Rn 13.

106 LG Hannover v. 20.8.1987 – 11 T 210/87, JurBüro 1988, 540.

107 LG Limburg v. 13.2.2012 – 7 T 18/12, NJW-RR 2012, 649 = DGVZ 2012, 100.

108 BGBl I 2012, S. 1822.

109 BGBl I 2014, S. 754.

Raum für Eingangsstempel

Amtsgericht _____

Vollstreckungsgericht

_____

_____

Antrag auf Erlass einer richterlichen Durchsuchungsanordnung

Es wird beantragt, auf Grund der nachfolgenden Angaben

☐ des anliegenden Schuldtitels / der anliegenden Schuldtitel sowie der beiliegenden Unterlagen:

☐ Vollstreckungsprotokoll /-e

☐ Mitteilung /-en des Vollstreckungsorgans

☐ Akten des Vollstreckungsorgans

☐ _____

_____

_____

entsprechend nachstehendem Entwurf die Anordnung zur Durchsuchung der Wohnung (Privatwohnung bzw. Arbeits-, Betriebs-, Geschäftsräume) **nach § 758a Absatz 1 der Zivilprozessordnung – ZPO – zu erlassen.**

Anhörung des Schuldners
Hinweise für den Antragsteller: Der Schuldner muss grundsätzlich vor Erlass einer Durchsuchungsanordnung angehört werden. Falls von einer vorherigen Anhörung des Schuldners aus Sicht des Antragstellers **ausnahmsweise** abgesehen werden muss, ist eine Begründung erforderlich.

☐ Eine **Anhörung** des Schuldners vor Erlass der Durchsuchungsanordnung würde den Vollstreckungserfolg aus den nachstehenden Gründen gefährden:
Bitte darstellen,
(1) warum von einer vorherigen Anhörung abgesehen werden muss,
(2) welche gewichtigen Interessen durch eine vorherige Anhörung konkret gefährdet wären, die die Überraschung des Schuldners erfordern.
Die Angaben sind durch die Vorlage entsprechender Unterlagen, soweit vorhanden, nachzuweisen.

_____

_____

_____

_____

_____

_____

_____

☐ Um direkte Weiterleitung an den zuständigen Gerichtsvollzieher wird gebeten.

Hinweis:
Soweit für den Antrag eine zweckmäßige Eintragungsmöglichkeit in diesem Formular nicht besteht, können Anlagen genutzt werden.

| Datum | (Unterschrift Antragsteller/-in) |

Amtsgericht _____

Anschrift: _____

2

Geschäftszeichen: _____

BESCHLUSS
(Durchsuchungsermächtigung)
in der Zwangsvollstreckungssache

des/der
Herrn/Frau/Firma _____

vertreten durch
Herrn/Frau/Firma _____ — Gläubiger —

Aktenzeichen des Gläubigervertreters _____

gegen

Herrn/Frau/Firma _____

vertreten durch
Herrn/Frau/Firma _____ — Schuldner —

Aktenzeichen des Schuldnervertreters _____

Auf Antrag des Gläubigers wird auf Grund des Vollstreckungstitels/der Vollstreckungstitel
(den oder die Titel bitte nach Art, Gericht/Notar, Datum, Geschäftszeichen etc. bezeichnen)

_____

_____

_____

☐ wegen der Gesamtforderung in Höhe von € _____

☐ wegen einer Teilforderung in Höhe von € _____

☐ wegen einer Restforderung in Höhe von € _____

der zuständige Gerichtsvollzieher ermächtigt, zum Zweck der Zwangsvollstreckung die Durchsuchung

☐ der Privatwohnung in (vollständige Anschrift)

_____

☐ der Arbeits-, Betriebs-, Geschäftsräume in (vollständige Anschrift)

_____

des Schuldners durchzuführen (§ 758a Absatz 1 ZPO).

73

Die Ermächtigung ist auf die Dauer von ____ Monat/-en von heute an befristet und umfasst im Rahmen der angeordneten Durchsuchung die Befugnis, verschlossene Haustüren, Zimmertüren und Behältnisse öffnen zu lassen und Pfandstücke zum Zweck ihrer Verwertung an sich zu nehmen (Artikel 13 Absatz 2 des Grundgesetzes, § 758a Absatz 1 ZPO).

Die Ermächtigung gilt zugleich für das Abholen der Pfandstücke.

3

☐ Die Durchsuchung der Wohnung (Privatwohnung bzw. Arbeits-, Betriebs-, Geschäftsräume) wird

☐ auf folgende Zeiten beschränkt:

☐ zeitlich nicht beschränkt.

(Vom Gericht auszufüllen)

Gründe

(Datum)	(Unterschrift Richter am Amtsgericht)	(Datum)	(Unterschrift Urkundsbeamter der Geschäftsstelle)

Der Formularzwang nach § 758a Abs. 6 ZPO i.v.m. §§ 1, 3 ZVFV soll aber nicht **77** für Anträge auf Erlass einer richterlichen Durchsuchungsanordnung im Verwaltungsvollstreckungsverfahren nach § 287 Abs. 4 AO gelten.[110]

Für die richterliche Durchsuchungsanordnung muss ein **Rechtsschutzbedürfnis** **78** bestehen. Die Durchsuchungsanordnung muss für eine erfolgversprechende Zwangsvollstreckung erforderlich sein. Sie muss Rahmen, Grenzen und Ziel definieren.[111] Dies ist immer dann zu bejahen, wenn der Schuldner oder bei seiner Abwesenheit eine in häuslicher Gemeinschaft mit ihm lebende Person die Durchsuchung ohne Grund verweigert hat.[112] Ein Rechtsschutzbedürfnis besteht auch dann noch, wenn seit der Feststellung des Gerichtsvollziehers, dass der Schuldner einer Durchsuchung seiner Wohnung widerspreche, schon zehn Monate vergangen sind.[113] Liegt die letzte erfolglose Mobiliarvollstreckung über 16 Monate und die Abgabe der Vermögensauskunft fast drei Jahre zurück, ist die Anordnung der Wohnungsdurchsuchung bei einem erneuten Vollstreckungsversuch nicht unverhältnismäßig.[114]

Ein **einmaliger Vollstreckungsversuch** des Gerichtsvollziehers bei dem Schuld- **79** ner, der zu dieser Zeit nicht angetroffen wird, entspricht nicht den Voraussetzungen des Anordnungsbeschlusses.[115] Erst recht gilt dies dann nicht, wenn der mehrfach nicht angetroffene Schuldner auf die schriftliche Aufforderung des Gerichtsvollziehers mit Androhung der Wohnungsöffnung nicht reagiert hat.[116] Auch die nicht näher substantiierte Mitteilung des Gerichtsvollziehers, der ihm bekannte Schuldner habe die Wohnung bisher nie freiwillig geöffnet, begründet nicht die Notwendigkeit einer Durchsuchungsanordnung.[117]

Eine richterliche Durchsuchungsanordnung darf nur ergehen, wenn der Schuldner **80** nach Zustellung des Titels der Durchsuchung widersprochen hat oder **wiederholte erfolglose Vollstreckungsversuche** den Schluss zulassen, dass der Schuldner den Zutritt zu seiner Wohnung verweigert.[118] Einer Weigerung des Schuldners, der

---

110 BGH v. 20.3.2014 – VII ZB 64/13, NJW-RR 2014, 1023 = Rpfleger 2014, 436; BGH v. 6.2.2014 – VII ZB 37/13, NJOZ 2014, 780; BGH v. 29.1.2014 – 1 StR 469/13, BeckRS 2014, 03572; a.A. *Büttner*, DGVZ 2013, 150.

111 BVerfG v. 27.5.1997 – 2 BvR 1992/92, BVerfGE 96, 44 = NJW 1997, 2165 = NStZ 1997, 502 L = DGVZ 1998, 25.

112 LG Nürnberg-Fürth v. 29.3.1988 – 13 T 2484/88, DGVZ 1989, 14; LG Düsseldorf v. 18.10.1982 – 25 T 764/82, DGVZ 1983, 13.

113 LG Wiesbaden v. 11.9.1996 – 4 T 398/96, JurBüro 1997, 215.

114 LG Mönchengladbach v. 3.5.2006 – 5 T 152/06, JurBüro 2006, 493.

115 OLG Bremen v. 8.9.1988 – 2 W 18/88, NJW-RR 1989, 1407; LG Regensburg v. 22.11.1994 – 2 T 66/94, DGVZ 1995, 58.

116 LG Hannover v. 15.4.1987 – 11 T 126/87, JurBüro 1988, 547.

117 LG Köln v. 24.8.1987 – 10 T 101/87, JurBüro 1988, 537.

118 LG Aachen v. 14.4.1989 – 5 T 99/89, DGVZ 1989, 172; Musielak/Voit/*Lackmann*, ZPO, § 758a Rn 12.

Durchsuchung seiner Wohnung zuzustimmen, steht es regelmäßig gleich, wenn der Gerichtsvollzieher mindestens **zweimal erfolglos** versucht hat, Zutritt zu der Wohnung zu erlangen, einmal davon in einer Zeit, in der sich auch Berufstätige zu Hause aufhalten.[119]

81   Ausreichend ist auch, wenn der Gerichtsvollzieher beim ersten Vollstreckungsversuch eine **Nachricht** hinterlässt mit der Bitte, sich mit ihm wegen eines anderen Termins in Verbindung zu setzen, verbunden mit dem Hinweis, dass anderenfalls ein Antrag auf Durchsuchung gestellt werde.[120]

82   Hat der Schuldner bereits im Vorfeld der Vollstreckung erkennbar zum Ausdruck gebracht, dass er sich jedweder Vollstreckung ohne richterliche Anordnung widersetzen wird, kann der **Beschluss** auch **ohne konkreten Vollstreckungsversuch** erlassen werden.[121]

VIII.   Beschluss und Rechtsmittel

83   Nach Erlass des Durchsuchungsbeschlusses werden die **Vollstreckungsunterlagen** regelmäßig an den Gläubiger zurückgesandt, der daraufhin wieder den Gerichtsvollzieher mit der weiteren Vollstreckung beauftragen muss. Der Gläubiger kann aber mit dem Antrag auf Erlass der Durchsuchungsanordnung das Vollstreckungsgericht bitten, die gesamten Vollstreckungsunterlagen dem Gerichtsvollzieher zurückzusenden und diesen gleichzeitig mit der weiteren Vollstreckung zu beauftragen.

84   Die Anordnung der Durchsuchung ist dem Schuldner vor Beginn der Zwangsvollstreckung vorzuzeigen (§ 758a Abs. 5 ZPO, § 61 Abs. 5 GVGA). Die Durchsuchung selbst muss dem Schuldner nicht vorher mitgeteilt werden.[122]

85   Hat der Schuldner **mehrere Wohnungen**, darf nur diejenige durchsucht werden, die in dem Anordnungsbeschluss genannt ist. Unter Wohnung ist hierbei auch der Ort der Schlafstelle zu verstehen.[123]

86   Die erteilte Durchsuchungsanordnung gilt nicht nur für die Pfändung, sondern wirkt fort auf die evtl. spätere Abholung gepfändeter, im Gewahrsam des Schuldners belassener Sachen, **§ 61 Abs. 8 GVGA**.[124]

---

119   LG Berlin v. 4.11.1987 – 81 T 711/87, JurBüro 1988, 665 = DGVZ 1989, 70; LG Aachen v. 7.9.1992 – 5 T 177/92, DGVZ 1993, 55; LG Regensburg v. 22.11.1994 – 2 T 66/94, DGVZ 1995, 58; LG Berlin v. 29.7.1997 – 81 T 587/97, JurBüro 1997, 609 = DGVZ 1997, 157; Musielak/Voit/ *Lackmann*, ZPO, § 758a Rn 12.

120   LG Hanau v. 5.1.2006 – 8 T 235/05, DGVZ 2006, 76; OLG Köln v. 8.8.1994 – 2 W 114/94, Rpfleger 1995, 167 = MDR 1995, 850; LG Hannover v. 15.4.1987 – 11 T 126/87, JurBüro 1988, 547.

121   Musielak/Voit/*Lackmann*, ZPO, § 758a Rn 14.

122   LG Berlin v. 23.11.1987 – 81 T 673/87, DGVZ 1988, 26 = JurBüro 1988, 665.

123   OLG Stuttgart v. 21.11.1980 – 8 W 453/80, Rpfleger 1981, 152.

124   Zöller/*Stöber*, ZPO, § 758a Rn 30.

Die Anordnung ist im Hinblick auf den Grundsatz der Verhältnismäßigkeit **87**
zeitlich zu begrenzen (etwa drei Monate). Spätestens nach Ablauf von sechs Monaten verliert der Beschluss seine rechtfertigende Kraft.[125] Verbraucht ist die
Durchsuchungsanordnung nicht mit vergeblichen Vollstreckungsversuchen, sondern erst mit der Erledigung des Vollstreckungsauftrags.[126]

Gegen die **Zurückweisung** des Antrages auf Erlass der Durchsuchungsanordnung **88**
ist für den Gläubiger die sofortige Beschwerde gegeben (§ 793 ZPO).[127] Gleiches
gilt für den Schuldner nach Erlass des Durchsuchungsbeschlusses, auch wenn vorher kein rechtliches Gehör erfolgte.[128]

Für einen **am Verfahren bisher nicht beteiligten Dritten**, der geltend macht, **89**
durch eine richterliche Durchsuchungsanordnung in seinen Rechten betroffen zu
sein, ist das Rechtsmittel der Erinnerung gem. § 766 ZPO gegeben, selbst wenn der
Schuldner vor der Anordnung gehört wurde.[129]

C. Nacht-, Sonn- und Feiertagsbeschluss

I. Gesetzliche Regelung

Häufig erhält der Gläubiger in der Praxis die Vollstreckungsunterlagen durch den **90**
Gerichtsvollzieher mit dem Bemerken zurück, dass der Schuldner zu gewöhnlichen
Zeiten nicht anzutreffen ist, z.B. in Diskotheken, Clubs pp. Die Nachtzeit umfasst
die Stunden von 21.00 Uhr bis 6.00 Uhr (§ 758a Abs. 4 S. 2 ZPO).

Der Gerichtsvollzieher ist außerhalb der Wohnung des Schuldners befugt, nach er- **91**
folgloser Vollstreckung zur normalen Zeit, auch an Sonn- und Feiertagen und zur
Nachtzeit zu vollstrecken. Unbillige Härten gegenüber Gewahrsamsinhabern sind
zu vermeiden und der Erfolg der Zwangsvollstreckung darf in keinem Missverhältnis zu dem Eingriff stehen. Da es sich hierbei um einen gravierenden Eingriff in die
Privatsphäre des Schuldners handelt, wird mit der Einbindung in § 758a ZPO auch
klargestellt, dass im Zweifelsfall bei Streitentscheidungen die richterliche Zuständigkeit gegeben ist.

Die Vollstreckung an Sonn- und Feiertagen und zur Nachtzeit in der Wohnung be- **92**
darf einer gesonderten richterlichen Anordnung, § 758a Abs. 4 S. 1 Hs. 2 ZPO.

---

125 BVerfG v. 27.5.1997 – 2 BvR 1992/92, BVerfGE 96, 44 = NJW 1997, 2165 = NStZ 1997, 502 L =
     DGVZ 1998, 25.
126 Zöller/*Stöber*, ZPO, § 758a Rn 30.
127 OLG Stuttgart v. 6.2.1987 – 8 W 40/87, NJW-RR 1987, 759; Zöller/*Stöber*, ZPO, § 758a Rn 36
     m.w.N.; Musielak/Voit/*Lackmann*, ZPO, § 758a Rn 16.
128 OLG Hamm v. 12.12.1983 – 14 W 208/83, NJW 1984, 1972; OLG Koblenz v. 20.8.1985 – 4 W
     435/85, MDR 1986, 64 = Rpfleger 1985, 496; OLG Saarbrücken v. 13.11.1992 – 5 W 112/92,
     Rpfleger 1993, 146; Thomas/Putzo/*Seiler*, ZPO, § 758a Rn 19; Musielak/Voit/*Lackmann*, ZPO,
     § 758a Rn 16; *Goebel*, DGVZ 1998, 161, 166.
129 KG v. 11.3.1986 – 1 W 957/86, Rpfleger 1986, 392.

93 Für die Vollstreckung eines Haftbefehls (§ 802g ZPO) in der Wohnung des Schuldners zur Nachtzeit und an Sonn- und Feiertagen ist auch eine besondere Anordnung des Amtsrichters erforderlich.[130]

94 Hinweis

Für die **Durchsuchung der Wohnung** des Schuldners ist stets eine richterliche Durchsuchungsanordnung erforderlich. Die Ausnahme in § 758a Abs. 4 S. 1 Hs. 1 ZPO bezieht sich nur auf sonstige Räume.[131]

II. Verfahren

95 Es ist Sache des Gläubigers, diese Erlaubnis für die Nachtzeit und an Sonn- und Feiertagen zu erwirken, § 33 Abs. 2 S. 4 GVGA.[132] Einen Formularzwang für den Antrag gibt es nicht.

96 **Zuständig** für den Erlass des Beschlusses ist der Richter bei dem Amtsgericht, in dessen Bezirk die Vollstreckung stattfindet (§ 758a Abs. 1 ZPO). Es ist keine Zuständigkeit des Rechtspflegers begründet, dieser Beschluss wäre mangels funktioneller Zuständigkeit nichtig.[133]

97 Die erteilte Erlaubnis gilt, soweit aus ihrem Inhalt nichts anderes hervorgeht, nur für die einmalige Durchführung der Zwangsvollstreckung (§ 33 Abs. 2 S. 6 GVGA). Der Gläubiger sollte daher im Antrag wiederkehrende Vollstreckungshandlungen und den Zeitraum genau bezeichnen.[134] Wenn nicht von vornherein feststeht, dass die Vollstreckung zur Nachtzeit oder an Sonn- und allgemeinen Feiertagen vorgenommen werden muss, genügt es regelmäßig, wenn der Gläubiger einen Vollstreckungsversuch während und einen Versuch außerhalb der gewöhnlichen Arbeitszeit getätigt hat.[135] Es besteht keine gesetzliche Bestimmung, die es dem Gerichtsvollzieher ausdrücklich gestattet, eine zur Tageszeit in einer Wohnung begonnene Vollstreckung nach Beginn der Nachtzeit weiterzuführen. Daher sollte die Erlaubnis bereits vorsorglich eingeholt werden.

---

130 BGH v. 16.7.2004 – IXa ZB 46/04, NJW-RR 2005, 146 = Rpfleger 2004, 715 = DGVZ 2004, 154; LG Verden v. 19.2.2015 – 6 T 35/15, BeckRS 2015, 14443.

131 LG Berlin v. 9.7.2001 –81 T 556/01, DGVZ 2001, 135; LG Koblenz v. 25.8.2000 – 2 T 403/00, DGVZ 2000, 170; LG Regensburg v. 30.8.1999 – 2 T 419/99, DGVZ 1999, 173; AG Berlin-Tiergarten v. 8.1.2001 – 34 M 8047/00, DGVZ 2001, 79.

132 Für viele: *Schuschke/Walker*, Vollstreckung und vorläufiger Rechtsschutz, § 758a Rn 58; Musielak/ Voit/*Lackmann*, ZPO, § 758a Rn 20; Gaul/Schilken/*Becker-Eberhard*, Zwangsvollstreckungsrecht, § 26 Rn 27, 501.

133 Musielak/Voit/*Lackmann*, ZPO, § 758a Rn 21; bereits zum alten Recht: KG, DGVZ 1975, 57; LG Köln, DGVZ 1976, 10.

134 OLG Stuttgart v. 15.12.1969 – 8 W 326/69, NJW 1970, 1329; LG Mönchengladbach, DGVZ 1972, 91.

135 LG Trier v. 17.11.1980 – 8 T 177/80, DGVZ 1981, 13.

Grundsätzlich ist die richterliche Erlaubnis bei der Zwangsvollstreckung dem **98** Schuldner vorzulegen. Erfolgt die Zwangsvollstreckung ohne Erlaubnis, ist sie dennoch wirksam, in jedem Fall richtet sich der Rang nach dem Zeitpunkt, an dem auch ohne die Erlaubnis hätte vollstreckt werden können.[136]

Vollstreckt der Gerichtsvollzieher zugleich für **andere Gläubiger** mit, die keinen **99** Beschluss zur Zwangsvollstreckung zur Nachtzeit oder an Sonn- und Feiertagen und auch keine Durchsuchungsanordnung erwirkt haben, ist ungeachtet dessen die Pfändung wirksam. Die Gläubiger erwerben jedoch insgesamt keine gleichrangigen Pfändungspfandrechte, der den Beschluss erwirkende Gläubiger genießt Vorrang.[137]

Hinweis **100**

Um auch hier die Zeitspanne bis zum Erlass des Beschlusses so kurz wie möglich zu halten, kann dem Gläubiger nur empfohlen werden, bereits einen entsprechend vorformulierten Antrag dem Auftrag beizufügen, den der Gerichtsvollzieher nur noch mit dem Datum zu versehen hat und den Gerichtsvollzieher bitten, den Antrag nach § 758a Abs. 4 ZPO an das AG weiterzuleiten.

Kostenhinweis **101**

Sowohl für den Antrag auf Erlass der Durchsuchungsanordnung als auch für den Nacht-, Sonn- und Feiertagsbeschluss erhält der Rechtsanwalt des Gläubigers keine, über die bereits verdiente Gebühr (RVG VV 3309) für die erstmalige Beauftragung des Gerichtsvollziehers hinausgehende **besondere Vollstreckungsgebühr** (§ 19 Abs. 2 Nr. 1 RVG). Auch die nach Erlass eines solchen Beschlusses erneute Beauftragung des Gerichtsvollziehers löst keine weitere Gebühr als die bereits entstandene aus, da es sich hierbei insgesamt um die Fortsetzung einer einmal begonnenen Vollstreckung handelt.[138]

Kostenhinweis **102**

Wird der **Gerichtsvollzieher** auf Verlangen zur Nachtzeit oder an einem Sonnabend, Sonntag oder Feiertag tätig, so werden die doppelten der üblichen Gebühren erhoben, § 11 GvKostG.

---

136 *Noack*, MDR 1973, 549.
137 Für Gleichrang: LG Augsburg v. 17.3.1986 – 5 T 1055/86, NJW 1986, 2769 = Rpfleger 1986, 485 m. Anm. *Münzberg*.
138 AG Arnsberg v. 30.1.1982 – 15 M 181/82, DGVZ 1982, 159; OLG Stuttgart v. 21.8.1985 – 8 W 278/85, JurBüro 1986, 394; vgl. für viele: Schneider/Wolf/*Volpert u.a.*, RVG, § 19 Rn 173 ff.

D. Gewahrsamsprüfung

I. Begriffsbestimmung

103 Der Gerichtsvollzieher darf nur bewegliche Sachen pfänden, die sich im Gewahrsam des Schuldners (§ 808 ZPO), des Gläubigers oder eines zur Herausgabe bereiten Dritten befinden (§ 809 ZPO). Auf die Eigentumsverhältnisse kommt es dabei zunächst nicht an. Allerdings setzt die Herausgabebereitschaft i.S.d. § 809 ZPO voraus, dass der Dritte über den Pfändungsakt hinaus mit der Wegnahme der Sache zum Zweck der Verwertung einverstanden ist. Das hat der Gerichtsvollzieher im Einzelfall festzustellen. Erlangt ein Dritter Gewahrsam an der gepfändeten Sache, darf der Gerichtsvollzieher diese gegen seinen Widerspruch nur wegschaffen, wenn der Gläubiger gegen den nicht herausgabebereiten Dritten zuvor einen entsprechenden Titel erwirkt hat.[139]

104 Gewahrsam bedeutet **unmittelbaren Besitz** verbunden mit der tatsächlichen Herrschaft über die Sache.[140]

105 Die **tatsächliche Sachherrschaft** schlechthin genügt jedoch nicht, sie muss vielmehr in einer äußerlich (leicht) erkennbaren Weise gerade der Person zugeordnet werden können, auf die es ankommt. Das aufgrund des Gesetzesvorbehalts öffentlichen Handelns streng formalisierte Vollstreckungsverfahren verlangt leicht überschaubare Merkmale, die den Schluss auf die Rechtszugehörigkeit des Vollstreckungsobjekts zum Vermögen des Schuldners – oder eben eines anderen – zulassen.[141]

106 Keinen Gewahrsam haben somit der **mittelbare Besitzer** (§ 868 BGB, z.B. der Besitzer einer Sache hat diese an einen Dritten verliehen) oder der Besitzdiener (§ 855 BGB, z.B. die Hausangestellte, da diese nur die tatsächliche Sachherrschaft für einen anderen ausübt, dessen Weisungen sie i.Ü. jedoch unterworfen ist).[142]

107 Weiterhin muss der Schuldner grundsätzlich **Alleingewahrsam** an den zu pfändenden Gegenständen haben. Befinden sich diese im Mitgewahrsam des Schuldners und hat noch eine andere Person Gewahrsam an den Sachen, müssen alle Gewahrsamsinhaber herausgabebereit sein (§ 809 ZPO). Ist der Dritte zur Herausgabe bereit, muss sich seine Bereitschaft nicht nur auf die Pfändung beziehen, sondern auch auf die sich anschließende Verwertung.[143]

---

139 BGH v. 31.10.2003 – IXa ZB 195/03, NJW-RR 2004, 353 = DGVZ 2004, 23 = Rpfleger 2004, 170.

140 Vgl. *Wolf* in: Hintzen/Wolf, Rn 4.106 m.w.N.; Musielak/Voit/*Becker*, ZPO, § 808 Rn 3 ff.; zum Besitz am Kfz vgl. LG Karlsruhe v. 21.1.1993 – 11 T 615/92, DGVZ 1993, 141.

141 LG Frankfurt am Main v. 17.12.1987 – 2 T 976/87, NJW-RR 1988, 1215.

142 OLG Düsseldorf v. 8.11.1996 – 3 W 454/96, NJW-RR 1997, 998 = DGVZ 1997, 57 = JurBüro 1997, 161 = MDR 1997, 142; zum Pkw, der auf dem Gelände eines Dritten steht, wenn der Dritte sogar die Kfz-Papiere besitzt; Zöller/*Stöber*, ZPO, § 808 Rn 8; Musielak/Voit/*Becker*, ZPO, § 808 Rn 4.

143 Zöller/*Stöber*, ZPO, § 809 Rn 6; Thomas/Putzo/*Seiler*, ZPO, § 809 Rn 3; Musielak/Voit/*Becker*, ZPO, § 809 Rn 4.

Etwas anderes gilt nur für den Fall, dass die Sache sich bereits beim Gläubiger befindet. Dieser muss nur noch zur Herausgabe bereit sein bzw. darf der Vollstreckung nicht widersprechen.[144]

108

Soweit der **Mitgewahrsamsinhaber** oder der Dritte nicht zur Herausgabe bereit ist, kann der Gläubiger nur den Herausgabeanspruch gegen den Dritten pfänden und sich zur Einziehung überweisen lassen (§§ 846, 847 ZPO).

109

II. Prüfungsumfang durch den Gerichtsvollzieher

Da es für den Gerichtsvollzieher nur auf den äußeren Befund ankommt, für ihn also als Vermögen des Schuldners alles gilt, was sich in dessen Gewahrsam befindet, müssen die Gegenstände, deren Herausgabe verweigert wird, im Pfändungsprotokoll genau bezeichnet werden, damit der Gläubiger seine Herausgabepfändung auch konkretisieren kann (§ 86 Abs. 1 GVGA).

110

Es ist keine Pflichtverletzung des Gläubigers, wenn er vor Beauftragung der Pfändung keine weitere Prüfung der Eigentumsverhältnisse vorgenommen hat. Bei der Sachpfändung gem. § 808 ZPO prüft der Gerichtsvollzieher in eigener Verantwortung von Amts wegen, ob der für die Pfändung erforderliche Gewahrsam des Schuldners an dem Pfändungsgegenstand gegeben ist. Vor diesem Hintergrund handelt ein Gläubiger grundsätzlich nicht pflichtwidrig, wenn er die Pfändung eines Gegenstands beantragt, sofern er hinreichende Anhaltspunkte dafür hat, dass sich dieser im Gewahrsam des Schuldners befindet. Er hat insbesondere keine Verpflichtung zu einer über jene des Gerichtsvollziehers hinausgehenden „Vorprüfung" der Eigentumsverhältnisse.[145]

111

Ausnahmsweise ist das **Fremdeigentum** dann durch den Gerichtsvollzieher zu berücksichtigen, wenn sich dieses augenscheinlich, also ohne große rechtliche Überlegung, ergibt. Bestehen nach Lage der Dinge keinerlei Zweifel an der offensichtlichen Vermögenszugehörigkeit zu einem Dritten, pfändet der Gerichtsvollzieher nicht, z.B. dem Handwerker zur Reparatur übergebene Sachen, Pfandsachen bei einem Pfandleiher oder ein Klagewechsel in den Akten eines Rechtsanwalts, § 71 Abs. 2 GVGA.

112

Ein Gastwirt hat aber z.B. Alleingewahrsam an dem in seiner Gaststätte aufgestellten Spielautomaten, der Betreiber der Geräte an dem Inhalt des Automaten, sofern nur er den Schlüssel zu dem Automaten hat.[146]

113

Ebenfalls nicht mit der Gewahrsamsfeststellung allein darf sich der Gerichtsvollzieher begnügen, wenn er in **besondere Vermögensmassen** vollstreckt, z.B. gegen

114

---

144 MüKo/*Gruber*, ZPO, § 809 Rn 4 m.w.N.; Musielak/Voit/*Becker*, ZPO, § 809 Rn 2.

145 AG Hamburg-Barmbek v. 21.8.2013 – 818 C 282/12, BeckRS 2013, 17149 = ZInsO 2013, 1967.

146 OLG Oldenburg, MDR 1990, 932; a.A. OLG Hamm v. 29.5.1991 – 30 U 105/91, ZMR 1991, 385, Mitgewahrsam.

den Testamentsvollstrecker, den Nachlassverwalter oder den Vormund. Hier muss der Gerichtsvollzieher genau feststellen, ob die zu pfändenden Gegenstände auch zum Vermögen desjenigen gehören, gegen den sich die Zwangsvollstreckung tatsächlich richtet.[147]

III. Gewahrsam bei juristischen Personen

115   Bei der Zwangsvollstreckung gegen **juristische Personen** oder Personengesellschaften (z.b. Verein, GmbH, AG, KG, OHG) wird der Gewahrsam durch die juristischen Organe ausgeübt, also durch den Vorstand, den Geschäftsführer oder den persönlich haftenden Gesellschafter. Ausgenommen von der Pfändung sind solche Gegenstände, die sich erkennbar im Eigengewahrsam des jeweiligen Vertretungsorgans befinden. Hierbei hat der Gerichtsvollzieher die äußeren Umstände zu berücksichtigen, er wird sich sicherlich auch von seiner Berufs- und Lebenserfahrung leiten lassen (die Arbeitsgeräte im Büro des Vorstandsvorsitzenden gehören i.d.R. der Gesellschaft, die persönlichen Gegenstände – wie der Aktenkoffer – werden der Person des Vorsitzenden selbst gehören).

116   Zulässig ist, mit einem gegen die GmbH gerichteten Titel auch in der Wohnung des Geschäftsführers zu vollstrecken, sofern dort Gesellschaftsvermögen vorhanden ist.[148]

117   Der mit der Mobiliarzwangsvollstreckung gegen eine GmbH & Co. KG beauftragte Gerichtsvollzieher darf die Sachpfändung in den Geschäftsräumen der persönlich haftenden Gesellschafterin auch dann vornehmen, wenn der Sitz der GmbH und der KG an verschiedenen Orten ist.[149]

118   Gerade bei juristischen Personen sind Manipulationen nicht immer ausgeschlossen, insbes. wenn es sich um kleinere Gesellschaften handelt und hierbei speziell um die GmbH als „Ein-Personen-Gesellschaft". Befinden sich die Gesellschaften in denselben Räumen, werden die vorgefundenen Gegenstände z.T. von allen Gesellschaften gemeinschaftlich genutzt. Oftmals behauptet der gemeinsame Geschäftsführer, dass sich die Gegenstände jeweils im Eigentum der anderen Gesellschaft bzw. im gemeinsamen Gewahrsam der Gesellschaften befinden und er jeweils wechselseitig nicht zur Herausgabe bereit ist. In einem solchen Fall der Vermischung der pfändbaren Gegenstände soll § 809 ZPO keine Anwendung finden.[150]

119   Richtig ist jedoch, dass es bei dieser Vorschrift mit deren Konsequenz verbleiben muss, d.h. das jeweilige Organ der Gesellschaft muss zur Herausgabe des behaupte-

---

147   Zöller/*Stöber*, ZPO, § 808 Rn 4.
148   LG Mannheim v. 4.5.1983 – 4 T 78/83, DGVZ 1983, 119.
149   LG Düsseldorf v. 9.6.1987 – 25 T 453/87, JurBüro 1987, 1425.
150   OLG Frankfurt, MDR 1969, 676.

ten Mitgewahrsams bereit sein, ansonsten darf der Gerichtsvollzieher nicht pfänden, da er den Alleingewahrsam nicht feststellen kann.[151]

IV. Gewahrsam bei Ehegatte/Lebenspartner

Bei einem verheirateten oder in einer Lebenspartnerschaft lebenden Schuldner findet bei der Gewahrsamsprüfung die gesetzliche Vermutung des § 739 Abs. 1 ZPO bzw. § 739 Abs. 2 ZPO, § 8 LPartG Anwendung. Diese Vorschrift begründet für die Zwangsvollstreckung eine Gewahrsamsvermutung für die sich im Besitz eines oder beider Ehegatten bzw. Lebenspartner befindlichen pfändbaren Gegenstände. Zugunsten des vollstreckenden Gläubigers gilt der schuldnerische Ehegatte/Lebenspartner in diesen Fällen als alleiniger Gewahrsamsinhaber.[152] **120**

Gleiches gilt für die Sachen, die ausschließlich zum persönlichen Gebrauch eines Ehegatten/Lebenspartners bestimmt sind (§ 1362 Abs. 2 BGB), z.B. der Ehering, Schmuck, Pelzmantel pp., aber nicht unbedingt der Pkw.[153] **121**

Dies gilt auch dann, wenn in der Wohnung vollstreckt wird, in der sich zurzeit nur die Ehefrau aufhält, da sich der Schuldner in Strafhaft befindet.[154] Ausnahmsweise gilt dies nicht, wenn die Ehegatten/Lebenspartner getrennt leben (§ 1362 Abs. 1 S. 2 BGB).[155] Für den Gewahrsam des Schuldners bei **Getrenntleben** von Eheleuten/Lebenspartnern sind die tatsächlichen Verhältnisse maßgebend, die nicht durch die Tatsache widerlegt werden, dass der Schuldner unter der angegebenen Anschrift noch polizeilich gemeldet ist.[156] **122**

Ist der Schuldner in der gemeinsamen Wohnung noch gemeldet und lässt er sich seine Post dorthin zustellen, ohne seine neue Anschrift bekanntzugeben, so ist der Behauptung, die Eheleute/Lebenspartner lebten getrennt und der Schuldner habe in der Wohnung keinen Gewahrsam mehr, nur Glauben zu schenken, wenn weitere objektivierbare Indizien diese Behauptung bestätigen.[157] **123**

Die Gewahrsamsvermutung ist für die Zwangsvollstreckung unwiderlegbar.[158] Der Gerichtsvollzieher hat die Eigentumsverhältnisse bei der Pfändung nicht zu über- **124**

---

151 MüKo/*Gruber*, ZPO, § 808 Rn 15; a.A. Musielak/Voit/*Becker*, ZPO, § 808 Rn 9.
152 OLG Düsseldorf v. 13.5.1994 – 3 W 371/93, Rpfleger 1995, 119; LG Oldenburg v. 24.2.2009 – 6 T 1172/08, DGVZ 2010, 14; LG München v. 23.3.1989 – 6 T 2203/88, JurBüro 1989, 1311.
153 LG Essen v. 13.9.1962 – 11 T 537/62, NJW 1962, 2307.
154 OLG Düsseldorf v. 13.5.1994 – 3 W 371/93, Rpfleger 1995, 119 = NJW-RR 1995, 963; LG Berlin v. 21.1.1991 – 81 T 42/91, DGVZ 1991, 57.
155 OLG Düsseldorf v. 13.5.1994 – 3 W 371/93, Rpfleger 1995, 119 = NJW-RR 1995, 963; LG Münster v. 13.10.1977 – 5 T 734/77, DGVZ 1978, 12.
156 AG Karlsruhe v. 26.1.1996 – 1 M 765/95, DGVZ 1997, 77; AG Homburg 9.6.1995 – M 966/94, DGVZ 1996, 15.
157 AG Berlin-Wedding v. 20.1.1998 – 31 M 8067/97, DGVZ 1998, 127.
158 LG München 23.3.1989 – 6 T 2203/88, JurBüro 1989, 1311.

prüfen.[159] Auch die Vorlage eines **Ehevertrags** reicht zur Widerlegung nicht aus, da der Gerichtsvollzieher die Vertragswirkung nicht zu prüfen braucht. Der Ehegatte des Vollstreckungsschuldners muss im Wege der Drittwiderspruchsklage vorgehen (§ 771 ZPO).

Die Gewahrsamsvermutung gilt sowohl beim gesetzlichen Güterstand der Zugewinngemeinschaft als auch bei der Gütertrennung.[160]

125   Beim Güterstand der **Gütergemeinschaft** geht die Sonderregelung des § 1416 BGB der Eigentumsvermutung nach § 1362 BGB vor.

126   Ob diese Vorschrift auch für den Fall einer **eheähnlichen Lebensgemeinschaft** oder für das Zusammenleben in einer Wohngemeinschaft entsprechende Anwendung findet, wird unterschiedlich beantwortet. Überwiegend wird jedoch die Auffassung vertreten, dass eine analoge Anwendung nicht zum Tragen kommt, der Gerichtsvollzieher hat somit § 809 ZPO zu beachten, der Dritte muss bei Mitgewahrsam zur Herausgabe bereit sein.[161] Dieser Auffassung hat sich auch der BGH angeschlossen, die gesetzliche Vermutung des Alleinbesitzes ist auf die nichteheliche Lebensgemeinschaft nicht entsprechend anzuwenden.[162]

E.   Durchführung der Pfändung

127   Die Zwangsvollstreckung in das bewegliche Vermögen des Schuldners erfolgt durch die **Inbesitznahme der pfändbaren Sachen** durch den Gerichtsvollzieher (§ 808 Abs. 1 ZPO). Vor der Pfändung hat der Gerichtsvollzieher den Schuldner zur freiwilligen Leistung aufzufordern (§ 59 Abs. 2 GVGA).

128   **Zahlungen**, auch Teilleistungen, nimmt der Gerichtsvollzieher entgegen und bescheinigt deren Empfang. Bei vollständiger Begleichung des zu vollstreckenden Anspruchs übergibt der Gerichtsvollzieher dem Schuldner nach **Zahlungsempfang** die vollstreckbare Ausfertigung des Titels sowie eine **Quittung**. Teilleistungen vermerkt er auf dem Titel und händigt dem Schuldner eine entsprechende Quittung aus (§ 757 Abs. 1 ZPO). Ansonsten führt er die Zwangsvollstreckung durch.

129   **Geld**, **Kostbarkeiten** und **Wertpapiere** nimmt der Gerichtsvollzieher dem Schuldner weg und verwahrt die Sachen in der Pfandkammer (s. zur Verwertung nachfolgend Rdn 242 ff. und Rdn 251 ff.). Dies gilt auch für Sachen, bei denen die Gefahr

---

159   OLG Düsseldorf v. 3.4.1981 – 3 W 82/81, ZIP 1981, 538.
160   LG München v. 23.3.1989 – 6 T 2203/88, JurBüro 1989, 1311.
161   OLG Köln v. 15.3.1989 – 6 U 191/88, NJW 1989, 1737; LG Frankfurt am Main v. 9.3.1984 – 2 T 259/84, NJW 1986, 729; MüKo/*Weber-Moecke*, BGB, § 1362 Rn 10, 11 m.w.N.; Zöller/*Stöber*, ZPO, § 809 Rn 4; Thomas/Putzo/*Seiler*, ZPO, § 739 Rn 7.
162   BGH v. 14.12.2006 – IX ZR 92/05, NJW 2007, 992 = DGVZ 2007, 20 = Rpfleger 2007, 211.

oder der Verdacht besteht, dass sie veräußert oder beiseite geschafft werden, z.B. Pkw.[163]

Ist der Gläubiger ausdrücklich damit einverstanden, dass der Pfandgegenstand **130** (hier: Pkw) beim Schuldner verbleiben soll, genügt für die Pfändung die Anbringung des Pfandsiegels und die Wegnahme des Kfz-Schlüssels und Kfz-Briefes.[164]

Speditions- oder Lagerverträge des Gerichtsvollziehers sind privatrechtliche **131** Verträge. Bei solchen Verträgen tritt der Gerichtsvollzieher regelmäßig als Vertreter des Justizfiskus auf.[165]

Andere Sachen bleiben im Gewahrsam des Schuldners. Hier wird die Inbesitznah- **132** me durch Anbringen des **Pfandsiegels** kenntlich gemacht[166] oder auf sonstige Weise (§ 808 Abs. 2 ZPO). Bei der Pfändung größerer Warenposten, z.B. Teppichlager, wird zur Kenntlichmachung eine Pfandtafel an der Tür des Lagerraumes angebracht.

Die **Beschädigung** oder Beseitigung sowie das Abfallen oder Unkenntlichwerden **133** von **Pfandzeichen** nach durchgeführter Pfändung hat auf die Wirksamkeit der Pfändung keinen Einfluss. Der Gerichtsvollzieher hat sie jedoch zu erneuern, sobald er davon erfährt, auch um gutgläubigen lastenfreien Erwerb der Pfandstücke durch Dritte zu verhindern.

F. Vollstreckungsverbot

I. Insolvenzeröffnungsverfahren

Zur Sicherung vor nachteiligen Veränderungen in der Vermögenslage des Schuld- **134** ners hat das Insolvenzgericht alle Maßnahmen zu treffen, die im konkreten Fall notwendig und erforderlich erscheinen (§ 21 Abs. 1 InsO). Der Maßnahmenkatalog in § 21 Abs. 2 InsO ist aber keineswegs abschließend zu verstehen, sondern nur beispielhaft, wie das Wort „insbesondere" in § 21 Abs. 2 InsO zu Beginn verdeutlicht.[167]

Das Insolvenzgericht kann daher im Eröffnungsverfahren beispielhaft folgende **135** Maßnahmen zur **Sicherung der Insolvenzmasse** erlassen:

---

163 Vgl. Zöller/*Stöber*, ZPO, § 808 Rn 21.
164 LG Verden v. 1.8.2014 – 6 T 146/14, DGVZ 2015, 128 = JurBüro 2015, 46; AG Kassel v. 4.7.201 –
630 M 170/16, BeckRS 2016, 19203; AG Pirna v. 6.5.2013 – 1 M 663/13, BeckRS 2013, 20178 =
JurBüro 2013, 606.
165 BGH v. 17.6.1999 – IX ZR 308/98, Rpfleger 1999, 498 = NJW 1999, 2597 = DGVZ 1999, 167 =
MDR 1999, 1220 = WM 1999, 1842; bereits früher BGH v. 17.11.1983 – III ZR 194/82, BGHZ 89,
82 = DGVZ 1984, 38 = MDR 1984, 383 = NJW 1984, 1759 im Fall einer Arrestpfändung für einen
von der Zahlung der Kosten befreiten Gläubiger, i.Ü. offengelassen.
166 LG Darmstadt v. 13.1.1999 – 7 S 172/98, DGVZ 1999, 92.
167 FK-InsO/*Schmerbach*, § 21 Rn 4.

- einen vorläufigen Insolvenzverwalter bestellen (§ 21 Abs. 2 Nr. 1 InsO),
- ein allgemeines Verfügungsverbot erlassen (§ 21 Abs. 2 Nr. 2 InsO),
- einen Zustimmungsvorbehalt anordnen (§ 21 Abs. 2 Nr. 2 InsO),
- ein Vollstreckungsverbot erlassen, indem Maßnahmen der Mobiliarzwangsvollstreckung untersagt oder einstweilen eingestellt werden (§ 21 Abs. 2 Nr. 3 InsO, nicht Immobiliarvollstreckungsmaßnahmen),
- anordnen, dass Gegenstände, die im Fall der Eröffnung des Verfahrens von § 166 InsO erfasst wurden oder deren Aussonderung verlangt werden kann, vom Gläubiger nicht verwertet oder eingezogen werden dürfen und dass solche Gegenstände zur Fortführung des Unternehmens des Schuldners eingesetzt werden können, soweit sie hierfür von erheblicher Bedeutung sind (§ 21 Abs. 2 Nr. 5 InsO).

136   *Hinweis*

Wird zugleich mit der Bestellung eines vorläufigen Insolvenzverwalters ein allgemeines Verfügungsverbot erlassen, geht die Verwaltungs- und Verfügungsbefugnis auf den vorläufigen Insolvenzverwalter über (§ 22 Abs. 1 InsO).

137   Dies gilt auch nach Zulassung eines **Verbraucherinsolvenzantrags** (§§ 304, 305 InsO). Auch hier kann das Insolvenzgericht Sicherungsmaßnahmen i.S.v. § 21 InsO treffen (§ 306 Abs. 2 InsO).

138   Die **Maßnahmen** bzw. **Verbote** werden wirksam mit Erlass (Datum und Stunde der Anordnung sind anzugeben, §§ 21 bis 24 InsO i.V.m. § 27 InsO und §§ 81, 82 InsO); auf den Zeitpunkt der Zustellung an den Schuldner kommt es nicht an.[168]

139   Die angeordnete **Untersagung der Zwangsvollstreckung** betrifft zunächst nur Maßnahmen der Mobiliarvollstreckung (vgl. § 21 Abs. 2 Nr. 3 a.E. InsO). Dort ist sie ein Vollstreckungshindernis. Dieses Vollstreckungsverbot umfasst nicht nur das bei seinem Erlass bereits vorhandene Vermögen, sondern auch diejenigen Vermögenswerte, die der Schuldner nachträglich, aber vor der Eröffnung des Insolvenzverfahrens erworben hat. Die Untersagung der Zwangsvollstreckung bedeutet, dass Vollstreckungsmaßnahmen nicht mehr zulässig sind, eine **nach Wirksamwerden** des Verbots erlassene Vollstreckungsmaßnahme ist aufzuheben.

140   Die Untersagung von Vollstreckungsmaßnahmen nach § 21 Abs. 2 Nr. 3 InsO betrifft nicht die Durchsetzung eines Duldungsanspruchs des Gläubigers nach § 892 ZPO (z.B. Titel auf Gewährung des Zutritts zur Wohnung auf Duldung zur Sperrung des Stromzählers). Hier geht es nicht um eine Vollstreckung in das bewegliche Vermögen, sondern um die Vollstreckung einer vertretbaren Handlung i.S.d. § 887

---

168   Analoge Anwendung der Regelungen für den Eröffnungsbeschluss, § 27 Abs. 3 InsO; BGH v. 19.9.1996 – IX ZR 277/95, ZIP 1996, 1909; BGH v. 8.12.1994 – IX ZR 177/94, ZIP 1995, 40, 41; HK/*Kayser/Thole/Rüntz*, InsO, § 21 Rn 58; MüKo/*Haarmeyer*, InsO, § 21 Rn 37; *Pape*, ZInsO 1998, 63; *Hintzen*, ZInsO 1998, 77.

ZPO. Wenn der Schuldner dem Gläubiger den Zutritt verweigert, ist der Gläubiger zur Überwindung dieses Widerstandes auf die Hilfe des Gerichtsvollziehers angewiesen.[169]

Das angeordnete Vollstreckungsverbot erfasst nicht bewegliche Sachen, an denen ein **Absonderungsrecht** besteht. Im Hinblick auf die Neuregelung in § 21 Abs. 2 Nr. 5 InsO muss ein entsprechendes Verbot ausdrücklich angeordnet werden.   **141**

Die **einstweilige Einstellung** der Zwangsvollstreckung führt zu einem Vollstreckungshindernis i.S.v. § 775 Nr. 2 ZPO mit der Folge, dass nach § 776 ZPO bereits getroffene Maßnahmen einstweilen bestehen bleiben. Verstrickung und Pfändungspfandrecht bleiben erhalten, der Gläubiger bleibt damit zunächst gesichert.[170]   **142**

II. Insolvenzeröffnung

1. Absolutes Vollstreckungsverbot

Die **Eröffnung des Insolvenzverfahrens** bewirkt die Beschlagnahme des Vermögens des Insolvenzschuldners (§ 80 InsO). Wirksam wird der Eröffnungsbeschluss gem. § 27 Abs. 2 Nr. 3, Abs. 3 InsO. Sobald der Eröffnungsbeschluss aufgehört hat, eine gerichtsinterne Angelegenheit zu sein, treten die insolvenzrechtlichen Folgen der Verfahrenseröffnung bereits mit dem im Beschluss genannten Zeitpunkt seiner Unterzeichnung ein, also mit Rückwirkung.[171]   **143**

Der Umfang der Beschlagnahme wird bestimmt durch §§ 35, 36 InsO. Gegenstand des Insolvenzverfahrens ist damit grds. das gesamte Vermögen des Insolvenzschuldners, das ihm bei Verfahrenseröffnung gehört und das er während des Verfahrens erwirbt, sog. **Neuerwerb**. Dieser Neuerwerb als ein Teil der Insolvenzmasse haftet den Insolvenzgläubigern, deren Ansprüche bereits bei Verfahrenseröffnung bestehen müssen (§§ 38, 39 InsO).   **144**

Mit der Beschlagnahme verliert der Schuldner das Recht, das zur Insolvenzmasse gehörende Vermögen zu verwalten, über es zu verfügen sowie zu prozessieren. Das Verwaltungs- und Verfügungsrecht geht auf den Insolvenzverwalter über (§ 80 Abs. 1 InsO).   **145**

Gleichzeitig mit der Verfahrenseröffnung wirkt das **Vollstreckungsverbot** (§ 89 Abs. 1 InsO). Das Vollstreckungsverbot betrifft nicht nur das zur Insolvenzmasse gehörige, sondern auch das sonstige Vermögen des Schuldners (§ 35 InsO). Das Vollstreckungsverbot gilt für Insolvenzgläubiger,[172] **nachrangige Insolvenzgläubiger** gem. § 39 InsO und auch für sog. Neugläubiger, die erst nach Insolvenzeröff-   **146**

---

169 LG Mainz v. 20.2.2002 – 8 T 302/01, NZI 2002, 444.

170 Vgl. Musielak/Voit/*Lackmann*, ZPO, § 776 Rn 4 m.w.N.

171 Vgl. BGH v. 23.10.1997 – IX ZR 249/96, NJW 1998, 609; BGH v. 1.3.1982 – VIII ZR 75/81, ZIP 1982, 464 = KTS 1982, 664; FK-InsO/*Schmerbach*, § 30 Rn 6.

172 LG Traunstein v. 9.6.2000 – 4 T 1597/00, NZI 2000, 438.

nung einen Anspruch gegen den Schuldner erlangt haben.[173] Von dem Begriff der „Zwangsvollstreckung" gem. § 89 Abs. 1 InsO werden alle Arrestvollziehungen, Einzelzwangsvollstreckungen sowie die Eintragung einer Vormerkung aufgrund einer einstweiligen Verfügung erfasst.[174] Nicht dazu gehören vorbereitende Maßnahmen, z.B. Zustellung oder die Klauselerteilung bzw. -umschreibung.[175]

2. Rückschlagsperre

147 Aufgrund der durch § 88 InsO bestehenden sog. **Rückschlagsperre** werden **Sicherungen**, die ein Insolvenzgläubiger im letzten Monat vor dem Antrag auf Eröffnung des Insolvenzverfahrens oder nach diesem Antrag **durch Zwangsvollstreckung** an dem zur Insolvenzmasse gehörenden Vermögen des Schuldners erlangt, mit der Eröffnung des Verfahrens unwirksam (z.B. Pfändungsmaßnahmen, Zwangssicherungshypothek). In einem auf Antrag des Schuldners eröffneten Verbraucherinsolvenzverfahren beträgt die Frist sogar bis zu drei Monate vor der Antragstellung (§ 88 Abs. 2 InsO).

148 Eine **rechtsgeschäftlich bestellte Sicherung** wird durch § 88 InsO nicht erfasst. Eine innerhalb der Sperrfrist aus der Sicherung tatsächlich erlangte Befriedigung bleibt von § 88 InsO gleichfalls unberührt; u.U. unterliegt ein Rechtserwerb insoweit aber der **Insolvenzanfechtung** gem. §§ 129 ff. InsO.[176]

Schaubild: § 89 Abs. 1 InsO

149

Voraussetzungen:	1. Insolvenzmasse (§ 35 InsO)		
	2. Zwangsvollstreckungsmaßnahme		
	3. während der Dauer des Insolvenzverfahrens		
	4. zugunsten Insolvenzgläubiger (§§ 38, 39 InsO)		
	also nicht:	Absonderungsberechtigte (§ 49 InsO)	
		Aussonderungsberechtigte (§ 47 InsO)	
		Massegläubiger (§§ 54 ff. InsO)	

---

173 BGH v. 27.9.2007 – IX ZB 16/06, NJW-RR 2008, 294 = Rpfleger 2008, 93.
174 Vgl. Begr. zu § 12 RegE, BT-Drucks 12/2443, 108 ff.; Uhlenbruck/*Mock*, InsO, § 89 Rn 31.
175 BGH v. 12.12.2007 – VII ZB 108/06, Rpfleger 2008, 209: die Erteilung der Vollstreckungsklausel ist nach Eröffnung des Insolvenzverfahrens über das Vermögen des Schuldners nicht bereits gem. § 89 Abs. 1 InsO unzulässig; Uhlenbruck/*Mock*, InsO, § 89 Rn 35.
176 Zum Gesamtkomplex vgl. *Gerhardt*, ZZP 96, Bd. 109, 415; *Helwich*, MDR 1998, 516; *Vallender*, ZIP 1997, 1993; *Behr*, JurBüro 1999, 66.

Schaubild: § 88 InsO (Rückschlagsperre)

Voraussetzungen:	1. Insolvenzgläubiger (§§ 38, 39 InsO)	**150**
	2. Sicherung durch Zwangsvollstreckungsmaßnahme	
	3. Insolvenzmasse (§ 35 InsO)	
	4. Zeitraum: Ein Monat (drei Monate) vor Antrag auf Insolvenzeröffnung bis zur Insolvenzeröffnung, § 88 InsO	
	Fristberechnung: § 139 InsO	

3. Weitere Verbote

Nach § 90 Abs. 1 InsO gilt für die Dauer von sechs Monaten ab Verfahrenseröff   **151**
nung ein Vollstreckungsverbot wegen **Masseverbindlichkeiten** (§§ 53 ff. InsO),
die nicht durch eine Rechtshandlung des Insolvenzverwalters begründet worden
sind. Nach § 90 Abs. 2 InsO sind vom Vollstreckungsschutz solche Masseansprüche
ausgenommen, die der Insolvenzverwalter selbst durch

■ Ausübung des Wahlrechts bei gegenseitigen Verträgen (§ 90 Abs. 2 Nr. 1, § 103
Abs. 1 InsO);

■ Versäumung des erstmöglichen Kündigungstermins bei Dauerschuldverhältnissen (§ 90 Abs. 2 Nr. 2, § 109 Abs. 1 InsO);

■ Inanspruchnahme von Gegenleistungen für die Insolvenzmasse aus einem solchen Dauerschuldverhältnis (§ 90 Abs. 2 Nr. 3 InsO)

ausgelöst hat.

Sozialplanforderungen sind Masseforderungen (§ 123 Abs. 2 S. 1 InsO). Nach   **152**
§ 123 Abs. 3 S. 2 InsO ist die Zwangsvollstreckung wegen dieser Ansprüche ausdrücklich ausgeschlossen.

Nach Anzeige der **Masseunzulänglichkeit** und nach der Befriedigung der Masse   **153**
gläubiger in der Rangfolge des § 209 InsO erfolgt die Verfahrenseinstellung gem.
§ 211 Abs. 1 InsO. Sobald der Insolvenzverwalter die Masseunzulänglichkeit angezeigt hat, besteht wegen einer Masseverbindlichkeit i.S.d. § 209 Abs. 1 Nr. 3 InsO
(**Altmasseverbindlichkeit**) ein Vollstreckungsverbot (§ 210 InsO).

Ausgenommen von diesem Verbot sind die **Neumasseverbindlichkeiten** i.S.d.   **154**
§ 209 Abs. 1 Nr. 2 InsO, denn wenn diese Gläubiger die ihnen zustehenden Vollstreckungsmöglichkeiten verlieren, wäre von dieser für eine Fortführung des Unternehmens wichtigen Gruppe kaum jemand bereit, mit dem Verwalter nach Eröffnung
des Verfahrens Verträge abzuschließen.

G. Pfändungsprotokoll

155 Über den Pfändungsvorgang hat der Gerichtsvollzieher ein Protokoll anzufertigen (§§ 762, 763 ZPO und §§ 63, 86 GVGA). Dieses Protokoll muss u.a. enthalten:

■ Ort und Zeit der Vollstreckung,

■ den Gegenstand der Vollstreckungshandlung unter kurzer Erwähnung der wesentlichen Vorgänge,

■ Namen der Personen, mit denen der Gerichtsvollzieher verhandelt hat, und

■ die Unterschrift dieser Personen (kann aber nicht erzwungen werden) sowie die des Gerichtsvollziehers (§ 762 ZPO).

156 Ebenso muss aus dem Protokoll zu erkennen sein, wenn die Vollstreckung ganz oder teilweise ohne Erfolg verlaufen ist, dass der Gerichtsvollzieher alle zulässigen Mittel versucht hat, aber kein anderes Ergebnis zu erreichen war. Bei erheblichem Interesse des Gläubigers an dem Vollstreckungserfolg darf der Gerichtsvollzieher die Vollstreckung nur nach sorgfältiger Prüfung ganz oder teilweise als erfolglos bezeichnen (**§ 63 Abs. 2 GVGA**).

157 Nach **§ 86 Abs. 1 GVGA** muss das Pfändungsprotokoll weiterhin enthalten:

■ ein genaues Verzeichnis der Pfandstücke, gekennzeichnet nach Zahl, Maß, Gewicht oder anderen Merkmalen einschließlich des geschätzten gewöhnlichen Verkaufswertes,

■ eine Beschreibung der angelegten Pfandzeichen,

■ den wesentlichen Inhalt der Eröffnungen, die dem Schuldner oder den anderen angetroffenen Personen durch den Gerichtsvollzieher gemacht wurden.

158 In dem Protokoll hat der Gerichtsvollzieher alle gepfändeten Gegenstände genau zu bezeichnen und den **Wert** festzustellen (§ 813 Abs. 1 ZPO). Hierbei kann er ggf. auch einen Sachverständigen hinzuziehen, z.B. zur Bewertung von Kostbarkeiten (§ 813 Abs. 1 S. 2 ZPO).

159 In der Praxis ebenso bedeutsam wie streitig ist die Frage, ob der Gerichtsvollzieher im Fall „fruchtloser" Vollstreckung auf Verlangen des Gläubigers verpflichtet ist, die vorgefundenen, aber seiner Meinung nach unpfändbaren Gegenstände zu bezeichnen, oder ob er sich mit der Bemerkung begnügen kann, insgesamt keine pfändbare Habe vorgefunden zu haben.

160 Hinweise hierzu ergeben sich aus § 86 Abs. 6 GVGA:

> Kann eine Pfändung überhaupt nicht oder nicht in Höhe der beizutreibenden Forderung erfolgen, weil der Schuldner nur Sachen besitzt, die nicht gepfändet werden dürfen oder nicht gepfändet werden sollen oder von deren Verwertung ein Überschuss über die Kosten der Zwangsvollstreckung nicht zu erwarten ist, so genügt im Protokoll der allgemeine Hinweis, dass eine Pfändung aus diesen Gründen unterblieben ist. Abweichend hiervon sind im Protokoll zu verzeichnen:
> 1. Sachen, deren Pfändung vom Gläubiger ausdrücklich beantragt war, unter Angabe der Gründe, aus denen der Gerichtsvollzieher von einer Pfändung abgesehen hat,

2. die Art der Früchte, die vom Boden noch nicht getrennt sind, und die gewöhnliche Zeit der Reife, wenn eine Pfändung noch nicht erfolgen durfte (§ 810 Absatz 1 Satz 2 ZPO),

3. Art, Beschaffenheit und Wert der Sachen, wenn eine Austauschpfändung (§ 811a ZPO) in Betracht kommt, unter Angabe der Gründe, aus denen der Gerichtsvollzieher von einer vorläufigen Austauschpfändung (§ 811b ZPO) abgesehen hat,

4. Art und Wert eines Tieres, das im häuslichen Bereich und nicht zu Erwerbszwecken gehalten wird, wenn dessen Pfändung in Betracht kommt (§ 811c Abs. 2 ZPO).

Sind bereits Entscheidungen des Vollstreckungsgerichts ergangen, durch die die **161** Unpfändbarkeit vergleichbarer Sachen festgestellt wurde, so soll sie der Gerichtsvollzieher im Protokoll erwähnen, soweit sie für den Gläubiger von Belang sind.

Hierzu ist entschieden worden, dass der Gerichtsvollzieher sich im Protokoll mit **162** der allgemeinen Bemerkung begnügen kann, dass der Schuldner keine Sachen oder nur solche besitze, die der Pfändung nicht unterworfen sind oder von der Verwertung kein Überschuss über die Kosten der Zwangsvollstreckung zu erwarten ist. Etwas anderes könne nur dann gelten, wenn der Gläubiger eine vollständige Ausfüllung des Pfändungsprotokolls verlange.[177]

Andererseits wurde entschieden, dass, sofern der Gläubiger ausdrücklich darauf be- **163** steht, die für unpfändbar gehaltenen Gegenstände einzeln im Protokoll aufzuführen, der Gerichtsvollzieher verpflichtet ist, die beim Schuldner vorgefundenen, aber nicht gepfändeten Gegenstände mindestens im Allgemeinen so zu bezeichnen, dass der Gläubiger daraus einen Anhalt für die Beurteilung der Frage gewinnen kann, ob die Pfändung zu Recht unterlassen wurde.[178]

Die Aufstellung eines kompletten Inventarverzeichnisses kann der Gläubiger je- **164** doch in keinem Fall verlangen.[179]

Völlig verfehlt ist in jedem Fall die Auffassung des LG Bonn,[180] der Gläubiger **165** könne sich durch seine Anwesenheit bei der Vollstreckung von der Unpfändbarkeit der Gegenstände selbst überzeugen. Erstens ist dies nicht praktikabel, wenn Gläu-

177 LG Mainz v. 27.11.2003 – 3 T 1117/03, DGVZ 2004, 72 – nur bei möglicher Austauschpfändung; LG Hannover v. 12.12.1988 – 11 T 372/88, JurBüro 1989, 703.

178 OLG Oldenburg v. 14.6.1988 – 2 W 14/88, JurBüro 1989, 261; OLG Bremen v. 8.9.1988 – 2 W 18/88, JurBüro 1989, 263; LG Cottbus v. 25.6.2002 – 7 T 73/02, JurBüro 2002, 547; LG Nürnberg-Fürth v. 3.6.1988 – 13 T 4273/88, JurBüro 1988, 1413; LG Lübeck v. 8.8.1988 – 7 T 481/88, JurBüro 1989, 262; LG Hamburg v. 16.2.1989 – 17 T 214/88, JurBüro 1989, 1313; LG Hannover v. 12.12.1988 – 11 T 372/88, DGVZ 1989, 25; LG Duisburg v. 4.10.1989 – 4 T 233/89, JurBüro 1990, 1049; LG Lübeck v. 12.3.1990 – 7 T 96/90, JurBüro 1990, 1369; LG Bochum v. 23.2.1993 – 7 T 830/92, JurBüro 1994, 308; AG Frankfurt am Main v. 26.8.1987 – 82 M 10971/87, JurBüro 1988, 667.

179 OLG Oldenburg v. 14.6.1988 – 2 W 14/88, JurBüro 1989, 261; LG Traunstein v. 12.11.1987 – 4 T 2697/87, Rpfleger 1988, 199.

180 LG Bonn v. 10.11.1992 – 4 T 575/92, DGVZ 1993, 41 = JurBüro 1994, 311.

biger und Schuldner nicht am selben Ort wohnen und zweitens ist es sehr streitig, ob der Gläubiger überhaupt anwesend sein darf.

166   *Hinweis*

Der Gläubiger sollte sich in keinem Fall mit einem abgekürzten Pfändungsprotokoll begnügen. Er sollte von vornherein eine vollständige Ausfüllung verlangen, auch wenn diese Obliegenheit bereits dem Gerichtsvollzieher aufgegeben wird, § 86 Abs. 6 GVGA.

H. Hilfsvollstreckung

167   Papiere, die nur eine Forderung beweisen, aber nicht Träger des Rechts selbst sind, z.B.:

- Sparbuch,[181]
- Versicherungsschein,[182]
- Hypotheken- oder Grundschuldbrief,[183]
- Schuldbuch (Wertpapierabrechnung von Kreditinstituten zwecks Übertragung an die Bundesschuldenverwaltung) oder sonstige Hinweispapiere auf Schuldbuchforderungen,[184]
- Flugschein[185]

sind nicht Wertpapiere und können deshalb auch nicht nach den Vorschriften über die Zwangsvollstreckung in bewegliche körperliche Sachen gepfändet werden, also nicht nach § 831 ZPO.

168   Der Schuldner ist erst verpflichtet, die ihm über eine Forderung vorhandenen Urkunden an den Gerichtsvollzieher herauszugeben, wenn ein rechtswirksamer Pfändungs- und Überweisungsbeschluss vorgelegt wird, § 836 Abs. 3 S. 1 ZPO.[186] Die Herausgabe kann auch im Wege der Zwangsvollstreckung durchgesetzt werden, § 836 Abs. 3 S. 5 ZPO.

169   Der Gerichtsvollzieher kann diese Papiere jedoch vorläufig in Besitz nehmen, im Wege der Hilfspfändung. Hierüber muss er den Gläubiger unverzüglich unterrichten und die den Papieren zugrunde liegende Forderung genau bezeichnen. Diese sind dem Schuldner zurückzugeben, wenn der Gläubiger nicht spätestens binnen

---

181   Vgl. hierzu OLG Frankfurt v. 22.12.1988 – 1 U 216/87, NJW-RR 1989, 1517; OLG Düsseldorf v. 26.8.1998 – 11 U 75/97, MDR 1999, 174.

182   Vgl. OLG Hamm v. 24.2.1995 – 20 U 319/94, NJW-RR 1995, 1434; LG Darmstadt v. 18.10.1990 – 5 T 1051/90, DGVZ 1991, 9.

183   Vgl. OLG Hamm v. 3.7.1980 – 15 W 85/80, NJW 1981, 354.

184   Vgl. hierzu BGH v. 18.1.1996 – IX ZR 81/95, NJW 1996, 1675 = BB 1996, 715 = MDR 1996, 639 = WM 1996, 518 = ZIP 1996, 588; *Röder*, DGVZ 1995, 110.

185   LG Frankfurt am Main v. 28.5.1990, 2/9 T 434/90, DGVZ 1990, 169.

186   Vgl. hierzu: *Hintzen*, Forderungspfändung, § 1 Rn 148 ff.

eines Monats den entsprechenden Pfändungsbeschluss über die Forderung vorlegt, § 106 GVGA.

Die Anordnung der Herausgabe der Euroscheckformulare und Euroscheckkarten **170** an den Gläubiger ist jedoch abzulehnen.[187] EC-Karten sind keine „über die Forderung vorhandenen Urkunden" i.s.d. § 836 Abs. 3 ZPO.[188]

Hinweis **171**

Der Gläubiger sollte im Sachpfändungsantrag auf die Möglichkeit der Hilfsvollstreckung in jedem Fall hinweisen. Im nachfolgend zu beantragenden Pfändungs- und Überweisungsbeschluss ist dann die Eilbedürftigkeit im Hinblick auf die Monatsfrist zu vermerken. Auch sollte der Gläubiger überlegen, ob er den Pfändungs- und Überweisungsbeschluss nicht im Parteibetrieb selbst zustellen sollte, sofern er die Sache beschleunigen will.

Kostenhinweis **172**

Für eine Herausgabevollstreckung nach § 836 Abs. 3 S. 5 ZPO erhält der Gerichtsvollzieher die Gebühr nach GvKostG KV

221	Wegnahme oder Entgegennahme beweglicher Sachen durch den zur Vollstreckung erschienenen Gerichtsvollzieher	26,00 EUR
	Neben dieser Gebühr wird gegebenenfalls ein Zeitzuschlag nach Nummer 500 erhoben.	

I. Eidesstattliche Versicherung – Auskunft

Nach der Pfändung einer Forderung ist der Drittschuldner verpflichtet, dem Aus- **173** kunftsverlangen nach § 840 ZPO nachzukommen. Allerdings hat der Gläubiger keinen einklagbaren Anspruch auf die Erklärungspflicht gegenüber dem Drittschuldner.[189] Der Gläubiger kann den Drittschuldner nur im Wege des Schadensersatzes in Anspruch nehmen (§ 840 Abs. 2 ZPO).

Neben dem Drittschuldner ist auch der **Schuldner zur Auskunft verpflichtet** **174** (§ 836 Abs. 3 S. 1 ZPO). Erteilt der Schuldner die Auskunft nicht, so ist er nach § 836 Abs. 3 S. 2 ZPO auf Antrag des Gläubigers verpflichtet, sie zu Protokoll zu geben und seine Angaben an Eides statt zu versichern. Mit der Neuregelung soll erreicht werden, dass dem Gläubiger ein besseres Druckmittel an die Hand gegeben wird, damit der Schuldner seiner Auskunftsverpflichtung nachkommt.

---

187 LG Münster v. 8.6.2000 – 5 T 32/00, Rpfleger 2000, 506.
188 BGH v. 14.2.2003 – IXa ZB 53/03, NJW 2003, 1256 = DGVZ 2003, 120 = Rpfleger 2003, 308.
189 BGH v. 17.4.1984 – IX ZR 153/83, NJW 1984, 1901 = ZIP 1984, 751 = Rpfleger 1984, 324, 325; bereits früher BGH v. 17.4.1984 – IX ZR 153/83, BGHZ 91, 126 = NJW 1984, 1901; a.A. *Staab*, NZA 1993, 439, der die These vertritt, dass dem Gläubiger im Drittschuldnerprozess ein durchsetzbarer Auskunftsanspruch zustehen muss.

175 Regelungstechnisch knüpft der Gesetzgeber hier an den Text des § 883 Abs. 2 ZPO an. Der **Titel** für die eidesstattliche Versicherung ist der wirksame Pfändungs- und Überweisungsbeschluss. **Zuständig** für die Durchführung des Verfahrens und die Abnahme der eidesstattlichen Versicherung ist der **Gerichtsvollzieher**, in dessen Bezirk der Schuldner im Zeitpunkt der Auftragserteilung wohnt (§ 836 Abs. 3 S. 3, § 802e Abs. 1 ZPO). Die Weigerung des Schuldners auf Erteilung vollständiger Auskunft kann der Gläubiger durch ein formloses Anschreiben an den Schuldner nachweisen. Bestreitet der Schuldner dies, ist er auf die Möglichkeit der Erinnerung nach § 766 ZPO zu verweisen.[190]

176 Das **Verfahren** richtet sich nach § 802f Abs. 4, §§ 802g bis 802i und §§ 802j Abs. 1 und 2 i.V.m. § 836 Abs. 3 S. 4 ZPO, allerdings erfolgt keine Eintragung in das Schuldnerverzeichnis. Verweigert der Schuldner die Abgabe der eidesstattlichen Versicherung oder erscheint er nicht im Termin, ergeht auf Antrag Haftbefehl.

177 *Hinweis*

Da der Titel für die Abgabe der eidesstattlichen Versicherung der wirksame Pfändungs- und Überweisungsbeschluss ist[191] und dieser regelmäßig keine näheren Angaben zur Auskunftsverpflichtung beinhaltet, sollte dies vom Gläubiger aufgenommen werden. Der Gerichtsvollzieher kann den Titel nur „vollstrecken", wenn dieser inhaltlich bestimmt genug ist. Weder der Gläubiger im Antrag auf Abgabe der eidesstattlichen Versicherung noch der Gerichtsvollzieher im eigenen Ermessen können die einzelnen Fragen zur Auskunft des Schuldners festlegen, maßgeblich ist ausschließlich der Inhalt des Titels. Daher sollte der Gläubiger bereits im Antrag auf Erlass des Pfändungs- und Überweisungsbeschlusses angeben, welche Auskünfte im Einzelnen für die Durchsetzung der gepfändeten Forderung erforderlich sind.[192]

178 *Kostenhinweis*

Für die Abnahme der eidesstattlichen Versicherung nach § 836 Abs. 3 S. 2 ZPO erhält der Gerichtsvollzieher die Gebühr nach GvKostG KV

262	Abnahme der eidesstattlichen Versicherung nach § 836 Abs. 3 oder § 883 Abs. 2 ZPO	38,00 EUR

---

190 Musielak/*Voit*, ZPO § 802f Rn 10.
191 Zöller/*Stöber*, ZPO § 836 Rn 16.
192 BGH v. 21.2.2013 – VII ZB 59/10, NJW-RR 2013, 766 = Rpfleger 2013, 402; BGH v. 19.12.2012 – VII ZB 50/11, NJW 2013, 539 = Rpfleger 2013, 280; BGH v. 9.2.2012 – VII ZB 54/10, NJW 2012, 1223 = Rpfleger 2012, 450; BGH v. 9.2.2012 – VII ZB 54/10, ZIP 2002, 890; LG Heilbronn v. 210.9.2010 – 1 T 392/10, BeckRS 2011, 1347 = JurBüro 2011, 46; LG Verden v. 12.10.2009 – 6 T 151/09, Rpfleger 2010, 95.

J. Protokollanalyse

Das Pfändungsprotokoll (§ 762 ZPO und §§ 63, 86 GVGA) muss zunächst enthalten, ob der Gerichtsvollzieher den Schuldner persönlich oder eine zur Familie des Schuldners gehörige oder beim Schuldner beschäftigte erwachsene Person angetroffen hat. Weiterhin anzugeben sind die Ergebnisse der Befragung nach § 806a ZPO. **179**

Nach § 802b ZPO soll der Gerichtsvollzieher in jeder Lage des Verfahrens auf eine gütliche Erledigung bedacht sein. Sofern der Gläubiger einer Ratenzahlung nicht vornherein widerspricht, setzt der Gerichtsvollzieher nach § 802b Abs. 2 S. 2 ZPO einen Ratenzahlungsplan fest, belehrt den Schuldner darüber, dass der Plan hinfällig wird und der damit verbundene Vollstreckungsaufschub endet, sobald der Gläubiger widerspricht. Gleiches gilt, wenn der Schuldner mit einer festgesetzten Zahlung ganz oder teilweise länger als zwei Wochen in Rückstand gerät, § 802b Abs. 3 S. 2 und 3 ZPO. Die Tilgungsfrist soll in der Regel zwölf Monate nicht übersteigen. **180**

Bestimmt der Gerichtsvollzieher nach § 802b Abs. 2 ZPO eine Zahlungsfrist oder setzt er einen Ratenzahlungsplan fest, hat er **181**

1. die konkreten Zahlungstermine,
2. die Höhe der Zahlungen oder Teilzahlungen,
3. den Zahlungsweg,
4. die Gründe, die der Schuldner zur Glaubhaftmachung der Erfüllung der Vereinbarung vorbringt, sowie
5. die erfolgte Belehrung über die in § 802b Abs. 3 S. 2 und 3 ZPO getroffenen Regelungen

zu protokollieren, § 68 Abs. 2 GVGA.

Der Gerichtsvollzieher hat auch die Gründe, aus denen er die Einräumung einer Zahlungsfrist oder die Einziehung von Raten ablehnt, zu protokollieren. Der Gerichtsvollzieher hat dem Gläubiger unverzüglich eine Abschrift des Zahlungsplans zu übermitteln und dabei auf den Vollstreckungsaufschub sowie auf die Möglichkeit des unverzüglichen Widerspruchs hinzuweisen. **182**

Der Gläubiger sollte das Protokoll auch daraufhin überprüfen, welche Gründe den Gerichtsvollzieher bewogen haben, von der Pfändung abzusehen, z.B. **183**

- welche Tatsachen für die Behauptung vorgetragen wurden, dass die pfändbaren Gegenstände im Eigentum des Ehepartners des Schuldners oder eines Dritten stehen,
- konkrete Angaben zur gänzlichen oder teilweisen Einstellung der Zwangsvollstreckung,
- bei der Pfändung für weitere Gläubiger, die gleichzeitig erfolgt ist, deren genaue Bezeichnung mit Titel und Höhe der Forderung.

Gibt der Schuldner z.B. an, dass die Gegenstände unter **Eigentumsvorbehalt** stehen, ist der tatsächliche Eigentümer mit Anschrift anzugeben, damit ggf. die Pfän- **184**

dung des Anwartschaftsrechts vorgenommen werden kann; bei **sicherungsübereig-
neten Gegenständen** verbleibt dem Gläubiger die Pfändung der **Rückgewährsansprüche**; bei einer angeblichen Überbelastung des Grundstücks empfiehlt sich die
Pfändung der Rückgewährsansprüche des Eigentümers gegenüber den Grundpfand-
rechtsgläubigern.[193]

185 Mögliche Unklarheiten und Korrekturen lassen sich immer am besten direkt aus-
räumen, spätere Korrekturen sind oft nur schwer möglich oder führen zu Zeitver-
lust, auch kann ein anderer Gläubiger mittlerweile zuvorgekommen sein.

K.   (Un)Pfändbare Gegenstände

I.   Abgrenzung zur Immobiliarzwangsvollstreckung

186 Der Umfang der Mobiliarvollstreckung wird zunächst durch die Vorschriften über
die Zwangsvollstreckung in das unbewegliche Vermögen begrenzt (§ 865 ZPO).
Die Immobiliarzwangsvollstreckung umfasst nicht nur das Grundstück, sondern
auch die dem **Hypothekenhaftungsverband** unterliegenden weiteren Gegenstände
und Ansprüche (§ 865 Abs. 1 ZPO, §§ 1120 ff. BGB). Grundsätzlich kann aber
auch in diese Gegenstände im Wege der Sachpfändung vollstreckt werden, solange
nicht die Beschlagnahme des Grundstücks erfolgt ist (§ 865 Abs. 2 S. 2 ZPO), also
in Erzeugnisse, Rechte auf wiederkehrende Leistungen, Miet- und Pachtzinsforde-
rungen und Versicherungsforderungen.

187 **Zubehör** jedoch ist im Wege der Mobiliarvollstreckung nicht pfändbar (§ 865
Abs. 2 S. 1 ZPO). Zubehör unterliegt ausschließlich der Zwangsvollstreckung in
das unbewegliche Vermögen, da es mit dem Grundstück eine wirtschaftliche Ein-
heit bildet und durch eine Sachpfändung hiervon nicht getrennt werden soll. Etwas
anderes gilt nur dann, wenn Zubehör von der Hypothekenhaftung frei geworden ist
(§§ 1121, 1122 BGB).

188 Oft ist es auch für den Gerichtsvollzieher schwierig zu beurteilen, ob es sich um
einen Zubehörgegenstand handelt. Pfändet er dennoch, wird die Auffassung vertreten, die Pfändung sei mangels funktioneller Zuständigkeit nichtig.[194] Nach anderer,
überwiegender Auffassung ist die Pfändung zunächst wirksam, aber anfechtbar, der
Grundpfandrechtsgläubiger kann gegen die Vollstreckung Erinnerung nach § 766
ZPO einlegen oder aber Drittwiderspruchsklage erheben (§ 771 ZPO).[195]

---

193   Vgl. hierzu: *Hintzen*, Pfändung und Vollstreckung im Grundbuch, § 4 Rn 92 ff.
194   Zöller/*Stöber*, ZPO, § 865 Rn 11.
195   Thomas/Putzo/*Seiler*, ZPO, § 865 Rn 6; MüKo/*Eickmann*, ZPO, § 865 Rn 63; Musielak/Voit/*Becker*,
     ZPO, § 865 Rn 10; Gaul/Schilken/*Becker-Eberhard*, Zwangsvollstreckungsrecht, § 24 Rn 8.

II. Pfändungsverbote

Weiterhin hat der Gerichtsvollzieher die Pfändungsverbote gem. §§ 811, 812 ZPO **189**
zu beachten. Nach dem Grundgesetz muss jeder Person das Existenzminimum verbleiben, um ein menschenwürdiges Dasein führen zu können. Der Katalog des § 811 Abs. 1 ZPO dient daher dem Schuldner als Schutz vor einer „Kahlpfändung" und bestimmt gewisse Sachen als unpfändbar. Aber auch andere Personen, z.b. Familienangehörige, werden in diesen Schutz einbezogen (vgl. § 811 Abs. 1 Nr. 1 bis 4a, 10, 12 ZPO).

Nach § 811 Abs. 1 Nr. 1 ZPO sind solche Sachen unpfändbar, die dem persönlichen **190**
Gebrauch oder dem Haushalt des Schuldners dienen, soweit sie zu einer angemessenen, bescheidenen Lebens- oder Haushaltsführung benötigt werden.[196]

Bei der Frage der Pfändbarkeit ist immer der **zeitgemäße Lebensstandard** zu be- **191**
rücksichtigen.

Ein **Fernsehgerät** ist heute nicht mehr pfändbar, selbst dann, wenn der Schuldner **192**
zusätzlich noch über ein Rundfunkgerät verfügt, welches dann gepfändet werden kann.[197]

Das BVerfG hat mit Urt. v. 27.2.2008[198] entschieden, die jüngere Entwicklung der **193**
Informationstechnik habe dazu geführt, dass informationstechnische Systeme allgegenwärtig und ihre Nutzung für die Lebensführung vieler Bürger von zentraler Bedeutung sei. Die Nutzung der Informationstechnik hat für die Persönlichkeit und die Entfaltung des Einzelnen eine früher nicht absehbare Bedeutung erlangt. Dies gilt zunächst für PCs. Die Relevanz der Informationstechnik für die Lebensgestaltung des Einzelnen erschöpft sich nach Ansicht des BVerfG nicht in der größeren Verbreitung und Leistungsfähigkeit von PCs. Daneben enthalten zahlreiche Gegenstände, mit denen große Teile der Bevölkerung alltäglich umgehen, informationstechnische Komponenten. So liegt es beispielsweise zunehmend bei **Telekommunikationsgeräten** oder **elektronischen Geräten**, die in Wohnungen oder Kraftfahrzeugen enthalten sind. Der Leistungsumfang informationstechnischer Systeme und ihre Bedeutung für die Persönlichkeitsentfaltung nehmen noch zu,

---

196 LG Heilbronn v. 20.7.1992 – 1b T 104/92, Rpfleger 1993, 119, ein Tisch, vier Stühle, ein Schrank; FG Brandenburg, JurBüro 1998, 664, Wohnzimmermöblierung, bestehend aus Couchgarnitur, zwei kleinen Tischen, Schrankwand.
197 BFH v. 30.1.1990 – VII ZR 97/89, NJW 1990, 1871 = JurBüro 1990, 1358; OLG Stuttgart v. 9.4.1986 – 8 W 357/85, NJW 1987, 196 = JurBüro 1987, 460; OLG Frankfurt v. 7.6.1993 – 20 W 189/93, DGVZ 1994, 43; LG Itzehoe v. 14.7.1986 – 7 T 84/86, DGVZ 1988, 11; LG Bonn v. 16.7.1986 – 4 T 333/86, DGVZ 1988, 11; LG Detmold v. 30.11.1989 – 2 T 400/89, DGVZ 1990, 26; FG Münster v. 19.5.1989 – XVI 1817/89 AO, DGVZ 1990, 31; LG Hannover v. 12.6.1989 – 11 T 169/89, DGVZ 1990, 60; LG Augsburg v. 12.6.1992 – 5 T 1705/92, DGVZ 1993, 55; AG Essen v. 25.3.1998 – 31 M 888/98, DGVZ 1998, 94; AG Heidelberg v. 26.6.2014 – 1 M 9/14, DGVZ 2015, 59.
198 BVerfG v. 27.2.2008 – 1 BvR 370/07 NJW 2008, 822.

wenn solche Systeme miteinander vernetzt werden. Dies wird insbesondere aufgrund der gestiegenen Nutzung des Internet durch große Kreise der Bevölkerung mehr und mehr zum Normalfall. Auch wenn die Rechtsprechung insoweit noch nicht zu einer einhelligen Ansicht gefunden hat, muss heute der **PC** bzw. **Laptop**[199] oder das **Tablet** bzw. **Smartphone** nach § 811 Abs. 1 Nr. 1 ZPO grundsätzlich unpfändbar sein.

194 Pfändbar hingegen ist die **Waschmaschine** einer alleinstehenden Person, die weder behindert noch betagt ist;[200] aber auch in einem aus zwei Personen bestehenden Haushalt,[201] dem Schuldner ist zuzumuten, seine Wäsche einer Wäscherei anzuvertrauen oder einen Waschsalon in Anspruch zu nehmen.

195 Pfändbar dürfte auch heute noch eine **Stereoanlage** sein.[202]

196 Kein Pfändungsverbot soll auch für die **Gefriertruhe** bestehen, selbst wenn kein Kühlschrank vorhanden ist.[203]

197 **Gartenhäuser** und **Wohnlauben** sind ohne Rücksicht auf ihre Größe und Art und ihrer Verbindung mit dem Boden unpfändbar, wenn der Schuldner oder seine Familie ihrer zur ständigen Unterkunft bedürfen.[204]

198 Weitere **Beispiele**, soweit sie in der Rechtsprechung relevant geworden sind:

Pfändbar sind:

- Armbanduhr (wertabhängig),[205]
- Briefmarken (da in Geld wechselbar),
- privates Autotelefon,[206]
- Bügelmaschine,[207]
- Kassettendeck,[208]
- CD-Player,[209]
- Faxgerät,[210]

---

199 VG Gießen v. 8.7.2011 – 8 L 2046/11, NJW 2011, 3179.

200 LG Konstanz v. 28.9.1990 – 1 S 126/90, DGVZ 1991, 25; LG Berlin v. 4.1.1992 – 64 S 290/91, NJW-RR 1992, 1038.

201 AG Berlin-Schöneberg v. 4.10.1989 – 35 M 7087/89, DGVZ 1990, 15.

202 LG Duisburg v. 8.4.1986 – 4 T 56/86, MDR 1986, 682; VGH Baden-Württemberg v. 2.5.1995 – 2 S 907/95, NJW 1995, 2804 = DGVZ 1995, 150; a.A. LG Hannover v. 12.6.1989 – 11 T 169/88, Jur-Büro 1989, 1469.

203 AG Itzehoe v. 2.5.1983 – 24 M 1004/83, DGVZ 1984, 30.

204 OLG Hamburg, DGVZ 1951, 166.

205 OLG München v. 15.4.1983 – 25 W 1097/83, DGVZ 1983, 140.

206 OLG Köln v. 27.4.1993 – 9 U 160/91, MDR 1993, 1177.

207 AG Elmshorn, DGVZ 1985, 191.

208 VGH Baden-Württemberg v. 2.5.1995 – 2 S 907/95, NJW 1995, 2804.

209 VGH Baden-Württemberg v. 2.5.1995 – 2 S 907/95, NJW 1995, 2804.

210 FG Saarland v. 9.11.1993 – 1 V 242/93, DGVZ 1995, 171.

- Geschirrspüler,[211]
- Stereoturm,[212]
- Karussell,[213]
- Klavier,[214]
- Musikinstrumente,[215]
- Gebetsteppich,[216]
- Radio,[217]
- Spiegelreflexkamera,[218]
- Videorekorder.[219]

Nicht pfändbar sind: 199

- Einbauküche,[220]
- Fertiggarage,[221]
- Kleidung,[222]
- Kühlschrank,[223]
- Staubsauger.[224]

Nach **§ 811 Abs. 1 Nr. 4 ZPO** ist bei einem landwirtschaftlichen Betrieb das Vieh,   **200**
welches zum Wirtschaftsbetrieb gehört, unentbehrlich und auch unpfändbar.[225]

Der **Baumbestand** einer vom Schuldner betriebenen kleinen Baumschule unter-   **201**
liegt nicht der Pfändung.[226]

---

211 AG Heidelberg v. 10.10.1980 – 24 M 977/80, DGVZ 1981, 31.
212 LG Hannover v. 12.6.1989 – 11 T 169/88, JurBüro 1989, 1469.
213 AG Hannover, DGVZ 1975, 15.
214 AG Essen v. 21.7.1997 – 30 M 3084/97, DGVZ 1998, 30.
215 AG Mönchengladbach, DGVZ 1974, 29.
216 AG Hannover, DGVZ 1987, 131.
217 OLG Stuttgart v. 9.4.1986 – 8 W 357/85, DGVZ 1986, 152.
218 AG Melsungen v. 14.10.1977 – 1 M 672/77, DGVZ 1978, 92.
219 AG Düsseldorf v. 31.5.1988 – 63 M 1131/88, DGVZ 1988, 125; AG Essen v. 21.7.1997 – 30 M
     3084/97, DGVZ 1998, 30.
220 BGH v. 12.12.1989 – VI ZR 311/88, Rpfleger 1990, 218; BGH v. 1.2.1990 – IX ZR 110/89, NJW-
     RR 1990, 586.
221 BFH v. 4.10.1978 – II R 15/77, NJW 1979, 392.
222 LG Göttingen v. 21.3.1994 – 5 T 260/93, DGVZ 1994, 89.
223 OLG Frankfurt, Rpfleger 1964, 276.
224 AG Wiesbaden v. 16.4.1993 – 66 M 1743/93, DGVZ 1993, 158.
225 LG Rottweil v. 19.7.1985 – 1 T 7/85, MDR 1985, 1034; LG Bonn v. 24.3.1983 – 4 T 136/83, DGVZ
     1983, 153.
226 AG Elmshorn v. 11.8.1994 – 61 M 1908/94, DGVZ 1995, 12.

202   Bei einer Pferdehaltung sind **Zuchtstuten** jedoch grundsätzlich pfändbar.[227] Für Hunde und andere Tiere, die im häuslichen Bereich und nicht zu Erwerbszwecken gehalten werden, ist die Pfändung ausgeschlossen (§ 811c ZPO).[228]

203   Nur auf Antrag des Gläubigers kann das Vollstreckungsgericht beschließen, dass die Pfändung wegen des hohen Wertes des Tieres zulässig ist, es sei denn, dies führt zu einer sittenwidrigen Härte für den Schuldner.[229]

204   Nach **§ 811 Abs. 1 Nr. 5 ZPO** besteht Pfändungsschutz bei persönlicher Arbeitsleistung. Hiernach sind bei Personen, die aus ihrer körperlichen oder geistigen Arbeit oder auch sonstiger persönlicher Leistung ihren Erwerb ziehen, die zur Fortsetzung der Erwerbstätigkeit erforderlichen Gegenstände unpfändbar. Die Rechtsprechung hierzu ist nahezu unüberschaubar. Bei Anwendbarkeit dieser Vorschrift muss die persönliche Arbeitsleistung im Vordergrund stehen. Der Schuldner muss selbst mitarbeiten, es genügt nicht, wenn er seine Angestellten lediglich beaufsichtigt. Bei juristischen Personen bzw. Vollkaufleuten findet diese Vorschrift regelmäßig keine Anwendung, da diese Personen ihren Erwerb nicht aus der persönlichen Arbeitsleistung erzielen, sondern aus dem Warenumsatz.[230]

Unpfändbar sind aber auch die Gegenstände des Schuldners, die sein **Ehegatte** zur Fortsetzung einer Erwerbstätigkeit benötigt. Die Vorschrift schützt auch Familienangehörige.[231]

205   **Unpfändbar**[232] sind z.B.:

- Anrufbeantworter,[233]
- Autotelefon,[234]
- Büromöbel,[235]
- Computer (streitig),[236] s. auch zuvor Rdn 193,
- Falzautomat in einer Druckerei, wenn die Pfändung die Konkurrenzfähigkeit beeinträchtigt,[237]

227   LG Oldenburg v. 8.12.1979 – 5 T 286/79, DGVZ 1980, 170; LG Frankenthal v. 9.12.1988 – 1 T 387/88, NJW-RR 1989, 896; LG Koblenz v. 29.1.1997 – 2 T 8/97, DGVZ 1997, 89, auch zur Frage der Überpfändung.
228   AG Itzehoe v. 15.11.1995 – 24 M 4020/95, DGVZ 1996, 44, auch bei einem Nebenerwerb.
229   LG Heilbronn v. 29.1.1980 – 1 T 270/79 II, DGVZ 1980, 111.
230   AG Offenbach v. 1.2.2014 – 61 M 10133/13, BeckRS 2015, 8861.
231   BGH v. 28.1.2010 – VII ZB 16/09, NJW-RR 2010, 642 = DGVZ 2010, 77 = Rpfleger 2010, 274.
232   Zur Gesamtproblematik vgl. die Übersicht in MüKo/*Schilken*, ZPO, § 811 Rn 151 ff.
233   LG Düsseldorf v. 15.2.1985 – 19 T 571/84, DGVZ 1986, 44, Immobilienmakler.
234   OLG Köln v. 27.4.1993 – 9 U 160/91, MDR 1993, 1177.
235   AG München v. 4.3.1994 – 14 M 2021/93, DGVZ 1995, 11.
236   In diesem Sinne: LG Hildesheim v. 17.5.1989 – 5 T 249/89, DGVZ 1990, 30; LG Heilbronn v. 17.2.1994 – 1 T 379/93, MDR 1994, 405 = Rpfleger 1994, 370, selbstständiger Elektrotechniker; AG Bersenbrück v. 2.2.1990 – 10 M 2160/89, DGVZ 1990, 78, Versicherungskaufmann; AG Heidelberg v. 26.6.2014 – 1 M 9/14, DGVZ 2015, 59.
237   LG Hamburg v. 31.3.1983 – 2 T 32/83, DGVZ 1984, 26.

- Werkzeugmaschinen in einem handwerklichen Betrieb,[238] auch zur Aufnahme des Handwerksbetriebes,[239]
- Pkw für regelmäßige Fahrt zur Arbeit,[240] bei 10 km weit entfernter Arbeitsstelle,[241]
- Pkw (Arzt, Handelsvertreter, Immobilienmakler),[242]
- Pkw und Gerätschaften eines Abschleppdienstes,[243]
- Lkw mit Anhänger, der zur Fortsetzung des Betriebs benötigt wird,[244]
- Bus, einziges Fahrzeug, auch wenn dieser mit 235.000,00 EUR finanziert wurde,[245]
- Warenvorräte,[246]
- Ausstattungsgegenstände eines Zirkus,[247]
- Ladeneinrichtung in einem Schmuckgeschäft,[248]
- Zierfische,[249]
- Öfen zur Herstellung von Brot und Backwaren im Bäckereigewerbe.[250]

Für **pfändbar** hinsichtlich des Erwerbs wurden hingegen gehalten z.B.:   **206**

- Büro-Computer in einer Spedition,[251]
- Computeranlage eines Reisebüros in der Rechtsform einer GmbH nebst den dazugehörenden sieben Bildschirmen,[252]
- Computeranlage, sofern der Schuldner sich anderweitiger Hilfsmittel bedienen kann,[253]
- Buchhaltungscomputer beim Architekten.[254]

---

238 AG Sinzig v. 3.7.1986 – 6 M 1194/86, NJW-RR 1987, 757.
239 BFH v. 3.8.2012 – VII B 40/11, JurBüro 2013, 103.
240 BGH v. 28.1.2010 – VII ZB 16/09, NJW-RR 2010, 642 = DGVZ 2010, 77 = Rpfleger 2010, 274.
241 OLG Hamm v. 1.3.1984 – 14 W 253/83, DGVZ 1984, 138.
242 LG Braunschweig v. 14.11.1969 – 8 T 219/69, MDR 1970, 338; LG Koblenz v. 26.4.1989 – 4 T 220/89, JurBüro 1989, 1470; LG Heidelberg v. 8.10.1992 – 1 T 26/92, DGVZ 1994, 9; LG Hagen v. 22.3.1995 – 3 T 21/95, DGVZ 1995, 121; AG Neuwied v. 18.8.1998 – 5 M 2331/98, DGVZ 1998, 174.
243 LG Augsburg v. 2.12.1996 – 5 T 3697/96, DGVZ 1997, 27.
244 BGH v. 2.11.1982 – VI ZR 131/81, NJW 1983, 746; LG Oldenburg, DGVZ 1991, 119.
245 AG Waldbröl v. 25.8.2009 – 5a M 1090/09, DGVZ 2010, 135.
246 LG Tübingen, DGVZ 1976, 28; LG Düsseldorf v. 24.1.1985 – 25 T 933/84, DGVZ 1985, 74; LG Saarbrücken v. 18.8.1993 – 5 T 447/93, DGVZ 1994, 30; LG Göttingen v. 15.11.1993 – 5 T 204/93, DGVZ 1994, 30.
247 AG Oberhausen v. 30.1.1995 – 13 M 2403/94, DGVZ 1996, 159.
248 AG Gießen v. 17.10.1997 – 42 M 21746/97, DGVZ 1998, 30.
249 OLG Celle v. 1.10.1998 – 4 W 214/98, DGVZ 1999, 26.
250 OLG Frankfurt v. 16.8.2000 – 7 U 139/99, InVo 2001, 220.
251 OLG Hamburg v. 22.12.1983 – 6 W 87/83, DGVZ 1984, 57.
252 AG Düsseldorf, DGVZ 1991, 92.
253 LG Koblenz v. 7.12.1990 – 4 T 679/90, JurBüro 1992, 264.
254 LG Frankfurt am Main v. 3.10.1989 – 2/9 T 884/89, DGVZ 1990, 58.

- Videofilme, die in einer Videothek zur Vermietung angeboten werden,[255]
- Fotokopiergerät eines Rechtsanwalts,[256]
- Wählautomat eines Immobilienmaklers,[257]
- Pkw des Schuldners, sofern dieser seine Arbeitsstelle mit öffentlichen Verkehrsmitteln erreichen kann[258] oder wenn der Schuldner ihn nach seinen Angaben dazu benutzt, an einer „Trainingsmaßnahme" des Arbeitsamts für die Tätigkeit als Versicherungsvertreter teilzunehmen,[259]
- Schmuck in einem Schmuckgeschäft,[260]
- Sonnenbänke eines Sonnenstudios.[261]

207 *Hinweis*

Bei der Frage der Unpfändbarkeit nach § 811 Abs. 1 Nr. 1, 4, 5 bis 7 ZPO ist es grundsätzlich unerheblich, wem die Sachen gehören. Dem Schuldner ist eine Berufung auf die Unpfändbarkeit nicht deshalb versagt, weil die konkrete Sache nicht in seinem Eigentum steht, denn das Gesetz schützt hier nur den Besitz und die Gebrauchsmöglichkeit. Sehr streitig wurde bisher die Frage beantwortet, ob der Pfändungsschutz auch dann eingreift, wenn die zu pfändende Sache dem vollstreckenden Gläubiger selbst gehört. In einer Vielzahl von Fällen musste der Gläubiger bisher bei völlig klarer Rechtslage hinsichtlich seines Eigentums eine Herausgabeklage bzw. einen Herausgabetitel erstreiten.

208 Nach der **Regelung** in § 811 Abs. 2 ZPO kann eine in Abs. 1 Nr. 1, 4, 5 bis 7 bezeichnete Sache auch dann gepfändet werden, wenn der Verkäufer wegen einer durch **Eigentumsvorbehalt** gesicherten Geldforderung aus ihrem Verkauf vollstreckt.[262] Die Vereinbarung des Eigentumsvorbehalts ist durch Urkunden nachzuweisen. Der Eigentumsvorbehaltsverkäufer wird privilegiert, wenn er wegen der Kaufpreisforderung die unter Eigentumsvorbehalt stehende Kaufsache pfänden möchte.

209 Dies gilt aber nur beim **einfachen Eigentumsvorbehalt**, nicht beim **erweiterten oder verlängerten Vorbehalt** und auch nicht bei Sachen, die sicherungsübereignet sind.[263]

---

255 LG Augsburg v. 31.1.1989 – 5 T 288/89, NJW-RR 1989, 1536.

256 AG Berlin-Schöneberg v. 6.2.1984 – 31 M 7067/83, DGVZ 1985, 142; a.A. LG Frankfurt am Main, DGVZ 1990, 50 bei einem Architekten.

257 LG Düsseldorf v. 15.2.1985 – 19 T 571/84, DGVZ 1986, 44.

258 LG Stuttgart v. 31.1.1986 – 2 T 54/86, DGVZ 1986, 78.

259 AG Dülmen v. 20.4.2001 – 7 M 292/01, MDR 2001, 772.

260 AG Gießen v. 17.10.1997 – 42 M 21746/97, DGVZ 1998, 30.

261 OLG Köln v. 7.4.2000 – 11 U 210/99, InVo 2000, 397.

262 AG Eschwege v. 30.4.2002 – 3 M 669/02, DGVZ 2002, 127 zum Pkw.

263 Baumbach/*Hartmann*, ZPO, § 811 Rn 6; Musielak/Voit/*Becker*, ZPO, § 811 Rn 29; *Münzberg*, DGVZ 1998, 81 ff.; *Behr*, JurBüro 2000, 117, 121.

Die Pfändbarkeit setzt voraus, dass der Eigentumsvorbehalt durch Urkunden nach- **210**
gewiesen wird.[264] Beim **Nachweis durch Urkunden** ist in erster Linie an den zu
vollstreckenden Titel zu denken. Aus einem Versäumnisurteil oder einem Vollstreckungsbescheid ergibt sich der Eigentumsvorbehalt jedoch nicht. Hier wird dem
Gläubiger der Nachweis nur mithilfe der Kaufvertragsurkunden gelingen. Bei dieser Prüfung handelt es sich um materiell-rechtliche Fragen, die grundsätzlich nicht
in das Vollstreckungsverfahren gehören.

Nach § 811 Abs. 1 Nr. 12 ZPO zählt auch ein **Pkw** zu den notwendigen Hilfsmit- **211**
teln eines behinderten Schuldners wegen körperlicher Gebrechen. Unpfändbar ist
daher der Pkw eines gehbehinderten Schuldners, wenn die Benutzung des Pkw erforderlich ist, um die Gehbehinderung teilweise zu kompensieren und die Einglie-
derung des Schuldners in das öffentliche Leben wesentlich zu erleichtern.[265] Wird
die Unpfändbarkeit bejaht, ist in jedem Fall eine Austauschpfändung zulässig.[266]

■ Pkw, wenn dieser für regelmäßig notwendig werdende Arztbesuche des Schuldners oder eines minderjährigen Kindes erforderlich ist,[267]

■ Pkw, wenn dieser für regelmäßig notwendig werdende Arztbesuche der an den
Rollstuhl gebundenen Mutter des Schuldners erforderlich ist,[268]

■ Pkw eines gehbehinderten Schuldners.[269]

Aus Pietätsgründen wird wohl auch der **Grabstein** nicht pfändbar sein.[270] Verein- **212**
zelt wird die Pfändung dann jedoch bejaht, wenn die Vollstreckung wegen der
Werklohnforderung des Steinmetzes erfolgt.[271] Nach Ansicht des BGH[272] ist ein

---

264 Hierzu bereits: LG Köln v. 19.10.1998 – 19 T 253/98, DGVZ 1999, 42.
265 BGH v. 16.6.2011 – VII ZB 12/09, DGVZ 2011, 185 = JurBüro 2011, 548 = Rpfleger 2011, 618.
266 OLG Köln v. 28.10.1985 – 2 W 153/85, Rpfleger 1986, 57 = DGVZ 1986, 13; LG Hannover v.
    11.1.1985 – 11 T 14/85, DGVZ 1985, 121; AG Neuwied v. 29.7.1997 – 5 M 2808/97, DGVZ 1998,
    31.
267 LG Kaiserslautern v. 15.5.2006 – 1 T 44/06, Rpfleger 2006, 482.
268 LG Berlin v. 15.4.2013 – 51 T 227/13, DGVZ 2013, 183.
269 BGH v. 19.3.2004 – IXa ZB 321/03, Rpfleger 2004, 428 = NJW-RR 2004, 789 = DGVZ 2004, 71;
    LG Göttingen v. 7.3.2013 – 10 T 18/13, ZInsO 2014, 1174.
270 LG Oldenburg v. 21.8.1990 – 6 T 504/90, JurBüro 1990, 1680; LG Oldenburg v. 13.3.1992 – 6 T
    177/92, DGVZ 1992, 92; AG Mönchengladbach v. 22.12.1995 – 22 M 4024/95, DGVZ 1996, 78;
    Wacke, DGVZ 1986, 161; a.A. OLG Köln v. 17.7.1991 – 2 W 193/90, JurBüro 1991, 1703 =
    OLGZ 1993, 113, nur mit Zustimmung des Friedhofsträgers als Gewahrsamsinhaber; LG Wiesba-
    den v. 30.12.1988 – 4 T 535/88, NJW-RR 1989, 575; LG Weiden v. 29.9.1989 – 2 T 579/90, DGVZ
    1990, 142.
271 LG Braunschweig v. 18.7.2000 – 8 T 666/00, NJW-RR 2001, 715 = Rpfleger 2000, 462; LG Ko-
    blenz v. 26.6.1987 – 4 T 251/86, DGVZ 1988, 11; LG Weiden v. 29.9.1989 – 2 T 579/90, DGVZ
    1990, 142; LG Hamburg v. 24.11.1989 – 17 T 171/89, DGVZ 1990, 91; LG Mönchengladbach v.
    26.2.1996 – 5 T 74/96, DGVZ 1996, 139; a.A. LG Oldenburg v. 21.8.1990 – 6 T 504/90, JurBüro
    1990, 1680.
272 BGH v. 20.12.2005 – VII ZB 48/05, Rpfleger 2006, 208 = NJW-RR 2006, 570 = DGVZ 2006, 46 =
    FamRZ 2006, 409 = MDR 2006, 534 = WM 2006, 911.

Grabstein wegen einer Geldforderung grundsätzlich jedenfalls dann pfändbar, wenn er unter Eigentumsvorbehalt geliefert wurde und der Steinmetz wegen seines Zahlungsanspruchs vollstreckt.

III. Haustiere, § 811c ZPO

213 Tiere, die im häuslichen Bereich (in räumlicher Nähe zum Schuldner wie Wohnung, Haus, Garten) und nicht zu Erwerbszwecken gehalten werden, sind gem. § 811c ZPO ebenfalls grundsätzlich unpfändbar.

214 Eine Ausnahme kann bei Abwägung von Gläubiger- und Schuldnerinteressen sowie der Belange des Tierschutzes auf Antrag des Gläubigers erfolgen, wenn die Unpfändbarkeit für den Gläubiger wegen des hohen Wertes des Tieres (mindestens 250,00 EUR, z.B. für Rassekatzen bzw. -hunde oder Zuchtfische wie ein Koi) eine Härte bedeuten würde[273] (verneint bei einem 20-jährigen Pferd, das das „Gnadenbrot" erhält[274]).

215 Zuständig ist das Vollstreckungsgericht, funktionell der Rechtspfleger, § 20 Nr. 17 RPflG.[275]

IV. Vorwegpfändung, § 811d ZPO

216 Alle gem. § 811a ZPO unpfändbaren Gegenstände können im Wege der Vorwegpfändung gem. § 811d ZPO gepfändet werden, wenn nur zu erwarten ist, dass sie demnächst – spätestens binnen Jahresfrist, § 811d Abs. 2 ZPO – pfändbar werden (z.B. wegen beruflicher Veränderung). Der Begriff der demnächstigen Pfändbarkeit betrifft nicht den Fall, dass eine noch schuldnerfremde Sache demnächst in das Eigentum des Schuldners gelangt.[276]

217 Die Sache ist im Gewahrsam des Schuldners zu belassen, die Pfändung daher gem. § 808 Abs. 2 S. 2 ZPO kenntlich zu machen. Die Fortsetzung der Zwangsvollstreckung (Wegnahme, Verwertung) darf nur erfolgen, wenn die Sache pfändbar geworden ist. Tritt dies nicht binnen eines Jahres ein, ist die Pfändung durch den Gerichtsvollzieher von Amts wegen aufzuheben.

V. Hausrat, § 812 ZPO

218 Soweit beim Schuldner in Gebrauch befindliche **Gegenstände des Hausrats** (z.B. Einrichtungsgegenstände, Kleider, Wäsche – also nicht gewerblich genutzte Gegenstände) nicht schon gem. § 811 Abs. 1 Nr. 1 ZPO unpfändbar sind, sollen, d.h.

---

273 LG Berlin v. 16.3.2007 – 81 T 859/06, BeckRS 2007, 10289.
274 AG Paderborn v. 8.12.1995 – 12 M 2848/95, DGVZ 1996, 44; *Dietz*, DGVZ 2003, 81.
275 Zu Einzelheiten vgl. *Lorz*, MDR 1990, 1057, 1060; *Schmid*, JR 2013, 245.
276 AG Gronau v. 30.9.1966 – 3 M 614/66, MDR 1967, 223.

dürfen, sie gem. § 812 ZPO nicht gepfändet werden, wenn ohne Weiteres ersichtlich ist, dass diese vom Schuldner gebraucht werden und durch ihre Verwertung nur ein Erlös erzielt werden würde, der zu dem Wert, den die Sache für den Schuldner ausmacht, außer allem Verhältnis steht, also offensichtlich unverhältnismäßig ist.[277] Dies gilt auch dann, wenn ein Überschuss über die Kosten des Verfahrens erzielt würde, weil ansonsten bereits § 803 Abs. 2 ZPO eingreift.

L. Eigentumsvorbehalt/Anwartschaftsrecht

Hat sich der Verkäufer einer beweglichen Sache das Eigentum bis zur Zahlung des Kaufpreises vorbehalten, so ist im Zweifel anzunehmen, dass die Übertragung des Eigentums unter der aufschiebenden Bedingung vollständiger Zahlung des Kaufpreises erfolgt und dass der Verkäufer zum Rücktritt von dem Vertrag berechtigt ist, wenn der Käufer u.a. mit der Zahlung in Verzug kommt (§ 449 BGB).[278] Der Schuldner, als Käufer der Sache, wird mit der Übergabe zunächst Besitzer, das Eigentum erwirbt er unter der aufschiebenden Bedingung vollständiger Zahlung des Kaufpreises (§ 158 Abs. 1 BGB). Mit Zahlung der letzten Kaufpreisrate geht das Eigentum auf ihn über.   **219**

Die Rechtsposition des Käufers wird als **Anwartschaftsrecht** bezeichnet, da der Eigentumserwerb nur noch von seinem Willen, durch Zahlung der vollständigen Restkaufpreissumme, abhängt. Das Anwartschaftsrecht ist ein wesensgleiches Minus des Vollrechts, wird wie das Eigentum selbst übertragen und unterliegt somit auch der Pfändung. Die Pfändung erfolgt im Wege der Rechtspfändung (§§ 857, 829 ZPO) und wird wirksam mit Zustellung an den Drittschuldner, den Verkäufer der Sache.[279]   **220**

Mit Zahlung der letzten Kaufpreisrate erlangt der Schuldner das Volleigentum an der Sache. Das Pfandrecht an dem Anwartschaftsrecht setzt sich bei Bedingungseintritt, Zahlung der letzten Kaufpreisrate, jedoch nicht an dem Eigentum an der Sache selbst fort. Der Gegenstand als solcher wird durch den Gerichtsvollzieher gem. § 808 ZPO gepfändet und durch Anbringung des Pfandsiegels nach außen hin kenntlich gemacht (Publizitätswirkung). Diese Wirkung nach außen fehlt bei der   **221**

---

277 LG Coburg v. 3.5.1989 – 2 T 22/89, DGVZ 1990, 89; AG Itzehoe v. 16.9.1997 – 24 M 3395/97, DGVZ 1998, 63.

278 Hierzu BGH v. 13.9.2006 – VIII ZR 184/05, NJW 2006, 3488 zum Autokauf; LG Braunschweig v. 18.7.2000 – 8 T 666/00, NJW-RR 2001, 715 = Rpfleger 2000, 462; LG Koblenz v. 26.6.1987 – 4 T 251/86, DGVZ 1988, 11; LG Weiden v. 29.9.1989 – 2 T 579/90, DGVZ 1990, 142; LG Hamburg v. 24.11.1989 – 17 T 171/89, DGVZ 1990, 91; LG Mönchengladbach v. 26.2.1996 – 5 T 74/96, DGVZ 1996, 139; a.A. LG Oldenburg v. 21.8.1909 – 6 T 504/90, JurBüro 1990, 1680.

279 Vgl. hierzu BGH v. 13.9.2006 – VIII ZR 184/05, NJW 2006, 3488 zum Autokauf; BGH v 18.12.1967 – V ZB 6/67, NJW 1968, 493, bei Grundstücksanwartschaft; BGH v. 10.10.1984 – VIII ZR 244/83, BGHZ 92, 280 = NJW 1985, 376; *Geißler*, DGVZ 1990, 81; *Stöber*, Forderungspfändung, Rn 1489.

Umwandlung des Anwartschaftsrechts in das Vollrecht und Übergang des Pfandrechts an dem Eigentum. Hinzutreten muss die Sachpfändung (Theorie der **Doppelpfändung**).[280]

222

Hinweis

Unabhängig von dem Theorienstreit ist dem Gläubiger in jedem Fall die Doppelpfändung zu empfehlen, auch wenn hierdurch Mehrkosten verursacht werden. Diese Doppelpfändung bewirkt für den Gläubiger Folgendes:

■ Aufgrund der Pfändung des Anwartschaftsrechts ist der Verkäufer verpflichtet, dem Gläubiger Auskunft über die Höhe der Restschuld des Ratenkaufs zu geben (§§ 840, 836 Abs. 1 ZPO).

■ Der Gläubiger ist dann berechtigt, den Restkaufpreis für den Schuldner an den Verkäufer zu leisten. Der Verkäufer kann die Zahlungsannahme dann nicht verweigern, wenn der Gläubiger das Anwartschaftsrecht des Schuldners gegenüber dem Verkäufer gepfändet hat (§ 267 BGB).[281]

■ Mit Zahlung verliert der Verkäufer auch sein Recht als Vorbehaltseigentümer, der Pfändung der Sache durch eine Drittwiderspruchsklage zu widersprechen (§ 771 ZPO).

■ Mit der Zahlung wandelt sich das Anwartschaftsrecht in das Vollrecht (= Eigentum) um, aufgrund der Sachpfändung erstreckt sich das Pfandrecht an dem Anwartschaftsrecht nunmehr auch an dem Eigentum der Sache. Für den Rang des Pfandrechts ist der Zeitpunkt maßgebend, in dem das Anwartschaftsrecht durch Pfändung wirksam wurde.[282]

223 Der Gläubiger kann den Betrag, den er an den Verkäufer als Restzahlung geleistet hat, im Wege der Zwangsvollstreckung als notwendige Kosten geltend machen (§ 788 ZPO). Eine gesonderte Festsetzung dieser Kosten ist nicht erforderlich.[283]

224

Hinweis

Will der Gläubiger unnötige Kosten vermeiden, sollte er zunächst nur die Sachpfändung vorziehen. Handelt es sich um einen unpfändbaren Gegenstand (z.B. nach § 811 Abs. 1 ZPO), ist auch die Anwartschaftsrechtspfändung unzulässig. Hat der Schuldner das Anwartschaftsrecht bereits auf einen Dritten übertragen, geht die Rechtspfändung ins Leere. Da der Gerichtsvollzieher die Eigentumsverhältnisse nicht prüft, sondern nur den Gewahrsam, wird er die Sachpfändung

---

280 Vgl. hierzu Zöller/*Stöber*, ZPO, § 857 Rn 6; Gaul/Schilken/Becker-Eberhard/*Schilken*, Zwangsvollstreckungsrecht, § 58 Rn 35; Musielak/Voit/*Becker*, ZPO, § 857 Rn 7.

281 BGH v. 24.5.1954 – IV ZR 84/53, NJW 1954, 1325.

282 Vgl. Musielak/Voit/*Becker*, ZPO, § 857 Rn 7 m.w.N.; *Hintzen*, in: Hintzen/Wolf, Rn 6.288; a.A. *Stöber*, Forderungspfändung, Rn 1496.

283 LG Aachen, Rpfleger 1968, 60; LG Bonn, Rpfleger 1956, 44.

durchführen; der Vorbehaltsverkäufer muss ggf. seine Rechte im Wege der Drittwiderspruchsklage durchsetzen.

Kostenhinweis   **225**

Für die Sachpfändung erhält der Gerichtsvollzieher die Gebühr nach GvKostG KV

| 205 | Bewirkung einer Pfändung (§ 808 Abs. 1, 2 Satz 2, §§ 809, 826 oder § 831 ZPO) | 26,00 EUR |
| | Neben dieser Gebühr wird gegebenenfalls ein Zeitzuschlag nach Nummer 500 erhoben. | |

Ein Pfändungsauftrag des Gläubigers, der unter der aufschiebenden Bedingung gestellt wird, dass eine Pfändung nur nach Abgabe der Vermögensauskunft erfolgen soll und auch nur dann, soweit sich hieraus pfändbare Gegenstände ergeben sollten, gilt erst dann als gestellt, wenn die Bedingung „Vorhandensein pfändbarer Gegenstände" eingetreten ist. Sofern diese Bedingung nicht eintritt, entsteht auch keine Gebühr nach KV 604 i.V.m. KV 205 für eine nicht erledigte Amtshandlung.[284]

M. Austauschpfändung

I. Anwendbarkeit

Eine Austauschpfändung kommt nur in Betracht, wenn es sich um einen nach § 811   **226** Abs. 1 Nr. 1, 5 und 6 ZPO **unpfändbaren Gegenstand** handelt. Ob eine Austauschpfändung auch mit Geräten und dem Vieh des Schuldners möglich ist, der einen landwirtschaftlichen Betrieb betreibt, und mit Dienstkleidungsstücken (§ 811 Abs. 1 Nr. 4 und 7 ZPO), ist umstritten.[285] Ausnahmsweise wurde auch dann eine Austauschpfändung für zulässig angesehen, nachdem die Unpfändbarkeit eines Pkw nach § 811 Abs. 1 Nr. 12 ZPO bejaht wurde, auch wenn es sich um ein notwendiges Hilfsmittel für den behinderten Schuldner handelt.[286]

Die Austauschpfändung kann weiterhin nur dann zugelassen werden, wenn zu er-   **227** warten ist, dass der Vollstreckungserlös den Wert des Ersatzstücks erheblich übersteigt.[287]

Beispiele zur Austauschmöglichkeit, soweit sie in der Rechtsprechung relevant   **228** wurden:

---

284 LG Koblenz v. 23.4.2014 – 2 T 235/14, NJOZ 2014, 1943.
285 Vgl. hierzu: *Pardey*, DGVZ 1987, 180.
286 OLG Köln v. 28.10.1985 – 2 W 153/85, DGVZ 1986, 13 = Rpfleger 1986, 57.
287 LG Mainz v. 28.4.1988 – 8 T 72/88, NJW-RR 1988, 1150.

- Anhänger eines Lkw,[288]
- Kraftfahrzeuge,[289]
- Computeranlagen (hierbei ist von entscheidender Bedeutung, ob der Schuldner unter Berücksichtigung der Brancheneigenart, der Konkurrenz und der technischen Entwicklung auf den Computer angewiesen ist oder nicht),[290]
- Anrufbeantworter,[291]
- Fotokopiergerät oder Fax- bzw. Fernschreibgerät,[292]
- Farbfernseher,[293]
- Hochdruckreiniger.[294]

229   Eine Austauschpfändung dürfte weiterhin in Betracht kommen bei:
- Fotoausrüstung,
- Gefriertruhe,
- Geschirrspülmaschine,
- HiFi-Anlage,
- Videorekorder,
- Armbanduhr,
- Autotelefon,
- Diktiergerät,
- Fahrrad (Rennrad pp.),
- Boot,
- Zelt,
- Fitnessgeräte,
- Musikinstrumente,
- Teppich,
- Gartengeräte.

---

288   OLG Köln v. 28.10.1985 – 2 W 153/85, Rpfleger 1986, 57 = DGVZ 1986, 13.
289   OLG Köln v. 28.10.1985 – 2 W 153/85, Rpfleger 1986, 57 = DGVZ 1986, 13; LG Oldenburg v. 14.11.1990 – 6 T 807/90, DGVZ 1991, 119, Lkw mit Anhänger.
290   LG Frankfurt v. 3.10.1989 – 2/9 T 884/89, DGVZ 1990, 58; LG Hildesheim, DGVZ 1990, 137; LG Heilbronn v. 17.2.1994 – 1b T 379/93, Rpfleger 1994, 370 = DGVZ 1994, 55; LG Landau v. 15.12.1994 – 3 T 254/94, DGVZ 1995, 87.
291   LG Düsseldorf v. 15.2.1985 – 19 T 571/84, DGVZ 1986, 44.
292   AG Berlin-Schöneberg v. 6.2.1984 – 31 M 7067/83, DGVZ 1985, 142.
293   BFH v. 30.1.1990 – VII R 97/89, DGVZ 1990, 118 = JurBüro 1990, 1358; OLG Stuttgart v. 9.4.1986 – 8 W 357/85, DGVZ 1986, 152 = JurBüro 1987, 460; OLG Frankfurt am Main v. 7.6.1993 – 20 W 189/93, DGVZ 1994, 43; LG Bochum v. 18.5.1982 – 7 T 555/81, JurBüro 1983, 301; LG Frankfurt am Main, KKZ 1988, 188; LG Detmold, KKZ 1990, 135; LG Hannover, KKZ 1990, 136; LG Augsburg v. 12.6.1992 – 5 T 1705/92, DGVZ 1993, 55; LG Berlin v. 8.4.1991 – 81 T 977/90, DGVZ 1991, 91, Schätzwert des Farbfernsehers von 500 DM; AG Wetzlar v. 25.11.1986 – 3 M 4514/86, DGVZ 1987, 174; a.A. LG Wiesbaden v. 4.7.1991 – 4 T 320/91, DGVZ 1991, 157 = JurBüro 1992, 59.
294   Vgl. LG Bochum v. 11.6.1981 – 7 T 138/81, DGVZ 1982, 43.

II. Verfahren

Für die Zulassung der Austauschpfändung ist ausschließlich das Amtsgericht als **230**
Vollstreckungsgericht zuständig, in dessen Bezirk die Pfändung stattgefunden hat
(§ 811a Abs. 2 S. 1 ZPO). Für die Austauschpfändung selbst bleiben dem Gläubiger
drei Möglichkeiten.

1. Ersatzbeschaffung

Der Gläubiger kann dem Schuldner vor der Wegnahme der Sache ein **Ersatzstück** **231**
zur Verfügung stellen, welches dem geschützten Verwendungszweck entspricht.
Die Wegnahme des erst mit dem Beschluss des Vollstreckungsgerichts pfändbar gewordenen Gegenstands erfolgt, wenn dem Schuldner das Ersatzstück übergeben
wurde.

Bei der Frage der Angemessenheit der Austauschpfändung ist immer auf den Ein- **232**
zelfall abzustellen, z.B. wurde die Austauschbarkeit eines relativ wertvollen Pkw
gegen einen einfacheren Pkw zugelassen[295] oder der Tausch einer goldenen **Arm-**
banduhr gegen eine funktionsfähige einfachere Uhr[296] oder eines Schwarz-weiß-
Fernsehers gegen ein Farbfernsehgerät.[297]

Die Austauschpfändung eines unpfändbaren Kraftfahrzeugs ist nur zulässig, wenn **233**
das Ersatzstück eine annähernd gleiche Haltbarkeit und Lebensdauer wie das gepfändete Fahrzeug aufweist. Das ist dann nicht der Fall, wenn das gepfändete
Kraftfahrzeug neun Jahre alt mit einer Laufleistung von 50.000 km, das Ersatzstück
dagegen 19 Jahre alt mit einer Laufleistung von 200.000 km ist.[298]

Für den Gläubiger besteht hier die Gefahr, dass der Schuldner oder auch der Ge- **234**
richtsvollzieher die Annahme des Ersatzstücks verweigert, sofern dieses mit Sach-
mängeln behaftet ist (§§ 434 ff. BGB). Ob eine Mängelrüge allerdings überhaupt
im Rahmen der Austauschpfändung vorgebracht werden kann, ist streitig; in jedem
Fall besteht für den Gläubiger eine möglicherweise erhebliche Erschwernis, diese
Art der Austauschpfändung durchzuführen.[299]

2. Überlassung eines Geldbetrages

Die zweite Möglichkeit für den Gläubiger ist die **Überlassung eines erforderli-** **235**
chen Geldbetrags zur Beschaffung eines adäquaten Ersatzstücks. Auch hier erfolgt
die Wegnahme des erst mit Erlass des Beschlusses pfändbar gewordenen Gegen-

---

295 OLG Köln v. 28.10.1985 – 2 W 153/85, DGVZ 1986, 13.
296 OLG München v. 15.4.1983 – 25 W 1097/83, OLGZ 83, 325.
297 LG Berlin v. 8.4.1991 – 81 T 977/90, DGVZ 1991, 91, Schätzwert des Farbfernsehers 500 DM.
298 BGH v. 16.6.2011 – VII ZB 114/09, DGVZ 2011, 184 = Rpfleger 2011, 620.
299 Vgl. hierzu: Zöller/*Stöber*, ZPO, § 811a Rn 11; MüKo/*Gruber*, ZPO, § 811a Rn 14; Musielak/Voit/
     Becker, ZPO, § 811a Rn 9.

stands, wenn die Übergabe des Geldbetrags an den Schuldner erfolgt. Zwar wird die Austauschpfändung nur zugelassen, wenn der zu erwartende Erlös den Ersatzbetrag für das Ersatzstück erheblich übersteigt, ob dieses Ergebnis aber tatsächlich auch eintritt, ist in keinem Fall sichergestellt.

3. Geldbetrag aus Vollstreckungserlös

236 Somit bleibt dem Gläubiger noch die dritte Möglichkeit, dass dem Schuldner der zur **Ersatzbeschaffung** notwendige Geldbetrag erst aus dem Vollstreckungserlös erstattet wird. Diese Art der Austauschpfändung ist aber nur dann zulässig, wenn eine rechtzeitige Ersatzbeschaffung dem Gläubiger selbst nicht möglich oder nicht zuzumuten ist. Hierzu muss der Gläubiger jedoch substantiiert vortragen; regelmäßig werden diese Angaben nur im Einzelfall erfolgreich sein. Bei dieser Wahlmöglichkeit ist die Wegnahme der gepfändeten Sache erst nach Rechtskraft des Beschlusses über die Austauschpfändung zulässig (§ 811a Abs. 4 ZPO).

III. Vorläufige Austauschpfändung

237 Eine vorläufige Austauschpfändung nimmt auch bereits der Gerichtsvollzieher ohne vorherige Entscheidung des Vollstreckungsgerichts vor (§ 811b ZPO). Der Gerichtsvollzieher muss hierbei nach Lage der Verhältnisse entscheiden, wenn zu erwarten ist, dass das Vollstreckungsgericht die Austauschpfändung selbst zulassen wird und wenn zu erwarten ist, dass der Vollstreckungserlös den Wert des Ersatzstücks erheblich übersteigen wird (§ 75 GVGA).[300]

238 Die vorläufig gepfändeten Sachen bleiben zunächst im **Gewahrsam des Schuldners**. Von der Pfändung als vorläufige Austauschpfändung ist der Gläubiger unverzüglich zu benachrichtigen. Der Gläubiger muss dem Gerichtsvollzieher gegenüber nachweisen, dass er binnen zwei Wochen nach Eingang der Nachricht die Zulassung der Austauschpfändung bei dem Vollstreckungsgericht beantragt hat. Nach fruchtlosem Ablauf der Frist hebt der Gerichtsvollzieher die Pfändung wieder auf, **§ 75 Satz 4 GVGA**.

239 | *Kostenhinweis*

Für die Austauschpfändung erhält der Gerichtsvollzieher die Gebühr nach GvKostG KV

205	Bewirkung einer Pfändung (§ 808 Abs. 1, 2 Satz 2, §§ 809, 826 oder § 831 ZPO)	26,00 EUR
	Neben dieser Gebühr wird gegebenenfalls ein Zeitzuschlag nach Nummer 500 erhoben.	

---

300 LG Düsseldorf v. 9.1.1995 – 25 T 1270/94, DGVZ 1995, 43, abgelehnt bei 150,00 DM Übererlös, wobei die Kosten der Ersatzbeschaffung noch ausstanden.

N. Verwertung

I. Öffentliche Versteigerung

1. Zuständigkeit

Die Verwertung gepfändeter Sachen geschieht in der Regel durch **Versteigerung** **240**
(§ 814 ZPO; vgl. auch §§ 91 ff. GVGA). Sie darf nur erfolgen, wenn die allgemeinen und besonderen Voraussetzungen der Zwangsvollstreckung gegeben sind, eine wirksame Verstrickung (noch) vorliegt und keine Vollstreckungshindernisse bestehen.

Zuständig ist stets der Gerichtsvollzieher. Wurde dieselbe Sache aufgrund einer **241**
Vollstreckung gegen denselben Schuldner für mehrere Gläubiger gepfändet, ist derjenige Gerichtsvollzieher zuständig, der die erste Pfändung bewirkt hat (§ 827 Abs. 1 ZPO). Der Gerichtsvollzieher wird dabei hoheitlich und nicht als Vertreter/Beauftragter des Gläubigers tätig.[301]

2. Geld

Gepfändetes Geld ist nach Abzug der Kosten der Zwangsvollstreckung vom Gerichtsvollzieher dem Gläubiger abzuliefern, § 815 Abs. 1 ZPO. Geld sind gültige **242**
deutsche Zahlungsmittel; ferner solche gültigen deutschen Wertzeichen, die vom Gerichtsvollzieher ohne gerichtliche Anordnung in Geld umgewechselt werden können, wie etwa Briefmarken, Stempel-, Kosten- oder Versicherungsmarken.[302]
Ausländische Zahlungsmittel sind gemäß § 821 ZPO vom Gerichtsvollzieher zum Tageskurs freihändig in inländische Währung umzutauschen. Ausnahme: Der Titel lautet auf ausländische Währung.

Ablieferung bedeutet Übereignung kraft staatlichen Hoheitsaktes.[303] Die §§ 929 **243**
bis 936 BGB finden somit keine Anwendung. Der Gläubiger wird daher auch dann Eigentümer des Geldes, wenn dieses nicht dem Schuldner gehörte. Die Ablieferung kann in der Weise erfolgen, dass das Geld dem Gläubiger direkt übergeben wird, aber auch durch Überweisung auf ein Konto des Gläubigers, durch Verrechnungsscheck oder Postanweisung. Für eine Empfangnahme durch einen Bevollmächtigten ist eine besondere Geldempfangsvollmacht erforderlich, die im Original vorzulegen ist; die Prozessvollmacht genügt insoweit nur für die Prozesskosten (§ 81 ZPO), vgl. § 60 Abs. 1 S. 7 GVGA.[304]

---

301 BGH v. 7.1.2011 – 4 StR 409/10, NJW 2011, 2149 = Rpfleger 2011, 334; BGH v. 29.1.2009 – III ZR 115/08, NJW 2009, 575 = DGVZ 2009, 77.

302 H.M. vgl. Zöller/*Stöber*, ZPO, § 815 Rn 1 m.w.N.

303 H.M. vgl. Zöller/*Stöber*, § 815 Rn 1; Musielak/Voit/*Becker*, ZPO § 815 Rn 2.

304 LG Ingolstadt v. 7.3.1994 – 1 T 128/94, JurBüro 1995, 51; AG Warburg v. 19.6.2001 – 5 M 441/01, DGVZ 2001, 142; AG Spaichingen v. 6.10.1995 – M 1432/95, DGVZ 1996, 175; LG Bielefeld v. 20.7.1992 – 3 T 505/92, DGVZ 1993, 28; Zöller/*Stöber*, ZPO, § 815 Rn 1.

244 Ausnahmsweise ist gepfändetes Geld jedoch zu **hinterlegen**. Dies ist der Fall, wenn dem Gerichtsvollzieher durch einen Dritten oder den Schuldner gemäß § 294 ZPO glaubhaft gemacht wird, dass an dem gepfändeten Geld ein die Veräußerung hinderndes Recht eines Dritten besteht (§ 771 ZPO, z.B. Eigentum). Entsprechendes gilt bei der Geltendmachung von Pfand- oder Vorzugsrechten gemäß § 805 ZPO sowie bei Klagen gemäß §§ 781, 785, 786 ZPO. Grund hierfür ist, dass mit der Ablieferung des Geldes an den Gläubiger die Zwangsvollstreckung beendet ist, entsprechende Klagen daher unzulässig wären.

245 Die Hinterlegung erfolgt nach den länderrechtlichen Hinterlegungsordnungen, im Hinblick auf § 815 Abs. 2 S. 2 ZPO unter dem Vorbehalt der Rücknahme. Wird nicht innerhalb von zwei Wochen seit dem Tage der Pfändung dem Gerichtsvollzieher die Entscheidung des zuständigen Prozessgerichts über die Einstellung der Zwangsvollstreckung vorgelegt, ist die Vollstreckung fortzusetzen. Der Gerichtsvollzieher lässt sich dann das Geld von der Hinterlegungsstelle auszahlen und liefert es dem Gläubiger ab. Wird zwar verfristet, aber noch vor Ablieferung des Geldes an den Gläubiger dem Gerichtsvollzieher der Einstellungsbeschluss vorgelegt, bleibt das Geld hinterlegt bzw. wird wieder neu hinterlegt.[305]

246 Hinterlegung erfolgt auch im Falle eines gemäß §§ 711 S. 1, 712 Abs. 1 S. 2 ZPO nur gegen Sicherheitsleistung des Gläubigers vorläufig vollstreckbaren Urteils, soweit der Gläubiger die Sicherheit noch nicht geleistet hat; ferner bei der Sicherungsvollstreckung (§ 720a ZPO), der Arrestvollziehung (§ 930 Abs. 2 ZPO) sowie der Mehrfachpfändung (§ 827 Abs. 2 und 3 ZPO).

247 Gemäß **§ 815 Abs. 3 ZPO** gilt die Wegnahme des Geldes durch den Gerichtsvollzieher als Zahlung seitens des Schuldners, sofern nicht Hinterlegung zu erfolgen hat. Diese Bestimmung enthält lediglich eine **Gefahrtragungsregelung**. Sie besagt, dass der Schuldner nicht nochmals an den Gläubiger zahlen muss, selbst wenn dieser nicht Eigentümer des Geldes wird, z.B. weil der Gerichtsvollzieher das Geld verliert, es ihm gestohlen oder von ihm unterschlagen wird. Der Titel ist in Höhe der fingierten Zahlung endgültig verbraucht. Dies ist auf dem Titel zu vermerken, im Übrigen ist gemäß § 757 ZPO zu verfahren.[306]

248 § 815 Abs. 3 ZPO gilt nicht bei der **Wegnahme schuldnerfremden Geldes**, weil der Schuldner nur vor nochmaliger Leistung aus seinem Vermögen geschützt werden soll, bei erneuter Zwangsvollstreckung aber kein nochmaliger, sondern ein erstmaliger Zugriff auf das Vermögen des Schuldners erfolgt.[307] Soweit in einem solchen Fall der Titel an den Schuldner herausgegeben oder eine Zahlung auf ihm

---

305   Zöller/*Stöber*, ZPO, § 815 Rn 4; MüKo/*Gruber*, ZPO, § 815 Rn 10, 11.
306   BGH v. 29.1.2009 – III ZR 115/08, NJW 2009, 575 = DGVZ 2009, 77; MüKo/*Gruber*, ZPO, § 815 Rn 18 m.w.N.; Musielak/Voit/*Becker*, § 815 Rn 4.
307   MüKo/*Gruber*, ZPO, § 815 Rn 17; Thomas/Putzo/*Seiler*, ZPO, § 815 Rn 10; Musielak/Voit/*Becker*, ZPO, § 815 Rn 4.

vermerkt wurde, kann der Gläubiger sich zwecks Fortsetzung der Zwangsvollstreckung eine weitere vollstreckbare Ausfertigung gemäß § 733 ZPO erteilen lassen.

Der **Eigentumserwerb** am Geld seitens des Gläubigers erfolgt erst mit Ablieferung **249** an ihn durch den Gerichtsvollzieher kraft staatlichen Hoheitsakts. Erst damit ist die Zwangsvollstreckung beendet, sodass bis dahin eine Anschlusspfändung gemäß § 826 ZPO ebenso möglich ist wie die Erhebung von Klagen gemäß §§ 767, 771, 805 ZPO. Auch der Erfüllungserfolg tritt gemäß § 362 BGB erst zu diesem Zeitpunkt ein, soweit das Geld Eigentum des Schuldners war.[308]

Die Bestimmung des § 815 Abs. 3 ZPO ist auf freiwillige Zahlungen des Schuld- **250** ners an den Gerichtsvollzieher entsprechend anwendbar.[309] Es wäre nicht gerechtfertigt, dem sich vernünftig verhaltenden, weil „freiwillig" zahlenden Schuldner die Gefahr des Erreichens des Leistungserfolges aufzubürden und ihn damit schlechter zu stellen als bei Anwendung von Zwangsmaßnahmen. Der Gläubiger erwirbt auch bei freiwilliger Zahlung Eigentum erst mit Ablieferung des Geldes durch den Gerichtsvollzieher.[310]

3. Wertpapiere

Wertpapiere, die einen Börsen- oder Marktpreis haben, sind gemäß § 821 ZPO vom **251** Gerichtsvollzieher zum Tageskurs freihändig zu verkaufen und, soweit sie keinen solchen haben, nach den allgemeinen Bestimmungen zu versteigern. Zu den Einzelheiten des Verfahrens vgl. §§ 104, 105 GVGA.

Zu derartigen Papieren gehören Inhaberpapiere („das Recht aus dem Papier folgt **252** dem Recht am Papier") wie Aktien, Inhaberschuldverschreibungen, Investmentanteile, Immobilienzertifikate, Inhaberschecks. Die Übereignung erfolgt gemäß §§ 929 f. BGB. Ferner Namenspapiere wie Namensaktien, die auch durch Indossament übertragen werden (siehe auch § 822 ZPO). Nicht zu diesen Wertpapieren gehören hingegen: Wechsel, Schecks, auf Order lautende Papiere gemäß § 363 HGB.

4. Gold- und Silberwaren

Gold- und Silberwaren sind grundsätzlich zu versteigern. Wird aber in der Verstei- **253** gerung ein den Zuschlag gestattendes Angebot (nicht unter dem Mindestgebot des § 817a Abs. 1 ZPO und nicht unter dem Gold- oder Silberwert, § 817a Abs. 3 S. 1 ZPO) nicht abgegeben, kann der Gerichtsvollzieher sie freihändig verkaufen. Der

---

308 BGH v. 29.1.2009 – III ZR 115/08, NJW 2009, 575 = DGVZ 2009, 77; MüKo/*Gruber*, ZPO, § 815 Rn 16.
309 BGH v. 29.1.2009 – III ZR 115/08, NJW 2009, 1085 = DGVZ 2009, 77.
310 MüKo/*Gruber*, ZPO, § 815 Rn 19.

Preis darf auch bei freihändigem Verkauf die Hälfte der vorgenannten Mindestbeträge nicht unterschreiten (§ 817a Abs. 3 S. 2 ZPO).

5. Ablauf der Versteigerung

254 Gepfändete und verwertbare Sachen können durch **öffentliche Versteigerung vor Ort** verwertet werden, § 814 Abs. 2 Nr. 1 ZPO. Öffentlich bedeutet, dass während der Dauer der Versteigerung jedermann Zutritt zu gewähren ist, soweit dies unter Berücksichtigung der Raumverhältnisse unter Aufrechterhaltung der öffentlichen Ordnung möglich ist.[311]

255 Kursorischer **Überblick** (§§ 91 bis 96 GVGA):

Die Versteigerung erfolgt ohne besonderen Antrag des Gläubigers **von Amts wegen.** Der **Zeitpunkt** darf nicht vor Ablauf einer Woche seit dem Tage der Pfändung liegen, sofern sich nicht der Gläubiger und der Schuldner über eine frühere Versteigerung einigen oder diese erforderlich ist, um die Gefahr einer beträchtlichen Wertverringerung der zu versteigernden Sache abzuwenden oder um unverhältnismäßige Kosten einer längeren Aufbewahrung zu vermeiden, § 816 Abs. 1 ZPO; z.B. bei verderblichen Waren). Sie soll nicht später als einen Monat nach der Pfändung erfolgen (§ 92 Abs. 3 S. 4 GVGA).

256 Ein **Aufschub** der Verwertung ist nur zulässig, wenn eine Zahlungsvereinbarung gemäß § 802b ZPO geschlossen wird. Dies ist in jeder Lage des Verfahrens, auch noch kurz vor einem bereits bestimmten Versteigerungstermin, möglich, es sei denn, der Gläubiger hat den Abschluss einer Zahlungsvereinbarung ausgeschlossen (§ 802b Abs. 2 S. 1 ZPO). Wenn der Gläubiger lediglich einen Vollstreckungsauftrag mit einem Auftrag zur Abnahme der Vermögensauskunft verbunden hat, hindert dies einen Verwertungsaufschub durch den Gerichtsvollzieher zunächst nicht, § 91 Abs. 3 GVGA.

257 **Versteigerungsort** ist die Gemeinde, in der die Pfändung geschehen ist, oder ein anderer Ort im Bezirk des Vollstreckungsgerichts, sofern nicht Gläubiger und Schuldner sich über einen dritten Ort einigen, § 816 Abs. 2 ZPO). In der Wohnung des Schuldners darf die Versteigerung im Hinblick auf Art. 13 GG nur mit dessen Zustimmung erfolgen.[312]

258 Zeit und Ort der Versteigerung sind öffentlich bekannt zu machen, unter allgemeiner Bekanntgabe der zu versteigernden Sachen (z.B. Zeitungsannonce, Aushang). Sämtliche beteiligten Gläubiger sowie der Schuldner sind von dem Termin zu benachrichtigen (§ 92 Abs. 4 GVGA).

259 Vor Beginn des **Termins** stellt der Gerichtsvollzieher die zu versteigernden Sachen zum Verkauf und zur Besichtigung für Kaufinteressenten bereit (§ 94 GVGA). So-

---

311 Vgl. MüKo/*Gruber*, ZPO, § 814 Rn 9.
312 OLG Hamm v. 9.2.1984 – 14 W 254/83, NJW 1985, 75.

dann erfolgt die Eröffnung des Termins mit der Bekanntgabe der Versteigerungs-bedingungen und der Aufforderung zur Gebotsabgabe. Dabei sind der gewöhnliche Verkaufswert und das Mindestgebot bekannt zu geben, (§ 817a Abs. 1 S. 2 ZPO. Der **gewöhnliche Verkaufswert** ist der Preis, der unter Berücksichtigung von Ort, Zeit und wirtschaftlichen Umständen üblicherweise erzielt werden kann.

Mindestgebot ist das Gebot, das mindestens die Hälfte des gewöhnlichen Ver-kaufswertes erreicht, § 817a Abs. 1 S. 1 ZPO. Mitbieten darf jeder außer dem Ge-richtsvollzieher und dessen Angehörigen und Gehilfen (§§ 450, 451 BGB; somit auch der Gläubiger sowie der Schuldner (§ 816 Abs. 4 ZPO, § 1239 BGB, § 95 Abs. 3 GVGA). **260**

Ein **Gebot** erlischt, wenn ein höheres Gebot abgegeben wird (**Übergebot,** § 817 Abs. 1 S. 3 ZPO, § 156 S. 2 BGB). Das höchste Gebot ist das **Meistgebot.** **261**

Wird das Mindestgebot bzw. Übergebote abgegeben, soll ein dreimaliger Aufruf er-folgen, bevor der **Zuschlag** dem Meistbietenden erteilt wird, § 817 Abs. 1 S. 1 ZPO. Wird kein Zuschlag erteilt, bleibt das Pfandrecht des Gläubigers bestehen. Er kann jederzeit einen neuen Versteigerungstermin oder eine anderweitige Verwer-tung gemäß § 825 ZPO beantragen (§ 817a Abs. 2 ZPO). **262**

Die **Eigentumsübertragung** auf den Erwerber erfolgt mit der Ablieferung der zu-geschlagenen Sache kraft Hoheitsaktes. Der Erwerber erhält damit originäres Ei-gentum, und zwar unabhängig davon, ob die zugeschlagene Sache im Eigentum des Schuldners stand oder die titulierte Forderung bestand. Auf einen bösen oder guten Glauben des Erwerbers kommt es daher nicht an.[313] **263**

Die Ablieferung der zugeschlagenen Sache darf nur gegen **Barzahlung** geschehen, § 817 Abs. 2 ZPO, soweit nicht die Ausnahme des § 817 Abs. 4 ZPO vorliegt. **264**

Bei **Nichtzahlung** durch den Meistbietenden wird die Sache anderweit versteigert, § 817 Abs. 3 ZPO. Erhält der **Gläubiger den Zuschlag,** so muss er nur dann volle Barzahlung leisten, wenn dem Schuldner nachgelassen war, die Vollstreckung durch Sicherheitsleistung oder Hinterlegung abzuwenden. Ansonsten muss er le-diglich die Kosten der Zwangsvollstreckung sowie den zu seiner Befriedigung nicht zu verwendenden Betrag (Übererlös) in bar entrichten, § 817 Abs. 4 S. 1 ZPO. **265**

Bei einer **Mehrheit von Pfandsachen** wird die Versteigerung eingestellt, sobald der Erlös zur Befriedigung des Gläubigers und zur Deckung der Zwangsvollstre-ckungskosten ausreicht, § 818 ZPO. **266**

Die Empfangnahme des **Erlöses** durch den Gerichtsvollzieher gilt als Zahlung des Schuldners, soweit nicht dem Schuldner nachgelassen ist, Vollstreckung durch Si-cherheitsleistung oder Hinterlegung abzuwenden, § 819 ZPO. Insoweit besteht eine **267**

---

313 BGH v. 29.1.2009 – III ZR 115/08, NJW 2009, 575 = DGVZ 2009, 77; Zöller/*Stöber,* ZPO, § 817 Rn 8.

inhaltsgleiche Regelung der Gefahrtragung wie bei der Geldwegnahme, § 815 Abs. 3 ZPO (vgl. zuvor Rdn 247).

268 Der Eigentümer der Pfandsache ist gem. § 1247 S. 2 BGB analog auch Eigentümer des Erlöses; entsprechend besteht das Pfandrecht am Erlös fort (dingliche Surrogation). Aus dem Erlös entnimmt der Gerichtsvollzieher die Vollstreckungskosten. Den restlichen Erlös liefert er in Höhe des zur vollständigen Befriedigung des Gläubigers notwendigen Betrages an diesen ab. Einen etwaigen Übererlös erhält der Schuldner bzw. Eigentümer der Pfandsache. Bei mehreren Gläubigern erfolgt die Auskehr des Erlöses nach dem Rang der Pfandrechte (§ 804 Abs. 2 und 3 ZPO).

II. Internetversteigerung

269 Neben der Präsenzversteigerung vor Ort ist auch eine allgemein zugängliche Versteigerung im Internet über eine Versteigerungsplattform zulässig, § 814 Abs. 1 Nr. 2 ZPO. Wegen des eingeschränkten Bieterkreises bei der Präsenzversteigerung lassen sich insbesondere für gepfändete Gebrauchsgegenstände des täglichen Lebens oder Geräte der Unterhaltungselektronik nicht selten keine Bieter finden. Finden sich Bieter, so bleiben die Erlöse hinter denen, die bei einer Verwertung über das Internet erzielt werden könnten, erheblich zurück. Die dafür eingerichtete Internetseite ist zu finden unter: https://www.justiz-auktion.de.

270 Führt der Gerichtsvollzieher die Versteigerung im Internet durch, teilt er dies dem Schuldner und sämtlichen beteiligten Gläubigern mit und bezeichnet den von ihm bestimmten Zeitpunkt, zu dem die Versteigerung im Internet beginnen wird, § 91 Abs. 2 GVGA.

271 Bei einer Versteigerung im Internet ist der Zuschlag der Person erteilt, die am Ende der Versteigerung das höchste, wenigstens das nach § 817a Abs. 1 S. 1 ZPO zu erreichende Mindestgebot abgegeben hat; sie ist von dem Zuschlag zu benachrichtigen. § 156 BGB, § 817 Abs. 1 S. 2, 3 ZPO.

272 *Kostenhinweis*

Für die Versteigerung erhält der Gerichtsvollzieher die Gebühr nach GvKostG KV

300	Versteigerung ... von	
	■ beweglichen Sachen,	
	■ Früchten, die noch nicht vom Boden getrennt sind,	
	■ Forderungen oder anderen Vermögensrechten	52,00 EUR
	Neben dieser Gebühr wird gegebenenfalls ein Zeitzuschlag nach Nummer 500 erhoben. Dies gilt nicht bei einer Versteigerung im Internet.	

302	Anberaumung eines neuen Versteigerungs- oder Verpachtungstermins oder das nochmalige Ausgebot bei einer Versteigerung im Internet	10,00 EUR

302 | Anberaumung eines neuen Versteigerungs- oder Verpachtungstermins oder das nochmalige Ausgebot bei einer Versteigerung im Internet | 10,00 EUR

(1) Die Gebühr wird für die Anberaumung eines neuen Versteigerungs- oder Verpachtungstermins nur erhoben, wenn der vorherige Termin auf Antrag des Gläubigers oder des Antragstellers oder nach den Vorschriften der §§ 765a, 775, 802b ZPO nicht stattgefunden hat oder wenn der Termin infolge des Ausbleibens von Bietern oder wegen ungenügender Gebote erfolglos geblieben ist.
(2) Die Gebühr wird für das nochmalige Ausgebot bei einer Versteigerung im Internet nur erhoben, wenn das vorherige Ausgebot auf Antrag des Gläubigers oder des Antragstellers oder nach den Vorschriften der §§ 765a, 775, 802b ZPO abgebrochen worden ist oder wenn das Ausgebot infolge des Ausbleibens von Geboten oder wegen ungenügender Gebote erfolglos geblieben ist.

O. Anderweitige Verwertung

I. Verfahrensmöglichkeiten

273 § 825 Abs. 1 ZPO bietet dem Gläubiger die Möglichkeit, weitere Anträge hinsichtlich der Verwertungsart gepfändeter Gegenstände zu stellen, um damit die Höhe des Erlöses u.U. nachhaltig zu verbessern.[314] Hierbei kann die Versteigerung an einem **anderen Tag** und/oder an einem **anderen Ort** als in der Stadt/Gemeinde der Pfändung erfolgen, z.B. wird ein Kunstgegenstand eher in der Großstadt als auf dem Lande versteigert werden. Soll die Versteigerung in der Wohnung des Schuldners vorgenommen werden, muss er hierzu zustimmen.[315]

274 Hat die Versteigerung zu keinem Ergebnis geführt oder wird sie glaubhaft auch zu keinem Ergebnis führen, kann auch der **freihändige Verkauf** erfolgen. Der gepfändete Gegenstand kann auch an den Gläubiger selbst überwiesen werden.

275 Bei der Durchführung hat der Gerichtsvollzieher darauf zu achten, dass der vom Gläubiger genannte Übernahmepreis das gesetzliche Mindestgebot nicht unterschreitet. Im Antrag ist der vom Gläubiger gebotene Preis ausdrücklich zu beziffern.[316] Das Eigentum erlangt der Gläubiger, sobald der Gerichtsvollzieher ihm die

---

314 Vgl. auch *Freels*, Rpfleger 1998, 265 ff., zur Verwertung durch Begründung von Nutzungsverhältnissen.
315 OLG Hamm v. 9.2.1984 – 14 W 254/83, DGVZ 1984, 150.
316 LG Koblenz v. 14.11.1980 – 4 T 459/80, MDR 1981, 236; LG Freiburg v. 28.10.1981 – 8 T 37/81, DGVZ 1982, 186; LG Frankfurt am Main v. 22.2.1993 – 2/9 T 8/93, DGVZ 1993, 112; LG Essen v. 25.3.1996 – 11 T 171/96, DGVZ 1996, 120.

Sache übergibt.[317] Von der Zahlung des Preises ist der Gläubiger dann befreit, soweit der Erlös auf die Vollstreckungskosten und die titulierte Forderung verrechnet wird (§ 817 Abs. 4 ZPO).

276 **Zuständig** für diese Formen der anderweitigen Verwertung ist seit dem 1.1.1999 der **Gerichtsvollzieher**, der die Pfändung vorgenommen hat. Einen entsprechenden Antrag an den Gerichtsvollzieher muss der Gläubiger oder der Schuldner stellen.

277 Der Gerichtsvollzieher hat den Antragsgegner über die Art der anderweitigen Verwertung zu unterrichten (§ 825 Abs. 1 S. 2 ZPO). Ohne Zustimmung des Antragsgegners darf die Verwertung erst zwei Wochen nach der Zustellung der **Unterrichtung** erfolgen (§ 825 Abs. 1 S. 3 ZPO).

278 Soll die Anordnung erfolgen, dass eine **andere Person** die Verwertung übernimmt, muss dies durch das **Vollstreckungsgericht** durch Beschluss entschieden werden (§ 825 Abs. 2 ZPO). Auch hier ist ein Antrag des Gläubigers oder Schuldners erforderlich.

279 Der Schuldner kann nach dem Rechtsgedanken des § 818 ZPO bei dem Vollstreckungsgericht beantragen, dem nach § 825 Abs. 2 ZPO mit der Versteigerung mehrerer gepfändeter Gegenstände beauftragten privaten Auktionator die Anweisung zu erteilen, die Versteigerung einzustellen, sobald der Erlös zur Befriedigung der Gläubiger und zur Deckung der Kosten der Zwangsvollstreckung ausreicht. Ein solcher Antrag kann grundsätzlich auch noch zeitlich nach der Anordnung der Versteigerung durch eine andere Person als den Gerichtsvollzieher gem. § 825 Abs. 2 ZPO bei dem Vollstreckungsgericht gestellt werden.[318]

280 Wird eine Drittperson (also nicht der Gerichtsvollzieher) mit dem Verkauf beauftragt, vollzieht sich der Eigentumserwerb nach bürgerlich-rechtlichen Grundsätzen. Gehört die Pfandsache nicht dem Schuldner und ist der Ersteher insoweit bösgläubig, kann er das Eigentum nicht allein durch das Vertrauen auf die Wirksamkeit der Verstrickung und der Versteigerungsanordnung erwerben.[319]

---

317 OLG Celle v. 16.6.1961 – S W 110/61, NJW 1961, 1730; Zöller/*Stöber*, ZPO, § 825 Rn 12.
318 BGH v. 20.12.2006 – VII ZB 88/06, DGVZ 2007, 23 = Rpfleger 2007, 213.
319 BGH v. 2.7.1992 – IX ZR 274/91, NJW 1992, 2570 = Rpfleger 1993, 75; hierzu auch BGH v. 16.5.2013 – IX ZR 204/11, NJW 2013, 2519: Versteigert ein Dritter auf Anordnung des Vollstreckungsgerichts und im Auftrag des Gerichtsvollziehers gepfändete Gegenstände, kann wegen des einbehaltenen Erlöses ein Anspruch des Vollstreckungsschuldners gegen den Dritten aus Eingriffskondiktion bestehen.

Kostenhinweis   **281**

Für die **Tätigkeit nach § 825 Abs.** 1 **ZPO** erhält der Gerichtsvollzieher die Gebühr nach GvKostG KV

300	Versteigerung, Verkauf oder Verwertung in anderer Weise nach § 825 Abs. 1 ZPO von	
	■ beweglichen Sachen,	
	■ Früchten, die noch nicht vom Boden getrennt sind,	
	■ Forderungen oder anderen Vermögensrechten	52,00 EUR
	Neben dieser Gebühr wird gegebenenfalls ein Zeitzuschlag nach Nummer 500 erhoben. Dies gilt nicht bei einer Versteigerung im Internet.	

Für die **Mitwirkung** im Rahmen von **§ 825 Abs.** 2 **ZPO** erhält der Gerichtsvollzieher die Gebühr nach GvKostG KV

310	Mitwirkung bei der Versteigerung durch einen Dritten (§ 825 Abs. 2 ZPO)	
		16,00 EUR
	Neben dieser Gebühr wird gegebenenfalls ein Zeitzuschlag nach Nummer 500 erhoben.	

II. Eigentumsvorbehalt

In der Praxis stellt der Gläubiger eines unter Eigentumsvorbehalt verkauften Gegenstands häufig den Antrag auf Zuweisung an sich selbst. Ist der Schuldner mit der vereinbarten Ratenzahlung in Rückstand geraten, erwirkt der Gläubiger wegen der Restforderung einen vollstreckbaren Titel. Aufgrund dieses Titels pfändet der Gerichtsvollzieher bei dem Schuldner den unter Eigentumsvorbehalt gekauften Gegenstand. Der Antrag des Gläubigers geht dann dahin, den gepfändeten Gegenstand zum Mindestgebot gem. § 817a Abs. 1 ZPO auf ihn zu überweisen.

Unstreitig ist zunächst, dass dem Gläubiger, der noch Eigentümer des Gegenstands ist, dennoch nicht das Rechtsschutzinteresse für einen Antrag auf Eigentumszuweisung abgesprochen werden kann. Durch die Zulassung der anderweitigen Verwertung und die Übergabe des Gegenstands durch den Gerichtsvollzieher an den Gläubiger erlangt der Letztere originäres Eigentum, unbelastet von möglichen Rechten Dritter und insbesondere unter Erlöschen des Anwartschaftsrechts des Schuldners.[320]

Streitig sind nur die Fragen, die sich aus geltenden Vorschriften über die Rücktrittsfiktion ergeben (z.B. § 508 S. 5 BGB). Führt die Zwangsvollstreckung aus dem Kaufpreistitel in die Kaufsache zur Rücktrittsfiktion? Falls ja, in welchem Zeit-

282

283

284

---

320 Zöller/*Stöber*, ZPO, § 825 Rn 14.

punkt tritt sie ein? Sind die Rücktrittswirkungen von dem Vollstreckungsorgan von Amts wegen zu berücksichtigen? Nach heute h.M. führt die Verwertung des aufgrund des Kaufpreistitels gepfändeten Gegenstands zur Rücktrittsfiktion und zwar unabhängig davon, wer die Sache erwirbt (der Gläubiger oder ein Dritter) und ob die Verwertung nach §§ 814 ff. ZPO oder § 825 ZPO erfolgt.[321]

285 Gleichfalls einheitlich wird mittlerweile die Frage beantwortet, ob der Gerichtsvollzieher dem **Antrag auf Zuweisung des Eigentums** stattgeben darf, weil andernfalls der Schutz des Schuldners aus §§ 320, 348 BGB umgangen würde. Es findet keine summarische Prüfung der Schuldnerschutzbestimmungen statt, der Schuldner ist mit möglichen Einwendungen im formalisierten Zwangsvollstreckungsverfahren ausgeschlossen. Der Schuldner muss sie im Wege der Vollstreckungsgegenklage geltend machen und durchsetzen.[322]

---

321 BGH, NJW 1971, 191; Zöller/*Stöber*, ZPO, § 825 Rn 14; MüKo/*Gruber*, ZPO, § 825 Rn 19 m.w.N.; Musielak/Voit/*Becker*, ZPO, § 817 Rn 8; Gaul/Schilken/Becker-Eberhard/*Schilken*, Zwangsvollstreckungsrecht, § 53 Rn 44.

322 OLG München, MDR 1969, 60; Zöller/*Stöber*, ZPO, § 825 Rn 14; Musielak/Voit/*Becker*, ZPO, § 817 Rn 8; Gaul/Schilken/Becker-Eberhard/*Schilken*, Zwangsvollstreckungsrecht, § 53 Rn 44.

§ 3 Verfahren zur Abgabe der Vermögensauskunft

A. Einleitung

Der Antrag auf Abnahme der Vermögensauskunft kann seit der Reform der Sach- **1**
aufklärung in der Zwangsvollstreckung 2013 direkt an den Anfang der Zwangsvollstreckung, §§ 802a Abs. 2 S. 2, 802c ff. ZPO, (**isoliert**) oder **kombiniert** mit einem
Sachpfändungsauftrag, §§ 802 Abs. 2 S. 4, 807 ZPO, gestellt werden.

Der **Zweck** der Vermögensauskunft ist, dem Gläubiger Informationen über bisher **2**
nicht bekannte Vermögensgegenstände und mögliche pfändbare Ansprüche des
Schuldners zu verschaffen.[1]

Andererseits zeigt aber die Praxis immer wieder, dass der Schuldner infolge der mit **3**
der Vermögensauskunft verbundenen Eintragung im **Schuldnerverzeichnis** und
damit unmittelbar folgend der Eintragung in der **Schufa** (SCHUFA Holding AG in
Wiesbaden) oder Mitteilung an die IHK oder andere Auskunfteien sehr häufig zah-
lungsbereit wird. Viele Gläubiger gingen daher dazu über, im Antrag die Bereitschaft zur Annahme von Teilzahlungen zu bekunden. Auch hierauf hat der Gesetzgeber mit dem Vollstreckungsaufschub in Form eines Zahlungsplans reagiert,
§ 802b ZPO (hierzu § 1 Rdn 39 ff.).

Ein solcher Zahlungsplan ist ein Vollstreckungshindernis i.s.v. § 775 Nr. 4 ZPO. **4**
Ein solcher Plan, der festgesetzt und nicht hinfällig ist, steht der Eintragung in das
Schuldnerverzeichnis gemäß § 882c Abs. 1 S. 2 ZPO nicht nur im Falle des Eintragungsgrundes gem. § 882c Abs. 1 Nr. 3 ZPO, sondern auch im Falle der Eintragungsgründe nach § 882c Abs. 1 Nr. 1 und 2 ZPO entgegen.[2]

B. Zuständigkeit

Zuständig ist nach § 802e ZPO der Gerichtsvollzieher bei dem Amtsgericht, in des- **5**
sen Bezirk der Schuldner zum Zeitpunkt der Auftragserteilung durch den Gläubiger
seinen Wohnsitz (bzw. Sitz bei Firmen) oder in Ermangelung eines solchen seinen
Aufenthaltsort hat.[3]

---

1   Vgl. beispielhaft: OLG Köln v. 18.10.1993 – 2 W 17/93, JurBüro 1994, 408; LG Memmingen v.
    30.12.1993 – 4 T 1962/93, JurBüro 1994, 407; LG Mannheim v. 5.4.1994 – 10 T 8/94, JurBüro
    1994, 501.
2   BGH v. 21.12.2015 – I ZB 107/14, Rpfleger 2016, 360 = DGVZ 2016, 46.
3   LG München v. 25.2.2016 – 16 T 507/16, DGVZ 2016, 131; zum „Zeitpunkt der Antragstellung"
    vgl. OLG Stuttgart v. 17.2.1977 – 8 W 541/76, Rpfleger 1977, 220; BayObLG v. 12.4.1994 – 1Z
    AR 13/94, Rpfleger 1994, 471.

6 Hierdurch wird nicht nur die örtliche Zuständigkeit geregelt, sondern auch die **internationale Zuständigkeit**, sofern es sich bei dem Schuldner um eine natürliche Person handelt; bei einer juristischen Person ist § 17 ZPO analog anzuwenden.[4]

7 Für die Abnahme der Vermögensauskunft bei einer Gesellschaft mit Sitz im Ausland (hier: Liechtenstein) kann in entsprechender Anwendung von § 21 und § 802e ZPO der Gerichtsstand einer inländischen Niederlassung und damit die internationale Zuständigkeit der deutschen Gerichte begründet sein. Die Ladung zur Abgabe der Vermögensauskunft für eine ausländische Gesellschaft kann unter besonderen Umständen auch an den Generalbevollmächtigten am Ort der inländischen Niederlassung zugestellt und die Vermögensauskunft durch den Generalbevollmächtigten abgegeben werden.[5]

8 Die Auffassung, abgestellt auf den Zeitpunkt der Auftragserteilung, kann in der Praxis zu erheblichem Ermittlungsaufwand führen. Wenn der Gerichtsvollzieher feststellt, dass der Schuldner in seinem Bezirk nicht mehr wohnhaft ist, muss der Gläubiger neben der Überprüfung der Anschrift noch ermitteln, ob der Schuldner nach Auftragserteilung oder schon früher umgezogen ist. Die Frage, wann der Schuldner tatsächlich umgezogen ist, ist für den Gläubiger jedoch nur äußerst schwer, wenn nicht sogar unmöglich festzustellen.

9 Ein nach der Auftragserteilung erfolgter Wohnsitzwechsel hat auf die einmal begründete Zuständigkeit keinen Einfluss mehr (§ 261 Abs. 3 Nr. 2 ZPO). Der Wohnsitz wird nicht schon dadurch aufgegeben, dass sich der Schuldner beim Einwohnermeldeamt abmeldet. Die Abmeldung ist nur ein Beweisanzeichen.[6]

10 Falls der Schuldner eine juristische Person ist, ist deren Sitz im Zeitpunkt der Auftragserteilung maßgebend.[7] Auf den Wohnsitz des zu ladenden gesetzlichen Vertreters kommt es nicht an. Wohnt der Geschäftsführer der GmbH an einem anderen Ort, ist der dortige Gerichtsvollzieher im Wege der Rechtshilfe zur Abnahme der Vermögensauskunft zu beauftragen.[8]

11 Bei **Unzuständigkeit** leitet der Gerichtsvollzieher die Sache auf Antrag des Gläubigers an den zuständigen Gerichtsvollzieher weiter, § 802e Abs. 2 ZPO.

12 Zur Begründung eines **Aufenthaltsorts** i.S.d. § 802e Abs. 1 ZPO reicht eine kurzfristige Anwesenheit des Schuldners aus (hier: Zeugenvernehmung im Ziviljustizgebäude in Hamburg).[9]

---

4 *Heß*, Rpfleger 1996, 89, 90, 91.

5 *Rauscher* zu LG Zwickau v. 22.3.1995 – 6 T 17/95, IPRax 1996, 193 = Rpfleger 1995, 371.

6 LG Mönchengladbach v. 2.4.2002 – 5 T 17/02, Rpfleger 2002, 529.

7 LG Bochum v. 19.2.2001 – 7a T 12/01, Rpfleger 2001, 442.

8 LG Bochum v. 19.2.2001 – 7a T 12/01, Rpfleger 2001, 442; AG Reinbek v. 14.7.2000 – 8 M 213/00, DGVZ 2001, 46.

9 BGH v. 17.7.2008 – I ZB 80/07, Rpfleger 2008, 582 = NJW 2008, 3288 = DGVZ 2008, 190.

C. Antrag

I. Inhalt

Der Antrag auf Abnahme der Vermögensauskunft kann **isoliert** oder **kombiniert** **13** mit einem Sachpfändungsauftrag gestellt werden, §§ 802 Abs. 2 S. 4, 807 ZPO. **Die derzeit gültige Form des Formulars ist abgedruckt in § 1 Rdn 52.**

Ebenso wie jeder andere Vollstreckungsauftrag muss auch der Auftrag der Ge- **14** richtskasse schriftlich erteilt werden und eine Unterschrift sowie das Dienstsiegel tragen. Dabei genügt die Wiedergabe des Namens des Verfassers in Maschinen-schrift, wenn er mit dem Beglaubigungsvermerk versehen ist. Der Antrag an den Gerichtsvollzieher auf Abnahme der Vermögensauskunft muss Angaben zum Grund, zur Höhe und zur Vollstreckbarkeit der Vollstreckungsforderung enthal-ten.[10]

Gem. § 56 Abs. 1 ZPO hat das Gericht einen Mangel der Legitimation eines gesetz- **15** lichen Vertreters und der erforderlichen Ermächtigung zur Prozessführung von Amts wegen zu berücksichtigen. Diese Vorschrift gilt unabhängig davon, ob es sich bei der Partei, welche vertreten wird, um eine Privatperson, eine juristische Person oder eine Körperschaft des öffentlichen Rechts oder Behörde handelt. Stellt die **Sparkasse** einen Antrag (hier: den Antrag auf Erlass eines Haftbefehls), ist das Vollstreckungsgericht berechtigt, den Nachweis einer ordnungsgemäßen Vollmacht für die Personen zu verlangen, welche den Antrag für die Gläubigerin unterzeichnet haben.[11]

Antragsberechtigt ist auch ein Inkassounternehmen, welches eine erteilte Erlaubnis **16** zum außergerichtlichen Einzug von Forderungen besitzt.[12] Ein Inkassodienstleister hat die Prozessvollmacht im Original vorzulegen. Nicht ausreichend sind ein Fax oder eine beglaubigte Kopie. Auf den Mangel der Vollmacht hat der Gerichtsvoll-zieher nach § 139 Abs. 2 ZPO hinzuweisen und Gelegenheit zur Mangelbeseitigung zu geben.[13]

Für die Vornahme einer Mobiliarzwangsvollstreckung ist die Beiordnung eines **17** Rechtsanwalts i.R.d. **Prozesskostenhilfe** i.d.R. nicht erforderlich. Die Stellung des

---

10 BGH v. 18.12.2014 – I ZB 27/14, NJW 2015, 2268 = DGVZ 2015, 146 = Rpfleger 2015, 563.

11 LG Nürnberg-Fürth v. 4.6.2002 – 15 T 2536/02, Rpfleger 2002, 632.

12 LG Bremen v. 23.1.2001 – 2 T 1078/00, MDR 2001, 351 = JurBüro 2001, 272 = DGVZ 2001, 62; AG Zerbst v. 18.8.2000 – 13 M 657/00, JurBüro 2000, 664 = MDR 2000, 1338 = DGVZ 2000, 172; AG Hamburg-Blankenese v. 13.4.2000 – 511 M 568/00, MDR 2000, 663 = JurBüro 2000, 371 = DGVZ 2000, 120; AG Mönchengladbach v. 24.11.1999 – 31 M 1528/99, DGVZ 2000, 29; a.A. LG Köln v. 25.7.2002 – 32 T 32/02, DGVZ 2002, 153 = MDR 2002, 1215; LG Frankfurt am Main v. 13.7.2000 – 2/13 T 128/00, Rpfleger 2000, 558; AG Landau v. 2.2.2000 – 1 M 81/00, DGVZ 2000, 61; AG Kempten v. 19.1.2000 – M 100/00, DGVZ 2000, 61.

13 AG Augsburg v. 4.6.2013 – 01 M 4475/13, BeckRS 2013, 23057.

diesbezüglichen Vollstreckungsauftrags an den Gerichtsvollzieher ist auch für eine rechtsunkundige Person ohne Weiteres möglich.[14]

II. Zusatzfragen im Antrag

1. Zulässigkeit

18 Der Schuldner ist verpflichtet, im Rahmen der Vermögensauskunft nach § 802c ZPO auf Verlangen des Gerichtsvollziehers Auskunft über sein gesamtes Vermögen zu erteilen sowie seinen Geburtsnamen, sein Geburtsdatum und seinen Geburtsort anzugeben. Handelt es sich bei dem Vollstreckungsschuldner um eine juristische Person oder um eine Personenvereinigung, so hat er seine Firma, die Nummer des Registerblatts im Handelsregister und seinen Sitz anzugeben. Bei Forderungen sind Grund und Beweismittel zu bezeichnen. Ferner sind anzugeben:

- die entgeltlichen Veräußerungen des Schuldners an eine nahestehende Person (§ 138 InsO), die dieser in den letzten zwei Jahren vor dem Termin nach § 802f Abs. 1 ZPO und bis zur Abgabe der Vermögensauskunft vorgenommen hat;

- die unentgeltlichen Leistungen des Schuldners, die dieser in den letzten vier Jahren vor dem Termin nach § 802f Abs. 1 ZPO und bis zur Abgabe der Vermögensauskunft vorgenommen hat, sofern sie sich nicht auf gebräuchliche Gelegenheitsgeschenke geringen Wertes richteten.

19 Der Schuldner muss den Vollstreckungszugriff in der Weise ermöglichen, dass der Gläubiger durch umfassende Angaben im Vermögensverzeichnis einen hinreichenden Einblick in die wirtschaftlichen Verhältnisse des Schuldners gewinnt.[15]

20 Sofern hierzu die Auffassung vertreten wird, der Gerichtsvollzieher müsste einem weiteren Auskunftsverlangen des Gläubigers über die bereits in dem amtlichen Vordruck für das Vermögensverzeichnis enthaltenen Fragen nur nachkommen, wenn konkrete Anhaltspunkte für pfändbare Forderungen bestehen,[16] so trifft dies nicht den Kern über Sinn und Inhalt der Vermögensauskunft.

21 Dem Gläubiger steht jederzeit ein über den amtlichen Vordruck hinausgehendes **Fragerecht** zu, das sowohl im Termin als auch durch Vorlage eines schriftlichen Fragenkatalogs bei der Antragstellung ausgeübt werden kann. Der amtliche Vordruck ist in keinem Fall abschließend. Was der Schuldner offenbaren muss, ergibt

---

14 LG Trier v. 30.11.2001 – 5 T 137/01, Rpfleger 2002, 160.
15 OLG Köln v. 18.10.1993 – 2 W 17/93, JurBüro 1994, 408; LG Mannheim v. 5.4.1994 – 10 T 8/94, JurBüro 1994, 501; LG Freiburg v. 14.1.1994 – 7 T 112/93, JurBüro 1994, 407.
16 So: LG Augsburg v. 18.5.1993 – 5 T 1009/93, Rpfleger 1993, 454 = JurBüro 1993, 751.

sich nicht aus dem verwendeten Vordruck, sondern aus der gesetzlichen Bestimmung des § 802c ZPO.[17]

Allerdings kann der Gerichtsvollzieher Fragen ablehnen und der Schuldner muss sich auch nicht dazu äußern, wenn diese Zusatzfragen nicht zu den dem Schuldner obliegenden Auskunftspflichten gehören.[18] Fragen des Gläubigers, die über den amtlichen Vordruck für die Vermögensauskunft hinausgehen, sind nur in Bezug auf die konkrete Situation des Schuldners zulässig und dürfen nicht durch Vorlage eines zusätzlichen pauschalen Fragenkatalogs zu einer reinen Ausforschung des Schuldners führen.[19] **22**

Den Schuldner z.B. zu befragen, ob er Lotto oder Toto spiele oder welchen Sinn und Inhalt abgeschlossene Darlehensverträge haben oder ob der Schuldner Einkünfte aus Schwarzarbeit hat,[20] dürfte zu weit gehen.[21] **23**

Beispiele für fehlerhafte oder fehlende Angaben (siehe hierzu auch Inhalt des Vermögensverzeichnisses ab Rdn 72 ff.):

- Hat der Schuldner Grundvermögen, ist er zu befragen, ob er Alleineigentümer oder Miteigentümer ist, ob das Grundstück belastet ist und wenn ja, mit welchen Rechten, sind diese Rechte noch voll valutiert; hat der Schuldner gerade ein Grundstück gekauft oder verkauft, ist zu beantworten, ob der Kaufpreis bereits gezahlt ist; ist eine Auflassungsvormerkung im Grundbuch eingetragen? **24**

- Wenn der Schuldner nicht arbeitet und vom Einkommen des Ehepartners lebt, sind Angaben zum Taschengeld zu machen (Unterhaltsanspruch, Einkommenshöhe des Ehepartners).

17 LG Göttingen v. 15.11.1993 – 5 T 204/93, Rpfleger 1994, 368 = JurBüro 1994, 194 = DGVZ 1994, 29; LG Mannheim v. 5.4.1994 – 10 T 8/94, JurBüro 1994, 501; LG Freiburg v. 14.1.1994 – 7 T 112/93, JurBüro 1994, 407; LG München v. 31.1.1994 – 20 T 1432/94, JurBüro 1994, 407; LG Hamburg v. 17.11.1995 – 328 T 54/95, JurBüro 1996, 325; LG Stade v. 14.2.1997 – 9 T 191/96, JurBüro 1997, 325, genaue Angaben zur Abtretung des Arbeitseinkommens.

18 Hierzu eingehend: *Stöber*, Rpfleger 1994, 321 ff.; *Hintzen*, Rpfleger 1994, 368 in Anm. zu LG Göttingen; LG Freiburg v. 14.1.1994 – 7 T 112/93, JurBüro 1994, 407; LG München v. 31.1.1994 – 20 T 1432/94, JurBüro 1994, 407; LG Berlin v. 6.7.1994 – 81 T 430/94, Rpfleger 1995, 75; LG Tübingen v. 24.10.1994 – 5 T 292/94, Rpfleger 1995, 221; LG Siegen v. 10.1.1995 – 4 T 4/95, Rpfleger 1995, 425; LG Konstanz v. 22.8.1995 – 6 T 128/93, Rpfleger 1996, 75; LG Berlin v. 26.7.1995 – 81 T 386/95, Rpfleger 1996, 34 = JurBüro 1996, 325; LG Traunstein v. 7.6.1995 – 4 T 1700/95, Rpfleger 1996, 34; LG Heilbronn v. 28.6.1995 – 1b T 244/95, Rpfleger 1996, 34 = MDR 1995, 1066; LG Mainz v. 19.10.1995 – 8 T 311/95, Rpfleger 1996, 208 = JurBüro 1996, 326; LG Arnsberg v. 18.12.1996 – 6 T 555/96, Rpfleger 1997, 206, insbes. zur Zulässigkeit des Rechtsbehelfs; LG Mainz v. 19.10.1995 – 8 T 311/95, Rpfleger 1996, 208; LG Dortmund v. 8.9.1997 – 9 T 922/97, Rpfleger 1998, 34; LG Rostock v. 4.12.2000 – 2 T 353/00, JurBüro 2001, 382.

19 LG Marburg v. 7.7.2000 – 3 T 142/99, DGVZ 2000, 152; LG Münster v. 9.12.1999 – 5 T 998/99, DGVZ 2000, 90; AG Lindau v. 21.12.1999 – M 2261/99, DGVZ 2000, 124.

20 OLG Köln v. 28.4.1995 – 2 W 81/95, JurBüro 1996, 49; *Spring*, NJW 1994, 1108.

21 Ablehnend hierzu: *Stöber*, Rpfleger 1994, 321 ff.; *Hintzen*, Rpfleger 1994, 368.

■ Genaue Angaben bei Verdacht auf verschleiertes Arbeitseinkommen (Art und Umfang der Tätigkeit).

2. Ablehnung von Fragen

25 Sofern der Gerichtsvollzieher der Auffassung ist, dass die vom Gläubiger gestellten Fragen ganz oder teilweise nicht zulässig sind, kann er diese ablehnen. Bereits nach altem Recht stellte sich die Frage des **Rechtsmittels** hiergegen, wenn die Ablehnung durch Beschluss erfolgte.[22]

26 Der Gerichtsvollzieher kann keinen Ablehnungsbeschluss fassen, er kann sich lediglich weigern, bestimmte Fragen dem Schuldner zur Beantwortung vorzulegen. Die Weigerung des Gerichtsvollziehers, dem Schuldner bestimmte Fragen zu stellen, soll der Gläubiger mit der Erinnerung gem. § 766 Abs. 2 ZPO angreifen können.[23] Dem ist jedoch nicht zu folgen. Der Gerichtsvollzieher sollte einzelne Fragen nicht förmlich ablehnen, sondern zunächst den Termin bestimmen. Im Termin entscheidet er dann, ob das Vermögensverzeichnis vollständig ist und greift hierzu ggf. auf die Fragen des Gläubigers zurück, soweit nicht das Verzeichnis selbst berechtigte Fragen enthält.[24]

27 Hält der Gläubiger die Angaben des Schuldners für unvollständig, ist hierüber in einem Nachbesserungsverfahren zu entscheiden. Lehnt der Gerichtsvollzieher dann eine erneute Terminsbestimmung ab, kann dies mit § 766 ZPO gerügt werden.[25]

III. Sicherungsvollstreckung

28 Ist das titulierte Urteil gegen Sicherheitsleistung vorläufig vollstreckbar, darf der Gläubiger nur im Wege der Sicherungsvollstreckung die Zwangsvollstreckung betreiben (§ 720a Abs. 1 ZPO). Dem Gläubiger ist gestattet, die Vollstreckung durch Pfändung oder Sicherung zu bewirken (Zwangssicherungshypothek am Grundstück), die Verwertung ist jedoch ausgeschlossen.

29 Da das Verfahren zur Vermögensauskunft keine Verwertung darstellt und die Forderung des Gläubigers nicht befriedigt wird, ist die Abnahme auch im Rahmen der Sicherungsvollstreckung ohne Nachweis der erbrachten Sicherheitsleistung zuläs-

---

22 Vgl. *Hintzen*, Rpfleger 1994, 368.
23 *Behr*, JurBüro 1998, 231, 233; *Steder*, Rpfleger 1998, 409 ff.
24 LG Braunschweig v. 10.8.1998 – 8 T 479/98, JurBüro 1999, 46.
25 So auch Musielak/*Voit*, ZPO, § 802f Rn 10.

sig. Auf eine mögliche Ersatzpflicht des Gläubigers, falls das Urteil in der Rechtsmittelinstanz aufgehoben wird, kommt es hierbei nicht an.[26]

Dieser Auffassung hat sich auch der BGH[27] angeschlossen. Er betont hierbei, dass **30** auf Sinn und Zweck der Vorschriften abzustellen ist, die dem Gläubiger den Zugriff auf das Schuldnervermögen im Wege der Sicherungsvollstreckung eröffnen. Dem Gläubiger soll eine dem Arrest vergleichbare Sicherung verschafft werden, indem er auch vor einer Schmälerung der Haftungsmasse durch den Schuldner geschützt wird. Dieser Zweck ist aber nur dann sicher zu erreichen, wenn der Schuldner unter den im Gesetz genannten Voraussetzungen die Vermögensauskunft abgeben muss. Denn nur so kann der Gläubiger zuverlässig ermitteln, ob der Schuldner Vermögen besitzt, auf das er im Wege der Sicherungsvollstreckung zugreifen kann. Die Abgabe der Vermögensauskunft ist daher eine Maßnahme zur Vorbereitung zulässiger, hier auf Sicherung beschränkter, Vollstreckungszugriffe.

IV. Insolvenz

Das Verbot von Zwangsvollstreckungen für einzelne Insolvenzgläubiger während **31** der Dauer des Insolvenzverfahrens nach § 89 Abs. 1 InsO gilt auch für das Verfahren zur Vermögensauskunft.[28] Gleiches gilt, wenn das Insolvenzgericht im Insolvenzeröffnungsverfahren Maßnahmen der Zwangsvollstreckung nach § 21 Abs. 2 Nr. 3 InsO untersagt hat.[29]

V. Kenntnis der Unpfändbarkeit

Sofern der Gerichtsvollzieher Kenntnisse darüber hat, dass der Schuldner noch Ver- **32** mögen besitzt und die Forderung des Gläubigers tilgen könnte, ist der Auftrag mangels Rechtsschutzinteresses abzulehnen.[30]

Abgesehen von diesem Ausnahmefall hat der Gläubiger ein Interesse zur Abgabe **33** der Vermögensauskunft, solange sich der Vollstreckungstitel in seinen Händen be-

---

26 OLG Hamburg v. 10.11.1998 – 6 W 70/98, MDR 1999, 255; OLG Düsseldorf v. 3.9.1980 – 3 W 237/80, NJW 1980, 2717; KG v. 21.2.1989 – 1 W 22/89, Rpfleger 1989, 291; OLG München v. 9.10.1990 – 25 W 1548/90, JurBüro 1991, 128 = MDR 1991, 64; OLG Koblenz v. 30.8.1990 – 4 W 423/90, JurBüro 1991, 126 = MDR 1991, 63; OLG Frankfurt v. 9.5.1996 – 26 W 59/96, Rpfleger 1996, 468; LG Stuttgart v. 2.1.2003 – 19 T 7/02, DGVZ 2003, 91; LG Darmstadt v. 26.3.1998 – 5 T 257/98, DGVZ 1999, 60; LG Essen v. 8.2.1985 – 11 T 14/85, JurBüro 1985, 936; Musielak/Voit/ *Lackmann*, ZPO, § 720a Rn 4.

27 BGH v. 26.10.2006 – I ZB 113/05, NJW-RR 2007, 416 = DGVZ 2007, 13 = Rpfleger 2007, 88 und bereits in diese Richtung BGH v. 2.3.2006 – IX ZB 23/06, Rpfleger 2006,328 = WM 2006, 918.

28 BGH v. 24.5.2012 – IX ZB 275/10, NJW-RR 2012, 1433 = Rpfleger 2012, 555 = DGVZ 2012, 161; LG Frankfurt a.M. v. 31.10.2011 – 2–9 T 195/11, BeckRS 2013, 7941.

29 Musielak/*Voit*, § 802f Rn 2.

30 Musielak/*Voit*, § 802c Rn 2; Thomas/Putzo/*Seiler*, ZPO, § 802c Rn 3.

findet und die titulierte Forderung noch nicht vollständig beglichen ist. Hat der Gläubiger allerdings noch eine Pfändungsmöglichkeit, muss er nachweisen, dass eine alsbaldige Befriedigung durch die Pfändung nicht zu erwarten ist.[31]

34 Die Verpflichtung zur Abgabe der Vermögensauskunft setzt aber nicht voraus, dass zuvor auch ein erfolgloser Pfändungs- und Befriedigungsversuch in die dem Gläubiger (oder dem Gerichtsvollzieher) benannten Geldforderungen des Schuldners vorgenommen wurde.[32]

35 Der Schuldner kann dem Gläubiger gegenüber auch nicht einwenden, dass er das Vermögensverzeichnis bereits vor einem Notar abgegeben und dem Gläubiger übermittelt habe, die Vermögenslosigkeit steht damit noch nicht fest.[33] Auch der Einwand, die Vermögenslosigkeit des Schuldners sei dem Gläubiger bereits aus einem Prozesskostenhilfeverfahren im vorangegangenen Rechtsstreit hinreichend bekannt, steht dem Rechtschutzinteresse nicht entgegen.[34]

36 Der Gläubiger hat einen Anspruch auf ein vollständiges Vermögensverzeichnis, welches der Schuldner an Eides statt versichern muss.[35] Nach § 95 AO eidesstattlich versicherte Angaben des Schuldners zu seinem Vermögen stehen der Verpflichtung zur Abgabe einer eidesstattlichen Versicherung nach § 807 ZPO ebenfalls nicht entgegen.[36]

D. Vermögensauskunft vor Ort, § 807 ZPO

I. Voraussetzung

37 Das Verfahren zur Abnahme der Vermögensauskunft nach einem Pfändungsversuch (Kombi-Antrag) regelt § 802f ZPO. Der Gläubiger kann – wie früher – einen Sachpfändungsauftrag mit sich unmittelbar anschließender Vermögensauskunft erteilen. Hierzu wurde der bisherige § 807 ZPO neu gefasst. Der Gerichtsvollzieher kann dem Schuldner die Vermögensauskunft sofort, also vor Ort, abnehmen, wenn

---

31 LG Koblenz v. 23.12.1997 – 2 T 760/97, Rpfleger 1998, 211.

32 AG Villingen-Schwenningen v. 25.4.2001 – 6 M 800/01, DGVZ 2001, 125; AG Pirna v. 29.1.2001 – 3 M 3588/00, DGVZ 2001, 126, keine vorherige Pfändung des Kontoguthabens.

33 So aber: LG Itzehoe v. 28.9.1984 – 4 T 273/84, Rpfleger 1985, 153; ablehnend und richtig daher: LG Detmold v. 9.6.2011 – 3 T 6/07, BeckRS 2011, 15364; LG Detmold v. 29.1.2007 – 3 T 6/07, DGVZ 2007, 72; LG Flensburg v. 27.3.2000 – 5 T 79/00, DGVZ 2000, 89; AG Neuss v. 25.2.2000 – 21 M 231/00, JurBüro 2000, 438.

34 LG Verden v. 21.2.1986 – 1 T 87/86, Rpfleger 1986, 186.

35 LG Detmold v. 28.11.1986 – 2 T 461/86, Rpfleger 1987, 165; LG Berlin v. 16.12.1991 – 81 T 858/91, Rpfleger 1992, 168 m. Anm. *Hintzen.*

36 BGH v. 19.5.2004 – IXa ZB 14/04, Rpfleger 2004, 577 = NJW 2004, 2905 = DGVZ 2004, 153 = FamRZ 2004, 1555 = JurBüro 2004, 620 = MDR 2004, 1258.

- der Schuldner die Durchsuchung (§ 758 ZPO) verweigert oder
- der Pfändungsversuch ergibt, dass eine Pfändung voraussichtlich nicht zu einer vollständigen Befriedigung des Gläubigers führen wird.

Weiterhin ist grundsätzlich Voraussetzung, dass die zweijährige Sperrfrist für eine **38** erneute Abgabe der Vermögensauskunft abgelaufen ist, § 802d ZPO (hierzu auch Rdn 138 ff.).

Der Schuldner kann einer sofortigen Abnahme **widersprechen**, § 807 Abs. 2 ZPO. **39** In diesem Fall verfährt der Gerichtsvollzieher nach § 802f ZPO. Der Setzung einer zweiwöchigen Zahlungsfrist, wie in § 802f Abs. 1 ZPO vorgesehen, bedarf es nicht.[37]

II. Durchsuchungsverweigerung

Eine der beiden Voraussetzungen ist nach § 807 Abs. 1 Nr. 1 ZPO das Protokoll des **40** Gerichtsvollziehers über die ergebnislose Sachpfändung, weil der Schuldner den Zutritt zu seiner Wohnung ohne besondere Begründung verweigert hat. Die Verweigerung kann aber nur der Schuldner oder sein gesetzlicher Vertreter erklären,[38] die Verweigerung anderer Personen reicht nicht aus, vgl. auch **§ 61 Abs. 2 und 6 GVGA**.

III. Erfolgloser Pfändungsversuch

Für den Nachweis i.S.v. § 807 Abs. 1 Nr. 2 ZPO kann sich der Gläubiger jedes Be- **41** weismittels bedienen. Ob eine **hohe Titelforderung** allein bereits zur Glaubhaftmachung der Unpfändbarkeit ausreichend sein kann, muss im Einzelfall geprüft werden. Sicherlich müssen hier noch andere Kriterien zu Rate gezogen werden, z.B. zahlreiche ältere Vollstreckungsversuche, die ergebnislos verlaufen sind.[39]

Als Glaubhaftmachung ist auch genügend, wenn die Schuldnerin keine Geschäfts- **42** räume mehr unterhält.[40] Genügen kann im Einzelfall auch der Nachweis, dass die Pfändung in Vermögensansprüche, insbesondere Arbeitseinkommen wegen zahlreicher vorrangiger anderer Gläubiger, aussichtslos ist, da deren Forderungen sehr hoch und der pfändbare Betrag relativ niedrig ist. Maßgeblich sind auch das Alter des Schuldners, seine Einkommens- und Vermögenslage, seine Wohnverhältnisse und insbesondere die Höhe der Schuld.[41]

---

37 Hierzu allgemein AG Augsburg v. 29.5.2013 – 1 M 4414/13, LSK 2014, 280131.
38 AG Strausberg v. 29.11.2000 – 11 M 1376/00, DGVZ 2001, 92; AG Osterholz-Scharmbeck v. 23.8.1999 – 12 M 837/99, DGVZ 2000, 155.
39 AG Heilbronn v. 15.8.1995 – 5 M 7368/95, JurBüro 1996, 211, Forderung über 42.000,00 DM.
40 LG Chemnitz v. 3.6.1998 – 13 T 2280/98, JurBüro 1998, 660; AG Magdeburg v. 24.10.2000 – 202 M 4202/00, JurBüro 2001, 112.
41 Vgl. KG v. 20.8.1997 – 25 W 5461/97, JurBüro 1998, 42.

43 *Kostenhinweis*

Für die Abnahme der Vermögensauskunft nach § 807 ZPO erhält der Gerichtsvollzieher die Gebühr nach GvKostG KV:

260	Abnahme der Vermögensauskunft nach den §§ 802c, 802d Abs. 1 oder nach § 807 ZPO	33,00 EUR

Nach § 3 Abs. 2 Satz 1 Nr. 3 und Satz 2 GvKostG handelt es sich um denselben Auftrag, wenn der Gerichtsvollzieher gleichzeitig beauftragt wird, mehrere Vollstreckungshandlungen gegen denselben Vollstreckungsschuldner oder Verpflichteten (Schuldner) oder Vollstreckungshandlungen gegen Gesamtschuldner auszuführen. Der Gerichtsvollzieher gilt auch dann als gleichzeitig beauftragt, wenn

- der Auftrag zur Abnahme der Vermögensauskunft mit einem Vollstreckungsauftrag verbunden ist (§ 807 Abs. 1 ZPO), es sei denn, der Gerichtsvollzieher nimmt die Vermögensauskunft nur deshalb nicht ab, weil der Schuldner nicht anwesend ist, oder

- der Auftrag, eine gütliche Erledigung der Sache zu versuchen, in der Weise mit einem Auftrag auf Vornahme einer Amtshandlung nach § 802a Abs. 2 Satz 1 Nr. 2 oder Nr. 4 ZPO verbunden ist, dass diese Amtshandlung nur im Fall des Scheiterns des Versuchs der gütlichen Einigung vorgenommen werden soll.

E. Verfahren zur Vermögensauskunft

I. Einsicht in das Schuldnerverzeichnis

44 Bevor der Gerichtsvollzieher einen Termin zur Abgabe der Vermögensauskunft bestimmt, holt er eine Auskunft aus dem Vermögensverzeichnisregister ein. Daneben kann er das Schuldnerverzeichnis einsehen und den Schuldner befragen, ob dieser innerhalb der letzten zwei Jahre eine Vermögensauskunft abgegeben hat, § 135 GVGA.

45 Nach Abgabe der Vermögensauskunft ist der Schuldner nur unter den besonderen Voraussetzungen nach § 802d ZPO innerhalb von zwei Jahren erneut zur Abgabe verpflichtet. Ergibt sich bereits die Tatsache eines vorhandenen Vermögensverzeichnisses, leitet der Gerichtsvollzieher dem Gläubiger einen Ausdruck hiervon zu. Ein Verzicht des Gläubigers auf die Zuleitung ist unbeachtlich, § 802d Abs. 1 S. 2 ZPO (hierzu Rdn 131 ff.).

II. Mehrere Gläubiger

46 Haben mehrere Gläubiger den Gerichtsvollzieher mit der Abnahme der Vermögensauskunft gegen denselben Schuldner beauftragt, bestimmt der Gerichtsvollzieher, sofern die Ladungsfrist eingehalten werden kann, einen Termin für alle Gläubiger (§ 139 GVGA).[42]

Kann der anberaumte Termin für alle Gläubiger nicht gleichzeitig durchgeführt **47** werden, muss zunächst für die weiteren Gläubiger ein gesonderter Termin bestimmt werden, der, sobald der Schuldner die Vermögensauskunft abgegeben hat, dann wieder aufgehoben wird. Die anderen Gläubiger erhalten dann je eine Ablichtung des Protokolls und des Vermögensverzeichnisses.

III. Vorladung des Schuldners

Zur Abnahme der Vermögensauskunft setzt der Gerichtsvollzieher dem Schuldner **48** zunähst für die Begleichung der Forderung eine Frist von zwei Wochen, § 802f Abs. 1 S. 1 ZPO. Die Frist beginnt mit dem Zugang des Schreibens beim Schuldner. Der Fristsetzung bedarf es nicht, wenn der Gerichtsvollzieher den Schuldner bereits zuvor zur Zahlung aufgefordert hat und seit dieser Aufforderung zwei Wochen verstrichen sind, ohne dass die Aufforderung Erfolg hatte, § 802f Abs. 1 S. 4 ZPO.

Hiervon unabhängig bestimmt der Gerichtsvollzieher zugleich für den Fall, dass **49** die Forderung nach Fristablauf nicht vollständig beglichen ist, einen Termin zur Abgabe der Vermögensauskunft alsbald nach Fristablauf und lädt den Schuldner zu diesem Termin in seine Geschäftsräume, § 802f Abs. 1 S. 2 ZPO.

Nach § 802f Abs. 4 ZPO sind Zahlungsaufforderungen, Ladungen, Bestimmungen **50** und Belehrungen dem Schuldner zuzustellen, auch wenn dieser einen Prozessbevollmächtigten bestellt hat; einer Mitteilung an den Prozessbevollmächtigten bedarf es nicht.

Wie der Gerichtsvollzieher die **Zustellung** bewirkt, steht grundsätzlich in seinem **51** Ermessen. Hierbei sollte der Gerichtsvollzieher auf die **kostengünstigste** Art und Weise achten und regelmäßig die Zustellung durch die Post wählen. Eine Anweisung des Gläubigers, stets die Zustellung durch die Post zu wählen, ist unbeachtlich.[43]

Zur Abgabe der Vermögensauskunft ist der Schuldner stets **persönlich** verpflichtet, **52** bei Prozessunfähigkeit ist der gesetzliche Vertreter vorzuladen. Steht der Schuldner unter Pflegschaft und ist ihm ein Vermögenspfleger bestellt worden, ist dieser zur

---

42 Hierzu Zöller/*Stöber*, ZPO, § 802f Rn 25.
43 OLG Karlsruhe v. 22.7.2016 – 11 W 66/16, NJW-RR 2016, 1534; OLG Stuttgart v. 18.4.2016 – 8 W 483/15, JurBüro 2016, 364; KG v. 15.1.2016 – 5 W 283/15, NJOZ 2016, 1711; OLG Köln v. 13.4.2015 – 17 W 319/14, Rpfleger 2015, 661; LG Offenburg v. 17.9.2014 – 4 T 187/14, DGVZ 2014,259; AG Lichtenberg v. 20.6.2014 – 35 M 8015/14, DGVZ 2014,205; AG Ellwangen v. 31.10.2014 – 2 M 1072/14, BeckRS 2015, 08681; a.A. AG Wiesbaden v. 24.4.2015 – 65 M 1262/15, BeckRS 2015, 9390; nach OLG Koblenz v. 20.10.2015 – 14 W 675/15, DGVZ 2015, 252 muss der Gerichtsvollzieher die persönliche Zustellung besonders begründen.

Abgabe der eidesstattlichen Versicherung verpflichtet.[44] Auch wenn der betreute Schuldner selbst noch verfahrensfähig ist, kann die Abgabe der Vermögensauskunft durch den zur Vermögenssorge bestellten **Betreuer** verlangt werden, wenn dieser in das Verfahren eingetreten ist.[45]

53 Reicht der Schuldner ein **ärztliches Attest** ein, aus dem sich ergibt, dass er krankheitsbedingt den Termin nicht wahrnehmen kann, ist je nach Schwere des Krankheitsbilds der Termin aufzuheben und neu zu bestimmen oder nur kurzfristig zu vertagen. Der Schuldner hat in jedem Fall durch Vorlage eines **ärztlichen Zeugnisses** konkret und nachvollziehbar zu begründen, warum sein Erscheinen zum Termin zur Abgabe der eidesstattlichen Versicherung nicht möglich ist.[46] Im Zweifel sollte der Schuldner jedoch ein fachärztliches oder amtsärztliches Attest vorlegen. Die Vermögensauskunft kann jederzeit in der **Wohnung** oder im **Krankenhaus** abgenommen werden.[47] Der Gerichtsvollzieher ist auch nicht berechtigt, von Amts wegen die Einleitung des Verfahrens gegen einen suizidgefährdeten Schuldner abzulehnen, da dies der Entscheidung über einen Antrag nach § 765a ZPO oder einer Erinnerung gem. § 766 ZPO vorbehalten ist.[48]

54 Besteht der Verdacht, dass ein Arzt dem Schuldner auf Wunsch sog. Gefälligkeitsatteste ausstellt, damit der Schuldner zum Termin zur Abgabe der Vermögensauskunft nicht erscheinen muss, hat der Schuldner auf Verlangen ein Attest mit ausführlicher Begründung des Krankheitszustands, des Krankheitsverlaufs und des Untersuchungsergebnisses vorzulegen.[49]

55 Nach § 802f Abs. 4 ZPO kann der Gerichtsvollzieher bestimmen, dass die Abgabe der Vermögensauskunft in der **Wohnung** des Schuldners stattfindet. Der Schuldner kann dieser Bestimmung binnen einer Woche gegenüber dem Gerichtsvollzieher widersprechen. Andernfalls gilt der Termin als pflichtwidrig versäumt, wenn der Schuldner in diesem Termin aus Gründen, die er zu vertreten hat, die Vermögensauskunft nicht abgibt.

IV. Vorladung juristischer Personen

1. Allgemein

56 Bei juristischen Personen oder Personenvereinigungen, die nach dem Gesetz oder der Satzung bzw. dem Gesellschaftsvertrag durch mehrere Personen gesetzlich ver-

---

44 LG Frankfurt v. 3.8.1988 – 2/9 T 819/88, Rpfleger 1988, 528.
45 LG Osnabrück v. 23.5.2005 – 1 T 437/05, DGVZ 2005, 128.
46 LG Wuppertal v. 21.12.2005 – 6 T 797/05, DGVZ 2006, 113; LG Saarbrücken v. 20.10.2003 – 5 T 570/03, DGVZ 2004, 29.
47 OLG Köln v. 14.10.1994 – 2 W 145/94, Rpfleger 1995, 220; OLG Jena v. 13.31997 – 6 W 131/97, Rpfleger 1997, 446.
48 LG Düsseldorf v. 14.2.2000 – 19 T 7/00, DGVZ 2000, 119.
49 LG Berlin v. 5.12.1997 – 81 T 878/97, Rpfleger 1998, 167.

treten werden, sind nicht alle Vertretungsberechtigten vorzuladen; es genügt vielmehr die Vorladung eines **gesetzlichen Vertreters** (§§ 455, 449 ZPO).[50] Der einzige Vorstand eines eingetragenen Vereins, der sein Amt erst nach der Ladung zum Termin zur Abgabe der Vermögensauskunft niedergelegt hat, ohne dass ein neuer gesetzlicher Vertreter bestellt worden ist, bleibt verpflichtet, für den Verein die Vermögensauskunft abzugeben, wenn die Berufung auf die Amtsniederlegung rechtsmissbräuchlich wäre.[51]

Der vorzuladende einzelne Vertreter ist vom Gläubiger zu benennen oder vom Gerichtsvollzieher selbst auszuwählen. Der Vertreter ist selbst nicht benachteiligt, da er zwar die Vermögensverhältnisse offenlegen muss, in das Schuldnerverzeichnis wird jedoch nur die von ihm vertretene Gesellschaft oder die Personenvereinigung eingetragen. Eine an die Gesellschaft adressierte Zustellung der Ladung reicht für das Verfahren und später zum Erlass eines Haftbefehls gegen den gesetzlichen Vertreter nicht aus.[52]   **57**

Auch der frühere **Liquidator** einer GmbH, OHG oder KG bleibt nach deren Auflösung und Löschung im Handelsregister weiter zur Abgabe der Vermögensauskunft verpflichtet.[53]   **58**

Wenn im **Insolvenzeröffnungsverfahren** ein vorläufiger Insolvenzverwalter bestellt und ein allgemeines Verfügungsverbot erlassen wird und somit die Verwaltungs- und Verfügungsbefugnis auf den vorläufigen Insolvenzverwalter übergeht (§§ 21, 22 InsO), ist der vorläufige Insolvenzverwalter vorzuladen. Allerdings muss der Gläubiger vorher den Titel auf diesen umschreiben und die Klausel zustellen lassen (§§ 748, 749 ZPO analog, §§ 727, 750 Abs. 2 ZPO).[54]   **59**

Solange ein vom Schuldner beantragtes Verbraucherinsolvenzverfahren nicht eröffnet und auch keine einstweilige Einstellung der Vollstreckung erfolgt ist, ist der Schuldner verpflichtet, die Vermögensauskunft abzugeben. Eine hiergegen erhobene Erinnerung ist zurückzuweisen.[55] Hat das Insolvenzgericht im Eröffnungsverfahren Maßnahmen der Zwangsvollstreckung einstweilig eingestellt (§ 21 Abs. 2 Nr. 3 InsO), steht dies dem Verfahren allerdings entgegen.[56]   **60**

---

50 Vgl. hierzu LG Frankfurt am Main v. 21.4.1993 – 2/9 T 207/93, Rpfleger 1993, 502; Thomas/Putzo/ *Seiler*, ZPO, § 802c Rn 8; *Hintzen*, in: Hintzen/Wolf, Rn 5.47; Musielak/*Voit*, ZPO, § 802c Rn 4; Zöller/*Stöber*, ZPO, § 802c Rn 7.

51 BGH v. 28.9.2006 – I ZB 35/06, NJW-RR 2007, 185 = DGVZ 2007, 8 = Rpfleger 2007, 86.

52 AG Bochum v. 18.5.2000 – 53 M 122/00, DGVZ 2001, 13.

53 OLG Stuttgart v. 24.3.1994 – 8 W 99/94, NJW-RR 1994, 1064 = Rpfleger 1994, 424; LG Saarbrücken v. 21.4.1988 – 5 T 303/88, JurBüro 1988, 1242.

54 Hierzu *Hintzen*, Kölner Schrift zur InsO, S. 1110 Rn 10 ff.

55 AG Heilbronn v. 6.8.1999 – 1 M 7322/99, DGVZ 1999, 187.

56 Vgl. BGH v. 24.5.2012 – IX ZB 275/10, NJW-RR 2012, 1433 = Rpfleger 2012, 555 = DGVZ 2012, 161.

61 Bei der Vollstreckung gegen die **Wohnungseigentümergemeinschaft** hat der Verwalter die Vermögensauskunft abzugeben, auch wenn die Eigentümermehrheit dies ablehnt.[57]

2. Geschäftsführer der GmbH

62 Die häufigsten in diesem Zusammenhang auftretenden Probleme ergeben sich bei der GmbH. Streitig ist bereits der Zeitpunkt, wann der Geschäftsführer sein Amt innehaben muss:

- im Zeitpunkt des Termins[58] oder
- im Zeitpunkt der Antragstellung.[59]

63 Wenn die Niederlegung des Amtes bzw. die Abberufung des Geschäftsführers kurz vor dem Termin mit dem Ziel erfolgt, sich der Verpflichtung zur Abgabe der Vermögensauskunft zu entziehen, bleibt der bisherige Geschäftsführer zur Abgabe verpflichtet.[60]

64 Auch der Geschäftsführer einer GmbH, der nach Erlass des Haftbefehls sein Amt niederlegt oder abberufen wird, ist zur Abgabe der Vermögensauskunft verpflichtet, da hierbei regelmäßig von einem rechtsmissbräuchlichen Ausscheiden aus dem Amt ausgegangen werden kann.[61] Einschränkend wird hier jedoch die Auffassung vertreten, dass bloße Vermutungen oder die Annahme einer treuwidrigen Amtsniederlegung allein nicht ausreichen, vielmehr muss der Gläubiger schon konkrete Anhaltspunkte vortragen.[62]

65 Der **Liquidator** einer GmbH, der nach dem Termin zur Abgabe der Vermögensauskunft sein Amt niederlegt, wird dadurch jedoch nicht von seiner Pflicht befreit und kann ggf. durch Haft vorgeführt werden.[63]

66 Wird der zum Termin geladene Geschäftsführer durch Gesellschafterbeschluss abberufen und durch einen anderen Geschäftsführer ersetzt, kann der zum Termin ge-

---

57 BGH v. 22.9.2011 – I ZB 61/10, Rpfleger 2012, 324; LG Berlin v. 4.10.2010 – 51 T 601/10, ZMR 2012, 151.

58 OLG Köln v. 19.4.2000 – 2 W 28/00, JurBüro 2000, 599 = Rpfleger 2000, 399; OLG Bamberg v. 28.2.1997 – 1 W 58/96, DGVZ 1998, 75; OLG Hamm v. 9.11.1984 – 14 W 136/84, Rpfleger 1985, 121; OLG Hamm v. 8.5.1984 – 14 W 23/84, MDR 1984, 854; LG Aschaffenburg v. 19.9.1996 – 4 T 59/96, DGVZ 1998, 75; LG Nürnberg-Fürth v. 1.4.1996 – 16 T 1658/96, DGVZ 1996, 139; LG Bochum v. 30.8.2001 – 7a T 182/01, DGVZ 2002, 22.

59 So LG Limburg v. 10.2.1995 – 7 T 272/94, DGVZ 1995, 74.

60 OLG Köln v. 19.4.2000 – 2 W 28/00, JurBüro 2000, 599 = Rpfleger 2000, 399; OLG Hamm v. 9.11.1984 – 14 W 136/84, Rpfleger 1985, 121 = ZIP 1984, 1482; LG München II v. 26.9.2006 – 6 T 4213/06, JurBüro 2007, 46; LG Bochum v. 19.2.2001 – 7a T 12/01, Rpfleger 2001, 442.

61 OLG Stuttgart v. 10.11.1983 – 8 W 340/83, Rpfleger 1984, 107.

62 OLG Köln v. 25.4.1983 – 2 W 34/83, Rpfleger 1983, 361.

63 OLG Zweibrücken v. 8.8.1989 – 3 W 121/89, DGVZ 1990, 40.

ladene, aber nicht erschienene Geschäftsführer nicht verhaftet werden. Es muss ein weiterer Termin zur Vorladung des neuen Geschäftsführers anberaumt werden.[64]

Auch gegen eine wegen **Vermögenslosigkeit** nach § 394 FamFG im Handelsregis- **67** ter gelöschte GmbH kann das Verfahren betrieben werden, sofern der Gläubiger substantiiert die Tatsachen darlegt, aus denen sich das Vorhandensein von Gesellschaftsvermögen ergeben soll.[65]

Für die **gelöschte Gesellschaft** ist deren letzter Geschäftsführer oder Liquidator **68** zur Vermögensauskunft verpflichtet, die gerichtliche Bestellung eines Liquidators ist hierzu nicht erforderlich.[66] Ist jedoch ein Liquidator bestellt, ist auch der frühere Geschäftsführer nach wie vor verpflichtet, einer Vorladung nachzukommen, sofern der Liquidator an Eides statt versichert hat, nur zum Schein bestellt worden zu sein oder keinen Einblick in die Gesellschaft erhalten zu haben.[67]

Hinweis **69**

Wenn der ehemalige Geschäftsführer, der Liquidator oder ein gerade neu bestellter Geschäftsführer zu jedem Punkt des Vermögensverzeichnisses versichert, hierzu keine Angaben machen zu können, liegt zwar keine grundlose Weigerung vor, das Verzeichnis ist jedoch nicht ordnungsgemäß ausgefüllt. Der Gläubiger sollte dann beantragen, dass ein neuer Termin zur Abgabe der Vermögensauskunft bestimmt wird, um somit dem Geschäftsführer bzw. Liquidator aufzugeben, sich bis dahin sachkundig zu machen, andernfalls ist Haftbefehl zu erlassen.

V. Terminsteilnahme

Zum Termin wird der Schuldner persönlich durch Zustellung geladen (§ 802f **70** Abs. 1 und 4 ZPO. Dies gilt auch, wenn er einen Rechtsanwalt als Prozessbevollmächtigten hat (§ 802f Abs. 4 ZPO). Dem Gläubiger bzw. seinem Rechtsanwalt wird die Terminsbestimmung formlos mitgeteilt. Seine Anwesenheit selbst ist im Termin nicht erforderlich. Er hat jedoch grds. das Recht der Teilnahme, in der Wohnung des Schuldners jedoch nur mit dessen Einverständnis, vgl. **§ 138 Abs. 1 GVGA.**

---

64 Vgl. hierzu LG Wiesbaden v. 18.10.2011 – 4 T 397/11, BeckRS 2012, 3902; LG Bremen v. 21.6.1990 – 3 T 343/90, DGVZ 1990, 139.

65 KG v. 8.2.1991 – 1 W 3357/90, NJW-RR 1991, 933 = MDR 1991, 957; OLG Koblenz v. 28.11.1989 – 4 W 726/89, JurBüro 1990, 537; LG Siegen v. 31.3.1987 – 4 T 79/87, Rpfleger 1987, 380.

66 KG v. 8.2.1991 – 1 W 3357/90, NJW-RR 1991, 933; LG Düsseldorf v. 7.11.1986 – 25 T 852/86, JurBüro 1987, 458; LG Zweibrücken v. 30.10.1995 – 3 T 134/95, Rpfleger 1996, 209 = JurBüro 1996, 212; Zöller/*Stöber*, ZPO, § 802c Rn 8; a.A. OLG Stuttgart v. 24.3.1994 – 8 W 99/94, Rpfleger 1994, 424 = NJW-RR 1994, 1064 ablehnend hierzu: *Schmidt*, Rpfleger 1995, 168.

67 OLG Köln v. 10.9.1990 – 2 W 146/90, OLGZ 1991, 214.

71 In der Praxis ist es äußerst selten, dass Gläubiger im Termin anwesend sind. Sicherlich ist es auch nicht erforderlich, bei jedem Schuldner zum Termin zu erscheinen, aber der Gläubiger vergibt die Chance, konkrete Fragen zu stellen und auf korrekte Angaben hinzuwirken. Der Gläubiger kann den Schuldner bei Anwesenheit zur Auskunftsverpflichtung eingehend befragen und Vorbehalte machen, vgl. **§ 138 Abs. 1 GVGA.** In irgendeiner Form ist nahezu jedes Vermögensverzeichnis unvollständig, oftmals ergänzungsbedürftig und muss nachgebessert werden. Der Gläubiger sollte daher trotz zeitlicher oder räumlicher Gründe von der Möglichkeit der Terminsteilnahme Gebrauch machen. Oft kennt er auch die persönlichen Verhältnisse des Schuldners besser und kann durch gezielte Fragen genauere Auskünfte über die tatsächlichen Vermögensverhältnisse des Schuldners erlangen. Vielfach wäre sicherlich auch eine konkrete Absprache über Rückzahlungsmodalitäten „direkt vor Ort" möglich.

VI. Inhalt des Vermögensverzeichnisses

72 Zu Beginn des Termins belehrt der Gerichtsvollzieher den Schuldner nach § 802f Abs. 3 ZPO eingehend über die Bedeutung einer eidesstattlichen Versicherung und weist auf die Strafvorschriften der §§ 156 und 161 StGB hin. Der Gerichtsvollzieher errichtet gemäß § 802f Abs. 5 ZPO selbst eine Aufstellung mit den nach § 802c Abs. 1 und 2 ZPO erforderlichen Angaben als elektronisches Dokument (Vermögensverzeichnis).

73 Dem Schuldner sind nicht verständliche Begriffe, die dem zu erstellenden Vermögensverzeichnis zugrunde liegen, zu erläutern, § 138 Abs. 2 GVGA.

74 Der Gerichtsvollzieher hat auf Vollständigkeit der Angaben unter Beachtung der vom Gläubiger im Termin oder zuvor schriftlich gestellten Fragen zu dringen. Der Gerichtsvollzieher hat das vorgelegte Vermögensverzeichnis auf Vollständigkeit und Richtigkeit hin zu überprüfen. Er muss das Vermögensverzeichnis mit dem Schuldner erschöpfend durchgehen und es ggf. vervollständigen. Auf ein erkennbar unvollständiges Vermögensverzeichnis darf die eidesstattliche Versicherung nicht abgenommen werden, es sei denn, der Schuldner erklärt glaubhaft, genauere und vollständigere Angaben insoweit nicht machen zu können.

75 Der Schuldner hat sein gesamtes Vermögen anzugeben, damit der Gläubiger prüfen und entscheiden kann, ob weitere Zwangsvollstreckungsmaßnahmen Aussicht auf Erfolg haben.

76 **Einzelprobleme zum Inhalt:**

■ **Sachen des persönlichen Gebrauchs** und die im Haushalt benutzten Gegenstände sind, wenn sie unpfändbar sind, nicht anzugeben (§ 811 Abs. 1 Nr. 1, 2 i.V.m. § 802c Abs. 2 S. 4 ZPO). Falls jedoch eine Austauschpfändung in Betracht kommt, sind die Angaben erforderlich.

■ Der Schuldner muss auch **künftige Forderungen** angeben, sofern der Rechtsgrund und der Drittschuldner der Forderung im Zeitpunkt der Auskunftserteilung hinreichend bestimmt sind. Bei künftigen Forderungen eines selbstständig tätigen Schuldners gegen seine Kunden ist diese Voraussetzung allerdings regelmäßig nur im Falle einer laufenden Geschäftsbeziehung erfüllt, bei der die begründete Erwartung besteht, der Schuldner werde auch künftig Aufträge von seinen bisherigen Kunden erhalten. In einem solchen Fall bestehen grundsätzlich keine rechtlichen Bedenken, die Auskunftsverpflichtung auf die Geschäftsvorfälle der letzten zwölf Monate zu erstrecken.[68]

■ **Wertsachen** sind grundsätzlich anzugeben, selbst wenn sie unter Eigentumsvorbehalt erworben wurden.[69]

■ Bei einer **Lebensversicherung** ist die Versicherungsnummer anzugeben, sofern sie bekannt ist und der Ort, wo sich der Versicherungsschein befindet. Ebenso wichtig ist die Frage der Bezugsberechtigung und ob diese widerruflich ist.[70]

■ Ist der Schuldner arbeitslos, bezieht keine Unterstützung und wird von seinem Ehepartner unterhalten, ist ein möglicher **Taschengeldanspruch** anzugeben und zu beziffern; der Taschengeldanspruch ist zumindest bedingt pfändbar. Hierzu hat der Schuldner auch das Einkommen des Ehepartners anzugeben.[71]

■ Als pfändbarer Vermögensanspruch ist auch die Tatsache anzuerkennen, dass bei der Pfändung von Arbeitseinkommen durch einen Zusatzantrag des Gläubigers **unterhaltsberechtigte Personen** mit eigenem Einkommen ganz oder teilweise wegfallen können (§ 850c Abs. 4 ZPO). Hierüber hat sich der Schuldner

---

68 BGH v. 3.2.2011 – I ZB 2/10, Rpfleger 2011, 450 = NJW-RR 2011, 851 = DGVZ 2011, 142.
69 BGH, NJW 1960, 2200; LG Passau v. 16.5.1995 – 2 T 29/95, JurBüro 1996, 329.
70 LG Duisburg v. 10.12.1954 – 7 T 252/54, NJW 1955, 717.
71 BGH v. 19.5.2004 – IXa ZB 224/03, Rpfleger 2004, 575 = NJW 2004, 2452 = DGVZ 2004, 135; OLG Köln v. 7.7.1993 – 2 W 76/93, NJW 1993, 3335, erneut OLG Köln v. 7.7.1993 – 2 W 76/93, Rpfleger 1994, 32 und OLG Köln v. 11.5.1994 – 2 W 36/94, Rpfleger 1995, 76 = FamRZ 1995, 309; LG Stuttgart v. 26.4.2007 – 2 T 14/07, DGVZ 2007, 94; LG Nürnberg-Fürth v. 8.7.2005 – 16 T 5478/05, DGVZ 2005, 165; LG Osnabrück v. 6.12.1991 – 14 T 163/91, Rpfleger 1992, 259 m. Anm. *Hintzen*; LG Heilbronn v. 12.5.1992 – 1b T 101/92, Rpfleger 1992, 400; LG Stade v. 1.9.1992 – 10 T 133/92, JurBüro 1993, 31; LG Köln v. 19.2.1993 – 6 T 290/92, Rpfleger 1993, 455; LG Münster v. 8.6.1993 – 5 T 426/93, Rpfleger 1994, 33; LG Augsburg v. 21.3.1994 – 5 T 5447/93, Rpfleger 1994, 424; LG Konstanz v. 30.4.1996 – 1 T 106/96, JurBüro 1996, 492; LG Heilbronn v. 28.3.1996 – 1b T 25/96, Rpfleger 1996, 415; LG Saarbrücken v. 2.1.1997 – 5 T 753/96, JurBüro 1997, 325; LG Lübeck v. 27.3.1998 – 7 T 185/98, JurBüro 1998, 379; LG Dessau v. 30.11.2001 – 9 T 362/01, JurBüro 2002, 161; a.A. LG Bremen v. 6.8.1992 – 3 T 505/92, Rpfleger 1993, 119; LG Bonn v. 16.6.1992 – 4 T 348/92, Rpfleger 1993, 30; LG Hildesheim v. 7.12.1993 – 5 T 648/93, DGVZ 1994, 88.

im Vermögensverzeichnis zu offenbaren, sind die erforderlichen Angaben unterblieben, kann Nachbesserung verlangt werden.[72]

■ **Forderungen** sind grundsätzlich nach Art und Höhe anzugeben, um die Erfolgsaussichten einer Realisierung prüfen zu können.[73]

■ Name und Anschrift des **Drittschuldners** sind anzugeben.[74]

■ Angaben der an den Vermieter geleisteten **Mietkaution** sind zu machen.[75]

■ Angaben über **Krankenversicherung, Rechtsschutzversicherung** sind zu machen.[76]

■ Auch aus tatsächlichen oder rechtlichen Gründen **zweifelhafte Forderungen** sind zu vermerken.[77]

■ Bei **abgetretenen** oder **gepfändeten Forderungen** bedarf es der Angabe der Anschrift des Gläubigers, dem die Forderung abgetreten wurde, sowie der Höhe der Forderung.[78]

■ Bei einer abgetretenen **Werklohnforderung** ist anzugeben, ob die Schlussrechnung bereits erstellt worden ist und in welcher Höhe der Bank aus der Globalzession noch Ansprüche zustehen.[79]

■ Bei **Gelegenheitsarbeiten** muss der Schuldner alle Arbeitgeber angeben, bei denen er in den letzten zwölf Monaten in Dienst stand und seinen durchschnitt-

72 BGH v. 19.5.2004 – IXa ZB 297/03, Rpfleger 2004, 575 = NJW 2004, 2979 = DGVZ 2004, 136; LG Kassel v. 17.3.1994 – 3 T 122/94, Rpfleger 1995, 263; LG Ravensburg v. 26.4.1996 – 2 T 34/96, JurBüro 1996, 492; LG Erfurt v. 20.10.1998 – 2a T 144/98, JurBüro 1999, 159; LG Karlsruhe v. 27.7.1999 – 11 T 222/99, DGVZ 1999, 173; AG Leipzig v. 27.6.2001 – 83 M 1537/01, JurBüro 2002, 47; *Hintzen*, NJW 1995, 1861 ff.; a.A. LG Bonn v. 14.7.1992 – 4 T 348/92, JurBüro 1993, 31, nur Name und Anschrift, nicht das Einkommen; LG München II v. 12.2.1998 – 6 T 7364/96, JurBüro 1998, 433.

73 LG Hamburg v. 16.9.1980 – 17 T 108/80, MDR 1981, 61; LG München v. 27.7.1988 – 20 T 14285/88, Rpfleger 1988, 491.

74 LG Göttingen v. 24.4.2006 – 5 T 81/06, JurBüro 2006, 661; LG Hamburg v. 16.9.1980 – 17 T 108/80, MDR 1981, 61.

75 LG Ravensburg v. 26.4.1996 – 2 T 34/96, JurBüro 1996, 492; LG Aurich v. 15.10.1996 – 1 T 121/96, JurBüro 1997, 213; LG München II v. 12.2.1998 – 6 T 7364/96, JurBüro 1998, 433.

76 LG Stuttgart, DZWIR 1996, 121; a.A. LG Saarbrücken v. 5.3.1998 – 5 T 130/98, DGVZ 1998, 77.

77 BGH v. 9.12.1952 – 1 StR 494/52, NJW 1953, 390.

78 KG v. 18.11.1980 – 1 W 3345/80, DGVZ 1981, 75; LG Mannheim v. 24.6.1991 – 4 T 115/91, MDR 1992, 75; LG Memmingen v. 30.12.1993 – 4 T 1962/93, JurBüro 1994, 407; LG Stade, 14.2.1997 – 9 T 191/96, JurBüro 1997, 325, Prüfung eines Scheingeschäfts; LG Kassel v. 7.8.2000 – 3 T 357/00, DGVZ 2001, 8.

79 LG Stuttgart v. 14.11.1990 – 10 T 225/90, JurBüro 1991, 876.

lichen Arbeitslohn,[80] dies gilt gleichermaßen, wenn der Schuldner ein Schreibbüro betreibt.[81]

- Der **Arbeitgeber** ist stets mit genauer Anschrift anzugeben.[82]
- Auf Verlangen hat der Schuldner neben dem **Bruttoeinkommen** auch den Nettobetrag zu benennen.[83]
- Im Hinblick auf die Gefahr eines **verschleierten** oder fingierten **Vergütungsanspruchs** (Schwarzarbeit) sind auch hierzu konkrete Angaben erforderlich[84] (Art und Umfang der Tätigkeit).
- Auch als **Hausmann** hat der Schuldner den Namen der Person anzugeben, für die er tätig ist.[85]
- Ist der Schuldner **selbstständig** tätig, hat er seine offenstehenden Forderungsansprüche nach Art, Höhe und Auftraggeber anzugeben,[86] insbes.: Wie lauten,

---

80 OLG München v. 31.8.2001 – 7 W 1680/01, DGVZ 2002, 73; LG Verden v. 24.7.2006 – 6 T 126/06, DGVZ 2006, 138; LG Wiesbaden v. 4.9.2003 – 4 T 410/03, JurBüro 2004, 103; LG Düsseldorf v. 3.3.1986 – 25 T 133/86, JurBüro 1986, 940; LG Frankfurt am Main v. 11.11.1987 – 2/9 T 1050/87, Rpfleger 1988, 111; LG Frankenthal v. 24.8.1984 – 1 T 247/84, Rpfleger 1985, 73; LG München I v. 3.6.1988 – 20 T 10614/88, Rpfleger 1989, 33; LG Osnabrück v. 6.12.1995 – 7 T 101/95, JurBüro 1996, 328; LG Münster v. 11.7.1996 – 5 T 492/96, Rpfleger 1997, 73, eigenes Handelsgeschäft; LG München II v. 12.2.1998 – 6 T 7364/96, JurBüro 1998, 433.
81 LG Nürnberg-Fürth v. 3.2.2000 – 13 T 10849/99, JurBüro 2000, 328.
82 LG Stade v. 12.4.1984 – 2 T 215/84, Rpfleger 1984, 324.
83 LG Köln v. 14.12.1987 – 10 T 167/87, Rpfleger 1988, 322 = NJW-RR 1988, 695; LG Ravensburg v. 26.4.1996 – 2 T 34/96, JurBüro 1996, 492.
84 OLG Köln v. 28.4.1995 – 2 W 81/95, Rpfleger 1995, 469; LG Lübeck v. 26.8.1985 – 7 T 745/85, Rpfleger 1986, 99; LG Landau v. 2.8.1990 – 4 T 124/90, Rpfleger 1991, 27; LG Berlin v. 23.1.1995 – 81 T 822/94, Rpfleger 1995, 370, Tätigkeit im Betrieb des Ehepartners; LG Hamburg v. 12.2.1996 – 325 T 43/95, JurBüro 1996, 331; LG Osnabrück v. 26.1.1996 – 10 T 104/95, JurBüro 1996, 327; LG Berlin v. 3.4.1996 – 81 T 193/96, Rpfleger 1996, 360; LG Münster v. 18.7.1996 – 5 T 442/96, JurBüro 1996, 662; LG München I v. 21.7.1997 – 20 T 20955/96, JurBüro 1997, 660; LG Hannover v. 23.7.1997 – 11 T 142/97, Rpfleger 1998, 33; LG Oldenburg v. 24.4.1998 – 6 T 396/98, JurBüro 1998, 553; LG Halle v. 8.7.1998 – 14 T 146/98, JurBüro 1998, 606; LG Aurich v. 14.4.1998 – 6 T 73/98, JurBüro 1998, 553; LG Saarbrücken v. 5.3.1998 – 5 T 130/98, DGVZ 1998, 77; LG Kassel v. 1.4.1998 – 3 T 189/98, NJW-RR 1999, 508.
85 LG Aschaffenburg v. 8.5.2000 – 4 T 52/00, JurBüro 2000, 664; LG München v. 7.5.1984 – 20 T 7387/84, MDR 1984, 764; LG Münster v. 8.6.1993 – 5 T 426/93, Rpfleger 1994, 33; LG Lübeck v. 3.3.1997 – 7 T 107/97, JurBüro 1997, 440; LG Ellwangen v. 11.11.1996 – 1 T 164/96, JurBüro 1997, 274; LG Düsseldorf v. 12.6.1998 – 25 T 446/98, JurBüro 1998, 553; LG Memmingen v. 16.10.1996 – 4 T 1568/96, Rpfleger 1997, 175, nicht aber in einer nicht ehelichen Lebensgemeinschaft, falls die Tätigkeit nur die Haushaltsführung und Kinderbetreuung umfasst.
86 OLG Köln v. 18.10.1993 – 2 W 17/93, JurBüro 1994, 408, Malermeister; OLG Köln v. 29.7.1993 – 2 W 73/92, MDR 1993, 1007 und LG Kassel v. 30.8.1996 – 3 T 429/96, Rpfleger 1997, 121, Steuerberater; LG Lübeck v. 2.8.1988 – 7 T 494/88, Rpfleger 1989, 32; LG Hagen v. 13.1.1989 – 13 T

mit vollem Namen unter Angabe der Rechtsform und der ladungsfähigen Anschrift, die Kunden und Auftraggeber, die der Schuldner in den letzten zwölf
Monaten bedient hat? Welche Umsätze hat er mit jedem einzelnen Kunden und
Auftraggeber in den letzten zwölf Monaten getätigt? Welche Art von Leistung
hat der Schuldner für jeden einzelnen Kunden und Auftraggeber erbracht? Welche Leistungen hat der Schuldner seinen Auftraggebern in Rechnung gestellt
und welche Vergütung hat er insoweit jeweils erhalten?[87]

■ Ein ehemaliger **Anwalt** hat die Namen seiner Mandanten und die Höhe der Honorarforderungen anzugeben.[88] Die Verpflichtung zur Verschwiegenheit des
Rechtsanwalts nach § 43a Abs. 2 BRAO entfällt ohne Zustimmung des „Ge-
heimnisherrn". Aufgrund dieser Verpflichtung muss er Angaben über seine Honorarforderungen unter Angabe der Namen der Mandanten machen.[89]

■ Eine **Maklertätigkeit** in den letzten zwei Jahren ist zu offenbaren.[90]

■ Ein **Steuerberater** hat seine Honorarforderungen nach Auftraggeber und Höhe
genau anzugeben.[91]

■ Ein **Arzt** hat den Namen und die Anschrift seiner Privatpatienten sowie die
Höhe seiner fälligen Honorarforderungen anzugeben.[92]

■ Ist der Schuldner arbeitslos oder krank, ist das **Arbeitsamt** bzw. die **Kranken-
kasse** nebst der Stammnummer anzugeben. Auch die Dauer der Arbeitslosigkeit
oder Krankheit ist hier zu vermerken.[93]

18/89, JurBüro 1989, 876, ambulantes Gewerbe; LG Münster v. 27.7.1989 – 5 T 744/89, MDR
1990, 61, Verkäufer von Bargeschäften; LG Kassel v. 9.8.1990 – 3 T 185/90, DGVZ 1991, 41;
LG Kiel v. 8.7.1991 – 17 T 57/91, JurBüro 1991, 1408, Provisionsvertreter; LG Münster v.
26.1.1993 – 5 T 11/93, Rpfleger 1993, 501, Wirtschaftsdetektiv/ Unternehmensberater; LG Stade v.
15.6.1998 – 9 T 170/98, NdsRpfl 1998, 293, EDV-Berater; AG Burgwedel v. 21.3.2011 – 11 M
1166/10, JurBüro 2011, 664.

87   LG Bochum v. 15.1.1999 – 7 T 470/98, JurBüro 2000, 44.

88   LG Frankfurt v. 11.3.1985 – 2/9 T 1247/84, AnwBl 1985, 258.

89   LG Leipzig v. 11.6.2004 – 12 T 3199/04, NJOZ 2004, 2399 = JurBüro 2004, 501.

90   Vgl. BGH v. 19.3.1991 – 5 StR 516/90, NJW 1991, 2844 = Rpfleger 1991, 377; LG Berlin v.
9.8.1996 – 81 T 460/96, Rpfleger 1997, 73.

91   OLG Köln v. 29.7.1993 – 2 W 73/92, MDR 1993, 1007; LG Kassel v. 30.8.1996 – 3 T 429/96, Jur-
Büro 1997, 47 = Rpfleger 1997, 121; LG Lübeck v. 2.8.1988 – 7 T 494/88, Rpfleger 1989, 32.

92   LG Würzburg v. 16.7.1996 – 3 T 1257/96, NJW-RR 1998, 1373; AG Mainz v. 16.10.2000 – 24 M
3932/99, DGVZ 2001, 78; LG Mainz v. 25.8.2000 – 8 T 29/00, DGVZ 2001, 78; a.A. LG Memmingen v. 20.6.1995 – 4 T 917/95, NJW 1996, 793.

93   OLG Hamm v. 20.6.1978 – 14 W 115/77, Rpfleger 1979, 114; LG Krefeld v. 13.9.1984 – 6 T
160/84, MDR 1985, 63; LG Koblenz v. 14.9.1984 – 4 T 588/84, MDR 1985, 63.

■ Rentenansprüche sind auch als künftige Ansprüche jederzeit pfändbar;[94] dabei sind der **Rententräger**, die Rentennummer und die Rente nach ihrer Art und Höhe genau darzulegen.[95]

■ Konkrete Angaben sind auch zu **Veräußerungen** und **Schenkungen** an nahe Verwandte bzw. nahestehende Personen (§ 138 InsO i.V.m. § 802c Abs. 2 ZPO) erforderlich, da diese Rechtshandlungen ggf. anfechtbar sind; der Gläubiger muss anhand der Angaben prüfen können, ob ein Anfechtungsgrund vorliegt und ob eine Klage evtl. Aussicht auf Erfolg hat.[96]

■ Verfügt der Schuldner über **Grundbesitz** und ist dieser mit Grundschulden belastet, hat er ebenfalls nähere Angaben zum Bestand und zur Höhe der durch dieses Grundpfandrecht gesicherten Forderung zu machen.[97]

■ Anzugeben sind Name und Anschrift eines **Kontoverleihers**.[98]

■ Gibt der Schuldner im Vermögensverzeichnis an, mangels eines eigenen Kontos seine Zahlungen über das Konto eines Dritten abzuwickeln, so hat er den Namen und die Anschrift des Kontoinhabers im Vermögensverzeichnis anzugeben.[99]

■ Gibt der Schuldner bei der Angabe zum **Lebensunterhalt** an, er werde von Bekannten unterhalten, ohne anzugeben, von wem und zu welchen Zeitpunkten Zuwendungen erfolgen, hat er die genauen Angaben nachzubessern.[100]

■ Gibt der Schuldner an, er werde von seiner **Lebensgefährtin** unterhalten, muss er auch den Namen und die Anschrift seiner Lebensgefährtin offenbaren und ferner, ob er für die Unterstützung irgendwelche Gegenleistungen erbringt.[101]

---

94   LG Bielefeld v. 14.7.1994 – 3 T 604/94, JurBüro 1995, 46; LG Oldenburg v. 20.1.1995 – 6 T 23/95, JurBüro 1995, 662; LG Köln v. 2.8.1995 – 6 T 352/95, JurBüro 1996, 51; LG Passau v. 16.5.1995 – 2 T 29/95, JurBüro 1996, 329; LG Ravensburg v. 26.4.1996 – 2 T 34/96, JurBüro 1996, 492; LG Konstanz v. 8.7.1996 – 1 T 156/96, JurBüro 1996, 663; LG Lübeck v. 17.12.1996 – 7 T 732/96, JurBüro 1997, 213; LG Aurich v. 15.10.1996 – 1 T 121/96, JurBüro 1997, 213; LG Ravensburg v. 14.3.1997 – 3 T 46/97, JurBüro 1997, 441; LG Cottbus v. 30.3.1998 – 7 T 362/97, Rpfleger 1998, 357 m. Anm. *Schmitt*; LG Stuttgart v. 15.1.1998 – 2 T 539/97, Die Justiz 1998, 422; LG Aschaffenburg v. 8.10.1998 – 3 T 8/97, InVo 1999, 121; LG Darmstadt v. 14.7.1998 – 5 T 136/98, JurBüro 2000, 101; a.A. OLG Stuttgart v. 23.7.1996 – 8 W 638/95, Rpfleger 1996, 516; LG Tübingen v. 4.10.1996 – 5 T 206/96, Rpfleger 1997, 175.
95   LG Lübeck v. 10.1.1989 – 7 T 840/88, JurBüro 1989, 550; LG Göttingen v. 29.11.1988 – 5 T 185/88, JurBüro 1989, 1468; LG Oldenburg v. 15.12.1982 – 5 T 438/82, Rpfleger 1983, 163.
96   LG Flensburg v. 20.2.1995 – 5 T 19/95, Rpfleger 1995, 424 = DGVZ 1995, 119; LG Kiel v. 9.11.1995 – 4 T 212/95, JurBüro 1996, 328.
97   LG Detmold v. 11.8.2000 – 3 T 233/00, DGVZ 2000, 169; LG Aachen v. 24.1.1991 – 5 T 1/91, Rpfleger 1991, 327 mit krit. Anm. *Kather*.
98   LG Stuttgart v. 5.12.1996 – 10 T 688/96, Rpfleger 1997, 175.
99   LG Wiesbaden v. 9.11.2006 – 4 T 578/06, DGVZ 2006, 201; LG Kassel, DGVZ 2007, 48.
100   LG Koblenz v. 3.2.2006 – 2 T 818/05, DGVZ 2006, 59; LG Frankfurt am Main v. 28.1.2002 – 2/9 T 543/01, Rpfleger 2002, 273.
101   LG Verden v. 13.11.2001 – 6 T 130/01, JurBüro 2002, 158.

■ Die Angabe im Vermögensverzeichnis, der Schuldner lebe von der „Gutmütigkeit" seiner Ehefrau, ist nicht ausreichend. Der Schuldner hat hierzu konkret anzugeben, auf welche Art und in welcher Höhe er durch seine **Ehefrau unterstützt** wird, insbes. dann, wenn er weiter angibt, seinen Kindern Naturalunterhalt zu leisten.[102]

■ Der **Geschäftsführer** einer GmbH ist verpflichtet, das von ihm vorgelegte Vermögensverzeichnis um die Beantwortung der Fragen, aus welchem Grund gegenüber einzelnen Schuldnern der Forderungseinzug nicht durchgeführt worden ist und ob und welche Maßnahmen im Einzelnen überhaupt ergriffen wurden, zu ergänzen.[103]

■ Der Schuldner hat Angaben zu seinen **Energieversorgern** zu machen (Rückzahlungsansprüche).[104]

77 Der Schuldner braucht **nicht** anzugeben, ob er seine **Unterhaltspflichten** auch tatsächlich erfüllt. Das gilt jedenfalls dann, wenn er angibt, zu seinem getrenntlebenden Ehegatten keinen Kontakt mehr zu haben.[105]

78 Der Liquidator einer Bauträger-GmbH als Schuldner ist nicht verpflichtet, Fragen nach der Führung und dem Inhalt eines Baubuchs zu beantworten.[106]

79 *Hinweis*

Falls der Gläubiger im Termin nicht anwesend war, sollte er das Vermögensverzeichnis, welches ihm übersandt wird, in jedem Fall genau prüfen, ob alle Angaben vollständig und richtig sind, oder ggf. ergänzt werden müssen. Eine solche Ergänzung sollte ohne zeitliche Verzögerung umgehend beantragt werden. Hierfür entsteht keine weitere Gebühr, es handelt sich um die Fortsetzung eines einmal begonnenen Verfahrens; zu zahlen sind nur die Auslagen.[107]

80 *Kostenhinweis*

Für die Abnahme der Vermögensauskunft nach § 802c ZPO erhält der Gerichtsvollzieher die Gebühr nach GvKostG KV:

260	Abnahme der Vermögensauskunft nach den §§ 802c, 802d Abs. 1 oder nach § 807 ZPO	33,00 EUR

---

102 LG Chemnitz v. 6.6.2005 – 3 T 218/05, DGVZ 2005, 166.
103 LG Frankfurt an der Oder v. 6.2.2004 – 19 T 219/03, JurBüro 2004, 216.
104 BGH v. 12.1.2012 – I ZB 2/11, Rpfleger 2012, 323; LG Berlin v. 10.1.2011 – 51 T 9/11, DGVZ 2011, 145.
105 LG Osnabrück v. 5.5.1998 – 7 T 48/98, Rpfleger 1998, 481.
106 LG Heidelberg v. 21.11.2000 – 6 T 210/00, BauR 2001, 839.
107 LG Frankenthal v. 24.8.1984 – 1 T 247/84, JurBüro 1985, 623.

VII. Rechtsbehelf

Bestreitet der Schuldner die Verpflichtung zur Abgabe der Vermögensauskunft, **81** kann er vor oder im Termin vor dem Gerichtsvollzieher Erinnerung nach § 766 ZPO erheben (einen Widerspruch wie früher nach § 900 Abs. 4 S. 1 ZPO gibt es nicht mehr).[108]

Die Erinnerung kann sich auf Fehler in den Verfahrens- oder Vollstreckungsvoraus- **82** setzungen stützen,[109] aber auch auf materiell-rechtliche Einwendungen, sie müssen nur nachvollziehbar sein.[110]

Der Schuldner kann der Vermögensauskunft nicht damit widersprechen, dass dem **83** Gläubiger seine Vermögensverhältnisse bereits bekannt sind.[111] Eine grundlose Weigerung des Schuldners ohne nähere Begründung führt direkt zum Erlass des Haftbefehls.[112]

Materiell-rechtliche Einwendungen sind nach § 775 Nr. 4 und 5 ZPO beachtlich, **84** sofern sie nachgewiesen sind, z.B. Stundungsbewilligung mit dem Gläubiger[113] oder Zahlungsnachweise. Andernfalls muss der Schuldner Klage nach § 767 ZPO einreichen bzw. eine einstweilige Einstellung über §§ 767, 769 ZPO erwirken.

Das Vollstreckungsgericht entscheidet nach Vorlage der Akten durch Beschluss. Es **85** ist an die Einschätzungen des Gerichtsvollziehers auch dann nicht gebunden, wenn dieser den Vorgang zum Erlass eines Haftbefehls vorgelegt hat, weil der Schuldner die Versicherung „grundlos" verweigert hätte.[114] Dem Gläubiger ist vorher recht-liches Gehör zu gewähren. Der Beschluss ist den Parteien zuzustellen. Hiergegen ist die sofortige Beschwerde zulässig.[115] Der Gerichtsvollzieher kann erst nach Rechtskraft der Entscheidung erneut Termin zur Abgabe der Vermögensauskunft bestimmen.

VIII. Ergänzungsverfahren

1. Voraussetzungen

Hat der Schuldner die Vermögensauskunft nach §§ 802c bzw. 807 ZPO abgegeben, **86** ist er zur erneuten Abgabe nur verpflichtet, wenn die Voraussetzungen des § 802d

---

108 BGH v. 16.6.2016 – I ZB 67/15; a.A. kein Rechtsbehelf gegeben: *Hascher*, JurBüro 2014, 60.
109 BGH v. 16.6.2016 – I ZB 67/15; VG Göttingen v. 12.4.2001 – 2 D 2100/01, DGVZ 2001, 122, z.B. Einwendungen gegen die Ladung zum Termin.
110 OLG Düsseldorf v. 22.3.1996 – 3 W 94/96, MDR 1996, 1185 = Rpfleger 1996, 359; LG Stuttgart v. 16.8.1999 – 10 T 244/99, Rpfleger 2000, 28.
111 LG Verden v. 21.2.1986 – 1 T 87/86, Rpfleger 1986, 186.
112 Musielak/*Voit*, ZPO, § 802g Rn 3.
113 LG Koblenz v. 21.6.2000 – 2 T 286/00, DGVZ 2001, 44.
114 LG Wuppertal v. 8.11.2006 – 6 T 613/06, DGVZ 2007, 31.
115 OLG Düsseldorf v. 17.9.1999 – 3 W 300/99, Rpfleger 2000, 27.

ZPO vorliegen. Hiervon zu unterscheiden ist jedoch das **Ergänzungs- oder Nachbesserungsverfahren**, von dem zahlreich in der Praxis Gebrauch gemacht wird.

87 Zur Ergänzung ist der Schuldner verpflichtet, wenn das bereits vorliegende **Vermögensverzeichnis unvollständig, lückenhaft oder ungenau** ist. Nach Ablauf von zwei Jahren kann jedoch das Rechtschutzinteresse fehlen.[116]

88 Nach der ständigen Rechtsprechung des BGH kann der Gläubiger die Nachbesserung einer eidesstattlichen Versicherung verlangen, wenn der Schuldner ein äußerlich erkennbar unvollständiges, ungenaues oder widersprüchliches Verzeichnis vorgelegt hat. Dies gilt auch dann, wenn der Gläubiger glaubhaft macht, dass der Schuldner versehentlich unzutreffende Angaben zum Drittschuldner einer im Vermögensverzeichnis genannten Forderung gemacht hat.[117] Allerdings können dem Verlangen des Gläubigers auf Nachbesserung nur die Angaben entgegengehalten werden, die im Vermögensverzeichnis dokumentiert sind. Auf nicht im Vermögensverzeichnis angeführte Angaben des Schuldners, die sich nur aus einer dienstlichen Stellungnahme des Gerichtsvollziehers ergeben, kommt es in diesem Zusammenhang nicht an.[118]

89 Ob der Schuldner Fragen des Gläubigers beantworten muss, die über diejenigen hinausgehen, die im herkömmlich verwendeten Formblatt zur Erstellung des Vermögensverzeichnisses enthalten sind, hängt weiter davon ab, ob die zusätzlichen Fragen auf die konkrete Schuldnersituation abstellen oder aber ohne erkennbaren Zusammenhang mit dem konkreten Lebenssachverhalt lediglich der allgemeinen Ausforschung im Wege der Befragung auf Verdacht dienen.[119]

90 Der Gläubiger muss glaubhaft vortragen, dass das Vermögensverzeichnis nicht so ausgefüllt ist, wie es nach dem Zweck des § 802c ZPO für die Kenntnis des Gläubigers zum Zugriff auf angegebene Vermögenswerte erforderlich ist.[120]

---

116 LG Bonn v. 25.4.2006 – 4 T 167/06, DGVZ 2006, 92.
117 BGH v. 3.2.2011 – I ZB 50/10, Rpfleger 2011,388 = DGVZ 2011, 86.
118 BGH v. 15.12.2016 – I ZB 54/16, NJW-RR 2017, 633.
119 BGH v. 12.1.2012 – I ZB 2/11, Rpfleger 2012,323 = DGVZ 2012, 93.
120 KG v. 21.8.1990 – 1 W 967/90, JurBüro 1991, 283; OLG Köln v. 18.10.1993 – 2 W 17/93, JurBüro 1994, 408; LG Koblenz v. 6.7.2006 – 2 T 408/06, DGVZ 2006, 137; LG Nürnberg-Fürth v. 8.7.2005 – 16 T 5478/05, DGVZ 2005, 165; LG München v. 27.7.1988 – 20 T 14285/88, Rpfleger 1988, 491; LG Münster v. 8.6.1993 – 5 T 426/93, JurBüro 1994, 33; LG Berlin v. 23.1.1995 – 81 T 822/94, Rpfleger 1995, 370; LG Augsburg v. 15.2.1995 – 5 T 5720/94, JurBüro 1995, 442; LG Oldenburg v. 20.1.1995 – 6 T 23/95, JurBüro 1995, 662; LG Berlin v. 26.7.1995 – 81 T 386/95, Rpfleger 1996, 34; LG Osnabrück v. 26.1.1996 – 10 T 104/95, JurBüro 1996, 327; LG Mainz v. 19.10.1995 – 8 T 311/95, Rpfleger 1996, 208; LG Landau v. 16.10.1997 – 3 T 357/97, JurBüro 1998, 211; LG Koblenz v. 16.12.1997 – 2 T 674/97, JurBüro 1998, 212 = DGVZ 1998, 76 auch wenn die Angaben falsch sind; LG München II v. 12.2.1998 – 6 T 7364/96, JurBüro 1998, 433; LG Darmstadt v. 14.7.1998 – 5 T 136/98, JurBüro 2000, 101; Zöller/*Stöber*, ZPO, § 802d Rn 16; Musielak/*Voit*, ZPO, § 802d Rn 13.

Kann die Gläubigerin zuverlässig erkennen, dass aufgrund der im Vermögensver- **91**
zeichnis gemachten Angaben keine Vollstreckungsmöglichkeit besteht, fehlt ein
Rechtsschutzinteresse für eine Nachbesserung des Vermögensverzeichnisses.

Hat die Schuldnerin bereits Angaben zum Nettoeinkommen ihres Ehemannes und **92**
der Anzahl der unterhaltsberechtigten Kinder gemacht, kann eine namentliche Bezeichnung des Ehemannes demnach nicht verlangt werden.[121] Auch wenn das vom
Schuldner angegebene Einkommen weit unter der tariflichen Grundvergütung liegt,
ist von einem richtigen und vollständigen Vermögensverzeichnis auszugehen.[122]

Ebenfalls muss der Schuldner keine Angaben zu Konten seiner Ehefrau machen, **93**
über welche er seinen Zahlungsverkehr abwickelt und für welche er über eine
Bankvollmacht verfügt.[123]

Auch reicht nicht die Angabe, die bereits angegebenen Kinder seien mittlerweile **94**
älter geworden und vielleicht in Ausbildung.[124]

Beispielhaft wurde eine Ergänzung verlangt: **95**

■ Der Schuldner muss grundsätzlich auch Ansprüche auf Beitragsrückerstattung
und auf Leistungsansprüche aus **Sachversicherungen** sowie auf Erstattung von
überzahlten Abschlägen auf Verträge mit Energieversorgern angeben.[125]

■ Der Schuldner ist verpflichtet Angaben zur **Wohnungsgröße**, zum Vermieter,
zu einer Mietkaution, zu seiner Bankverbindung und zu Bezugsrechten im Rahmen von Lebensversicherungen zu machen.[126]

■ Das Vermögensverzeichnis ist unvollständig, wenn der zur Miete wohnende
Schuldner darin weder Namen noch ladungsfähige Anschrift seines **Vermieters**
sowie Art und Höhe der geleisteten **Mietsicherheit** angegeben hat. Der Gläubiger kann vom zuständigen Gerichtsvollzieher insoweit Nachbesserung verlangen, um einen Vollstreckungszugriff auf den Anspruch auf Rückerstattung der
geleisteten Mietsicherheit prüfen zu können. Dies gilt auch, wenn die Mietsicherheit nach den Angaben des Leistungen nach dem SGB II beziehenden
Schuldners „vom Jobcenter übernommen worden" sein soll.[127]

■ Bei einer vom Schuldner **nicht bewohnten Eigentumswohnung** hat der Gläubiger ein berechtigtes Interesse daran zu erfahren, wer in dieser Wohnung ge-

---

121 LG Koblenz v. 17.8.2005 – 2 T 543/05, DGVZ 2005, 169.
122 LG Nürnberg-Fürth v. 26.2.2007 – 15 T 1324/07, DGVZ 2007, 71.
123 LG Berlin v. 15.11.2006 – 81 T 756/06, DGVZ 2006, 201.
124 LG Wuppertal v. 22.3.2006 – 6 T 153/06, DGVZ 2006, 74.
125 BGH v. 12.1.2012 – I ZB 2/11, Rpfleger 2012,323 = DGVZ 2012, 93.
126 LG Bielefeld v. 8.11.2004 – 25 T 198/04, JurBüro 2005, 164.
127 LG Wiesbaden v. 29.4.2011 – 4 T 197/11, BeckRS 2011, 21202.

wohnt hat bzw. wohnt und ob der Bewohner dafür Miete an eine bestimmte Person zu entrichten hat.[128]

■ Er ist verpflichtet zur Angabe der fehlenden **Sozialversicherungsnummer**, wenn der Rentenversicherungsträger den Namen des Schuldners anhand der bei ihm vorhandenen Daten ohne die Sozialversicherungsnummer nicht ausfindig machen kann.[129]

■ Der Gerichtsvollzieher ist im Ergänzungsverfahren verpflichtet, auf vollständigen Angaben zum **Drittschuldner** (Rechtsform oder Inhaber der Einzelfirma) zu bestehen.[130]

■ Ein als Raumausstatter selbstständig erwerbstätiger Schuldner muss genaue Angaben über seine **Auftraggeber** machen und die Höhe der aus den Aufträgen entstandenen einzelnen Forderungen angeben. Macht der Schuldner nach Aufklärung über den Umfang seiner Offenbarungspflicht durch den Gerichtsvollzieher hierzu keine näheren Angaben, ist dies als eine Verweigerung der Abgabe der Vermögensauskunft zu werten.[131]

■ Ein **Selbstständiger** hat im Vermögensverzeichnis alle Auftraggeber der letzten 12 Monate sowie Art und Umfang der für sie ausgeübten Tätigkeit und die Höhe der Vergütung zu benennen. Auf Antrag des Gläubigers sind diese Angaben auch im Rahmen einer Nachbesserung zu machen.[132]

■ Die Angabe „diverse Büromöbel in der Wohnung" genügt nicht.[133]

■ Die Angabe „ca. 1.000,00 DM monatliche Rente von der S-Kasse" ist der Art und Höhe nach zu unbestimmt.[134]

■ Die Angabe „DM 600,00 brutto" ohne Angabe des Zeitraumes, für den die Arbeitszeitvergütung gezahlt wird, ist zu unbestimmt.[135]

■ Die Angabe „Gelegenheitsarbeiten für Bekannte (ständig wechselnd) im Monatsdurchschnitt 200,00 bis 250,00 DM" ist nicht hinreichend genug.[136]

---

128 AG Leipzig v. 29.2.2012 – 433 M 4502/12, BeckRS 2012, 15443; AG Leipzig v. 7.1.2013 – 431 M 60503/12, DGVZ 2013, 99.

129 LG Kassel v. 27.8.2004 – 3 T 471/04, DGVZ 2004, 185.

130 LG Hamburg v. 22.1.2004 – 332 T 1/04, JurBüro 2004, 334.

131 LG Köln v. 24.11.2006 – 13 T 226/06, DGVZ 2007, 41.

132 AG Gladbeck v. 25.4.2014 – 13 M 1674/13, JurBüro 2014, 499.

133 LG Oldenburg v. 16.12.1982 – 5 T 360/82, Rpfleger 1983, 163.

134 LG Oldenburg v. 16.12.1982 – 5 T 360/82, Rpfleger 1983, 163.

135 LG Lübeck v. 26.8.1985 – 7 T 745/85, Rpfleger 1986, 99.

136 LG Mönchengladbach v. 21.1.1982 – 5 T 404/81, MDR 1982, 504.

- Die Angabe des Schuldners, er lebe von Sozialhilfe i.H.v. 331,00 DM und zusätzlich Wohngeld, ist zu wenig,[137] ebenso die Angabe, er lebe von 162,60 DM monatlich.[138]
- Bei Verdacht auf **verschleiertes** bzw. fingiertes **Arbeitseinkommen**.[139]
- Bei der Angabe einer **Globalzession** sämtlicher Außenstände für eine Darlehensforderung ist bei Werklohnforderungen anzugeben, ob die Schlussrechnung bereits erstellt worden ist und in welcher Höhe dem Zessionar noch Ansprüche zustehen.[140]
- Die Angaben, der Schuldner sei **Gelegenheitsarbeiter** oder er erhalte Zuwendungen Dritter, sind unzureichend.[141]
- Nicht nur lückenhafte, unvollständige oder ungenaue Angaben, sondern auch **falsche Angaben** rechtfertigen eine Nachbesserung; dem steht nicht entgegen, dass der Schuldner sich damit einer strafbaren Handlung bezichtigen müsste.[142]
- Die Angabe des Schuldners, er stehe bei seiner Frau in einem **Arbeitsverhältnis** für ein nach Arbeitsmarktgesichtspunkten geringes Entgelt, ist nicht ausreichend.[143]
- Bestehen Anhaltspunkte dafür, dass der Schuldner Einkommen **verschleiert** (hier ist der Schuldner Angestellter der von seiner Frau geführten GmbH), hat er im Rahmen der Nachbesserung seiner eidesstattlichen Versicherung Angaben zu Art und Umfang seiner Tätigkeit, zu seiner Ausbildung und Berufserfahrung und zu evtl. gewährten Sachleistungen zu machen.[144]
- Bei einem **geringen Arbeitseinkommen** des Schuldners in einer von seiner Ehefrau geführten Firma sind im Vermögensverzeichnis Angaben zur ausgeübten Tätigkeit nach Art, Umfang und Arbeitszeit zu machen.[145]
- Das Vermögensverzeichnis ist nachzubessern, wenn Angaben zum Einkommen eines volljährigen unterhaltsberechtigten Kindes fehlen. Es ist nicht durch Angaben im Vermögensverzeichnis darüber zu entscheiden, ob Forderungen des Schuldners pfändbar sind oder künftig werden können.[146] Gibt der Schuldner

137 AG Leipzig v. 15.1.2001 – 74 M 33959/00, JurBüro 2001, 383.
138 AG Lampertheim v. 15.2.2000 – 7 M 184/00, DGVZ 2000, 123.
139 OLG Köln v. 28.4.1995 – 2 W 81/95, JurBüro 1996, 49; AG Berlin-Wedding v. 26.6.2000 – 33 M 8020/00, JurBüro 2000, 544; s. im Einzelnen *Hintzen*, Forderungspfändung, Rn 465 ff.
140 LG Stuttgart v. 14.11.1990 – 10 T 225/90, JurBüro 1991, 876.
141 LG Stuttgart v. 24.6.1992 – 10 T 84/92, DGVZ 1993, 114; LG Frankfurt v. 23.4.1999 – 2–09 T 228/99, JurBüro 2000, 102, vom Freund unterstützt werden; LG Berlin v. 15.2.1999 – 81 T 1175/98, JurBüro 2000, 45.
142 LG Koblenz v. 16.12.1997 – 2 T 674/97, DGVZ 1998, 76 = JurBüro 1998, 212 = MDR 1998, 369; LG Stendal v. 24.9.1999 – 25 T 300/99, JurBüro 2000, 45.
143 AG Aachen v. 28.12.2001 – 12 M 3458/01, JurBüro 2002, 270.
144 LG Braunschweig v. 4.11.2010 – 5 T 773/10, JurBüro 2011, 156.
145 LG Waldshut-Tiengen v. 11.7.2012 – 1 T 62/12, DGVZ 2013, 96.
146 LG Leipzig v. 20.9.2010 – 8 T 757/10, DGVZ 2010, 232 = JurBüro 2011, 44.

im Vermögensverzeichnis an, lediglich monatliche Einkünfte von 400,00 EUR – netto – als „Auslieferungsfahrer" zu haben, ist er auf Antrag verpflichtet, im Rahmen einer Nachbesserung detaillierte Fragen des Gläubigers zu diesem Arbeitsverhältnis und eventuellen weiteren Umständen zu beantworten.[147]

■ Im Hinblick auf die Pfändung eines möglichen **Pflichtteilsanpruchs** des Schuldners hat er im Rahmen der Nachbesserung seiner eidesstattlichen Versicherung den Namen, die Anschrift, die Geburtsdaten seiner Eltern anzugeben, mögliche weitere Pflichtteilsberechtigte zu benennen und Angaben zur voraussichtlichen Höhe des Pflichtteils zu machen.[148]

Zu weiteren Beispielen, welche Angaben im Vermögensverzeichnis enthalten sein müssen vgl. Rdn 76.

2. Antragsrecht

96 Den Ergänzungsantrag kann nicht nur der Gläubiger stellen, der den Schuldner erstmals hat vorladen lassen; dieses Verfahren ist auch für jeden Drittgläubiger durchzuführen.[149]

97 Das Ergänzungsverfahren ist Fortsetzung des alten Verfahrens, dieses ist noch nicht rechtswirksam abgeschlossen. Der Gläubiger muss bei **Antragstellung**[150] wiederum **sämtliche Vollstreckungsunterlagen** miteinreichen. Der Schuldner muss nur die ergänzenden Angaben auf Vollständigkeit und Richtigkeit an Eides statt versichern.[151] (Nach § 142 GVGA ist in den Fällen der Wiederholung, Ergänzung oder Nachbesserung des Vermögensverzeichnisses immer ein vollständiges Vermögensverzeichnis zu errichten).

98 **Zuständig** ist der Gerichtsvollzieher, welcher die erste Vermögensauskunft abgenommen hat.[152] Dies gilt auch für die Abnahme der Ergänzungsversicherung zu einem von der Vollstreckungsbehörde gem. § 284 Abs. 5 AO aufgenommenen Vermögensverzeichnis.[153]

---

147 LG Verden v. 8.7.2010 – 6 T 93/10, JurBüro 2010, 552.

148 LG Braunschweig v. 4.11.2010 – 5 T 773/10, JurBüro 2011, 156.

149 OLG Frankfurt, Rpfleger 1976, 320; LG Frankenthal v. 15.11.1983 – 1 T 360/83, Rpfleger 1984, 194; LG Osnabrück v. 26.1.1996 – 10 T 104/95, JurBüro 1996, 327; LG Berlin v. 26.7.1995 – 81 T 386/95, Rpfleger 1996, 34 = JurBüro 1996, 325; LG Saarbrücken v. 5.3.1998 – 5 T 130/98, DGVZ 1998, 77.

150 Nach LG Magdeburg v. 7.12.2005 – 3 T 325/05, ZVI 2006, 57 soll durch Erinnerung gem. § 766 ZPO beim Vollstreckungsgericht die Anweisung zur ordnungsgemäßen Durchführung beantragt werden müssen.

151 H.M., vgl. Musielak/*Voit*, ZPO § 802d Rn 14 m.w.N.; anders LG Kiel v. 27.11.1996 – 4 T 133/96, JurBüro 1997, 271.

152 Musielak/*Voit*, ZPO § 802d Rn 14.

153 LG Bielefeld v. 4.2.1991 – 3 T 61/91, Rpfleger 1991, 327; LG Aachen v. 24.1.1991 – 5 T 1/91, Rpfleger 1991, 327.

Für die Abnahme einer Nachbesserung des fehlerhaften oder ungenauen Vermögensverzeichnisses entsteht keine Gebühr nach dem GvKostG.[154]

F. Haftbefehl

I. Erlass des Haftbefehls

Der **Antrag**[155] auf Erlass des Haftbefehls (§ 802g Abs. 1 ZPO) wird zweckmäßi-   **100**
gerweise bereits im Auftrag auf Abgabe der Vermögensauskunft gestellt.[156] § 143
Abs. 1 GVGV lautet:

> Der Gerichtsvollzieher leitet den Antrag nach Vollzug der Eintragungsanordnung nach
> § 882c Abs. 1 Nr. 1, § 882d ZPO zusammen mit seiner Akte an das nach § 764 Abs. 2
> ZPO zuständige Vollstreckungsgericht weiter.

Dem ist zu widersprechen. Der Antrag ist unverzüglich an das Amtsgericht weiterzuleiten, der Vollzug der Eintragungsanordnung nach § 882c ZPO ist nicht abzuwarten.[157]

Im Zeitpunkt des Erlasses des Haftbefehls muss die Pflicht zur Abgabe der Ver-   **101**
mögensauskunft noch bestehen (Verfahrensvoraussetzungen, allgemeine und besondere Vollstreckungsvoraussetzungen, keine Vollstreckungshindernisse und die
Voraussetzungen nach § 802c ZPO).[158] **Zuständig** ist stets das Gericht, in dessen
Bezirk der Schuldner im Zeitpunkt der Erteilung des Auftrages seinen Wohnsitz
hatte (§ 802e ZPO). Das gilt auch dann, wenn der Gläubiger den Antrag auf Erlass
eines Haftbefehls erst nachträglich gestellt hat und der Schuldner zwischenzeitlich
verzogen ist, weil das Vollstreckungsverfahren ein einheitliches Verfahren ist und
der Haftbefehl gem. § 802g ZPO der Durchsetzung der Verpflichtungen gem.
§ 802c ZPO dient, die dem Auftrag an dem Gerichtsvollzieher zugrunde lagen.[159]

154 AG Leipzig v. 20.4.2015 – 431 M 3584/15, juris; Musielak/*Voit*, ZPO § 802d Rn 17; Zöller/*Stöber*,
    ZPO § 802d Rn 20.

155 Der Antrag auf Erlass eine Haftbefehls ist grundsätzlich binnen 6 Monaten zu stellen, AG Augsburg
    v. 10.10.2014 – 1 M 8256/14, BeckRS 2015, 739.

156 Ein erneuter Antrag des Gläubigers auf Abgabe einer Vermögensauskunft durch Terminsbestim-
    mung ist unzulässig, wenn noch ein vollziehbarer Haftbefehl zur Erzwingung der Vermögensaus-
    kunft in derselben Vollstreckungsangelegenheit besteht, LG Ellwangen v. 15.8.2014 – 1 T 150/14,
    DGVZ 2015, 23.

157 LG Heilbronn v. 21.11.2014 – 1 T 426/14, JurBüro 2015, 209; LG Leipzig v. 10.3.2014 – 8 T
    767/13, DGVZ 2014, 131; Zöller/*Stöber*, ZPO, § 802g Rn 7.

158 OLG Zweibrücken v. 2.11.1987 – 3 W 92/87, NJW-RR 1988, 695; LG Landau v. 2.8.1990 – 4 T
    124/90, Rpfleger 1991, 27, Verweigerung; Musielak/*Voit*, ZPO, § 802g Rn 7 m.w.N.

159 OLG Hamm v. 20.11.2015 – 32 SA 63/15, BeckRS 2016, 3255.

102 Wegen einer restlichen **Zinsforderung** (hier: 2,10 DM) kann die Erwirkung des Haftbefehls als unzulässige Rechtsausübung angesehen werden.[160]

103 Bei der Entscheidung über den Antrag einer Behörde (z.b. FA) auf Erlass eines Haftbefehls ist der Richter zur eigenständigen Überprüfung der Vollstreckungsvoraussetzungen berechtigt und verpflichtet.[161]

104 Hat der Schuldner nach Erlass eines Haftbefehls in anderer Sache die Vermögensauskunft abgegeben, so ist für seine erneute Verhaftung kein Rechtsschutzinteresse gegeben.[162] Es ist verfahrens- und verfassungswidrig, anstatt des vom Gläubiger beantragten Haftbefehls durch Zwischenentscheidung einen **Vorführungsbefehl** zu erlassen, um den Schuldner wegen seines Ausbleibens im Termin zur Abgabe der Vermögensauskunft anzuhören. Ob eine solche Zwischenentscheidung auf Vorführung des Schuldners nach § 567 Abs. 1 Nr. 2 ZPO selbstständig anfechtbar ist, kann dahinstehen, da jedenfalls eine Ausnahmebeschwerde wegen greifbarer Gesetzwidrigkeit zulässig ist.[163]

105 Im Übrigen verletzt der Haftbefehl nicht den Grundsatz der Verhältnismäßigkeit und demnach auch nicht das Grundrecht des Schuldners auf Freiheit seiner Person.[164] Ein Haftbefehl ergeht auch dann, wenn der Schuldner haftunfähig ist. Erst vor der Vollstreckung ist die Haftfähigkeit zu prüfen.[165]

II. Zeitliche Befristung des Haftbefehls

106 Nach § 802h Abs. 1 ZPO ist die Vollziehung des Haftbefehls nur binnen einer Frist von zwei Jahren nach Erlass vorgesehen.

107 Entsprechend der Rechtsprechung zur Rechtzeitigkeit der Vollziehung eines Arrestes bzw. einstweiliger Verfügung nach § 929 Abs. 2 ZPO schließt sich der BGH[166] der Auffassung an, dass es für die Vollziehung eines Haftbefehls ausreicht, wenn der Gläubiger die Verhaftung des Schuldners bei dem zuständigen Vollstreckungs-

---

160 LG Köln v. 14.2.1991 – 19 T 10/91, Rpfleger 1991, 328; a.A. Musielak/*Voit*, ZPO, § 802g Rn 1.

161 LG Braunschweig, Rpfleger 2001, 506; LG Potsdam v. 20.7.2000 – 5 T 34/00, Rpfleger 2000, 558; LG Dresden v. 25.6.1999 – 10 T 695/99, Rpfleger 1999, 501; a.A. LG Detmold v. 12.4.2001 – 3 T 11/01, Rpfleger 2001, 507: Es ist nur zu prüfen, ob ein ordnungsgemäßes Ersuchen vorliegt, der Grundsatz der Verhältnismäßigkeit gewahrt ist und ob Säumnis im Termin zur Abgabe der Vermögensauskunft vor dem FA vorgelegen hat.

162 AG Hagen v. 16.11.1995 – 48 M, DGVZ 1996, 15.

163 LG Paderborn v. 2.7.2004 – 5 T 227/04, Rpfleger 2005, 208 mit Anm. *Schneider*.

164 BVerfG v. 19.10.1982 – 1 BvL 34/80, Rpfleger 1983, 80 = NJW 1983, 559 = MDR 1983, 188 = ZIP 1982, 1479; *Bittmann*, Rpfleger 1983, 261.

165 OLG Karlsruhe v. 23.2.1999 – 4 W 151/98, Rpfleger 1999, 284 = MDR 1999, 567 = DGVZ 1999, 116.

166 BGH v. 15.12.2005 – I ZB 63/05, Rpfleger 2006, 269 = NJW 2006, 1290 = DGVZ 2006, 55.

organ innerhalb der Zwei-Jahres-Frist beantragt hat. Ist dies geschehen, kann die Verhaftung des Schuldners durchgesetzt werden.[167]

III. Verhaftung

Die Verhaftung des Schuldners erfolgt durch einen Gerichtsvollzieher. Der Gerichtsvollzieher händigt dem Schuldner von Amts wegen bei der Verhaftung eine beglaubigte Abschrift des Haftbefehls aus, § 802g Abs. 2 ZPO. **108**

Zu verhaften ist immer der Schuldner persönlich. Eine Haftanordnung „gegen den Schuldner" kann nicht in eine solche gegen dessen gesetzlichen Vertreter, z.B. den Pfleger, umgedeutet werden, auch wenn alle Vorinstanzen und der Beschwerdeführer davon ausgegangen sind.[168] Vor der Verhaftung einer Schuldnerin mit versorgungsbedürftigen Kindern hat der Gerichtsvollzieher das zuständige Jugendamt zu benachrichtigen, wenn die Versorgung der Kinder nicht anderweitig gewährleistet ist.[169] **109**

Für die Verhaftung des Schuldners aufgrund eines nach § 284 Abs. 8 AO ergangenen Haftbefehls ist ebenfalls der Gerichtsvollzieher zuständig, nicht der Vollziehungsbeamte der Finanzbehörde.[170] **110**

Die Verhaftung des Schuldners erfolgt überall dort, wo der **Gerichtsvollzieher** ihn antrifft (§ 802i ZPO). Von einer Verhaftung des Schuldners ist abzusehen, wenn sie aufgrund seines **Gesundheitszustands** mit lebensbedrohenden Risiken verbunden ist.[171] In diesem Fall hat der Gerichtsvollzieher die Abnahme in der Wohnung des Schuldners zu prüfen und durchzuführen. Verweigert der Schuldner auch dort die Abgabe, sind an den Haftaufschub besonders strenge Voraussetzungen zu stellen, da der Schuldner die Haft durch pflichtgemäßes Verhalten jederzeit abwenden kann.[172] **111**

Ein amtsärztliches Attest ist auch nach einem Jahr noch ausreichend, die Haftunfähigkeit des Schuldners zu begründen, wenn der Amtsarzt darin zum Ausdruck gebracht hat, dass mit einer Besserung des Gesundheitszustandes des Schuldners in **112**

---

167   AG Stuttgart v. 25.11.2014 – 2 M 56073/14, DGVZ 2015, 23.
168   OLG Köln v. 22.2.1988 – 2 W 203/87, NJW-RR 1988, 697.
169   LG Kleve v. 17.11.1986 – 4 T 492/86, DGVZ 1987, 90.
170   LG Berlin v. 21.3.1990 – 81 T 99/90, DGVZ 1990, 120; LG Duisburg v. 20.8.1981 – 4 T 200/81, DGVZ 1981, 184; LG Kassel v. 16.8.1993 – 3 T 317/93, DGVZ 1993, 189.
171   OLG Düsseldorf v. 7.8.1995 – 3 W 258/95, DGVZ 1996, 27; OLG Karlsruhe v. 13.10.1992 – 15 W 58/92, DGVZ 1993, 8; OLG Bamberg v. 12.6.1989 – 6 W 18/89, DGVZ 1990, 39; OLG Hamm v. 2.3.1983 – 14 W 99/82, DGVZ 1983, 137; LG Bremen v. 16.10.2012 – 2 T 361/12, BeckRS 2012, 22622.
172   OLG Köln v. 14.10.1994 – 2 W 145/94, Rpfleger 1995, 220 = JurBüro 1995, 218.

Zukunft nicht zu rechnen ist.[173] In Ausnahmefällen ist die Vermögensauskunft auch im **Krankenhaus** zu leisten.[174]

113 Die Zwangsvollstreckung nicht gerade vereinfachend ist ein Beschluss des BGH,[175] mit dem für die Vollstreckung eines Haftbefehls (§ 802i ZPO) in der Wohnung des Schuldners zur **Nachtzeit** und an **Sonn- und Feiertagen** eine besondere Anordnung des Amtsrichters gefordert wird.

114 Die Abberufung eines **Geschäftsführers** einer GmbH nach Erlass des Haftbefehls stellt keinen Grund für eine Aufhebung dar.[176]

115 Wird dem Gerichtsvollzieher allerdings nachgewiesen, dass der Geschäftsführer durch Gesellschafterbeschluss abberufen und durch einen anderen Geschäftsführer ersetzt worden ist, so hat die Verhaftung des abberufenen Geschäftsführers zu unterbleiben.[177]

116 Wird eine GmbH während des Zwangsvollstreckungsverfahrens wegen Vermögenslosigkeit von Amts wegen gelöscht, bleibt der Haftbefehl gegen den bisherigen Geschäftsführer bestehen.[178] Allerdings ist der neu bestellte Geschäftsführer erneut vorzuladen, da der „alte" Haftbefehl gegen den ehemaligen Geschäftsführer nicht gegen den neuen gesetzlichen Vertreter wirkt und auch nicht „umgeschrieben" werden kann.[179] Ein Haftbefehl, der lediglich den „jeweiligen Geschäftsführer" ausweist, ist zur Zwangsvollstreckung nicht geeignet.[180]

117 *Kostenhinweis*

Für die Verhaftung des Schuldners erhält der Gerichtsvollzieher die Gebühr nach GvKostG KV:

270	Verhaftung, Nachverhaftung, zwangsweise Vorführung	39,00 EUR

---

173 LG Aachen v. 5.10.1998 – 5 T 198/98, DGVZ 1999, 43.

174 OLG Jena v. 13.3.1997 – 6 W 131/97, Rpfleger 1997, 446.

175 BGH v. 16.7.2004 – IXa ZB 46/04, Rpfleger 2004, 715 = NJW-RR 2005, 146 = DGVZ 2004, 154 = JurBüro 2004, 616 = MDR 2004, 1379, so auch LG Berlin v. 23.5.2016 – 51 T 357/16, DGVZ 2016, 256; LG Verden v. 19.2.2015 – 6 T 35/15, DGVZ 2015, 169.

176 OLG Stuttgart v. 10.11.1983 – 8 W 340/83, Rpfleger 1984, 107; OLG Koblenz v. 28.11.1989 – 4 W 726/89, JurBüro 1990, 537; LG Nürnberg-Fürth v. 20.5.1994 – 11 T 2550/94, DGVZ 1994, 172; LG Hannover v. 13.6.1980 – 11 T 92/80, DGVZ 1981, 60.

177 LG Bremen v. 21.6.1990 – 3 T 343/90, DGVZ 1990, 139.

178 KG v. 8.2.1991 – 1 W 3357/90, MDR 1991, 952; LG Siegen v. 31.3.1987 – 4 T 79/87, Rpfleger 1987, 380.

179 KG v. 15.1.1996 – 25 W 8543/95, Rpfleger 1996, 253 m. Anm. *Gleußner* = DGVZ 1996, 58.

180 AG Strausberg v. 28.9.2011 – 11 M 2021/11, BeckRS 2012, 03904.

IV. Anwesenheit des Gläubigers

Bereits früher war der Gläubiger berechtigt, bei Abgabe der eidesstattlichen Versicherung anwesend zu sein. Sofern der Gerichtsvollzieher mit einem Haftbefehl den Schuldner beim Amtsgericht vorgeführt hatte, nahm jedoch nie ein Gläubiger an der Vorführung teil. **118**

Die Teilnahme ist dem Gläubiger grundsätzlich zu ermöglichen (§ 802i Abs. 1 S. 3 ZPO). Allerdings muss der Gläubiger diesen Wunsch im Antrag ausdrücklich erklären. Die Teilnahme ist jedoch dann ausgeschlossen, wenn die Versicherung nicht ohne Verzug. abgenommen werden kann. Dies kann aber nicht bedeuten, dass der Gerichtsvollzieher mehrere Stunden bis zur Ankunft des Gläubigers warten muss.[181] **119**

Nach § 802i Abs. 1 S. 3 ZPO setzt sich der Gerichtsvollzieher – am besten zunächst telefonisch – mit dem Gläubiger in Verbindung, da diesem die Teilnahme am Termin zu ermöglichen ist, sofern dies beantragt ist. Ist der Gläubiger nicht zu erreichen oder will er oder sein Vertreter nicht teilnehmen, ist die Vermögensauskunft unverzüglich abzunehmen. Über eine angemessene Wartefrist bei gewünschter Teilnahme des Gläubigers entscheidet der Gerichtsvollzieher nach freiem Ermessen. Im Zweifel ist dem Recht des Schuldners auf persönliche Freiheit der Vorrang vor der Teilnahme des Gläubigers einzuräumen. Allerdings sollte der Gerichtsvollzieher fernmündlich erklärte Fragen des Gläubigers an den Schuldner nicht ablehnen. **120**

V. Aussetzung des Haftbefehls

Nach § 802i Abs. 3 ZPO kann der Gerichtsvollzieher die Bestimmung eines neuen Termins und die Aussetzung des Haftbefehls bis zu diesem Termin anberaumen. Hierdurch soll einem möglichen Ergänzungsverfahren wegen fehlerhafter oder unvollständiger Angaben im Vermögensverzeichnis vorgebeugt werden. **121**

Zur Bestimmung eines neuen Termins wird auf § 802f ZPO verwiesen (förmliche Terminsladung). Allerdings ist dem Schuldner keine neue Zahlungsfrist zu gewähren. **122**

VI. Entlassung aus der Haft

Nach Abgabe der Vermögensauskunft wird der Schuldner aus der Haft entlassen und der Gläubiger hiervon in Kenntnis gesetzt (§ 802i Abs. 2 ZPO). Der Haftbefehl ist damit verbraucht, vgl. **§ 145 Abs. 5 GVGA**.[182] **123**

---

181 Zöller/*Stöber*, ZPO, § 802i Rn 5, angemessene Wartezeit; Thomas/Putzo/*Seiler*, ZPO, § 802i Rn 6, mehrere Stunden warten.
182 LG Tübingen v. 14.4.2015 – 5 T 72/15, BeckRS 2015, 11835.

124 Eine andere Frage ist, ob der Haftbefehl auch dann automatisch verbraucht ist, wenn der Schuldner mittlerweile in einer anderen Sache die Vermögensauskunft abgegeben hat. Vielfach ist in der Praxis zu beobachten, dass der Haftbefehl mit einem entsprechenden Vermerk dem Gläubiger zurückgereicht oder direkt an das Amtsgericht zurückgesandt wird. Diese Vorgehensweise ist m.E. jedoch unzulässig. Der Gerichtsvollzieher kann die weitere Vollstreckung einstweilen einstellen (§§ 775, 776 ZPO). Der Haftbefehl selbst verliert aber seine Vollstreckbarkeit erst nach förmlicher Aufhebung (entweder im Rechtsmittelverfahren § 766 ZPO oder über eine Entscheidung nach § 765a ZPO).[183] Nach *Stöber*[184] muss der Schuldner in allen Verfahren mit Haftbefehl die Vermögensauskunft abgeben. Der Schuldner kann nicht ein Verfahren auswählen. Über die gemeinsame Vermögensauskunft soll der Gerichtsvollzieher eine einheitliche Niederschrift fertigen.

VII. Ratenzahlung

125 Ein Aufschub der Verhaftung findet statt, wenn der Gerichtsvollzieher mit Einverständnis des Gläubigers mit dem Schuldner eine Zahlungsvereinbarung im Sinne von § 802b Abs. 2 ZPO (gütliche Erledigung) getroffen hat, und der Gläubiger dem Aufschub der Vollstreckung nicht widersprochen hat (§ 802b Abs. 3 S. 2 ZPO).

126 Eine oder mehrere Teilleistungen des Schuldners lassen den Haftgrund dagegen grundsätzlich unberührt.

VIII. Beugehaft

127 Nach § 802j Abs. 1 ZPO darf die Beugehaft die Dauer von sechs Monaten nicht übersteigen. Nach Ablauf der sechs Monate wird der Schuldner von Amts wegen aus der Haft entlassen.

128 § 802j Abs. 2 ZPO schließt eine erneute Verhaftung aus, wenn die Entlassung vom Gläubiger veranlasst war und wenn es sich um dieselbe Haftanordnung zugunsten desselben Gläubigers handelt; beide Erfordernisse müssen kumulativ vorliegen.

129 Die Erneuerung der Haft ist zulässig auf Antrag eines anderen Gläubigers und auch desselben Gläubigers, wenn ein anderes Verfahren mit Haftbefehl zugrunde liegt, insbesondere eine andere Forderung vollstreckt wird.[185]

130 Die Regelung in § 802j Abs. 3 ZPO entspricht im Wesentlichen der alten Regelung in § 914 ZPO a.F. Der Schuldner ist nach Entlassung aus der Haft vor einer Haftanordnung in einem anderen Verfahren desselben Gläubigers oder eines anderen

---

183 LG Frankenthal v. 7.3.1986 – 1 T 88/86, Rpfleger 1986, 268; Musielak/*Voit*, ZPO, § 802i Rn 7, der weitere Haftbefehl ist aufzuheben; Baumbach/*Hartmann*, ZPO, § 802i Rn 5.

184 Zöller/*Stöber*, ZPO, § 802i Rn 6.

185 MüKo/*Wagner*, ZPO, § 802j Rn 3.

Gläubigers geschützt. Der Schutz ist in Angleichung an die Sperrfrist von § 802d Abs. 1 S. 1 ZPO jedoch auf zwei Jahre nach Haftbeendigung beschränkt.[186]

G. Wiederholte Vermögensauskunft

I. Verfahrensvoraussetzungen

Hat der Schuldner die Vermögensauskunft abgegeben, ist er zunächst in den nächsten zwei Jahren vor einer nochmaligen Abgabe geschützt. Ein innerhalb der Sperrfrist des § 802d Abs. 1 ZPO irrtümlich erlassener Haftbefehl ist von Amts wegen aufzuheben. Die Aufhebungsentscheidung hat der Rechtspfleger zu treffen.[187] Hat der Schuldner indessen in dem ersten Vermögensverzeichnis unwahre Angaben gemacht, so steht dem Gläubiger ein Anspruch auf Wiederholung der eidesstattlichen Versicherung zu[188] (hierzu s. Rdn 86 ff.). Erklärt sich der Gläubiger mit der Vorlage eines notariellen Vermögensverzeichnisses einverstanden, ist es rechtsmissbräuchlich, innerhalb von zwei Jahren das erneute Verfahren zur Abgabe der Vermögensauskunft zu beauftragen.[189]

131

Die **Zwei-Jahres-Frist gilt** gegenüber allen Gläubigern und ist durch den Gerichtsvollzieher von Amts wegen zu beachten, auch wenn die Verpflichtung zur Einsicht in das Vermögensverzeichnisregister (Schuldnerverzeichnis) in § 802d ZPO nicht ausdrücklich vorgesehen ist, **§ 135 GVGA**.

132

Mit dem Gesetz zur Durchführung der Verordnung (EU) Nr. 655/2014 sowie zur Änderung sonstiger zivilprozessualer, grundbuchrechtlicher und vermögensrechtlicher Vorschriften und zur Änderung der Justizbeitreibungsordnung (EuKoPf-VODG) vom 21.11.2016 (BGBl I, S. 2591) wurde u.a. in § 802d Abs. 1 S. 2 ZPO neugefasst. Ergänzt wurde der Halbsatz: *„ein Verzicht des Gläubigers auf die Zuleitung ist unbeachtlich"*.

133

Zahlreiche Gläubiger beantragten, dem Schuldner gemäß § 802f ZPO die Vermögensauskunft abzunehmen. Sollte der Schuldner jedoch innerhalb der letzten zwei Jahre eine Vermögensauskunft bereits abgegeben haben, wurde beantragt, einen Abdruck des beim Gericht bzw. beim zentralen Vollstreckungsgericht hinterlegten Vermögensverzeichnisses zuzuleiten, wenn das Verzeichnis nicht älter als zwölf Monate (oder auch eine kürzere Frist) ist. In diesem Fall wurde bereits An-

134

---

186 MüKo/*Wagner*, ZPO, § 802j Rn 4; Thomas/Putzo/*Seiler*, ZPO, § 802j Rn 4.
187 AG Neuruppin v. 28.5.2004 – 73 M 721/04, Rpfleger 2004, 617.
188 OLG Köln, Rpfleger 1975, 180; KG v. 21.8.1990 – 1 W 967/90, MDR 1990, 1124 = JurBüro 1991, 283; LG Koblenz v. 24.7.1990 – 4 T 419/90, MDR 1990, 1124.
189 LG Hamburg v. 16.11.2013 – 325 T 76/13, DGVZ 2014, 42.

tragsrücknahme erklärt. Diese bedingte Antragstellung wurde vielfach als unzulässig angesehen, insbesondere wurde um die Gebühr GVKostG KV 261 gestritten.[190]

135 Der BGH[191] bejaht das Recht des Gläubigers zu einem bedingten Antrag. Das Vollstreckungsverfahren dient der Durchsetzung der Gläubigerinteressen. Dementsprechend gilt die Dispositionsmaxime. Der Gläubiger bestimmt Beginn, Art und Ausmaß des Vollstreckungszugriffs und kann seine Vollstreckungsanträge jederzeit zurücknehmen.[192] Ist der Gläubiger befugt, das Verfahren jederzeit zum Stillstand zu bringen oder seinen Vollstreckungsantrag zurückzunehmen, ist ihm grundsätzlich auch nicht verwehrt, seinen Vollstreckungsauftrag von vornherein in einer Weise zu beschränken, die der Gerichtsvollzieher ohne Weiteres überprüfen kann. Dem Wortlaut des § 802d Abs. 1 S. 2 ZPO ist nicht zu entnehmen, dass dem Gläubiger auch gegen seinen Willen eine Abschrift des bereits abgegebenen Vermögensverzeichnisses zu übersenden ist.

136 Ob der Streit durch die nur wenige Wochen später in Kraft getretene Gesetzesergänzung, dass ein Verzicht des Gläubigers auf die Zuleitung des Vermögensverzeichnisses unbeachtlich ist, erledigt ist, bleibt abzuwarten.

137 Der Gläubiger darf die erlangten Daten nur zu Vollstreckungszwecken nutzen und hat die Daten nach Zweckerreichung zu löschen; hierauf ist er vom Gerichtsvollzieher hinzuweisen. Von der Zuleitung eines Ausdrucks an den Gläubiger setzt der Gerichtsvollzieher den Schuldner in Kenntnis und belehrt ihn über die Möglichkeit der Eintragung in das Schuldnerverzeichnis (§ 882c ZPO).

II. Vermögenserwerb

138 Das Begehren einer erneuten Vermögensauskunft gemäß § 802d ZPO setzt ein völlig neues Auskunftsverfahren in Gang.[193] **Der Schuldner ist zur erneuten Abgabe innerhalb dieser Frist nur verpflichtet**, wenn der Gläubiger Tatsachen glaubhaft macht, die auf eine **wesentliche Veränderung der Vermögensverhältnisse** des Schuldners schließen lassen, § 802d Abs. 1 S. 1 ZPO.

139 Der Gläubiger muss daher nicht wie früher glaubhaft machen, dass der Schuldner später Vermögen erworben hat. Die Glaubhaftmachung bezieht sich nur auf die Tatsache der wesentlichen Veränderung der Vermögensverhältnisse.

190 Hierzu BGH v. 27.10.2016 – I ZB 21/16, DGVZ 2017, 15 m. vollständiger Übersicht pro und contra; zuletzt auch noch OLG Karlsruhe v. 25.8.2016, –11 W 70/16, BeckRS 2016, 17339.
191 Hierzu BGH v. 27.10.2016 – I ZB 21/16, DGVZ 2017, 15.
192 Vgl. BGH v. 21.12.2015 – I ZB 107/14, NJW 2016, 876 = DGVZ 2016, 46; Zöller/*Stöber*, ZPO, Vor § 704 Rn 19.
193 AG Ansbach v. 14.12.2016 – 710 M 4446/16 BeckRS 2016, 112806.

Nicht ausreichend ist z.b.:   **140**

■ ein Hinweis auf die Fortführung eines selbstständigen Gewerbebetriebs,[194]

■ der Hinweis des Gläubigers, dass der Schuldner als Ausländer wiederholt Reisen in seine Heimat unternimmt,[195]

■ der Hinweis auf die Auflösung der bestehenden **Kontoverbindung**,[196]

■ der Hinweis, dass eine im Vermögensverzeichnis angegebene selbstständige Tätigkeit nie gewerberechtlich angemeldet wurde.[197]

Ausreichend hingegen ist z.b.:   **141**

■ wenn der Schuldner nach vorheriger Arbeitslosigkeit eine selbstständige Tätigkeit aufnimmt, welches der Gläubiger durch Vorlage einer Gewerberegisterauskunft glaubhaft macht,[198]

■ wenn der Schuldner kurz vor Abgabe der Vermögensauskunft ein selbstständiges Gewerbe (hier: Café) aufgibt, denn es ist davon auszugehen, dass der Schuldner sich wieder um die Schaffung einer ständigen Erwerbsquelle bemüht hat,[199]

■ wenn der Schuldner als Selbstständiger tätig ist und sein bisher ausgeübtes Erwerbsverhältnis aufgelöst hat,[200]

■ wenn der Schuldner im Vermögensverzeichnis lediglich angegeben hat, seine Schwester komme für seine Wohnungsmiete auf und leiste ihm darüber hinaus nur noch Naturalunterhalt, insbesondere dann, wenn es sich um einen jungen Schuldner mit abgeschlossener Berufsausbildung handelt,[201]

■ der Hinweis des Gläubigers auf mehrere, insbesondere in kurzen zeitlichen Abständen, aufeinanderfolgende Teilzahlungen des Schuldners auf die titulierte Forderung,[202]

■ ein Wohnungswechsel nach Abgabe der Vermögensauskunft, da durch den Umzug nicht auszuschließen ist, dass der Schuldner bei seinem neuen Vermieter

---

194 LG Düsseldorf v. 21.3.1985 – 25 T 165/85, JurBüro 1987, 466; a.A. LG Koblenz v. 16.9.1996 – 2 T 540/96, JurBüro 1997, 272.

195 LG Köln v. 6.6.1986 – 10 T 25/86, JurBüro 1987, 1812.

196 LG Marburg v. 28.3.2006 – 3 T 53/06, DGVZ 2006, 180; LG Kassel v. 27.8.2004 – 3 T 471/04, DGVZ 2004, 185 und LG Kassel v. 5.7.1996 – 3 T 411/96, Rpfleger 1997, 74; LG Bochum v. 9.1.2002 – 7a T 397/01, DGVZ 2002, 76; AG Warburg v. 7.3.2001 – 5 M 142/01, DGVZ 2001, 124; AG Gummersbach v. 19.8.2016 – 60 M 0927/16, BeckRS 2016, 17835; AG Emmendingen v. 23.10.2000 – 10 M 3948/00, DGVZ 2001, 94; AG Hannover v. 13.12.1999 – 757 M 77915/99, DGVZ 2000, 78; a.A. LG Wuppertal v. 11.6.2004 – 6 T 344/04, DGVZ 2004, 186.

197 LG Stuttgart v. 29.7.2004 – 19 T 512/03, DGVZ 2005, 75.

198 LG Dresden v. 6.9.2010 – 2 T 121/10, JurBüro 2010, 663.

199 LG Wuppertal v. 4.8.2010 – 6 T 358/10, DGVZ 2010, 232 = JurBüro 2010, 607.

200 OLG Bamberg v. 4.5.1988 – 4 W 25/88, JurBüro 1988, 1422; LG Frankfurt an der Oder v. 28.10.1997 – 12 T 105/97, MDR 1998, 369 = Rpfleger 1998, 167; LG Augsburg v. 2.2.1998 – 5 T 5531/97, JurBüro 1998, 325.

201 LG Weiden v. 8.4.2005 – 2 T 39/05, DGVZ 2005, 140.

202 LG Düsseldorf v. 21.3.1985 – 25 T 165/85, JurBüro 1987, 467; AG Ludwigsburg v. 5.9.2000 – 2 M 5508/00, DGVZ 2001, 31.

eine Mietkaution hinterlegen musste, die einen pfändbaren Vermögensgegenstand darstellt.[203]

■ Auch die Glaubhaftmachung der Auflösung eines bestehenden Arbeitsverhältnisses könnte ausreichend sein.[204] Hierbei ist unter dem Begriff Arbeitsverhältnis jede Einkommens- bzw. Erwerbsmöglichkeit gemeint. Auf den Verlust einer **Witwenpension** oder **Sozialrente** ist die Vorschrift des § 802d ZPO entsprechend anzuwenden.[205] Ein Arbeitsverhältnis im Sinne dieser Vorschrift setzt nur eine Betätigung des Schuldners voraus, aus der Arbeitseinkommen i.S.d. § 850 Abs. 2 ZPO erzielt wird.

142 Ausreichend ist auch die Tatsache, dass der Schuldner eine Umschulungsmaßnahme des Arbeitsamtes beendet hat oder der Wegfall von Arbeitslosengeld oder -hilfe.[206]

143 Überspannte Anforderungen sind jedoch an den Gläubigervortrag und dessen Glaubhaftmachung nicht zu stellen. Durch geschickte Argumentation im Antrag kann der Gläubiger häufig erreichen, dass der Schuldner auch vor Ablauf der Zwei-Jahres-Frist erneut zur Abgabe der Vermögensauskunft vorzuladen ist. War der Schuldner bei Abgabe der ersten Versicherung arbeitslos, muss der Gläubiger nicht nachweisen, dass der Schuldner jetzt einen neuen Arbeitsplatz gefunden hat, es genügt vielmehr die Tatsache, dass unter Berücksichtigung

■ des Alters,

■ des Berufs,

■ des Familienstands und

■ der Arbeitsfähigkeit

des Schuldners nach allgemeiner Lebenserfahrung davon auszugehen ist, dass ein arbeitswilliger Schuldner wieder einen Arbeitsplatz hat finden können.[207]

---

203 LG Kassel v. 22.9.2003 – 3 T 339/04, Rpfleger 2005, 39 = JurBüro 2005, 101; AG Warburg v. 17.10.2000 – 5 M 859/00, DGVZ 2001, 11.

204 LG Freiburg v. 18.8.2005 – 13 T 70/05, DGVZ 2005, 166.

205 OLG Hamm v. 30.11.1982 – 14 W 91/82, Rpfleger 1983, 322.

206 LG Paderborn v. 15.8.1991 – 5 T 291/91, JurBüro 1991, 1707; LG Hannover v. 26.11.1992 – 11 T 196/92, MDR 1993, 801; LG Hechingen v. 22.10.1991 – 3 T 84/91, Rpfleger 1992, 208; LG Berlin v. 27.11.1996 – 81 T 361/96, Rpfleger 1997, 221; a.A. LG Berlin v. 22.10.1990 – 81 T 663/90, Rpfleger 1991, 118 (mittlerweile aufgegeben); AG Hamburg v. 11.7.1985 – 26c M 3934/85, Rpfleger 1985, 499.

207 LG Frankenthal v. 15.7.1985 – 1 T 180/85, Rpfleger 1985, 450, nach sechs Monaten; LG Hannover v. 16.8.1991 – 11 T 169/91, Rpfleger 1991, 410, arbeitsloser junger Elektriker, der für mehrere Kinder zu sorgen hat: vor Ablauf eines Jahres; LG Hechingen v. 22.10.1991 – 3 T 84/91, Rpfleger 1992, 208; LG Chemnitz v. 11.5.1995 – 11 T 1866/95, Rpfleger 1995, 512; LG Nürnberg-Fürth v. 29.4.1996 – 13 T 2722/96, Rpfleger 1996, 416 m. Anm. *Zimmermann*; LG Dresden v. 12.12.1997 – 10 T 991/97, JurBüro 1998, 214, 43-jährige Schuldnerin, Beruf: Gärtnerin, Mutter von einem Kind, Ehemann ebenfalls arbeitslos, Aufgabe einer Selbstständigkeit, letzte Abgabe der VA vor ca. acht Monaten; LG Heilbronn v. 8.12.1999 – 1c T 510/99, JurBüro 2000, 154, Selbstständiger nach Ablauf von sechs Monaten; a.A. LG Koblenz v. 12.8.1997 – 2 T 614/97, DGVZ 1998, 10 = FamRZ 1998, 693 = JurBüro 1998, 44 = Rpfleger 1998, 120.

Je nach Alter des Schuldners wird eine Frist zwischen sechs Monaten und einem Jahr anzuerkennen sein. Eine ebenfalls ausreichende Glaubhaftmachung ist die Tatsache, dass der voll leistungsfähige Schuldner einen Beruf erlernt hat, der nunmehr wieder erhöhte Einstellungschancen bietet.[208] **144**

Beispiele **145**
- Bei einer 48-jährigen Schuldnerin – gelernte Kauffrau – kann nach Ablauf von ein bis zwei Jahren davon ausgegangen werden, dass die Schuldnerin zwischenzeitlich wieder eine neue Arbeit gefunden bzw. andere Erwerbsquellen aufgetan hat.[209]
- Gibt der Schuldner im Vermögensverzeichnis an, dass er Wohngeld beantragt habe, ein Bewilligungsbescheid aber noch nicht vorläge, sind ca. drei Monate später die Voraussetzungen für ein Verfahren auf wiederholte Abgabe der Vermögensauskunft gegeben.[210]
- Der 48-jährige Schuldner gibt an, er beziehe keinerlei Einkommen und werde von seiner Verlobten unterstützt.[211]
- Bei Selbstständigen kann bereits vor Ablauf der Zwei-Jahres-Frist nach allgemeiner Lebenserfahrung vermutet werden, dass ein Vermögenserwerb stattgefunden hat. Zwischen dem Tag der Vermögensauskunft und dem Antrag auf erneute Abgabe bzw. Ergänzung müssen mindestens sechs Monate liegen.[212]

Kostenhinweis **146**
Für die wiederholte Abnahme der Vermögensauskunft nach § 802d ZPO erhält der Gerichtsvollzieher die Gebühr nach GvKostG KV:

260	Abnahme der Vermögensauskunft nach den §§ 802c, 802d Abs. 1 oder nach § 807 ZPO	33,00 EUR

H. Auskunftsrechte

I. Gesetzliche Grundlage

Kommt der Schuldner seiner Pflicht zur Abgabe der Vermögensauskunft nicht nach oder ist bei einer Vollstreckung in die dort aufgeführten Vermögensgegenstände eine vollständige Befriedigung des Gläubigers voraussichtlich nicht zu erwarten, **147**

---

208 LG Detmold v. 23.3.1989 – 2 T 74/89, JurBüro 1989, 1183; vgl. hierzu auch: LG Hamburg v. 25.10.1990 – 304 T 50/90, MDR 1991, 163.
209 LG Landshut v. 27.11.2001 – 32 T 3083/01, JurBüro 2002, 271.
210 AG Leipzig v. 24.9.2001 – 82 M 25052/01, JurBüro 2002, 98.
211 LG Köln v. 2.3.2001 – 10 T 29/01, JurBüro 2001, 659.
212 LG Heilbronn v. 8.12.1999 – 1c T 510/99, Die Justiz 2000, 303.

darf der Gerichtsvollzieher näher bestimmte Auskunftsrechte gegenüber Dritten wahrnehmen, § 802l Abs. 1 ZPO. Eine ähnliche Regelung findet sich zu der verfahrensrechtlichen Auskunftspflicht Dritter in § 236 FamFG.

148 Die Voraussetzungen knüpfen an die Formulierung in § 806a Abs. 1 ZPO zu den Mitteilungen und Befragungen des Gerichtsvollziehers an, wobei die Regelung in § 806a ZPO auf freiwilliger Basis des Schuldners oder der zum Hausstand des Schuldners gehörenden erwachsenen Personen basiert.

149 Liegen die Voraussetzungen nach § 802l Abs. 1 ZPO vor, muss es dem Gläubiger möglich sein, die Vermögenssituation des Schuldners anhand objektiver Informationsquellen zu überprüfen, um geeignete Vollstreckungsobjekte aufzufinden. Dadurch soll zugleich die Bereitschaft des Schuldners zu wahrheitsgemäßen Angaben bei der Vermögensauskunft nach § 802c ZPO gefördert und der Strafandrohung der §§ 156, 163 StGB Nachdruck verliehen werden.

150 Die Einholung der Drittauskünfte ist aber nur unter den gesetzlichen Voraussetzungen des § 802l Abs. 1 ZPO zulässig. Drittauskünfte **nach Abgabe einer Vermögensauskunft** sind nicht nur einzuholen, wenn Anhaltspunkte dafür bestehen, dass der Schuldner unvollständige oder unzutreffende Angaben gemacht hat und durch die Drittauskünfte neue Erkenntnisse zu erwarten sind. Sie sind dann nicht erforderlich, wenn aus den Angaben des Schuldners oder anderen offensichtlichen Umständen deutlich wird, dass die Drittauskünfte zu keiner auch nur teilweisen Befriedigung des Gläubigers führen können. Wurden die Drittauskünfte nach einer Vermögensauskunft eingeholt, so ist es erst erforderlich, sie ein weiteres Mal zu erheben, wenn der Gläubiger konkrete Anhaltspunkte für eine wesentliche Veränderung der Vermögensverhältnisse des Schuldners glaubhaft macht oder wenn er eine erneute Vermögensauskunft (§ 802d ZPO) abgegeben hat. Liegen die gesetzlichen Voraussetzungen vor, ist der Gerichtsvollzieher verpflichtet, die vom Gläubiger begehrten Drittauskünfte einzuholen.[213]

151 Die Voraussetzungen nach § 802l Abs. 1 ZPO sind nicht gegeben, wenn entweder keine Verweigerung der Vermögensauskunft vorliegt oder keine abgegebene Vermögensauskunft mit unergiebigen Vollstreckungsaussichten vorliegt. Die Drittauskünfte sind Begleitmittel zur Überprüfung bzw. Ergänzung der geschuldeten Eigenauskunft.[214] Die Ablehnung des Gerichtsvollziehers, Drittauskünfte einzuholen, weil die Schuldnerin eine Vermögensauskunft abgegeben und deren Inhalt an Eides statt versichert hat und keine Anhaltspunkte für die Unrichtigkeit und Unvollständigkeit dieser Auskunft vorliegen, entspricht nicht der Gesetzeslage.[215] Eine iso-

---

213 BGH v. 22.1.2015 – I ZB 77/14, NJW 2015, 2509 = Rpfleger 2015, 658 = DGVZ 2015, 197; LG Aachen v. 11.3.2015 – 5 T 154/14, DGVZ 2015, 113; LG Nürnberg-Fürth v. 29.8.2013 – 19 T 6835/13, DGVZ 2013, 243.

214 AG Osnabrück v. 20.2.2013 – 60 M 49/13, BeckRS 2013, 3460.

215 LG Magdeburg v. 30.6.2014 – 3 T 360/14, BeckRS 2014, 13655, DGVZ 2014, 224.

lierte Drittauskunft ist nicht zulässig, wenn der Gläubiger nicht glaubhaft machen kann, dass die aus dem vorliegenden Vermögensverzeichnis aufgeführten Gegenstände nicht zu einer vollständigen Befriedigung seiner konkreten Forderung führen werden.[216]

II. Antrag

Der Gläubiger muss in jedem Falle einen **Antrag** stellen, von Amts wegen wird der Gerichtsvollzieher nicht tätig, § 802a Abs. 2 Nr. 3 ZPO.[217] Zuständig für einen isolierten Antrag ist nach einem Wohnsitzwechsel des Schuldners nunmehr der Gerichtsvollzieher am neuen Wohnsitz des Schuldners.[218] Die Erhebung oder das Ersuchen ist nur zulässig, soweit dies zur Vollstreckung erforderlich ist. Der Antrag auf Einholung von Drittauskünften kann nicht nur im Verbund mit einem Antrag auf Einholung der Vermögensauskunft, sondern auch unabhängig hiervon gestellt werden.[219]

152

III. Drittauskünfte

Im Einzelnen kann der Gerichtsvollzieher nach § 802l Abs. 1 S. 1 ZPO:

153

1. bei den Trägern der gesetzlichen Rentenversicherung den Namen, die Vornamen oder die Firma sowie die Anschriften der derzeitigen Arbeitgeber eines versicherungspflichtigen Beschäftigungsverhältnisses des Schuldners erheben;

2. das Bundeszentralamt für Steuern ersuchen, bei den Kreditinstituten die in § 93b Abs. 1 AO bezeichneten Daten abzurufen (§ 93 Abs. 8 AO);[220]

3. beim Kraftfahrt-Bundesamt die Fahrzeug- und Halterdaten nach § 33 Abs. 1 StVG zu einem Fahrzeug, als dessen Halter der Schuldner eingetragen ist, erheben.

Daten, die für die Zwecke der Vollstreckung nicht erforderlich sind, hat der Gerichtsvollzieher unverzüglich zu löschen oder zu sperren. Die Löschung ist zu protokollieren, § 802l Abs. 2 ZPO.

154

Bei einer Drittauskunft von **Konten** des Schuldners als Gemeinschaftskonten sind weder die Konten noch die Namen der Mitkontoinhaber zu löschen. Bei einer Kontoauskunft sind weitere verfügungsberechtigte Dritte von Konten des Schuldners zu sperren. Konten von Dritten, an denen der Schuldner verfügungsberechtigt ist, sind

155

---

216 LG Frankfurt an der Oder v. 23.11.2015 – 19 T 268/15, DGVZ 2016, 28.
217 AG Hagen v. 18.2.2014 – 49 M 91/14, DGVZ 2014,103.
218 AG Bremen v. 25.11.2015 – 244 M 440855/12, BeckRS 2016, 68263.
219 AG Heidelberg v. 3.6.2015 – 1 M 15/15, DGVZ 2015, 226; AG Gladbeck v. 12.2.2015 – 13 M 51/15, JurBüro 2015, 326.
220 Hierzu AG Delmenhorst v. 26.8.2015 – 11 M 2424/15, JurBüro 2015, 661.

dem Gläubiger mitzuteilen.[221] Bereits beendete Kontoverbindungen des Schuldners sind dem Gläubiger nicht mitzuteilen.[222] Schwärzungen von Kontoauskünften sind weder angezeigt bei Namensähnlichkeiten, die auf die Identität schließen lassen, noch wenn sie vor dem Hintergrund einer gewissen Ausforschung erfolgen.[223] Der Gerichtsvollzieher hat die Ergebnisse aus dem Abruf von Bankkonten des Schuldners auch dann an den Gläubiger zu übermitteln, wenn er Zweifel hat, ob nicht Konten weiterer Personen gleichen Namens und Geburtsdatums aufgeführt sind.[224] Bei der Ermittlung von Drittkonten mit Verfügungsmacht des Schuldners sind jedoch die Angaben zu Dritt-Kontoinhabern zu schwärzen.[225]

156 Bei der Mitteilung von Drittauskünften des **Kraftfahrzeugbundesamtes** an den Gläubiger ist ohne Belang, ob der Standort der Fahrzeuge bekannt ist.[226] Holt der Gerichtsvollzieher im Rahmen einer elektronischen Abfrage Daten beim Kraftfahrtbundesamt ein, diese sind aber nicht vollständig, insbesondere für eine Pfändung nicht ausreichend, da weder die Fahrzeugkennzeichen vorliegen noch bekannt ist, ob die Fahrzeuge noch auf den Schuldner zugelassen sind, muss der Gerichtsvollzieher hierzu nachfragen, im Zweifel auch schriftlich.[227]

IV. Mitteilungspflicht

157 Über das Abfrageergebnis setzt der Gerichtsvollzieher den Gläubiger unverzüglich in Kenntnis. Der Schuldner wird später, aber innerhalb von vier Wochen nach Erhalt der Daten informiert. Eine sofortige Unterrichtung des Schuldners ist nicht vorgesehen, um den Erfolg der Maßnahme nicht zu gefährden. Die Fremdauskunft soll dem Gläubiger Vollstreckungsobjekte aufzeigen, die der Schuldner von sich aus nicht offengelegt hat. Bringt der Gläubiger ein Arbeitsverhältnis oder eine Kontenverbindung des Schuldners in Erfahrung, wird er versuchen, auf die daraus resultierenden Forderungen des Schuldners im Wege der Forderungspfändung zuzugreifen. Hierzu bedarf es einer gewissen Zeit. Eine Vorabinformation würde dem Schuldner die Gelegenheit einräumen, über eventuelle Guthaben zu verfügen oder Arbeitseinkommen anzutreten. Anstelle einer Unterrichtung des Schuldners über die eingeholte Fremdauskunft sieht § 802f Abs. 3 S. 2 ZPO deshalb dessen frühzeitige Beleh-

---

221 AG Bayreuth v. 4.7.2013 – 7 M 289/13, DGVZ 2013, 194.
222 AG Hamburg v. 19.11.2013 – 29e M 889/13, DGVZ 2014, 20.
223 AG Heilbronn v. 28.5.2014 – 8 M 3169/14, DGVZ 2014, 198.
224 LG Würzburg v. 29.7.2014 – 3 T 773/14, DGVZ 2015, 21.
225 AG Kiel v. 28.9.2016 – 21 M 1787/16, DGVZ 2016, 238.
226 AG Bayreuth v. 4.7.2013 – 7 M 289/13, DGVZ 2013, 194.
227 LG Stuttgart v. 5.2.2016 – 19 T 25/16, DGVZ 2016, 79.

rung über die Möglichkeit der Einholung einer Fremdauskunft nach § 802l ZPO vor.

Die vom Gerichtsvollzieher erhobenen Auskünfte, die innerhalb der letzten drei **158** Monate bei dem Gerichtsvollzieher eingegangen sind, darf dieser auch einem weiteren Gläubiger übermitteln, wenn die Voraussetzungen für die Datenerhebung auch bei diesem Gläubiger vorliegen. Der Gerichtsvollzieher hat dem weiteren Gläubiger die Tatsache, dass die Daten in einem anderen Verfahren erhoben wurden, und den Zeitpunkt ihres Eingangs bei ihm mitzuteilen, § 802l Abs. 4 S. 1 ZPO. Weiterhin muss der Gerichtsvollzieher hiervon den Schuldner innerhalb von vier Wochen nach der Übermittlung in Kenntnis zu setzen.

Eine erneute Auskunft ist auf Antrag des weiteren Gläubigers einzuholen, wenn **159** Anhaltspunkte dafür vorliegen, dass seit dem Eingang der Auskunft eine Änderung hierzu eingetreten ist, § 802l Abs. 4 S. 2 ZPO. Eine isolierte Drittauskunft mit der Begründung, es liege bereits eine Vermögensauskunft durch einen anderen Gläubiger vor, genügt allein nicht.[228]

Kostenhinweis **160**

Für die Einholung der Fremdauskünfte erhält der Gerichtsvollzieher die Gebühr nach GvKostG KV:

440	Erhebung von Daten bei einer der in § 755 Abs. 2, § 802l Abs. 1 ZPO genannten Stellen	13,00 EUR
	Die Gebühr entsteht nicht, wenn die Auskunft nach § 882c Abs. 3 Satz 2 ZPO eingeholt wird.	

Die Gebühr nach KV 440 entsteht für die Erhebung von Daten bei jeder der § 802l ZPO genannten Stellen, § 10 Abs. 2 S. 3 Nr. 3 GvKostG.

Die Träger der Rentenversicherung erheben eine Gebühr von derzeit 10,20 EUR, § 64 Abs. 1 SGB X.

Die elektronische Übermittlung der Information aus dem Bundeszentralamt für Steuern löst keine Gebühr aus.

Die jeweilige Auskunft vom Kraftfahrt-Bundesamt ist nach § 1 i.V.m. § 5 Abs. 1 Nr. 2 und Abs. 3 GebOSt gebührenpflichtig. Gemäß Nr. 141.3 der Anlage zu § 1 GebOSt wird für die Erteilung einer schriftlichen Auskunft eine Gebühr in Höhe von 5,10 EUR erhoben.

---

228 LG Koblenz v. 11.3.2015 – 2 T 84/15, DGVZ 2015, 111; einschränkend dazu LG Aachen v. 11.3.2015 – 5 T 154/14, DGVZ 2015, 113.

I. Schuldnerverzeichnis

I. Zentrales Vollstreckungsgericht

161 Die zu hinterlegenden Vermögensverzeichnisse (§ 882b Abs. 1 ZPO) werden landesweit von einem zentralen Vollstreckungsgericht in elektronischer Form verwaltet, § 802k Abs. 1 ZPO. Die Vermögensverzeichnisse können über eine zentrale und länderübergreifende Abfrage im Internet eingesehen und abgerufen werden. Ein Vermögensverzeichnis ist nach Ablauf von zwei Jahren seit Abgabe der Auskunft oder bei Eingang eines neuen Vermögensverzeichnisses zu löschen. Die Erteilung von „Abdrucken zum laufenden Bezug" regelt § 882g ZPO.[229]

162 Die Gerichtsvollzieher können die von den zentralen Vollstreckungsgerichten verwalteten Vermögensverzeichnisse zu Vollstreckungszwecken abrufen. Das Einsichtsrecht ist umfassend in § 882f ZPO geregelt, das Recht auf Erteilung von Abdrucken in § 882g ZPO.

163 Die Landesregierungen bestimmen durch Rechtsverordnung, welches Gericht die Aufgaben des **zentralen Vollstreckungsgerichts** wahrzunehmen hat. Zurzeit sind dies:

Baden-Württemberg:	Amtsgericht Karlsruhe
Bayern:	Amtsgericht Hof
Berlin:	Amtsgericht Berlin-Mitte
Brandenburg:	Amtsgericht Nauen
Bremen:	Amtsgericht Bremerhaven
Hamburg:	Amtsgericht Hamburg Mitte
Hessen:	Amtsgericht Hünfeld
Mecklenburg- Vorpommern:	Amtsgericht Neubrandenburg
Niedersachsen:	Amtsgericht Goslar
Nordrhein-Westfalen:	Amtsgericht Hagen
Rheinland-Pfalz:	Amtsgericht Kaiserslautern
Saarland:	Amtsgericht Saarbrücken
Sachsen:	Amtsgericht Zwickau
Sachsen-Anhalt:	Amtsgericht Dessau-Roßlau
Schleswig-Holstein:	Amtsgericht Schleswig
Thüringen:	Amtsgericht Meiningen

---

229 Hierzu BGH v. 28.1.2015 – IV AR (VZ) 1/14, NJW-RR 2015, 631 = DGVZ 2015, 81 (Datenbank für Wirtschaftsteilnehmer).

II. Inhalt des Schuldnerverzeichnisses

Das zentrale Vollstreckungsgericht führt das Schuldnerverzeichnis derjenigen Personen,   **164**

- deren Eintragung der Gerichtsvollzieher nach § 882c ZPO angeordnet hat;
- deren Eintragung die Vollstreckungsbehörde nach § 284 Abs. 9 AO angeordnet hat;
- deren Eintragung das Insolvenzgericht nach § 26 Abs. 2 InsO (Abweisung mangels Masse) oder nach § 303a InsO (Restschuldbefreiung versagt oder widerrufen) angeordnet hat.

Im Schuldnerverzeichnis werden angegeben: **165**

- Name, Vorname und Geburtsname des Schuldners sowie die Firma und deren Nummer des Registerblatts im Handelsregister,
- Geburtsdatum und Geburtsort des Schuldners,
- Wohnsitz des Schuldners oder Sitz des Schuldners, einschließlich abweichender Personendaten.

Niemals ist der gesetzliche Vertreter des Schuldners einzutragen.[230] Dies gilt auch   **166**
für gesetzliche Vertreter bei Firmen.

Im Schuldnerverzeichnis werden weiter angegeben: **167**

- Aktenzeichen und Gericht oder Vollstreckungsbehörde der Vollstreckungssache oder des Insolvenzverfahrens,
- das Datum der Eintragungsanordnung und der gemäß § 882c ZPO zur Eintragung führende Grund,
- das Datum der Eintragungsanordnung und der gemäß § 284 Abs. 9 AO oder einer gleichwertigen Regelung zur Eintragung führende Grund,
- das Datum der Eintragungsanordnung sowie die Feststellung, dass ein Antrag auf Eröffnung des Insolvenzverfahrens über das Vermögen des Schuldners mangels Masse gemäß § 26 Abs. 1 S. 1 InsO abgewiesen wurde, oder bei einer Eintragung gemäß § 303a InsO der zur Eintragung führende Grund und das Datum der Entscheidung des Insolvenzgerichts.

Eine Ergänzung oder Nachbesserung einer unvollständigen Vermögensauskunft   **168**
wird nachgetragen bzw. bei der ersten Versicherung vermerkt. Gibt der Schuldner
auf Betreiben **mehrerer Gläubiger** die Vermögensauskunft ab, so sind die Aktenzeichen sämtlicher Verfahren in das Schuldnerverzeichnis aufzunehmen.[231]

III. Eintragungsanordnung

Anknüpfungspunkt für eine Eintragung in das Schuldnerverzeichnis waren früher   **169**
die formalen Tatbestände wie die Abgabe der eidesstattlichen Versicherung oder

---

230   Musielak/*Voit*, ZPO, § 882b Rn 6; MüKo/*Dörndorfer*, ZPO, § 882b Rn 3.
231   LG Arnsberg v. 4.8.1993 – 6 T 388/93, DGVZ 1994, 6; Zöller/*Stöber*, ZPO, § 882b Rn 6.

die Anordnung der Erzwingungshaft (vgl. § 915 Abs. 1 ZPO a.F.). Nunmehr entscheidet der zuständige Gerichtsvollzieher (oder das Insolvenzgericht bzw. das Finanzamt) und ordnet die Eintragung an,[232] § 882c Abs. 1 ZPO, wenn

- der Schuldner seiner Pflicht zur Abgabe der Vermögensauskunft nicht nachgekommen ist;

- eine Vollstreckung nach dem Inhalt des Vermögensverzeichnisses offensichtlich nicht geeignet wäre, zu einer vollständigen Befriedigung des Gläubigers zu führen, auf dessen Antrag die Vermögensauskunft erteilt oder dem die erteilte Auskunft zugeleitet wurde, oder

- der Schuldner dem Gerichtsvollzieher nicht innerhalb eines Monats nach Abgabe der Vermögensauskunft oder Bekanntgabe der Zuleitung nach § 802d Abs. 1 S. 2 ZPO die vollständige Befriedigung des Gläubigers nachweist, auf dessen Antrag die Vermögensauskunft erteilt oder dem die erteilte Auskunft zugeleitet wurde. Dies gilt nicht, solange ein Zahlungsplan nach § 802b ZPO festgesetzt und nicht hinfällig ist.

170 Die offensichtliche Erfolglosigkeit nach § 882c Abs. 1 Nr. 2 ZPO muss der Gerichtsvollzieher aufgrund seiner Erfahrung schätzen.[233] Ergibt das Gerichtsvollzieherprotokoll, dass eine „summarische Prüfung" vorgenommen wurde, ob die Pfändung und Verwertung der vom Schuldner angegeben Vermögensgegenstände die vollständige Befriedigung des Gläubigers erwarten lässt, ist dies ausreichend. Die Prognosekompetenz des Gerichtsvollziehers soll nach dem Willen des Gesetzgebers[234] auf eindeutige Fälle der offensichtlichen Unzulänglichkeit der Vollstreckungsmasse beschränkt bleiben, um komplexe (und entsprechend aufwendige und fehleranfällige) Bewertungsfragen zu vermeiden. Dies beinhaltet auch, dass bereits im Rahmen der Abgabe der Vermögensauskunft eine Prüfung erfolgt, die sich jedenfalls auf die Fragen erstreckt, ob überhaupt pfändbare Sachen vorliegen sowie ob die aufgeführten Gegenstände eine bzw. keine vollständige Befriedigung des Gläubigers bewirken können (Aussichtslosigkeit). Diese Prüfung umfasst neben der Prüfung und Feststellung, ob überhaupt pfändbare Gegenstände gegeben sind, auch eine, wenn auch eingeschränkte Prognoseentscheidung des Gerichtsvollziehers.[235]

171 Ein **Zahlungsplan** nach § 802b ZPO, der festgesetzt und nicht hinfällig ist, steht der Eintragung in das Schuldnerverzeichnis nicht nur im Falle des Eintragungsgrundes gem. § 882c Abs. 1 Nr. 3 ZPO, sondern auch im Falle der Eintragungsgründe nach § 882c Abs. 1 Nr. 1 und 2 ZPO entgegen. Eine Stundungs- oder Stillhalteabrede im Sinne des § 775 Nr. 4 ZPO, die Gläubiger und Schuldner nach der

---

232 Hierzu *Wasserl*, DGVZ, 2013, 85.
233 Musielak/*Voit*, ZPO, § 882c Rn 3; MüKo/*Dörndorfer*, ZPO, § 882c Rn 4.
234 Bt-Drucks 16/10069, S. 37.
235 LG Itzehoe v. 30.3.2015 – 4 T 33/15, BeckRS 2016, 830.

Eintragungsanordnung des Gerichtsvollziehers gem. § 882c Abs. 1 ZPO, aber vor der Entscheidung über den dagegen gerichteten Widerspruch des Schuldners gem. § 882d Abs. 1 ZPO oder über die sich gegebenenfalls anschließende sofortige Beschwerde vereinbaren, stellt ebenfalls ein Hindernis für die Eintragung in das Schuldnerverzeichnis dar.[236] Der Schuldner kann den Zahlungsplan oder die Ratenzahlungsvereinbarung noch mit seiner Beschwerde gegen die Zurückweisung seines Widerspruchs gegen die Anordnung der Eintragung in das Schuldnerverzeichnis geltend machen. Gegenstand der Entscheidung im Beschwerdeverfahren ist nicht (mehr) die Frage der damaligen Rechtmäßigkeit der Eintragungsanordnung des Gerichtsvollziehers, sondern die Frage der Rechtmäßigkeit der Eintragungsanordnung im Zeitpunkt der Entscheidung des Beschwerdegerichts.[237]

Nach § 882c Abs. 2 S. 1 ZPO soll die Eintragungsanordnung kurz begründet werden. Eine solche Formulierung wie „kurz" ist rechtlich völlig unklar und sollte vermieden werden. Die Begründung kann durchaus durch ein Formblatt erfolgen.[238] Die Begründung muss die Unterschrift des Gerichtsvollziehers tragen.[239]   **172**

Die begründete Eintragungsanordnung hat der Gerichtsvollzieher dem Schuldner   **173** von Amts wegen zuzustellen, soweit sie ihm nicht mündlich bekannt gegeben und in das Protokoll aufgenommen wird (§ 763 Abs. 1 ZPO), § 882c Abs. 2 S. 2 ZPO. Ausdrücklich wurde durch das Gesetz zur Durchführung der Verordnung (EU) Nr. 655/2014 sowie zur Änderung sonstiger zivilprozessualer, grundbuchrechtlicher und vermögensrechtlicher Vorschriften und zur Änderung der Justizbeitreibungsordnung (EuKoPfVODG) vom 21.11.2016 (BGBl I, S. 2591) in § 882c Abs. 1 S. 2 ZPO neu geregelt, dass die Anordnung der Eintragung des Schuldners in das Schuldnerverzeichnis Teil des Vollstreckungsverfahrens ist. Damit ist die bisherige Streitfrage entschieden, ob der Gerichtsvollzieher für die (Partei-)Zustellung eine Gebühr erheben kann.[240] Im Falle einer Bewilligung der öffentlichen Zustellung entscheidet der Gerichtsvollzieher, § 882c Abs. 2 S. 3 ZPO.

Die Eintragungsanordnung hat die in § 882b Abs. 2 und 3 ZPO genannten Daten zu   **174** enthalten. Sind dem Gerichtsvollzieher diese Daten nicht oder nicht hinreichend

---

236 BGH v. 21.12.2015 – I ZB 107/14, NJW 2016, 876 = Rpfleger 2016, 360 = DGVZ 2016, 46; hierzu auch LG Braunschweig v. 11.11.2014 – 5 T 428/14, DGVZ 2015, 37; a.A. LG Bonn v. 27.10.2014 – 4 T 303/14, BeckRS 2016, 02290, Stundungsvereinbarung nach § 775 Nr. 4 ZPO reicht nicht; ebenso LG Arnsberg v. 29.8.2013 – 6 T 185/13, DGVZ 2014, 43.

237 LG Berlin v. 22.8.2013 – 51 T 529/13, DGVZ 2013,213; LG Darmstadt v. 30.10.2013 – 5 T 352/13, BeckRS 2013, 22023.

238 Musielak/*Voit*, ZPO, § 882c Rn 6; MüKo/*Dörndorfer*, ZPO, § 882c Rn 9.

239 LG Stuttgart v. 26.6.2014 – 10 T 82/14, DGVZ 2014, 260; Musielak/*Voit*, ZPO, § 882b Rn 6.

240 Keine Gebühr z.B. OLG Braunschweig v. 13.12.2016 – 2 W 67/16, BeckRS 2016, 110675; OLG München v. 20.9.2016 – 11 W 1496/16, BeckRS 2016, 17640; OLG Stuttgart v. 16.6.2016 – 8 W 189/16, BeckRS 2016, 12358; OLG Celle v. 22.8.2016 – 2 W 184/16, BeckRS 2016, 16496, alle jeweils m.w.N. auch zur Gegenmeinung.

bekannt, holt er Auskünfte bei den in § 755 Abs. 1 und 2 S. 1 Nr. 1 ZPO genannten Stellen ein, um die erforderlichen Daten zu beschaffen, § 882c Abs. 3 ZPO.

IV. Vollziehung und Widerspruch

175 Gegen die Eintragungsanordnung nach § 882c ZPO kann der Schuldner binnen zwei Wochen seit Bekanntgabe Widerspruch beim zuständigen Vollstreckungsgericht, § 764 Abs. 2 ZPO, einlegen. Über das Widerspruchsrecht ist der Schuldner mit der Bekanntgabe der Eintragungsanordnung zu belehren.[241] Der Widerspruch hemmt nicht die Vollziehung. Der Gerichtsvollzieher kann einem begründeten Widerspruch gegen die Anordnung zur Eintragung ins Schuldnerverzeichnis abhelfen.[242] Trifft der Schuldner mit dem Gläubiger außergerichtlich eine Ratenzahlungsvereinbarung, ist einem Widerspruch des Schuldners gegen die Eintragung im Schuldnerverzeichnis stattzugeben.[243]

176 Nach Ablauf der Zwei-Wochen-Frist übermittelt der Gerichtsvollzieher die Anordnung unverzüglich elektronisch dem zentralen Vollstreckungsgericht zum Zwecke der Eintragung des Schuldners in das Schuldnerverzeichnis.

177 Wird dem Gerichtsvollzieher vor der Übermittlung der Anordnung an das zentrale Vollstreckungsgericht bekannt, dass die Voraussetzungen für die Eintragung nicht oder nicht mehr vorliegen, hebt er die Anordnung auf und unterrichtet den Schuldner hierüber, § 882d Abs. 1 S. 5 ZPO.

178 Das für die Entscheidung über einen Widerspruch zuständige Vollstreckungsgericht (funktionell der Rechtspfleger, § 20 Nr. 17 RPflG) kann anordnen, dass die Eintragung einstweilen ausgesetzt wird. Das Vollstreckungsgericht muss alle Gründe beachten, die ihm im Zeitpunkt der Entscheidung bekannt sind oder werden, z.B. Zahlungsvereinbarung, Zahlungsaufschub, Gläubigerbefriedigung.[244]

179 Das zentrale Vollstreckungsgericht hat von einer Eintragung abzusehen, wenn ihm die Ausfertigung einer vollstreckbaren Entscheidung vorgelegt wird, aus der sich ergibt, dass die Eintragungsanordnung einstweilen ausgesetzt ist, § 882d Abs. 2 S. 2 ZPO.

---

241 LG Karlsruhe v. 27.8.2014 – 5 T 66/14, DGVZ 2014, 260: Die Belehrung über das Rechtsmittel gegen die Anordnung der Eintragung des Schuldners in das Schuldnerverzeichnis hat neben der Angabe des Gerichts auch dessen Adresse zu enthalten.
242 AG Bonn v. 16.4.2014 – 245 M 579/14, DGVZ 2014, 151.
243 LG Detmold v. 11.11.2014 – 3 T 217/14, DGVZ 2015, 22.
244 BGH v. 21.12.2015 – I ZB 107/14, NJW 2016, 876 = Rpfleger 2016, 360 = DGVZ 2016, 46; LG Neubrandenburg v. 10.11.2015 – 2 T 241/15, DGVZ 2016, 11 (eine einmalige Ratenzahlung reicht nicht aus); Musielak/*Voit*, ZPO, § 882d Rn 3.

V. Löschung

Eine Eintragung im Schuldnerverzeichnis wird nach Ablauf von drei Jahren seit dem Tag der Eintragungsanordnung von dem zentralen Vollstreckungsgericht gelöscht, § 882e Abs. 1 ZPO.

180

Eine Eintragung wird auf Anordnung des zentralen Vollstreckungsgerichts auch gelöscht, § 882e Abs. 3 ZPO, wenn diesem

181

■ die vollständige Befriedigung des Gläubigers nachgewiesen worden ist;

■ das Fehlen oder der Wegfall des Eintragungsgrundes bekannt geworden ist oder

■ die Ausfertigung einer vollstreckbaren Entscheidung vorgelegt wird, aus der sich ergibt, dass die Eintragungsanordnung aufgehoben oder einstweilen ausgesetzt ist.

Eine nach der Eintragung im Schuldnerverzeichnis abgeschlossene Ratenzahlungsvereinbarung stellt keinen Grund für die vorzeitige Löschung der Eintragung dar, wenn der Löschungsantrag erst gestellt wird, nachdem die Eintragungsanordnung unanfechtbar geworden ist.[245] Dies gilt auch dann, wenn der Gläubiger mit der Löschung einverstanden sein sollte.[246]

182

Wird der Haftbefehl oder der Titel aufgehoben oder die Zwangsvollstreckung im Wege der Vollstreckungsgegenklage für unzulässig erklärt, ist die Löschung vorzunehmen.[247]

183

---

245 BGH v. 9.2.2017 – I ZB 56/16, NJW-RR 2017, 511.

246 LG Dessau-Roßlau v. 25.8.2014 – 1 T 152/14, DGVZ 2015, 21; LG Tübingen v. 26.8.1985 – 5 T 120/85, Rpfleger 1986, 24.

247 LG Münster v. 2.9.1995 – 5 T 802/95, Rpfleger 1996, 168.

Anhang 1 Geschäftsanweisung für Gerichtsvollzieher – GVGA

Vom 1. September 2013

Erster Teil   Allgemeine Vorschriften

§ 1   Zweck der Geschäftsanweisung

[1]Das Bundes- und Landesrecht bestimmt, welche Dienstverrichtungen dem Gerichtsvollzieher obliegen und welches Verfahren er dabei zu beachten hat. [2]Diese Geschäftsanweisung soll dem Gerichtsvollzieher das Verständnis der gesetzlichen Vorschriften erleichtern. [3]Sie erhebt keinen Anspruch auf Vollständigkeit und befreit den Gerichtsvollzieher nicht von der Verpflichtung, sich eine genaue Kenntnis der Bestimmungen aus dem Gesetz und den dazu ergangenen gerichtlichen Entscheidungen selbst anzueignen. [4]Die Beachtung der Vorschriften dieser Geschäftsanweisung gehört zu den Amtspflichten des Gerichtsvollziehers.

§ 2   Ausschließung von der dienstlichen Tätigkeit

Der Gerichtsvollzieher ist von der Ausübung seines Amtes in den in § 155 des Gerichtsverfassungsgesetzes (GVG) genannten Fällen kraft Gesetzes ausgeschlossen.

§ 3   Amtshandlungen gegen Exterritoriale und die ihnen gleichgestellten Personen sowie gegen NATO-Angehörige

(1) [1]Aufträge zur Vornahme von Amtshandlungen
1. auf exterritorialem Gebiet oder
2. gegen
   a) Mitglieder diplomatischer Missionen, ihre Familienmitglieder und privaten Hausangestellten sowie Mitglieder des Verwaltungs- und technischen Personals und des dienstlichen Hauspersonals der Mission (§ 18 GVG),
   b) Mitglieder konsularischer Vertretungen, Bedienstete des Verwaltungs- und technischen Personals der Vertretung, die im gemeinsamen Haushalt mit einem Mitglied der konsularischen Vertretung lebenden Familienangehörigen und die Mitglieder seines Privatpersonals (§ 19 GVG),
   c) sonstige Personen, die nach den allgemeinen Regeln des Völkerrechts, auf Grund völkerrechtlicher Vereinbarungen oder sonstiger Rechtsvorschriften von der deutschen Gerichtsbarkeit befreit sind, insbesondere Mitglieder von Sonderorganisationen der Vereinten Nationen sowie die Beamten und sonstigen Bediensteten der Europäischen Gemeinschaften (§ 20 GVG),

legt der Gerichtsvollzieher unerledigt seiner vorgesetzten Dienststelle vor und wartet deren Weisung ab. [2]Er benachrichtigt hiervon den Auftraggeber.

(2) Hat der Gerichtsvollzieher Amtshandlungen gegen NATO-Angehörige innerhalb der Anlage einer Truppe durchzuführen, so muss er die besonderen Bestimmungen der Artikel 32, 34 und 36 des Zusatzabkommens zu dem Abkommen zwischen den Parteien des Nordatlantikvertrages über die Rechtsstellung ihrer Truppen hinsichtlich der in der Bundesrepublik Deutschland stationierten ausländischen Truppen vom 3. August 1959 (BGBl. 1961 II S. 1218) beachten.

§ 4   Form des Auftrags

[1]Aufträge an den Gerichtsvollzieher bedürfen keiner Form, solange nicht durch Rechtsverordnung gemäß § 753 Absatz 3 der Zivilprozessordnung (ZPO) verbindliche Formulare für den Auftrag eingeführt sind. [2]Nicht schriftlich erteilte Aufträge sind aktenkundig zu machen.

§ 5   Zeit der Erledigung des Auftrags

(1) [1]Die Erledigung der Aufträge darf nicht verzögert werden. [2]Erfolgt die erste Vollstreckungshandlung nicht innerhalb eines Monats, so ist der Grund der Verzögerung aktenkundig zu machen. [3]Der Gerichtsvollzieher entscheidet nach pflichtgemäßem Ermessen, in welcher Reihenfolge die vorliegenden Aufträge nach ihrer Dringlichkeit zu erledigen sind. [4]Er muss in jedem Fall besonders prüfen, ob es sich um eine Eilsache handelt oder nicht. [5]Die Eilbedürftigkeit kann sich aus der Art der vorzunehmenden Amtshandlung ergeben; dies gilt insbesondere für die Vollziehung von Arresten oder einstweiligen Verfügungen, für Proteste, Benachrichtigungen des Drittschuldners nach § 845 (ZPO) und für Zustellungen, durch die eine Notfrist oder eine sonstige gesetzliche Frist gewahrt werden soll. [6]Aufträge, deren eilige Ausführung von der Partei verlangt wird, müssen den für die besondere Beschleunigung maßgebenden Grund erkennen lassen.

(2) [1]Der Gerichtsvollzieher führt die Zwangsvollstreckung schnell und nachdrücklich durch. [2]Die Frist für die Bearbeitung eines Vollstreckungsauftrags ergibt sich aus der Sachlage im Einzelfall; so kann es angebracht sein, einen Pfändungsauftrag umgehend auszuführen, um den Rang des Pfändungsrechts zu sichern. [3]Anträge zur Vollziehung von einstweiligen Verfügungen nach § 940a ZPO oder zur Vollziehung von einstweiligen Anordnungen, die das Familiengericht nach den §§ 1 und 2 des Gewaltschutzgesetzes (GewSchG) erlassen hat, sind umgehend auszuführen, insbesondere, wenn die Vollziehung der einstweiligen Anordnung vor ihrer Zustellung an den Antragsgegner erfolgt (§ 214 Absatz 2 des Gesetzes über das Verfahren in Familiensachen und in den Angelegenheiten der freiwilligen Gerichtsbarkeit (FamFG)).

(3) [1]Der Gerichtsvollzieher führt die Zustellung aus:
1. innerhalb von drei Tagen nach dem Empfang des Auftrags, möglichst jedoch schon am darauffolgenden Tag, wenn an seinem Amtssitz oder unter seiner Vermittlung durch die Post zuzustellen ist;
2. auf die erste Reise, spätestens jedoch binnen einer Woche, wenn außerhalb seines Amtssitzes durch ihn selbst zuzustellen ist.

[2]Die Fristen gelten nicht, wenn die Eilbedürftigkeit der Sache eine noch frühere Erledigung des Auftrags erfordert. [3]Sonntage, allgemeine Feiertage und Sonnabende werden bei den Fristen nicht mitgerechnet.

(4) Absatz 3 findet keine Anwendung auf die Zustellung von Vollstreckungstiteln zur Einleitung der Zwangsvollstreckung gemäß § 750 Absatz 1 Satz 2 ZPO sowie von Urkunden, welche die rechtliche Grundlage für eine gleichzeitig vorzunehmende Zwangsvollstreckung bilden.

§ 6   Post

Post im Sinne dieser Bestimmungen ist jeder nach § 33 Absatz 1 des Postgesetzes (PostG) mit Zustellungsaufgaben beliehene Unternehmer.

§ 7 Allgemeine Vorschriften über die Beurkundung

(1) Bei der Aufnahme von Protokollen und anderen Urkunden hat der Gerichtsvollzieher neben den für einzelne Urkunden getroffenen besonderen Vorschriften folgende allgemeine Regeln zu beachten:

1. [1]Die Urkunden sind vollständig, deutlich und klar abzufassen. [2]In Vordrucken sind die zur Ausfüllung bestimmten Zwischenräume, soweit sie durch die erforderlichen Eintragungen nicht ausgefüllt werden, durch Füllstriche zu weiteren Eintragungen ungeeignet zu machen. [3]Die Schrift muss haltbar sein; der Bleistift darf auch bei Abschriften nicht verwendet werden.

2. [1]Die Urkunden sind vollständig, deutlich und klar abzufassen. [2]In Vordrucken sind die zur Ausfüllung bestimmten Zwischenräume, soweit sie durch die erforderlichen Eintragungen nicht ausgefüllt werden, durch Füllstriche zu weiteren Eintragungen ungeeignet zu machen. [3]Die Schrift muss haltbar sein; der Bleistift darf auch bei Abschriften nicht verwendet werden.

3. In dem Protokoll über ein Geschäft, das nach der aufgewendeten Zeit vergütet wird, ist die Zeitdauer unter Beachtung der für die Berechnung der Kosten maßgebenden Grundsätze nach den einzelnen Zeitabschnitten genau anzugeben.

4. [1]Abschriften sind als solche zu bezeichnen. [2]Die dem Gerichtsvollzieher obliegende Beglaubigung erfolgt durch den Vermerk "Beglaubigt" unter Beifügung der Unterschrift und des Abdrucks des Dienststempels. [3]Bei mehreren selbständigen Abschriften muss, sofern nicht jede Abschrift besonders beglaubigt wird, aus ihrer äußeren Aufeinanderfolge oder aus dem Beglaubigungsvermerk erkennbar sein, welche Abschriften die Beglaubigung umfasst. [4]Die Beglaubigung darf erst erfolgen, nachdem sich der Gerichtsvollzieher davon überzeugt hat, dass die Abschrift mit der Urschrift wörtlich übereinstimmt.

5. Auf den Urschriften und Abschriften der Urkunden hat der Gerichtsvollzieher eine Berechnung seiner Gebühren und Auslagen aufzustellen und die Geschäftsnummer anzugeben, die das beurkundete Geschäft bei ihm hat.

6. Besteht eine Urkunde aus mehreren Bogen oder einzelnen Blättern, so sind diese zusammenzuheften oder sonst in geeigneter Weise zu verbinden.

7. [1]Radierungen sind untersagt. [2]Nachträgliche Berichtigungen von Urkunden müssen in der Urkunde selbst oder – soweit dies nicht tunlich ist – in einer besonderen Anlage erfolgen. [3]Sie müssen den Grund der Berichtigung erkennen lassen, sind mit Datum und Unterschrift zu versehen und nötigenfalls den Parteien zuzustellen.

(2) [1]Der Gerichtsvollzieher muss sich beständig vergegenwärtigen, dass die von ihm aufgenommenen Urkunden öffentlichen Glauben haben; er soll sie daher mit größter Sorgfalt abfassen. [2]Die Urkunde muss dem tatsächlichen Hergang in jedem einzelnen Punkt entsprechen.

§ 8 Amtshandlungen gegenüber Personen, die der deutschen Sprache nicht mächtig sind

(1) [1]Ist derjenige, dem gegenüber der Gerichtsvollzieher eine Amtshandlung vorzunehmen hat, der deutschen Sprache nicht hinreichend mächtig, um Grund und Inhalt der Amtshandlung zu erfassen sowie etwaige Einwendungen dagegen vorzubringen, so zieht der Gerichtsvollzieher, sofern er die fremde Sprache nicht selbst genügend beherrscht, eine dieser Sprache kundige Person hinzu, die dazu bereit ist. [2]Der Gerichtsvollzieher bedient sich dabei in erster Linie solcher Personen, die sofort erreichbar sind und den Umständen nach eine Vergütung

nicht beanspruchen. [3]Ist die Zuziehung eines Dolmetschers mit Kosten verbunden, so veranlasst der Gerichtsvollzieher sie erst nach vorheriger Verständigung mit dem Auftraggeber, es sei denn, dass es mit Rücksicht auf die Eilbedürftigkeit nicht tunlich erscheint oder die Kosten verhältnismäßig gering sind.

(2) [1]Ist ein zur Abgabe der Vermögensauskunft oder der eidesstattlichen Versicherung gemäß § 836 Absatz 3, § 883 Absatz 2 ZPO oder § 94 FamFG verpflichteter Schuldner der deutschen Sprache nicht mächtig, so hat der Gerichtsvollzieher einen Dolmetscher zuzuziehen. [2]Sind für die fremde Sprache Dolmetscher allgemein beeidigt, so sollen andere Personen nur zugezogen werden, wenn besondere Umstände es erfordern. [3]§ 185 Absatz 2 und § 186 GVG sind entsprechend anzuwenden. [4]Absatz 1 Satz 3 ist zu beachten.

Zweiter Teil   Einzelne Geschäftszweige

Erster Abschnitt   Zustellung

[§§ 9–29 ...]

Zweiter Abschnitt   Zwangsvollstreckung nach den Vorschriften der ZPO

A.   Allgemeine Vorschriften

I.   Zuständigkeit

§ 30   Zuständigkeit des Gerichtsvollziehers

(1) [1]Der Gerichtsvollzieher führt die Zwangsvollstreckung durch, soweit sie nicht den Gerichten zugewiesen ist. [2]Zum Aufgabenbereich des Gerichtsvollziehers gehören:

1. die Zwangsvollstreckung wegen Geldforderungen in bewegliche körperliche Sachen einschließlich der Wertpapiere und der noch nicht vom Boden getrennten Früchte (§§ 802a, 803 bis 827 ZPO);

2. die Pfändung von Forderungen aus Wechseln und anderen Papieren, die durch Indossament übertragen werden können, durch Wegnahme dieser Papiere (§ 831 ZPO);

3. die Zwangsvollstreckung zur Erwirkung der Herausgabe von beweglichen Sachen sowie zur Erwirkung der Herausgabe, Überlassung und Räumung von unbeweglichen Sachen und eingetragenen Schiffen und Schiffsbauwerken (§§ 883 bis 885 ZPO);

4. die Zwangsvollstreckung zur Beseitigung des Widerstandes des Schuldners gegen Handlungen, die er nach den §§ 887 und 890 ZPO zu dulden hat (§ 892 ZPO); oder zur Beseitigung von Zuwiderhandlungen des Schuldners gegen eine Unterlassungsverpflichtung aus einer Anordnung nach § 1 GewSchG (§ 96 FamFG);

5. die Zwangsvollstreckung durch Abnahme der Vermögensauskunft und Haft (§§ 802c bis 802j ZPO);

6. die Vollziehung von Arrestbefehlen und einstweiligen Verfügungen in dem Umfang, in dem die Zwangsvollstreckung dem Gerichtsvollzieher zusteht (§§ 916 bis 945 ZPO);

7. die gütliche Erledigung durch Zahlungsvereinbarung (§ 802b ZPO);

8. die auf Antrag (§ 755 ZPO) oder von Amts wegen (§ 882c Absatz 3 ZPO) durchzuführenden Aufenthaltsermittlungen sowie die Einholung von Drittstellenauskünften (§ 802l ZPO);

9. die Erwirkung der Auskunft nach § 836 Absatz 3, § 883 Absatz 2 ZPO oder § 94 FamFG durch Abnahme der eidesstattlichen Versicherung und Haft;

10. die Anordnung der Eintragung des Schuldners in das Schuldnerverzeichnis gemäß § 882c ZPO in Verbindung mit der Schuldnerverzeichnisführungsverordnung (SchuFV).

(2) Außerdem hat der Gerichtsvollzieher mitzuwirken:

1. bei der Zwangsvollstreckung in Forderungen (siehe §§ 121 bis 126);

2. in bestimmten Einzelfällen bei der Zwangsvollstreckung in das unbewegliche Vermögen (vergleiche zum Beispiel §§ 57b, 65, 93, 94 Absatz 2, § 150 Absatz 2, §§ 165, 171, 171c Absatz 2 und 3 sowie § 171h des Gesetzes über die Zwangsversteigerung und die Zwangsverwaltung (ZVG));

3. soweit weitere gesetzliche Vorschriften dies vorschreiben (vergleiche zum Beispiel § 372a Absatz 2 § 380 Absatz 2, § 390 Absatz 2 ZPO, § 25 Absatz 4 des Straßenverkehrsgesetzes (StVG), § 98 Absatz 2, § 153 Absatz 2 Satz 2 InsO, § 284 Absatz 8, § 315 Absatz 2 Satz 4 der Abgabenordnung (AO)).

II. Der Auftrag und seine Behandlung

§ 31 Auftrag zur Zwangsvollstreckung

(1) [1]Der Auftrag zur Zwangsvollstreckung wird dem Gerichtsvollzieher unmittelbar vom Gläubiger oder seinem Vertreter oder Bevollmächtigten erteilt. [2]Der Auftraggeber darf die Vermittlung der Geschäftsstelle in Anspruch nehmen. [3]Der durch Vermittlung der Geschäftsstelle beauftragte Gerichtsvollzieher wird unmittelbar für den Gläubiger tätig; er hat insbesondere auch die beigetriebenen Gelder und sonstigen Gegenstände dem Gläubiger unmittelbar abzuliefern. [4]Ist eine einstweilige Anordnung nach dem Gewaltschutzgesetz ohne mündliche Verhandlung erlassen, so gelten der Auftrag zur Zustellung durch den Gerichtsvollzieher unter Vermittlung der Geschäftsstelle und der Auftrag zur Vollstreckung als im Antrag auf Erlass der einstweiligen Anordnung enthalten (§ 214 Absatz 2 FamFG).

(2) Weisungen des Gläubigers hat der Gerichtsvollzieher insoweit zu berücksichtigen, als sie mit den Gesetzen oder der Geschäftsanweisung nicht in Widerspruch stehen.

(3) [1]Der Prozessbevollmächtigte des Gläubigers ist auf Grund seiner Prozessvollmacht befugt, den Gerichtsvollzieher mit der Zwangsvollstreckung zu beauftragen und den Gläubiger im Zwangsvollstreckungsverfahren zu vertreten. [2]Der Gerichtsvollzieher hat den Mangel der Vollmacht grundsätzlich von Amts wegen zu berücksichtigen (zum Beispiel bei Inkassodienstleistern). [3]Ist Auftraggeber jedoch ein Rechtsanwalt oder Kammerrechtsbeistand (§ 16 Absatz 3 Satz 3), hat er dessen Vollmacht nur auf ausdrückliche Rüge zu überprüfen. [4]Zum Nachweis der Vollmacht genügt die Bezeichnung als Prozessbevollmächtigter im Schuldtitel. [5]Jedoch ermächtigt die bloße Prozessvollmacht den Bevollmächtigten nicht, die beigetriebenen Gelder oder sonstigen Gegenstände in Empfang zu nehmen; eine Ausnahme besteht nur für die vom Gegner zu erstattenden Prozesskosten (§ 81 ZPO). [6]Der Gerichtsvollzieher darf daher die beigetriebenen Gelder oder sonstigen Gegenstände nur dann an den Prozessbevollmächtigten abliefern, wenn dieser von dem Gläubiger zum Empfang besonders ermächtigt ist. [7]Die Ermächtigung kann sich aus dem Inhalt der Vollmachtsurkunde ergeben. [8]Der Gläubiger kann sie auch dem Gerichtsvollzieher gegenüber mündlich erklären.

(4) [1]Aufgrund eines entsprechenden Auftrags hat der nach § 17 GVO zuständige Gerichtsvollzieher den Aufenthalt des Schuldners nach Maßgabe des § 755 ZPO zu ermitteln. [2]Der Gläubiger kann dem Gerichtsvollzieher zum Nachweis, dass der Aufenthaltsort des Schuldners nicht zu ermitteln ist (§ 755 Absatz 2 Satz 2 ZPO), eine entsprechende Auskunft der Meldebehörde vorlegen, die der Gläubiger selbst bei dieser eingeholt hat. [3]Die Negativauskunft sollte in der Regel bei der Auftragserteilung nach § 755 Absatz 2 Satz 1 ZPO nicht älter als ein Monat sein. [4]Für die Anwendung des § 755 Absatz 2 Satz 4 ZPO sind die zu vollstreckenden An-

sprüche desselben Gläubigers innerhalb eines Auftrags zusammenzurechnen, auch wenn sie in unterschiedlichen Urkunden tituliert sind.

(5) [1]Die vollstreckbare Ausfertigung des Schuldtitels muss dem Gerichtsvollzieher übergeben werden. [2]Der schriftliche oder mündliche Auftrag zur Zwangsvollstreckung in Verbindung mit der Übergabe der vollstreckbaren Ausfertigung ermächtigt und verpflichtet den Gerichtsvollzieher – ohne dass es einer weiteren Erklärung des Auftraggebers bedarf –, die Zahlung oder die sonstigen Leistungen in Empfang zu nehmen, darüber wirksam zu quittieren und dem Schuldner die vollstreckbare Ausfertigung auszuliefern, wenn er seine Verbindlichkeit vollständig erfüllt. [3]Der Besitz der vollstreckbaren Ausfertigung ist demnach für den Gerichtsvollzieher dem Schuldner und Dritten gegenüber der unerlässliche, aber auch ausreichende Ausweis zur Zwangsvollstreckung und zu allen für ihre Ausführung erforderlichen Handlungen. [4]Der Gerichtsvollzieher trägt deshalb bei Vollstreckungshandlungen die vollstreckbare Ausfertigung stets bei sich und zeigt sie auf Verlangen vor (§ 754 ZPO). [5]Hat der Schuldner nur gegen Aushändigung einer Urkunde zu leisten, zum Beispiel eines Wechsels, einer Anweisung oder eines Orderpapiers, so muss sich der Gerichtsvollzieher vor Beginn der Zwangsvollstreckung auch diese Urkunde aushändigen lassen.

(6) [1]Bei der Zwangsvollstreckung aus einer Urteilsausfertigung, auf die ein Kostenfestsetzungsbeschluss gesetzt ist (§§ 105, 795a ZPO), hat der Gläubiger zu bestimmen, ob aus beiden oder nur aus einem der beiden Schuldtitel vollstreckt werden soll. [2]Hat der Gläubiger keine Bestimmung getroffen, so vollstreckt der Gerichtsvollzieher aus beiden Schuldtiteln.

(7) [1]Verlangen der Gläubiger oder sein mit Vollmacht versehener Vertreter ihre Zuziehung zur Zwangsvollstreckung, so benachrichtigt der Gerichtsvollzieher sie rechtzeitig von dem Zeitpunkt der Vollstreckung. [2]In ihrer Abwesenheit darf der Gerichtsvollzieher erst nach Ablauf der festgesetzten Zeit mit der Zwangsvollstreckung beginnen, es sei denn, dass gleichzeitig für einen anderen Gläubiger gegen den Schuldner vollstreckt werden soll. [3]Der Gläubiger oder sein Vertreter sind in der Benachrichtigung hierauf hinzuweisen. [4]Leistet der Schuldner gegen die Zuziehung des Gläubigers Widerstand oder verwehrt der Schuldner dem Gläubiger den Zutritt zur Wohnung, so gelten die §§ 61 und 62 entsprechend. [5]Ein selbständiges Eingreifen des Gläubigers oder seines Bevollmächtigten in den Gang der Vollstreckungshandlung, zum Beispiel das Durchsuchen von Behältnissen, darf der Gerichtsvollzieher nicht dulden.

§ 32 Aufträge zur Vollstreckung gegen vermögenslose Schuldner

(1) [1]Wurde der Gerichtsvollzieher mit einer Pfändung beauftragt (§ 803 ZPO) und hat er begründeten Anhalt dafür, dass die Zwangsvollstreckung fruchtlos verlaufen werde, so sendet er dem Gläubiger unverzüglich den Schuldtitel mit einer entsprechenden Bescheinigung zurück, wenn der Gläubiger nicht zugleich weitere Aufträge erteilt hat. [2]Dabei teilt er dem Gläubiger mit, dass er den Auftrag zur Vermeidung unnötiger Kosten als zurückgenommen betrachtet. [3]Der Zeitpunkt der Wirksamkeit der Rücknahme bestimmt sich nach § 3 Absatz 4 Satz 4 des Gerichtsvollzieherkostengesetzes (GvKostG). [4]Die Erwartung, dass die Vollstreckung fruchtlos verlaufen werde, kann insbesondere begründet sein, wenn ein Pfändungsversuch gegen den Schuldner in den letzten drei Monaten fruchtlos verlaufen ist oder der Schuldner in den letzten drei Monaten die Vermögensauskunft abgegeben hat und sich daraus keine Anhaltspunkte ergeben, dass er über pfändbare Gegenstände verfügt. [5]War der Gerichtsvollzieher auch beauftragt, dem Schuldner den Schuldtitel zuzustellen, so führt er diesen Auftrag aus.

(2) Die Bestimmungen nach Absatz 1 gelten nicht, wenn der Wunsch des Gläubigers auf Ausführung des Auftrags aus der Sachlage hervorgeht (zum Beispiel der Pfändungsauftrag zum Zwecke des Neubeginns der Verjährung erteilt ist) oder wenn das Gläubigerinteresse an der Ermittlung von Drittschuldnern ersichtlich oder zu unterstellen ist.

§ 33 Zeit der Zwangsvollstreckung

(1) [1]An Sonntagen und allgemeinen Feiertagen sowie zur Nachtzeit darf der Gerichtsvollzieher außerhalb von Wohnungen (§ 61 Absatz 1 Satz 2) Zwangsvollstreckungshandlungen vornehmen, wenn dies weder für den Schuldner noch für die Mitgewahrsamsinhaber eine unbillige Härte darstellt und wenn der zu erwartende Erfolg in keinem Missverhältnis zu dem Eingriff steht. [2]Zuvor soll der Gerichtsvollzieher in der Regel wenigstens einmal zur Tageszeit an einem gewöhnlichen Wochentag die Vollstreckung vergeblich versucht haben.

(2) [1]In Wohnungen darf der Gerichtsvollzieher an Sonntagen und allgemeinen Feiertagen sowie zur Nachtzeit nur aufgrund einer besonderen richterlichen Anordnung vollstrecken. [2]Dies gilt auch dann, wenn die Vollstreckungshandlung auf die Räumung oder Herausgabe von Räumen oder auf die Vollstreckung eines Haftbefehls nach § 901 ZPO gerichtet ist. [3]Die Anordnung erteilt der Richter bei dem Amtsgericht, in dessen Bezirk die Vollstreckungshandlung vorgenommen werden soll. [4]Es ist Sache des Gläubigers, die Anordnung zu erwirken. [5]Die Anordnung ist bei der Zwangsvollstreckung vorzuzeigen, dies ist im Protokoll über die Zwangsvollstreckungshandlung zu vermerken. [6]Die erteilte Anordnung gilt, soweit aus Ihrem Inhalt nichts anderes hervorgeht, nur für die einmalige Durchführung der Zwangsvollstreckung. [7]Sie umfasst die Erlaubnis zur Durchsuchung der Wohnung, falls die Vollstreckungshandlung eine solche erfordert. [8]Es besteht keine gesetzliche Bestimmung, die es dem Gerichtsvollzieher ausdrücklich gestattet, eine zur Tageszeit in einer Wohnung begonnene Vollstreckung nach Beginn der Nachtzeit weiterzuführen. [9]Daher empfiehlt es sich, die Anordnung des Richters bei dem Amtsgericht vorsorglich einholen zu lassen, wenn zu erwarten ist, dass eine Vollstreckung nicht vor Beginn der Nachtzeit beendet werden kann.

(3) [1]Bei Vollziehung von Aufträgen der Steuerbehörde zur Nachtzeit sowie an Sonntagen und allgemeinen Feiertagen ist gemäß § 289 Absatz 1 und 2 AO die schriftliche Erlaubnis der Vollstreckungsbehörde erforderlich. [2]Absatz 2 Satz 5 gilt entsprechend.

§ 34 Unterrichtung des Gläubigers

[1]Der Gerichtsvollzieher unterrichtet den Gläubiger über die Erledigung des Auftrages zur Zwangsvollstreckung. [2]Soweit dafür Vordrucke amtlich festgestellt sind, hat der Gerichtsvollzieher sie zu benutzen.

III. Voraussetzungen der Zwangsvollstreckung

1. Allgemeines

§ 35

(1) Die Zwangsvollstreckung ist nur zulässig, wenn folgende Voraussetzungen erfüllt sind:
1. ein Schuldtitel zugrunde liegt (§§ 36 bis 41),
2. die Ausfertigung des Schuldtitels vorschriftsmäßig mit der Vollstreckungsklausel versehen ist (vollstreckbare Ausfertigung, §§ 42, 43),
3. vor Beginn der Zwangsvollstreckung sämtliche Urkunden zugestellt sind, welche die rechtliche Grundlage für die Zwangsvollstreckung bilden (§§ 44 bis 46).

(2) Vollstreckungstitel nach § 86 Absatz 1 Nummer 1 bis 3 FamFG bedürfen nur dann der Vollstreckungsklausel, wenn die Vollstreckung nicht durch das Gericht erfolgt, das den Titel erlassen hat (§ 86 Absatz 3 FamFG).

(3) Die nach § 801 ZPO zulässigen landesrechtlichen Schuldtitel bedürfen der Vollstreckungsklausel, sofern die Gesetze des Landes, in dem der Titel errichtet ist, nichts anderes bestimmen.

(4) [1]Vollstreckungsbescheide, Arrestbefehle, einstweilige Anordnungen und einstweilige Verfügungen sind ohne Vollstreckungsklausel zur Zwangsvollstreckung geeignet. [2]Eine besondere Klausel ist nur nötig, wenn die Zwangsvollstreckung für einen anderen als den ursprünglichen Gläubiger oder gegen einen anderen als den ursprünglichen Schuldner erfolgen soll (vergleiche §§ 796, 929, 936 ZPO, § 53 Absatz 1 FamFG). [3]Pfändungsbeschlüsse im Fall des § 830 Absatz 1 ZPO, Überweisungsbeschlüsse nach § 836 Absatz 3 ZPO und Haftbefehle nach § 901 ZPO bedürfen ebenfalls keiner Vollstreckungsklausel.

(5) [1]Die Zwangsvollstreckung aus einem Kostenfestsetzungsbeschluss, der gemäß § 105 ZPO auf das Urteil gesetzt ist, erfolgt auf Grund der vollstreckbaren Ausfertigung des Urteils. [2]Einer besonderen Vollstreckungsklausel für den Festsetzungsbeschluss bedarf es nicht (§ 795a ZPO).

2. Schuldtitel

§ 36 Schuldtitel nach der Zivilprozessordnung (ohne ausländische Schuldtitel)

(1) Die Zwangsvollstreckung findet nach der ZPO insbesondere aus folgenden Schuldtiteln statt:
1. aus Endurteilen und Vorbehaltsurteilen deutscher Gerichte, die rechtskräftig oder für vorläufig vollstreckbar erklärt sind (§§ 704, 300, 301, § 302 Absatz 3, § 599 Absatz 3 ZPO),
2. aus Arresten und einstweiligen Verfügungen (§§ 922, 928, 936 ZPO),
3. aus den in § 794 ZPO bezeichneten Entscheidungen und vollstreckbaren Urkunden.

(2) [1]Zu den im § 794 Absatz 1 Nummer 3 ZPO genannten Titeln gehören auch Entscheidungen, gegen welche die Beschwerde gegeben wäre, wenn sie von einem Gericht erster Instanz erlassen worden wären. [2]Beispiele für beschwerdefähige Entscheidungen sind:
1. die Anordnung der Rückgabe einer Sicherheit (§ 109 Absatz 2, § 715 ZPO),
2. die Anordnung von Zwangsmaßnahmen nach den §§ 887 bis 891 ZPO,
3. das Zwischenurteil nach § 135 ZPO.

§ 37 Schuldtitel nach dem Gesetz über das Verfahren in Familiensachen und in den Angelegenheiten der freiwilligen Gerichtsbarkeit (FamFG)

(1) In Familiensachen und Angelegenheiten der freiwilligen Gerichtsbarkeit, soweit es sich nicht um Ehesachen und Familienstreitsachen handelt, findet die Zwangsvollstreckung aus folgenden Titeln statt:
1. Beschlüsse über Zwangsmittel nach § 35 FamFG;
2. aus wirksamen gerichtlichen Beschlüssen nach § 86 Absatz 1 Nummer 1 FamFG (auch einstweilige Anordnungen);
3. aus gerichtlich gebilligten Vergleichen nach § 86 Absatz 1 Nummer 2 FamFG;
4. aus Vollstreckungstiteln im Sinne des § 794 ZPO nach § 86 Absatz 1 Nummer 3 FamFG (Vollstreckungstitel im Sinne des § 794 ZPO sind insbesondere Prozessvergleiche (§ 36

FamFG) und bestimmte notarielle Urkunden, soweit die Beteiligten über den Gegenstand des Verfahrens verfügen können);
5. nach § 371 Absatz 2 FamFG aus rechtskräftig bestätigten Vereinbarungen über eine vorbereitende Maßnahme nach § 366 Absatz 1 FamFG und rechtskräftig bestätigten Auseinandersetzungen nach § 368 FamFG;
6. aus rechtskräftig bestätigten Dispachen (§ 409 Absatz 2 FamFG).

(2) In Familienstreitsachen findet die Zwangsvollstreckung aus wirksamen Beschlüssen (§ 120 Absatz 2 FamFG in Verbindung mit § 116 FamFG (auch einstweilige Anordnungen)) und Arresten (§ 119 FamFG) statt.

§ 38 Schuldtitel nach anderen Gesetzen

Die Zwangsvollstreckung findet insbesondere auch statt aus:
1. Vergütungsfestsetzungen nach § 35 Absatz 3, § 85 Absatz 3, § 104 Absatz 6, § 142 Absatz 6, § 147 Absatz 2, § 258 Absatz 5 und § 265 Absatz 4 AktG, § 26 Absatz 4 des Umwandlungsgesetzes (UmwG) und nach § 318 Absatz 5 des Handelsgesetzbuches (HGB);
2. Zuschlagsbeschlüssen im Zwangsversteigerungsverfahren (§§ 93, 118, 132 ZVG);
3. für vollstreckbar erklärten Vorschuss-, Zusatz- und Nachschussberechnungen (§§ 105 bis 115d GenG);
4. Entscheidungen in Strafsachen, durch die der Verfall einer Sicherheit ausgesprochen ist (§ 124 StPO);
5. Entscheidungen über die Entschädigung des Verletzten im Strafverfahren (§§ 406, 406b StPO);
6. Entscheidungen der Gerichte in Arbeitssachen (§§ 62, 64 Absatz 7, §§ 85, 87 Absatz 2, § 92 Absatz 2 des Arbeitsgerichtsgesetzes (ArbGG)) und der Gerichte der Sozialgerichtsbarkeit (§ 199 des Sozialgerichtsgesetzes (SGG));
7. gerichtlichen Vergleichen, Schiedssprüchen und Schiedsvergleichen in Arbeitsstreitigkeiten (§ 54 Absatz 2, §§ 62, 109 ArbGG) sowie Anerkenntnissen und gerichtlichen Vergleichen nach § 199 Absatz 1 Nummer 3 SGG;
8. Widerrufbescheiden der Entschädigungsbehörden, soweit die Entscheidungsformel die Verpflichtung zur Rückzahlung bestimmter Beträge enthält (§ 205 des Bundesentschädigungsgesetzes (BEG));
9. Verwaltungsakten nach dem Sozialgesetzbuch gemäß § 66 Absatz 4 des Zehnten Buches Sozialgesetzbuch – Sozialverwaltungsverfahren und Sozialdatenschutz – (SGB X);
10. Vergleichen vor den Einigungsstellen in Wettbewerbssachen (§ 27a Absatz 7 des Gesetzes gegen den unlauteren Wettbewerb (UWG));
11. vom Präsidenten der Notarkammer ausgestellten, mit der Bescheinigung der Vollstreckbarkeit und dem Siegel der Notarkammer versehenen Zahlungsaufforderungen wegen rückständiger Beiträge (§ 73 Absatz 2 der Bundesnotarordnung (BNotO)) wegen der von der Notarkammer festgesetzten Zwangsgelder (§ 74 Absatz 2 BNotO) oder wegen der der Notarkammer zukommenden Beträge aus Notariatsverwaltungen (§ 59 Absatz 1 Satz 3 BNotO); ferner aus von dem Präsidenten der Notarkasse in München und dem Präsidenten der Ländernotarkasse in Leipzig ausgestellten, mit der Bescheinigung der Vollstreckbarkeit versehenen Zahlungsaufforderungen wegen rückständiger Abgaben (§ 113 Absatz 17 Satz 7 BNotO) und festgesetzter Zwangsgelder (§ 113 Absatz 18 BNotO);
12. vom Schatzmeister der Rechtsanwaltskammer erteilten, mit der Bescheinigung der Vollstreckbarkeit versehenen beglaubigten Abschriften der Bescheide des Vorstandes der

Rechtsanwaltskammer über die Festsetzung eines Zwangsgeldes (§ 57 Absatz 4 BRAO) und vom Schatzmeister der Patentanwaltskammer erteilten, mit der Bescheinigung der Vollstreckbarkeit versehenen beglaubigten Abschriften der Bescheide des Vorstandes der Patentanwaltskammer über die Festsetzung eines Zwangsgeldes (§ 50 Absatz 4 der Patentanwaltsordnung (PAO));

13. vom Schatzmeister der Rechtsanwaltskammer ausgestellten, mit der Bescheinigung der Vollstreckbarkeit versehenen Zahlungsaufforderungen wegen rückständiger Beiträge (§ 84 Absatz 1 BRAO) und vom Schatzmeister der Patentanwaltskammer ausgestellten, mit der Bescheinigung der Vollstreckbarkeit versehenen Zahlungsaufforderungen wegen rückständiger Beiträge (§ 77 Absatz 1 PAO);

14. vom Vorsitzenden der Kammer des Anwaltsgerichts erteilten, mit der Bescheinigung der Rechtskraft versehenen beglaubigten Abschriften der Entscheidungsformel über die Verhängung einer Geldbuße und der Kostenfestsetzungsbeschlüsse in Verfahren vor dem Ehrengericht (§ 204 Absatz 3, § 205 Absatz 1 BRAO);

15. Kostenfestsetzungs- und Kostenerstattungsbeschlüssen im die Todeserklärungen betreffenden Verfahren (§ 38 des Verschollenheitsgesetzes);

16. Kostenfestsetzungsbeschlüssen in Strafsachen (§ 464b StPO);

17. gerichtlichen Kostenfestsetzungsbeschlüssen in Bußgeldsachen (§ 46 Absatz 1 des Gesetzes über Ordnungswidrigkeiten (OWiG) in Verbindung mit § 464b StPO);

18. Vergütungsfestsetzungsbeschlüssen nach § 11 des Rechtsanwaltsvergütungsgesetzes (RVG);

19. mit der Vollstreckungsklausel versehenen Ausfertigungen der Kostenberechnungen der Notare und Notariatsverwalter (§ 155 der Kostenordnung (KostO); § 58 Absatz 2 und 3 BNotO);

20. den von einer Urkundsperson des Jugendamtes beurkundeten Verpflichtungen zur Erfüllung von Unterhaltsansprüchen nach § 59 Absatz 1 Satz 1 Nummer 3 oder 4 des Achten Buches Sozialgesetzbuch – Kinder- und Jugendhilfe – (SGB VIII) in Verbindung mit § 60 SGB VIII;

21. mit der Vollstreckungsklausel versehenen Ausfertigungen von Niederschriften und Festsetzungsbescheiden einer Wasser- und Schifffahrtsdirektion (§ 38 des Bundeswasserstraßengesetzes (WaStrG));

22. Niederschriften über eine Einigung und Festsetzungsbescheiden über Entschädigungen und Ersatzleistungen nach § 52 des Bundesleistungsgesetzes;

23. Niederschriften über eine Einigung und Beschlüssen über Leistungen, Geldentschädigungen oder Ausgleichszahlungen nach § 122 des Baugesetzbuches (BauGB);

24. Niederschriften über eine Einigung und Entscheidungen über Entschädigungsleistungen oder sonstige Leistungen nach § 104 des Bundesberggesetzes (BBergG);

25. rechtskräftig bestätigten Insolvenzplänen in Verbindung mit der Eintragung in die Tabelle (§ 257 InsO);

26. Eintragungen in die Insolvenztabelle nach § 201 Absatz 2 InsO;

27. Beschlüssen über die Eröffnung des Insolvenzverfahrens (§§ 34, 148 InsO);

28. Auszügen aus dem Schuldenbereinigungsplan in Verbindung mit dem Feststellungsbeschluss des Insolvenzgerichts nach § 308 Absatz 1 InsO.

§ 39   Landesrechtliche Schuldtitel

Hat der Gerichtsvollzieher Zweifel, ob ein landesrechtlicher Schuldtitel nach § 801 ZPO vollstreckbar ist, so legt er ihn seiner vorgesetzten Dienststelle zur Prüfung der Vollstreckbarkeit vor.

§ 40   Ausländische Schuldtitel, die keiner besonderen Anerkennung bedürfen

(1) [1]Schuldtitel nach den in § 1 Absatz 1 des Anerkennungs- und Vollstreckungsausführungsgesetzes (AVAG) genannten zwischenstaatlichen Verträgen und europarechtlichen Verordnungen bedürfen keiner besonderen Anerkennung; sie sind nach der Erteilung der Vollstreckungsklausel durch den Vorsitzenden einer Kammer beim Landgericht zur Zwangsvollstreckung geeignet. [2]Solange die Rechtsbehelfsfrist nach Zustellung der Entscheidung über die Zulassung der Zwangsvollstreckung noch nicht abgelaufen oder über einen Rechtsbehelf noch nicht entschieden ist, darf die Zwangsvollstreckung über Maßregeln der Sicherung nicht hinausgehen (§§ 18 folgende AVAG). [3]Gepfändetes Geld ist zu hinterlegen. [4]Der Gläubiger kann die Zwangsvollstreckung ohne Einschränkung fortsetzen, wenn dem Gerichtsvollzieher ein Zeugnis des Urkundsbeamten der Geschäftsstelle vorgelegt wird, wonach die Zwangsvollstreckung unbeschränkt stattfinden darf (§§ 23 folgende AVAG).

(2) [1]Aus einem Titel, der in einem anderen Mitgliedstaat der Europäischen Union nach der Verordnung (EG) Nr. 805/2004 des Europäischen Parlaments und des Rates vom 21. April 2004 zur Einführung eines Europäischen Vollstreckungstitels für unbestrittene Forderungen (ABl. L 143 vom 30.4.2004, S. 15, ber. ABl. L 97 vom 15.4.2005, S. 64, ber. Abl. L 50 vom 23.2.2008, S. 71) bestätigt worden ist, findet die Zwangsvollstreckung statt, ohne dass es einer Vollstreckungsklausel bedarf (§ 1082 ZPO). [2]Einer deutschen Übersetzung bedarf es nicht, wenn die Bestätigung ausschließlich aus dem nach der Verordnung zu verwendenden Formblatt besteht, welches ausgefüllt (nur durch die Eintragung von Namen, Zahlen und das Ankreuzen von Kästchen) und nicht mit weiteren Zusätzen versehen ist.

(3) [1]Aus für vollstreckbar erklärten Europäischen Zahlungsbefehlen nach der Verordnung (EG) Nr. 1896/2006 des Europäischen Parlaments und des Rates vom 12. Dezember 2006 zur Einführung eines Europäischen Mahnverfahrens (ABl. L 399 vom 30.12.2006, S. 1, ber. ABl. L 46 vom 21.2.2008, S. 52, ber. ABl. L 333 vom 11.12.2008, S. 17), findet die Zwangsvollstreckung statt (§ 794 Absatz 1 Nummer 6 ZPO), ohne dass es einer Vollstreckungsklausel bedarf (§ 1093 ZPO). [2]Einer deutschen Übersetzung bedarf es nicht, wenn die Bestätigung ausschließlich aus dem nach der Verordnung zu verwendenden Formblatt besteht, welches ausgefüllt (nur durch die Eintragung von Namen, Zahlen und das Ankreuzen von Kästchen) und nicht mit weiteren Zusätzen versehen ist.

(4) [1]Aus einem Titel, der in einem Mitgliedstaat der Europäischen Union nach der Verordnung (EG) Nr. 861/2007 des Europäischen Parlaments und des Rates vom 11. Juli 2007 zur Einführung eines europäischen Verfahrens für geringfügige Forderungen (ABl. L 199 vom 31.7.2007, S. 1) ergangen ist, findet die Zwangsvollstreckung im Inland statt, ohne dass es einer Vollstreckungsklausel bedarf (§ 1107 ZPO). [2]Einer deutschen Übersetzung bedarf es nicht, wenn die Bestätigung ausschließlich aus dem nach der Verordnung zu verwendenden Formblatt besteht, welches ausgefüllt (nur durch die Eintragung von Namen, Zahlen und das Ankreuzen von Kästchen) und nicht mit weiteren Zusätzen versehen ist.

§ 41 Sonstige ausländische Schuldtitel

(1) [1]Ausländische Schuldtitel sind zur Vollstreckung nur geeignet, wenn ihre Vollstreckbarkeit durch ein deutsches Gericht anerkannt ist. [2]Die Anerkennung erfolgt durch Vollstreckungsurteil (§§ 722, 723 ZPO) oder durch Beschluss (§ 110 FamFG).

(2) Die Zwangsvollstreckung erfolgt allein auf Grund des mit der Vollstreckungsklausel versehenen deutschen Urteils oder Beschlusses, wenn diese den Inhalt des zu vollstreckenden Anspruchs wiedergeben, sonst auf Grund des deutschen Urteils oder Beschlusses in Verbindung mit dem ausländischen Titel.

(3) Aus einem ausländischen Schiedsspruch findet die Zwangsvollstreckung ebenfalls nur statt, wenn die vollstreckbare Ausfertigung einer Entscheidung des deutschen Gerichts vorgelegt wird, durch die der Schiedsspruch für vorläufig vollstreckbar erklärt worden ist.

(4) [1]Diese Vorschriften gelten nicht, soweit Staatsverträge oder Rechtsakte der Europäischen Union etwas anders bestimmen (vergleiche auch § 97 FamFG und § 40). [2]Wird der Gerichtsvollzieher beauftragt, aus einem ausländischen Titel zu vollstrecken, der nicht den Erfordernissen der Absätze 1 bis 3 entspricht, und ist er im Zweifel, ob die Vollstreckung zulässig ist, so legt er den Vorgang seiner vorgesetzten Dienstbehörde vor und wartet ihre Weisungen ab.

(5) Entscheidungen außerdeutscher Rheinschifffahrtsgerichte und außerdeutscher Moselschifffahrtsgerichte werden auf Grund einer vom Rheinschifffahrtsobergericht Köln beziehungsweise einer vom Moselschifffahrtsobergericht mit der Vollstreckungsklausel versehenen Ausfertigung vollstreckt (§ 21 des Gesetzes über das gerichtliche Verfahren in Binnenschifffahrtssachen).

3. Vollstreckungsklausel

§ 42 Prüfungspflicht des Gerichtsvollziehers

(1) [1]Der Gerichtsvollzieher prüft in jedem Falle die Notwendigkeit, das Vorhandensein, die Form und den Wortlaut der Vollstreckungsklausel. [2]Soweit die Vollstreckung für oder gegen andere als im Schuldtitel oder der Vollstreckungsklausel bezeichnete Personen erfolgt, sind die Besonderheiten nach §§ 727 bis 730 ZPO zu beachten.

(2) [1]Es ist nicht erforderlich, dass die Vollstreckungsklausel genau den vom Gesetz festgelegten Wortlaut hat (§ 725 ZPO). [2]Sie muss aber inhaltlich der gesetzlichen Fassung entsprechen, insbesondere die Zwangsvollstreckung als Zweck hervorheben und den Gläubiger ausreichend bezeichnen.

(3) Das Zeugnis über die Rechtskraft (§ 706 ZPO) ersetzt die Vollstreckungsklausel nicht.

(4) Sind in dem Schuldtitel oder in der Vollstreckungsklausel Beschränkungen ausgesprochen, etwa hinsichtlich des Gegenstandes der Zwangsvollstreckung oder des beizutreibenden Betrags, so darf der Gerichtsvollzieher bei seiner Vollstreckungstätigkeit die Grenzen nicht überschreiten, die ihm hierdurch gezogen sind.

(5) Ein Schuldtitel, in dem als Gläubiger oder Schuldner ein Einzelkaufmann mit seiner Firma bezeichnet ist, ist nicht für oder gegen den jeweiligen Firmeninhaber vollstreckbar.

(6) Tritt auf Seiten des Gläubigers die Rechtsnachfolge erst nach Beginn der Zwangsvollstreckung ein, so darf die Zwangsvollstreckung für den Rechtsnachfolger erst fortgesetzt werden, wenn die Vollstreckungsklausel auf diesen umgeschrieben und dem Schuldner zugestellt ist.

§ 43 Zuständigkeit für die Erteilung der Vollstreckungsklausel

Die vollstreckbare Ausfertigung erteilt:

1. bei gerichtlichen Entscheidungen und Vergleichen grundsätzlich der Urkundsbeamte der Geschäftsstelle des Gerichts erster Instanz; ist der Rechtsstreit bei einem höheren Gericht anhängig, so ist der Urkundsbeamte der Geschäftsstelle dieses Gerichts zuständig (§§ 724, 725 ZPO); dies gilt auch für die Gerichte für Arbeitssachen und die Gerichte der Sozialgerichtsbarkeit;

2. in den Fällen nach § 726 Absatz 1, §§ 727 bis 729, 733, 738, 742, 744, 745 Absatz 2 und § 749 ZPO der Rechtspfleger (§ 20 Nummer 12 des Rechtspflegergesetzes (RPflG)); soweit die Zuständigkeit durch landesrechtliche Bestimmung übertragen wurde, kann auch der Urkundsbeamte der Geschäftsstelle die weitere vollstreckbare Ausfertigung nach § 733 ZPO erteilen (§ 36b Absatz 1 Satz 1 Nummer 3 RPflG);

3. in den Fällen der §§ 9, 13 Absatz 4 und § 17 Absatz 3 AVAG der Urkundsbeamte der Geschäftsstelle;

4. bei Vergleichen vor Gütestellen nach § 794 Absatz 1 Nummer 1 ZPO der Urkundsbeamte der Geschäftsstelle des Amtsgerichts, in dessen Bezirk die Gütestelle ihren Sitz hat, soweit nicht nach landesrechtlicher Bestimmung der Vorsteher der Gütestelle zuständig ist (§ 797a ZPO);

5. bei gerichtlichen Urkunden (§ 794 Absatz 1 Nummer 5 ZPO) der Urkundsbeamte der Geschäftsstelle des Gerichts, das die Urkunde verwahrt (§ 797 Absatz 1 ZPO); eine weitere vollstreckbare Ausfertigung erteilt der Rechtspfleger (§ 20 Nummer 13 RPflG); soweit die Zuständigkeit durch landesrechtliche Bestimmung übertragen wurde, kann auch der Urkundsbeamte der Geschäftsstelle die weitere vollstreckbare Ausfertigung erteilen (§ 36b Absatz 1 Satz 1 Nummer 4 RPflG);

6. bei notariellen Urkunden der Notar oder die Behörde, welche die Urkunde verwahrt (§ 797 Absatz 2 ZPO).

4. Zustellung von Urkunden vor Beginn der Zwangsvollstreckung

§ 44 Allgemeines

(1) [1]Vor Beginn der Zwangsvollstreckung prüft der Gerichtsvollzieher, ob dem Schuldner sämtliche Urkunden zugestellt sind, welche die rechtliche Grundlage für die Zwangsvollstreckung bilden. [2]Nötigenfalls stellt der Gerichtsvollzieher diese Urkunden selbst zu.

(2) Die Zustellung auf Betreiben des Gläubigers ist entbehrlich, soweit die Urkunden zulässigerweise schon von Amts wegen zugestellt sind und die Zustellung dem Gerichtsvollzieher nachgewiesen wird.

(3) Die Vollstreckung vor Zustellung der Entscheidung an den Verpflichteten ist zulässig, wenn das Familiengericht dies angeordnet hat:

1. bei einstweiligen Anordnungen in Gewaltschutzsachen sowie in sonstigen Fällen, in denen hierfür ein besonderes Bedürfnis besteht (§ 53 Absatz 2 FamFG),

2. bei Entscheidungen in Ehewohnungssachen nach § 200 Absatz 1 Nummer 1 FamFG (§ 209 Absatz 3 FamFG),

3. bei Entscheidungen in Gewaltschutzsachen (§ 216 Absatz 2 FamFG).

§ 45   Die zuzustellenden Urkunden

(1) [1]Der Schuldtitel muss dem Schuldner und den zur Duldung der Zwangsvollstreckung verurteilten Personen zugestellt sein. [2]Dies gilt nicht in den Fällen des § 44 Absatz 3 und soweit in den §§ 126, 134 und 152 etwas anderes bestimmt ist. [3]Die Vollstreckungsklausel braucht nur zugestellt zu werden, wenn

1. sie für oder gegen einen Rechtsnachfolger oder für oder gegen eine andere als die ursprüngliche Partei erteilt worden ist (zum Beispiel Erben, Nacherben, Testamentsvollstrecker, Übernehmer eines Vermögens oder eines Handelsgeschäfts, Nießbraucher, Ehegatten, Abkömmlinge),

2. es sich um ein Urteil handelt, dessen Vollstreckung von dem durch den Gläubiger zu beweisenden Eintritt einer anderen Tatsache als einer dem Gläubiger obliegenden Sicherheitsleistung abhängt, so dass die Vollstreckungsklausel erst erteilt werden konnte, nachdem dieser Nachweis geführt war (§ 726 Absatz 1 ZPO).

(2) [1]Ist die Vollstreckungsklausel in den in Absatz 1 bezeichneten Fällen auf Grund öffentlicher oder öffentlich beglaubigter Urkunden erteilt worden, so müssen außer der Vollstreckungsklausel auch diese Urkunden zugestellt werden (§ 750 Absatz 2 ZPO). [2]Jedoch bedarf es keiner Zustellung der das Rechtsnachfolgeverhältnis beweisenden öffentlichen oder öffentlich beglaubigten Urkunden, wenn der Eigentümer eines Grundstücks sich in einer Urkunde nach § 794 Absatz 1 Nummer 5 ZPO wegen einer auf dem Grundstück lastenden Hypothek, Grundschuld oder Rentenschuld der sofortigen Zwangsvollstreckung unterworfen hat und der Rechtsnachfolger des Gläubigers, dem auf Grund der Rechtsnachfolge eine vollstreckbare Ausfertigung der Urkunde erteilt ist, im Grundbuch als Gläubiger eingetragen ist. [3]Dasselbe gilt, wenn sich der Eigentümer wegen der Hypothek, Grundschuld oder Rentenschuld der sofortigen Zwangsvollstreckung in der Weise unterworfen hat, dass die Zwangsvollstreckung gegen den jeweiligen Eigentümer des Grundstücks zulässig sein soll, sofern die Unterwerfung im Grundbuch vermerkt ist und der Rechtsnachfolger, gegen den die Vollstreckungsklausel erteilt ist, im Grundbuch als Eigentümer eingetragen ist (§§ 799, 800 ZPO).

(3) [1]Hängt die Vollstreckung von einer Sicherheitsleistung des Gläubigers ab, so muss die öffentliche oder öffentlich beglaubigte Urkunde, aus der sich die Sicherheitsleistung ergibt, ebenfalls zugestellt werden (§ 751 Absatz 2 ZPO). [2]Wird die Sicherheitsleistung durch Bankbürgschaft erbracht, ist dem Gegner das Original der Bürgschaftsurkunde zu übergeben.

(4) [1]Hat der Schuldner Zug um Zug gegen eine von dem Gläubiger zu bewirkende Gegenleistung zu erfüllen, so müssen auch die öffentlichen oder öffentlich beglaubigten Urkunden zugestellt werden, aus denen sich ergibt, dass der Schuldner wegen der Gegenleistung befriedigt oder dass er im Annahmeverzug ist. [2]Dies gilt nicht, wenn der Gerichtsvollzieher die Gegenleistung selbst anbietet (§ 756 ZPO).

§ 46   Zeit der Zustellung in besonderen Fällen

(1) Die Zwangsvollstreckung aus den folgenden Schuldtiteln darf nur beginnen, wenn der Titel mindestens zwei Wochen vorher zugestellt ist:

1. aus einem Kostenfestsetzungsbeschluss, der nicht auf das Urteil gesetzt ist, aus Beschlüssen nach § 794 Absatz 1 Nummer 4b ZPO sowie aus den nach § 794 Absatz 1 Nummer 5 ZPO aufgenommenen Urkunden;

2. aus Kostenentscheidungen ausländischer Gerichte, die auf Grund zwischenstaatlicher Vereinbarungen und der Ausführungsgesetze hierzu für vollstreckbar erklärt wurden,

3. aus den mit der Vollstreckungsklausel des Notars oder Notariatsverwalters versehenen Ausfertigungen seiner Kostenberechnungen (§ 155 KostO, § 58 Absatz 2 und 3 BNotO);

4. aus der in § 68 Nummer 13 aufgeführten, vom Schatzmeister der Rechtsanwaltskammer bzw. Patentanwaltskammer ausgestellten vollstreckbaren Zahlungsaufforderung (§ 84 Absatz 2 BRAO, § 77 Absatz 2 PAO).

(2) [1]Die Sicherungsvollstreckung nach § 720a ZPO darf nur beginnen, wenn das Urteil mindestens zwei Wochen vorher zugestellt wurde. [2]Im Falle des § 750 Absatz 2 ZPO gilt dies auch für die Vollstreckungsklausel und die Abschriften der öffentlichen oder öffentlich beglaubigten Urkunden, die der Vollstreckungsklausel zugrunde liegen (§ 750 Absatz 3 ZPO).

(3) Die Zwangsvollstreckung aus der Niederschrift über die Einigung nach § 38 des Bundeswasserstraßengesetzes findet statt, wenn die vollstreckbare Ausfertigung mindestens eine Woche vorher zugestellt ist.

[§ 47 ...]

IV. Zwangsvollstreckung in besonderen Fällen

1. Fälle, in denen der Gerichtsvollzieher bestimmte besondere Voraussetzungen der Zwangsvollstreckung festzustellen hat

§ 48 Abhängigkeit der Zwangsvollstreckung von einer Sicherheitsleistung des Gläubigers

(1) [1]Ist die Zwangsvollstreckung von einer Sicherheitsleistung des Gläubigers abhängig und beabsichtigt dieser nur wegen eines bezifferten oder ohne weiteres bezifferbaren Teilbetrages einer Geldforderung zu vollstrecken, so hat er die entsprechende Teilsicherheitsleistung nachzuweisen. [2]Der Gerichtsvollzieher prüft, ob die geleistete Teilsicherheit für die beantragte Teilvollstreckung ausreicht, andernfalls führt er die Teilvollstreckung nur in der Höhe aus, die der Teilsicherheit entspricht. [3]Bei der Berechnung ist von der in dem Urteil angegebenen Gesamtsicherheit (auch bei weiteren Teilvollstreckungen) und von dem Gesamtbetrag der Vollstreckungsforderung zur Zeit der Auftragserteilung, der sich aus der von dem Gläubiger vorzulegenden Forderungsaufstellung ergibt, auszugehen. [4]Der Gläubiger kann mehrfach Teilvollstreckung bei Nachweis weiterer Teilsicherheiten verlangen. [5]Ist bei einer Verurteilung zu verschiedenartigen Leistungen die Gesamtsicherheit für die Geldleistung nicht gesondert ausgewiesen, kommt eine Teilvollstreckung gegen Teilsicherheitsleistung nicht in Betracht. [6]Die Höhe des zulässigen Betrages für eine Teilvollstreckung errechnet sich wie folgt:

$$\frac{\text{Teilsicherheitsleistung} \times \text{Gesamtbetrag der zu vollstreckenden Forderung}}{\text{Gesamtsicherheitsleistung}}$$

[7]Die Höhe einer Teilsicherheitsleistung kann wie folgt errechnet werden:

$$\frac{\text{Zu vollstreckender Teilbetrag} \times \text{Gesamtsicherheitsleistung}}{\text{Gesamtbetrag der zu vollstreckenden Forderung}}$$

[8]Soweit der Gerichtsvollzieher die Teilvollstreckung durchführt, vermerkt er dies zusammen mit Art, Höhe und Datum der geleisteten Sicherheit und – bei der ersten Teilvollstreckung – mit dem Gesamtbetrag der zu vollstreckenden Forderung auf dem Titel. [9]Eine Teilvollstreckung ist auch bei einer entsprechenden Gegensicherheitsleistung des Gläubigers im Falle des § 711 Satz 1 ZPO möglich.

(2) Von dem Nachweis der Sicherheitsleistung hat der Gerichtsvollzieher abzusehen:

1. wenn die Entscheidung rechtskräftig geworden ist und der Urkundsbeamte der Geschäftsstelle dies auf dem Schuldtitel bescheinigt hat,

2. wenn ihm ein vorläufig vollstreckbares Berufungsurteil gegen das Urteil erster Instanz vorgelegt wird (§ 708 Nummer 10 ZPO),

3. wenn ihm die Entscheidung eines Gerichts vorgelegt wird, durch die gemäß §§ 537, 558 und 718 ZPO die vorläufige Vollstreckbarkeit ohne Sicherheitsleistung angeordnet worden ist,

4. wenn die Sicherungsvollstreckung betrieben wird (§§ 720a, 795 Satz 2 ZPO).

§ 49 Hinweis bei Sicherungsvollstreckung

Hat der Gläubiger aus einem nur gegen Sicherheitsleistung vorläufig vollstreckbaren Urteil gemäß § 720a ZPO ohne Sicherheitsleistung pfänden lassen und erscheint ein Antrag auf Versteigerung erforderlich, weil die gepfändete Sache der Gefahr einer beträchtlichen Wertminderung ausgesetzt ist oder ihre Aufbewahrung unverhältnismäßig hohe Kosten verursachen würde, so soll der Gerichtsvollzieher die Beteiligten darauf hinweisen.

2. Zwangsvollstreckung gegen juristische Personen des öffentlichen Rechts

[§ 50...]

3. Zwangsvollstreckung während eines Insolvenzverfahrens

[§ 51...]

4. Zwangsvollstreckung in einen Nachlass gegen den Erben

[§§ 52–53]

5. Zwangsvollstreckung in sonstige Vermögensmassen

[§§ 54–57]

V. Verhalten bei der Zwangsvollstreckung

§ 58 Allgemeines

(1) [1]Bei der Zwangsvollstreckung wahrt der Gerichtsvollzieher neben dem Interesse des Gläubigers auch das des Schuldners, soweit dies ohne Gefährdung des Erfolgs der Zwangsvollstreckung geschehen kann. [2]Er vermeidet jede unnötige Schädigung oder Ehrenkränkung des Schuldners und die Erregung überflüssigen Aufsehens. [3]Er ist darauf bedacht, dass nur die unbedingt notwendigen Kosten und Aufwendungen entstehen.

(2) Auf etwaige Wünsche des Gläubigers oder des Schuldners hinsichtlich der Ausführung der Zwangsvollstreckung nimmt der Gerichtsvollzieher Rücksicht, soweit es ohne überflüssige Kosten und Schwierigkeiten und ohne Beeinträchtigung des Zwecks der Vollstreckung geschehen kann.

§ 59 Leistungsaufforderung an den Schuldner

(1) [1]Vor Beginn der Zwangsvollstreckung setzt der Gerichtsvollzieher den Schuldner über die bevorstehende Zwangsvollstreckung nicht in Kenntnis. [2]Die Vorschriften des § 802f Absatz 1 Satz 1 ZPO, des § 128 Absatz 2 und § 145 Absatz 1 Satz 2 bleiben hiervon unberührt. [3]Jedoch kann der Gerichtsvollzieher einen Schuldner vor der Vornahme einer Zwangsvollstreckung unter Hinweis auf die Kosten der Zwangsvollstreckung auffordern, binnen kurzer Frist zu

leisten oder den Leistungsnachweis zu erbringen, wenn die Kosten der Zwangsvollstreckung in einem Missverhältnis zu dem Wert des Vollstreckungsgegenstandes stehen würden und der Gerichtsvollzieher mit gutem Grund annehmen kann, dass der Schuldner der Aufforderung entsprechen wird.

(2) [1]Zu Beginn der Zwangsvollstreckung fordert der Gerichtsvollzieher den Schuldner zur freiwilligen Leistung auf, sofern er ihn antrifft. [2]Trifft er nicht den Schuldner, aber eine erwachsene Person an, so weist er sich zunächst nur mit seinem Dienstausweis aus und befragt die Person, ob sie über das Geld des Schuldners verfügen darf oder aus eigenen Mitteln Zahlungen für den Schuldner bewirken möchte; bejaht die Person die Frage, fordert er sie zur freiwilligen Leistung auf.

§ 60 Annahme und Ablieferung der Leistung

(1) [1]Der Gerichtsvollzieher ist verpflichtet, die ihm angebotene Leistung oder Teilleistung anzunehmen und den Empfang zu bescheinigen. [2]Leistungen, die ihm unter einer Bedingung oder einem Vorbehalt angeboten werden, weist er zurück. [3]Wird der Anspruch des Gläubigers aus dem Schuldtitel einschließlich aller Nebenforderungen und Kosten durch freiwillige oder zwangsweise Leistung an den Gerichtsvollzieher vollständig gedeckt, so übergibt der Gerichtsvollzieher dem Schuldner die vollstreckbare Ausfertigung nebst einer Quittung (§ 757 ZPO). [4]Leistet der Schuldner durch Übergabe eines Bar- oder Verrechnungsschecks, ist Absatz 3 Satz 3 und Absatz 5 zu beachten. [5]Bei einer teilweisen Leistung ist diese auf der vollstreckbaren Ausfertigung zu vermerken und dem Schuldner lediglich eine Quittung zu erteilen. [6]Die empfangene Leistung oder den dem Gerichtsvollzieher-Dienstkonto gutgeschriebenen Gegenwert des Schecks liefert der Gerichtsvollzieher unverzüglich an den Gläubiger ab, sofern dieser nichts anderes bestimmt hat. [7]Verlangt der als Gläubigervertreter tätige Prozessbevollmächtigte oder eine dritte Person die Herausgabe der Leistung, muss sie dem Gerichtsvollzieher eine Geldempfangsvollmacht vorlegen.

(2) [1]Ist dem Schuldner im Schuldtitel nachgelassen, die Zwangsvollstreckung durch eine Ersatzleistung abzuwenden, so nimmt der Gerichtsvollzieher diese Leistung an. [2]Im Übrigen darf er Ersatzleistungen, die ihm der Schuldner an Erfüllungs Statt oder erfüllungshalber anbietet, nur annehmen, wenn ihn der Gläubiger hierzu ermächtigt hat.

(3) [1]Die Übergabe und die Person des Empfängers des Schuldtitels sind aktenkundig zu machen. [2]Hat der Schuldner unmittelbar an den Gläubiger oder dessen Vertreter oder Prozessbevollmächtigten vollständig geleistet, so darf der Gerichtsvollzieher dem Schuldner die vollstreckbare Ausfertigung erst nach Zustimmung des Auftraggebers übergeben. [3]Bei Entgegennahme von Schecks ist dem Schuldner die vollstreckbare Ausfertigung erst auszuhändigen, wenn der Scheckbetrag dem Dienstkonto des Gerichtsvollziehers gutgeschrieben ist oder wenn der Auftraggeber der Aushändigung zustimmt.

(4) [1]Eine nur teilweise Leistung vermerkt der Gerichtsvollzieher auf dem Schuldtitel. In diesem Fall ist der Titel dem Schuldner nicht auszuhändigen. [2]Wegen des Restbetrags ist die Zwangsvollstreckung fortzusetzen, sofern sich aus dem Auftrag nichts anderes ergibt.

(5) [1]Bar- und Verrechnungsschecks darf der Gerichtsvollzieher auch ohne Ermächtigung des Gläubigers erfüllungshalber annehmen. [2]In diesem Fall hat er die Vollstreckungsmaßnahmen in der Regel auftragsgemäß durchzuführen; die auf die Verwertung gepfändeter Gegenstände gerichteten Maßnahmen sind jedoch in der Regel erst vorzunehmen, wenn feststeht, dass der Scheck nicht eingelöst wird. [3]Der Gerichtsvollzieher erteilt dem Schuldner eine Quittung

über die Entgegennahme des Schecks. [4]Schecks hat der Gerichtsvollzieher, sofern der Gläubiger keine andere Weisung erteilt hat, unverzüglich dem Kreditinstitut, das sein Dienstkonto führt, einzureichen mit dem Ersuchen, den Gegenwert dem Dienstkonto gutzuschreiben. [5]Verlangt der Schuldner ausdrücklich, dass der Gerichtsvollzieher den Scheck an den Gläubiger weitergibt, ist dies im Protokoll zu vermerken; der Scheck sowie der Titel sind – falls die Vollstreckung nicht fortgesetzt wird – dem Gläubiger zu übermitteln. [6]Der Gerichtsvollzieher belehrt den Schuldner über dessen Anspruch auf Herausgabe des Titels bei vollständiger Befriedigung des Gläubigers sowie über die Gefahr weiterer Vollstreckungsmaßnahmen, die mit der Aushändigung des Titels an den Gläubiger verbunden ist. [7]Belehrung und Weitergabe des Schecks an den Gläubiger sind aktenkundig zu machen.

§ 61   Durchsuchung

(1) [1]Der Gerichtsvollzieher ist befugt, die Wohnung und die Behältnisse des Schuldners zu durchsuchen, wenn dieser in die Durchsuchung einwilligt; dies ist im Protokoll zu vermerken. [2]Zur Wohnung gehören alle Räumlichkeiten, die den häuslichen oder beruflichen Zwecken ihres Inhabers dienen, insbesondere die eigentliche Wohnung, ferner Arbeits-, Betriebs- und andere Geschäftsräume, dazugehörige Nebenräume sowie das angrenzende befriedete Besitztum (Hofraum, Hausgarten).

(2) [1]Gestattet der Schuldner die Durchsuchung nicht, so ist er vom Gerichtsvollzieher nach den Gründen zu befragen, die er gegen eine Durchsuchung geltend machen will. [2]Seine Erklärungen sind ihrem wesentlichen Inhalt nach im Protokoll festzuhalten. [3]Der Gerichtsvollzieher belehrt den Schuldner zugleich, dass er aufgrund der Durchsuchungsverweigerung zur Abgabe der Vermögensauskunft nach § 807 Absatz 1 Nummer 1 ZPO verpflichtet ist, sofern ein entsprechender Antrag des Gläubigers vorliegt, dass er deren sofortiger Abnahme jedoch widersprechen kann. [4]Die Belehrung vermerkt er im Protokoll.

(3) [1]Es ist Sache des Gläubigers, die richterliche Durchsuchungsanordnung zu erwirken. [2]Die Durchsuchungsanordnung erteilt der Richter bei dem Amtsgericht, in dessen Bezirk die Durchsuchung erfolgen soll. [3]Der Gerichtsvollzieher übersendet dem Gläubiger die Vollstreckungsunterlagen und eine Abschrift des Protokolls; ein Antrag auf Übersendung des Protokolls ist zu unterstellen.

(4) Auch ohne eine richterliche Anordnung darf der Gerichtsvollzieher die Wohnung des Schuldners durchsuchen, wenn die Verzögerung, die mit der vorherigen Einholung einer solchen Anordnung verbunden ist, den Erfolg der Durchsuchung gefährden würde.

(5) Die Durchsuchungsanordnung ist bei der Zwangsvollstreckung vorzuzeigen und in dem Protokoll zu erwähnen.

(6) [1]Trifft der Gerichtsvollzieher bei einem Vollstreckungsversuch keine Person in der Wohnung des Schuldners an, so vermerkt er dies in den Akten und verfährt im Übrigen, wenn er den Schuldner wiederholt nicht angetroffen hat, nach den Bestimmungen der Absätze 3 bis 4. [2]Liegt ein kombinierter Auftrag gemäß § 807 ZPO vor, stimmt der Gerichtsvollzieher im Falle des wiederholten Nichtantreffens des Schuldners das weitere Vorgehen mit dem Gläubiger ab, sofern der Auftrag nicht bereits für diesen Fall bestimmte Vorgaben enthält. [3]Er soll die Wohnung in der Regel erst dann gewaltsam öffnen, wenn er dies dem Schuldner schriftlich angekündigt hat. [4]Die Ankündigung soll Hinweise auf § 758 ZPO und § 288 des Strafgesetzbuchs (StGB), auf die Durchsuchungsanordnung sowie eine Zahlungsaufforderung enthalten.

(7) Die Absätze 1 bis 6 gelten entsprechend, wenn die Wohnung wegen der Herausgabe beweglicher Sachen oder zur Vollstreckung von Anordnungen nach § 1 Absatz 1 Nummer 2a der Justizbeitreibungsordnung (JBeitrO) einschließlich der Wegnahme des Führerscheins durchsucht werden soll.

(8) Dagegen ist eine richterliche Durchsuchungsanordnung für die Räumung einer Wohnung und die Verhaftung einer Person auf Grund eines richterlichen Haftbefehls nicht erforderlich; gleiches gilt für die spätere Abholung gepfändeter, im Gewahrsam des Schuldners belassener Sachen, wenn bereits für die Pfändung eine Durchsuchungsanordnung vorgelegen hatte.

(9) [1]Liegt eine richterliche Durchsuchungsanordnung vor, können auch alle weiteren dem Gerichtsvollzieher vorliegenden Aufträge gleichzeitig vollstreckt werden, wenn die Vollstreckung wegen dieser Aufträge keine zusätzlichen weitergehenden Maßnahmen (Durchsuchung anderer Räume und Behältnisse) erfordert, die zwangsläufig zu einem längeren Verweilen des Gerichtsvollziehers in den Räumen des Schuldners führen. [2]Anderenfalls bedarf es gesonderter richterlicher Durchsuchungsanordnungen.

(10) [1]Die Kleider und Taschen des Schuldners darf der Gerichtsvollzieher durchsuchen. [2]Einer besonderen Anordnung des Richters bedarf es nur dann, wenn die Durchsuchung in der Wohnung des Schuldners gegen dessen Willen erfolgen soll. [3]Die Absätze 1 bis 5 finden entsprechende Anwendung. [4]Die Durchsuchung einer weiblichen Person lässt der Gerichtsvollzieher durch eine zuverlässige weibliche Hilfsperson durchführen. [5]Die Durchsuchung einer männlichen Person ist durch eine zuverlässige männliche Hilfskraft durchzuführen, wenn eine Gerichtsvollzieherin vollstreckt.

(11) [1]Personen, die gemeinsam mit dem Schuldner die Wohnung bewohnen, haben die Durchsuchung zu dulden, wenn diese gegen den Schuldner zulässig ist. [2]Trotz dieser grundsätzlichen Duldungspflicht hat der Gerichtsvollzieher besondere persönliche Umstände der Mitbewohner, wie zum Beispiel eine offensichtliche oder durch ärztliches Zeugnis nachgewiesene akute Erkrankung oder eine ernsthafte Gefährdung ihrer Gesundheit zur Vermeidung unbilliger Härten zu berücksichtigen und danach in Ausnahmefällen auch die Durchsuchung zu unterlassen.

(12) Für eine Durchsuchung zur Vollstreckung von Entscheidungen über die Herausgabe von Personen und die Regelung des Umgangs gilt § 156.

§ 62   Widerstand gegen die Zwangsvollstreckung und Zuziehung von Zeugen

(1) Findet der Gerichtsvollzieher Widerstand, so darf er unbeschadet der Regelung des § 61 Gewalt anwenden und zu diesem Zweck polizeiliche Unterstützung anfordern (§ 758 Absatz 3 ZPO).

(2) [1]Der Gerichtsvollzieher muss zu einer Vollstreckungshandlung zwei erwachsene Personen oder einen Gemeinde- oder Polizeibeamten als Zeugen zuziehen (§ 759 ZPO), wenn

1. Widerstand geleistet wird,
2. bei einer Vollstreckungshandlung in der Wohnung des Schuldners weder der Schuldner selbst noch eine zur Familie gehörige oder in seiner Familie beschäftigte erwachsene Person gegenwärtig ist.

[2]Als Zeugen sollen unbeteiligte und geeignet erscheinende Personen ausgewählt werden, die möglichst am Ort der Vollstreckung oder in dessen Nähe wohnen sollen. [3]Die Zeugen haben das Protokoll mit zu unterschreiben (vergleiche § 63 Absatz 3). [4]Den Zeugen ist auf Verlangen

eine angemessene Entschädigung zu gewähren. [5]Die Entschädigung richtet sich nach den Bestimmungen des Justizvergütungs- und -entschädigungsgesetzes (JVEG).

(3) Widerstand im Sinne dieser Bestimmungen ist jedes Verhalten, das geeignet ist, die Annahme zu begründen, die Zwangsvollstreckung werde sich nicht ohne Gewaltanwendung durchführen lassen.

(4) Für die Anwendung unmittelbaren Zwangs zur Vollstreckung von Entscheidungen über die Herausgabe von Personen und die Regelung des Umgangs gilt § 156.

VI. Protokoll

§ 63

(1) [1]Der Gerichtsvollzieher muss über jede Vollstreckungshandlung ein Protokoll nach den Vorschriften der §§ 762 und 763 ZPO aufnehmen; dies gilt auch für versuchte Vollstreckungshandlungen und vorbereitende Tätigkeiten. [2]Vollstreckungshandlungen sind alle Handlungen, die der Gerichtsvollzieher zum Zweck der Zwangsvollstreckung vornimmt, auch das Betreten der Wohnung des Schuldners und ihre Durchsuchung, die Aufforderung zur Zahlung (§ 59 Absatz 2) und die Annahme der Zahlung, die nachträgliche Wegschaffung der gepfändeten Sachen und ihre Verwertung. [3]Das Protokoll muss den Gang der Vollstreckungshandlung unter Hervorhebung aller wesentlichen Vorgänge angeben. [4]Die zur Vollstreckungshandlung gehörenden Aufforderungen und Mitteilungen des Gerichtsvollziehers und die Erklärungen des Schuldners oder eines anderen Beteiligten sind vollständig in das Protokoll aufzunehmen (zum Beispiel das Vorbringen des Schuldners zur glaubhaften Darlegung seiner Ratenzahlungsfähigkeit nach § 802b ZPO). [5]Ist die Zwangsvollstreckung von einer Zug um Zug zu bewirkenden Gegenleistung abhängig, beurkundet der Gerichtsvollzieher das Angebot und die Erklärung des Schuldners in dem Pfändungsprotokoll oder in einem besonderen Protokoll (§§ 756, 762, 763 ZPO).

(2) [1]Der Schuldtitel, auf Grund dessen vollstreckt wird, ist genau zu bezeichnen. [2]Bleibt die Vollstreckung ganz oder teilweise ohne Erfolg, so muss das Protokoll erkennen lassen, dass der Gerichtsvollzieher alle zulässigen Mittel versucht hat, dass aber kein anderes Ergebnis zu erreichen war. [3]Bei dem erheblichen Interesse des Gläubigers an einem Erfolg der Zwangsvollstreckung darf der Gerichtsvollzieher die Vollstreckung nur nach sorgfältiger Prüfung ganz oder teilweise als erfolglos bezeichnen.

(3) [1]Das Protokoll ist im unmittelbaren Anschluss an die Vollstreckungshandlungen und an Ort und Stelle aufzunehmen. [2]Werden Abweichungen von dieser Regel notwendig, so sind die Gründe hierfür im Protokoll anzugeben. [3]Das Protokoll ist auch von den nach § 759 ZPO zugezogenen Zeugen zu unterschreiben (§ 762 Nummer 3 und 4 ZPO). [4]Nimmt das Geschäft mehrere Tage in Anspruch, so ist das Protokoll an jedem Tage abzuschließen und zu unterzeichnen.

(4) [1]Im Übrigen sind die allgemeinen Bestimmungen über die Beurkundungen des Gerichtsvollziehers zu beachten (vergleiche § 7). [2]Der Dienststempelabdruck braucht dem Protokoll nicht beigefügt zu werden.

(5) [1]Kann der Gerichtsvollzieher die zur Vollstreckungshandlung gehörenden Aufforderungen und sonstigen Mitteilungen nicht mündlich ausführen, so übersendet er demjenigen, an den die Aufforderung oder Mitteilung zu richten ist, eine Abschrift des Protokolls durch gewöhnlichen Brief. [2]Der Gerichtsvollzieher kann die Aufforderung oder Mitteilung auch unter ent-

sprechender Anwendung der §§ 191 und 178 bis 181 ZPO zustellen. [3]Er wählt die Zustellung jedoch nur, wenn andernfalls ein sicherer Zugang nicht wahrscheinlich ist. [4]Die Befolgung dieser Vorschriften muss im Protokoll vermerkt sein. [5]Bei der Übersendung durch die Post bedarf es keiner weiteren Beurkundung als dieses Vermerks. [6]Eine öffentliche Zustellung findet nicht statt.

(6) Sofern nichts anderes vorgeschrieben ist, darf der Gerichtsvollzieher Abschriften von Protokollen nur auf ausdrücklichen Antrag erteilen.

VII. Einstellung, Beschränkung, Aufhebung und Aufschub der Zwangsvollstreckung

§ 64 Einstellung, Beschränkung und Aufhebung der Zwangsvollstreckung in anderen Fällen

(1) Der Gerichtsvollzieher muss die getroffenen Zwangsvollstreckungsmaßnahmen aufheben oder die Zwangsvollstreckung einstellen oder beschränken, wenn ihn der Gläubiger hierzu anweist.

(2) [1]Durch den Widerspruch des Schuldners oder dritter Personen darf er sich von der Durchführung der Zwangsvollstreckung nicht abhalten lassen (§ 61 bleibt hiervon unberührt). [2]Nur in den Fällen der §§ 775 und 776 ZPO hat er die Zwangsvollstreckung von Amts wegen einzustellen oder zu beschränken. [3]In den Fällen des § 775 Nummer 1 und 3 ZPO sind zugleich die bereits erfolgten Vollstreckungsmaßregeln aufzuheben.

(3) Der Gerichtsvollzieher hat hierbei Folgendes zu beachten:

1. [1]Er hat die Vollstreckbarkeit der vorgelegten Entscheidung zu prüfen, wenn sie nicht schon in Form einer vollstreckbaren Ausfertigung vorgelegt wird. [2]Vollstreckbar ist eine Entscheidung, wenn sie für vorläufig vollstreckbar erklärt oder wenn sie mit dem Zeugnis der Rechtskraft versehen ist (§ 706 ZPO); es ist nicht erforderlich, dass die Entscheidung mit der Vollstreckungsklausel versehen oder nach § 750 ZPO zugestellt ist. [3]Urteile, die in der Revisionsinstanz erlassen sind, sind auch ohne Zeugnis als rechtskräftig anzusehen, es sei denn, dass es sich um Versäumnisurteile handelt. [4]Eine in der Beschwerdeinstanz erlassene Entscheidung sowie eine Entscheidung, durch die ein vorläufig vollstreckbares Urteil oder dessen vorläufige Vollstreckbarkeit aufgehoben wird, ist in jedem Fall geeignet, die Einstellung der Zwangsvollstreckung zu begründen.

2. [1]Im Fall der einstweiligen Einstellung der Vollstreckung ist es nicht erforderlich, dass die gerichtliche Entscheidung rechtskräftig oder vorläufig vollstreckbar ist. [2]Bei einer Einstellung auf unbestimmte Zeit ist der Schuldtitel zurückzugeben und der Antrag des Gläubigers auf Fortsetzung der Vollstreckung abzuwarten, es sei denn, dass mit der alsbaldigen Fortsetzung der Zwangsvollstreckung zu rechnen ist.

(4) [1]Die für Urteile getroffenen Bestimmungen finden auf die sonstigen Schuldtitel entsprechende Anwendung (§ 795 ZPO). [2]Die Einstellung der Vollstreckung aus einem Titel hat von selbst auch dieselbe Wirkung für einen auf dem Titel beruhenden Kostenfestsetzungsbeschluss.

(5) [1]Die Einstellung oder Beschränkung sowie gegebenenfalls die Aufhebung der Zwangsvollstreckung ist – sofern sie nicht bei der Vollstreckungshandlung erfolgt und in dem über die Vollstreckungshandlung aufzunehmenden Protokoll zu erwähnen ist – unter genauer Bezeichnung der zugrunde liegenden Schriftstücke zu den Vollstreckungsakten zu vermerken.

[2]Der Gläubiger ist von der Einstellung, Beschränkung oder Aufhebung von Vollstreckungsmaßregeln unverzüglich zu benachrichtigen. [3]Besteht die Gefahr einer beträchtlichen Wertverringerung oder unverhältnismäßiger Kosten der Aufbewahrung der gepfändeten Sachen, so soll der Gerichtsvollzieher die Beteiligten darauf aufmerksam machen und dies in den Akten vermerken.

(6) [1]Ohne die Voraussetzungen der §§ 775 und 776 ZPO darf der Gerichtsvollzieher nur dann die Zwangsvollstreckung einstellen oder durchgeführte Vollstreckungsmaßnahmen aufheben, wenn es besonders bestimmt ist (vergleiche § 60 Absatz 2 und 5, §§ 75, 95 Absatz 4, § 103 Absatz 4). [2]Ein Entscheidungsrecht darüber, ob er die Zwangsvollstreckung aufschieben darf, steht ihm nur in den gesetzlich bestimmten Fällen zu (vergleiche § 65). [3]Der Gerichtsvollzieher weist deshalb einen Beteiligten, der den Aufschub, die Einstellung oder die Aufhebung der Zwangsvollstreckung begehrt, auf die zulässigen Rechtsbehelfe hin.

(7) Für die Akten- und Listenführung gelten die Vorschriften der Gerichtsvollzieherordnung über die Behandlung und Überwachung ruhender Vollstreckungsaufträge.

§ 65 Aufschub von Vollstreckungsmaßnahmen zur Erwirkung der Herausgabe von Sachen

(1) Der Gerichtsvollzieher kann eine Maßnahme zur Erwirkung der Herausgabe von Sachen (§§ 127 bis 132) gemäß § 765a Absatz 2 ZPO aufschieben.

(2) [1]Schiebt der Gerichtsvollzieher die Zwangsvollstreckung auf, so weist er den Schuldner darauf hin, dass die Vollstreckung nach Ablauf einer Woche durchgeführt wird, falls der Schuldner bis dahin keine Einstellung durch das Vollstreckungsgericht erwirkt hat. [2]Er belehrt den Schuldner zugleich über die strafrechtlichen Folgen einer Vollstreckungsvereitelung (§ 288 StGB).

VIII. Prüfungs- und Mitteilungspflichten bei der Wegnahme und Weitergabe von Waffen und Munition

§ 66

(1) [1]Hat der Gerichtsvollzieher Schusswaffen, Munition oder diesen gleichstehende Gegenstände in Besitz genommen und will er sie dem Gläubiger oder einem Dritten übergeben, so prüft er, ob der Erwerb erlaubnis- oder anmeldepflichtig ist. [2]Ist dies zweifelhaft, überlässt er die Gegenstände erst dann, wenn die zuständige Verwaltungsbehörde dies für unbedenklich erklärt hat.

(2) [1]Ist der Erwerb erlaubnis- oder anmeldepflichtig, so zeigt er die beabsichtigte Übergabe der zuständigen Verwaltungsbehörde unverzüglich an. [2]In der Anzeige bezeichnet er:

1. den früheren Inhaber und den Empfänger der Schusswaffe, der Munition oder des gleichstehenden Gegenstandes mit Namen und Anschrift,

2. Art (gegebenenfalls Fabrikat und Nummer) und Kaliber der Waffe, der Munition oder des gleichstehenden Gegenstandes.

[3]Die Waffe, Munition oder die ihnen gleichstehenden Gegenstände händigt er erst einen Monat nach dieser Anzeige an den Gläubiger oder Dritten aus; hierauf weist er in der Anzeige hin.

(3) Örtlich zuständig ist die Behörde, in deren Bezirk derjenige, dem der Gerichtsvollzieher den Gegenstand aushändigen will, seinen gewöhnlichen Aufenthalt oder bei Fehlen eines gewöhnlichen Aufenthalts seinen jeweiligen Aufenthalt hat.

B. Zwangsvollstreckung wegen Geldforderungen

I. Allgemeine Vorschriften

§ 67 Begriff der Geldforderung

(1) [1]Geldforderung ist jede Forderung, die auf Leistung einer bestimmten Wertgröße in Geld gerichtet ist. [2]Geldforderungen im Sinne des Vollstreckungsrechts sind auch die Haftungsansprüche für Geldleistungen, zum Beispiel die Ansprüche im Fall der Verurteilung zur Duldung der Zwangsvollstreckung.

(2) Sollen Stücke einer bestimmten Münzsorte oder bestimmte Wertzeichen geleistet werden (Geldsortenschuld), so erfolgt die Zwangsvollstreckung nach den Vorschriften über die Herausgabe beweglicher Sachen (§§ 884, 883 Absatz 1 ZPO).

§ 68 Zügige und gütliche Erledigung des Zwangsvollstreckungsverfahrens; Einziehung von Teilbeträgen

(1) [1]Der Gerichtsvollzieher soll in jeder Lage des Verfahrens auf eine gütliche Erledigung bedacht sein. [2]Hat der Gläubiger seine Einwilligung zu der Einräumung einer Zahlungsfrist oder der Tilgung durch Teilleistungen (Ratenzahlung) von Bedingungen abhängig gemacht, ist der Gerichtsvollzieher daran gebunden. [3]Setzt der Gerichtsvollzieher nach § 802b Absatz 2 Satz 2 ZPO einen Ratenzahlungsplan fest, belehrt er den Schuldner darüber, dass der Plan hinfällig wird und der damit verbundene Vollstreckungsaufschub endet, sobald der Gläubiger widerspricht und der Gerichtsvollzieher den Schuldner, nachdem der Gläubiger widersprochen hat, über dessen Widerspruch unterrichtet hat oder sobald der Schuldner mit einer festgesetzten Zahlung ganz oder teilweise länger als zwei Wochen in Rückstand gerät (§ 802b Absatz 3 Satz 2 und 3 ZPO). [4]Die Tilgungsfrist soll in der Regel zwölf Monate nicht übersteigen; in Einzelfällen kann der Gerichtsvollzieher nach pflichtgemäßem Ermessen eine längere Frist bestimmen. [5]Die Frist beginnt mit der Mitteilung des gewährten Aufschubs an den Schuldner.

(2) [1]Bestimmt der Gerichtsvollzieher unter den Voraussetzungen des § 802b Absatz 2 ZPO und des Absatzes 1 eine Zahlungsfrist oder setzt er einen Ratenzahlungsplan fest, hat er

1. die konkreten Zahlungstermine,
2. die Höhe der Zahlungen oder Teilzahlungen,
3. den Zahlungsweg,
4. die Gründe, die der Schuldner zur Glaubhaftmachung der Erfüllung der Vereinbarung vorbringt, sowie
5. die erfolgte Belehrung über die in § 802b Absatz 3 Satz 2 und 3 ZPO getroffenen Regelungen zu protokollieren.

[2]Der Gerichtsvollzieher hat die Gründe, aus denen er die Einräumung einer Zahlungsfrist oder die Einziehung von Raten ablehnt, ebenfalls zu protokollieren. [3]Der Gerichtsvollzieher hat dem Gläubiger unverzüglich eine Abschrift des Zahlungsplans zu übermitteln und dabei auf den Vollstreckungsaufschub sowie auf die Möglichkeit des unverzüglichen Widerspruchs hinzuweisen.

(3) [1]Widerspricht der Gläubiger unverzüglich dem Zahlungsplan, teilt der Gerichtsvollzieher dies dem Schuldner mit und setzt die Vollstreckung entsprechend den Anträgen des Gläubigers fort. [2]Wendet sich der Gläubiger lediglich gegen die Ausgestaltung (zum Beispiel die Höhe, die Zahlungstermine) der durch den Gerichtsvollzieher festgesetzten Teilzahlungsbestimmungen, liegt kein Widerspruch vor. [3]In diesem Fall ändert der Gerichtsvollzieher die Teilzahlungsbestimmungen nach den Auflagen des Gläubigers und unterrichtet den Schuldner.

(4) [1]Hat der Gerichtsvollzieher mit dem Schuldner eine Ratenzahlungsvereinbarung getroffen oder eine Zahlungsfrist vereinbart und gehen in dem Zeitraum, innerhalb dessen die Forderung getilgt sein soll, Vollstreckungsaufträge weiterer Gläubiger ein, steht dies dem Abschluss weiterer Ratenzahlungsvereinbarungen oder der Einräumung von Zahlungsfristen nicht entgegen, sofern der Vorschlag des Schuldners die gesetzlichen Voraussetzungen für eine gütliche Erledigung in jeder einzelnen weiteren Vollstreckungsangelegenheit erfüllt. [2]Der Schuldner hat in diesem Fall für jede Angelegenheit seine Leistungsfähigkeit und -bereitschaft glaubhaft darzulegen. [3]Der Gerichtsvollzieher wägt dann die zumutbaren Möglichkeiten des Schuldners und das Interesse des Auftraggebers an einer auch teilweisen alsbaldigen Befriedigung ab. [4]Kommt danach eine gütliche Erledigung nicht in Betracht, verfährt der Gerichtsvollzieher nach Absatz 3.

(5) [1]Für jeden einzelnen Auftraggeber hat der Gerichtsvollzieher einen gesonderten Ratenzahlungsplan zu erstellen. [2]Das gilt auch, wenn mehrere Vollstreckungsaufträge gleichzeitig gegen einen Schuldner eingehen. [3]Die Erstellung eines Gesamtratenzahlungsplans bei mehreren, gleichzeitig vorliegenden Aufträgen ist zulässig. [4]§ 802b Absatz 3 ZPO gilt für jeden einzelnen Gläubiger.

§ 69 Zahlungsverkehr mit Personen in fremden Wirtschaftsgebieten

(1) Zahlungen zwischen dem Geltungsbereich des Außenwirtschaftsgesetzes und fremden Wirtschaftsgebieten (§ 4 Absatz 1 Nummer 2 AWG) unterliegen keinen Beschränkungen.

(2) [1]Zahlungen, die der Gerichtsvollzieher an Gläubiger in fremden Wirtschaftsgebieten oder für deren Rechnung an Gebietsansässige (§ 4 Absatz 1 Nummer 5 AWG) leistet oder von Schuldnern aus fremden Wirtschaftsgebieten oder für deren Rechnung von Gebietsansässigen entgegennimmt, sind gemäß §§ 59 bis 63 AWV gegenüber der Deutschen Bundesbank meldepflichtig, es sei denn, dass die Zahlung die Meldefreigrenze von 12.500 Euro oder den entsprechenden Gegenwert in ausländischer Währung nicht übersteigt. [2]Die Meldungen sind bei der örtlich zuständigen Landeszentralbank, Hauptstelle oder Zweigstelle, auf vorgeschriebenem Vordruck (§§ 60, 63 AWV) einzureichen. [3]Meldungen über ausgehende Zahlungen, die über ein gebietsansässiges Geldinstitut oder eine Post im Wirtschaftsgebiet (§ 4 Absatz 1 Nummer 1 AWG) geleistet werden, übergibt der Gerichtsvollzieher dem beauftragten Geldinstitut oder der beauftragten Post zur Weiterleitung an die Deutsche Bundesbank (§ 63 Absatz 2 in Verbindung mit § 60 Absatz 1 der AWV). [4]Der Gerichtsvollzieher hat die Meldefristen nach § 61 AWV zu beachten.

II. Zwangsvollstreckung in bewegliche körperliche Sachen

1. Pfändung

a) Gegenstand der Pfändung, Gewahrsam

§ 70 Allgemeines

(1) [1]Der Pfändung unterliegen diejenigen beweglichen Sachen des Schuldners, die sich in seinem Gewahrsam befinden. [2]Gewahrsam kann der Schuldner unter Umständen auch an Sachen haben, die sich in den Räumen eines Dritten befinden. [3]Dies kann zum Beispiel der Fall sein, wenn der Untermieter einen Teil seiner Sachen, die er in dem ihm vermieteten Zimmer nicht unterbringen kann, in anderen Räumen des Untervermieters verwahrt. [4]In solchen Fällen ist der Gerichtsvollzieher auch berechtigt, die Räume des Dritten zur Durchführung der Vollstreckung zu betreten. [5]Sachen, die der gesetzliche Vertreter des Schuldners für diesen im Gewahrsam hat, sind wie solche im Gewahrsam des Schuldners zu behandeln.

(2) [1]Sachen, die sich nicht im Gewahrsam des Schuldners befinden, können vom Gerichtsvollzieher gepfändet werden, wenn der Gewahrsamsinhaber zur Herausgabe der Sachen bereit oder wenn der Gläubiger selbst Gewahrsamsinhaber ist. [2]Befindet sich eine Sache im gemeinsamen Gewahrsam des Schuldners und eines Dritten, so darf sie nur mit Zustimmung des Dritten gepfändet werden. [3]Die Erklärungen des Dritten, dass er zur Herausgabe bereit sei oder der Pfändung zustimme, müssen unbedingt sein, sofern nicht die gestellten Bedingungen von allen Beteiligten angenommen werden; sie müssen auch ergeben, dass er mit der Verwertung der Sache einverstanden ist. [4]Nach Durchführung der Pfändung können die Erklärungen nicht mehr widerrufen werden. [5]Auf die Bereitschaft des Dritten zur Herausgabe oder seine Zustimmung kommt es nicht an, wenn er zur Duldung der Zwangsvollstreckung verurteilt ist oder wenn die Zwangsvollstreckung auf Grund des Urteils gegen den Schuldner auch gegen ihn zulässig ist.

(3) [1]Personen, die nur Besitzdiener (§ 855 BGB) sind, zum Beispiel Hausangestellte, Gewerbegehilfen, Kellner, haben keinen Gewahrsam an Sachen, die ihnen vom Schuldner überlassen sind. [2]Alleiniger Gewahrsamsinhaber bleibt der Schuldner. [3]Der Gerichtsvollzieher darf solche Sachen auch gegen den Willen des Besitzdieners pfänden; er kann den Widerstand des Besitzdieners mit Gewalt brechen (§ 758 Absatz 3 ZPO).

(4) [1]Haftet der Schuldner nicht mit seinem eigenen, sondern nur mit fremdem Vermögen (zum Beispiel Testamentsvollstrecker, Insolvenzverwalter), so ist der Gewahrsam allein nicht genügend. [2]Der Gerichtsvollzieher hat in diesem Fall vielmehr auch zu prüfen, ob die Sache zu dem Vermögen gehört, in das zu vollstrecken ist.

(5) In den Fällen der Absätze 1 und 3 ist § 61 anzuwenden.

§ 71 Rechte Dritter an den im Gewahrsam des Schuldners befindlichen Gegenständen

(1) [1]Der Gerichtsvollzieher prüft im Allgemeinen nicht, ob die im Gewahrsam des Schuldners befindlichen Sachen zu dessen Vermögen gehören. [2]Dies gilt sowohl dann, wenn zugunsten einer dritten Person ein die Veräußerung hinderndes Recht in Anspruch genommen wird, als auch dann, wenn der Schuldner behauptet, dass er die tatsächliche Gewalt über die Sachen nur für den Besitzer ausübe oder dass er sein Besitzrecht von einem anderen ableite. [3]Für den Gerichtsvollzieher kommt es hiernach nur auf den äußeren Befund an. [4]Für ihn gilt als Vermögen des Schuldners alles, was sich in dessen Gewahrsam befindet.

(2) [1]Gegenstände, die offensichtlich zum Vermögen eines Dritten gehören, pfändet der Gerichtsvollzieher nicht, zum Beispiel dem Handwerker zur Reparatur, dem Frachtführer zum Transport und dem Pfandleiher zum Pfand übergebene Sachen, Klagewechsel in den Akten eines Rechtsanwalts. [2]Dies gilt nicht, wenn der Dritte erklärt, dass er der Pfändung nicht widerspreche oder wenn der Gläubiger die Pfändung ausdrücklich verlangt.

b) Pfändungsbeschränkungen

§ 72 Allgemeines

(1) [1]Soweit nach dem Gesetz Pfändungsbeschränkungen bestehen, entscheidet der Gerichtsvollzieher selbständig, welche Sachen des Schuldners von der Pfändung auszuschließen sind. [2]Sachen, deren Pfändbarkeit zweifelhaft ist, pfändet er, sofern sonstige Pfandstücke nicht in ausreichendem Maß vorhanden sind.

(2) [1]Hat der Gerichtsvollzieher eine Pfändung durchgeführt, so darf er sie nicht eigenmächtig wieder aufheben, auch wenn er sich von ihrer Unrechtmäßigkeit überzeugt hat. [2]§ 95 Absatz 4 bleibt unberührt. [3]Die Pfändung ist auf Anweisung des Gläubigers, bei Verzicht des Gläubigers auf das Pfandrecht oder auf Anordnung des Vollstreckungsgerichts aufzuheben.

§ 73 Unpfändbare Sachen

[1]Die in § 811 Absatz 1 Nummer 1, 4, 5, 6 und 7 ZPO genannten Sachen kann der Gerichtsvollzieher nur dann pfänden, wenn

1. der Vorbehaltsverkäufer wegen der durch Eigentumsvorbehalt gesicherten Kaufpreisforderung aus dem Verkauf der zu pfändenden Sache vollstreckt und auf die Pfändbarkeit hinweist,

2. ein einfacher Eigentumsvorbehalt, der sich lediglich auf die verkaufte, unter Eigentumsvorbehalt übereignete Sache erstreckt und mit dem Eintritt der Bedingung der sofortigen Kaufpreiszahlung erlischt, oder ein weitergegebener einfacher Eigentumsvorbehalt gegeben ist, bei dem der Vorbehaltsverkäufer mit dem Käufer einen einfachen Eigentumsvorbehalt vereinbart hat, aber seinerseits die Sache von seinem Lieferanten ebenfalls nur unter einfachem Eigentumsvorbehalt erworben hatte, und

3. der Vorbehaltskäufer die Vereinbarung des Eigentumsvorbehalts durch Originalurkunden oder beglaubigte Ablichtungen derselben nachweist.

[2]Wegen der an ihn abgetretenen Kaufpreisforderung kann auch der Lieferant des Verkäufers die Sache pfänden lassen. [3]Soweit sich der Nachweis des einfachen oder weitergegebenen einfachen Eigentumsvorbehalts nicht aus dem zu vollstreckenden Titel ergibt, kommen als Nachweis auch andere Urkunden (§ 416 ZPO), insbesondere der Kaufvertrag, in Betracht.

§ 74 Austauschpfändung

(1) [1]Wird dem Gerichtsvollzieher ein Beschluss des Vollstreckungsgerichts nach § 811a Absatz 2 ZPO vorgelegt, durch den die Austauschpfändung zugelassen wird, so führt er die Pfändung durch. [2]Spätestens bei der Wegnahme der Sache übergibt er dem Schuldner gegen Quittung das Ersatzstück oder den von dem Vollstreckungsgericht festgesetzten Geldbetrag – sofern die Übergabe nicht schon vom Gläubiger vorgenommen worden ist – und vermerkt dies im Pfändungsprotokoll. [3]Hat das Vollstreckungsgericht zugelassen, dass dem Schuldner der zur Ersatzbeschaffung notwendige Geldbetrag aus dem Vollstreckungserlös erstattet wird,

so ist die Wegnahme der gepfändeten Sache erst nach Rechtskraft des Zulassungsbeschlusses zulässig.

(2) [1]Der vom Vollstreckungsgericht festgesetzte Geldbetrag ist dem Gläubiger aus dem Vollstreckungserlös zu erstatten; er gehört zu den Kosten der Zwangsvollstreckung. [2]Ist dem Schuldner der zur Ersatzbeschaffung notwendige Betrag aus dem Versteigerungserlös zu erstatten, so ist er vorweg aus dem Erlös zu entnehmen.

§ 75   Vorläufige Austauschpfändung

[1]Sachen, deren vorläufige Pfändung nach § 811b ZPO zulässig ist, pfändet der Gerichtsvollzieher, wenn er im Gewahrsam des Schuldners keine pfändbaren Sachen vorfindet oder wenn die vorhandenen pfändbaren Sachen zur Befriedigung des Gläubigers nicht ausreichen. [2]Er belässt die vorläufig gepfändeten Sachen jedoch im Gewahrsam des Schuldners. [3]Im Pfändungsprotokoll vermerkt er, dass er die Pfändung als vorläufige Austauschpfändung durchgeführt hat. [4]Sodann verfährt er wie folgt:

1. [1]Er benachrichtigt den Gläubiger davon, dass er die Pfändung als vorläufige Austauschpfändung durchgeführt hat und weist ihn darauf hin, dass die Pfändung nach § 811b Absatz 2 ZPO aufgehoben werden müsse, wenn der Gläubiger nicht binnen zwei Wochen nach Eingang der Nachricht die Zulassung der Austauschpfändung bei dem Vollstreckungsgericht beantragt habe. [2]In der Benachrichtigung bezeichnet der Gerichtsvollzieher das Pfandstück, dessen gewöhnlichen Verkaufswert und den voraussichtlichen Erlös. [3]Ferner gibt er an, welches Ersatzstück nach Art und besonderen Eigenschaften in Betracht kommt, um dem geschützten Verwendungszweck zu genügen, und weist darauf hin, dass er die Vollstreckung nach gerichtlicher Zulassung der Austauschpfändung nur auf Anweisung des Gläubigers fortsetzt.

2. [1]Stellt der Gläubiger den Antrag auf Zulassung der Austauschpfändung nicht fristgemäß, so hebt der Gerichtsvollzieher die Pfändung auf. [2]Wird der Antrag dagegen fristgemäß gestellt, so wartet der Gerichtsvollzieher die gerichtliche Entscheidung über ihn ab.

3. Weist das Gericht den Antrag rechtskräftig zurück, so hebt der Gerichtsvollzieher die Pfändung auf.

4. [1]Lässt das Vollstreckungsgericht eine Austauschpfändung zu, so übergibt der Gerichtsvollzieher nach Anweisung des Gläubigers dem Schuldner gegen Quittung das Ersatzstück oder den zu seiner Beschaffung erforderlichen Geldbetrag und setzt die Zwangsvollstreckung sodann fort; er darf nunmehr dem Schuldner auch das Pfandstück wegnehmen. [2]Die Rechtskraft des Zulassungsbeschlusses braucht der Gerichtsvollzieher nicht abzuwarten.

5. [1]Lässt das Vollstreckungsgericht die Austauschpfändung mit der Maßgabe zu, dass der zur Ersatzbeschaffung notwendige Geldbetrag dem Schuldner aus dem Vollstreckungserlös erstattet wird, so setzt der Gerichtsvollzieher die Zwangsvollstreckung fort, sofern ihn der Gläubiger hierzu anweist. [2]Er darf jedoch in diesem Fall dem Schuldner das Pfandstück erst dann wegnehmen, wenn der Zulassungsbeschluss rechtskräftig geworden ist.

6. Erteilt der Gläubiger innerhalb von sechs Monaten seit dem Erlass des Zulassungsbeschlusses keine Anweisung zur Fortsetzung der Vollstreckung, so gelten die Vorschriften der Gerichtsvollzieherordnung über die Behandlung und Überwachung ruhender Vollstreckungsaufträge.

§ 76 Pfändung von Gegenständen, deren Veräußerung unzulässig ist oder die dem Washingtoner Artenschutzübereinkommen unterliegen

(1) Gegenstände, deren Veräußerung unzulässig ist, dürfen nicht gepfändet werden (zum Beispiel Lebensmittel, deren Verzehr die Gesundheit schädigen kann, – § 5 des Lebensmittel- und Futtermittelgesetzbuches (LFGB) – und Bildnisse, die nach § 22 des Gesetzes betreffend das Urheberrecht an Werken der bildenden Künste und der Photographie nicht verbreitet werden dürfen).

(2) [1]Bei der Zwangsvollstreckung, die lebende Tiere betrifft oder in Pflanzen sowie Teile und Erzeugnisse von Exemplaren besonders geschützter Arten (siehe die Anhänge I und II des Washingtoner Artenschutzübereinkommens vom 3. März 1973 – BGBl. II 1975, S. 777, 799 –, die Verordnung (EG) Nr. 338/97 des Rates vom 9. Dezember 1996 über den Schutz von Exemplaren wildlebender Tier- und Pflanzenarten durch Überwachung des Handels (ABl. L 61 vom 3.3.1997, S. 1, ber. ABl. L 100 vom 17.4.1997, S. 72, ber. Abl. L 298 vom 1.11.1997, S. 70) und die durch die Bundesartenschutzverordnung (BArtSchV) besonders unter Schutz gestellte Arten) bestehen häufig Vermarktungsverbote. [2]Der Gerichtsvollzieher hat sich vor der Versteigerung im Zweifel mit der zuständigen Naturschutzbehörde in Verbindung zu setzen. [3]Dies gilt bei Arten, die dem Washingtoner Artenschutzübereinkommen unterliegen (etwa exotischen Tieren und Pflanzen) insbesondere dann, wenn der Schuldner keine CITES-Bescheinigung vorweisen kann.

§ 77 Pfändung von Barmitteln aus dem Verkauf landwirtschaftlicher Erzeugnisse und/oder aus Miet- und Pachtzahlungen

[1]Barmittel, die aus dem Verkauf landwirtschaftlicher Erzeugnisse herrühren, sollen nicht gepfändet werden, wenn offenkundig ist, dass sie der Schuldner zu seinem Unterhalt, seiner Familie, seiner Arbeitnehmer oder zur Aufrechterhaltung einer geordneten Wirtschaftsführung benötigt. [2]Barmittel, die aus Miet- und Pachtzahlungen herrühren, sollen nicht gepfändet werden, wenn offenkundig ist, dass sie der Schuldner zur laufenden Unterhaltung des Grundstücks, zur Vornahme notwendiger Instandsetzungsarbeiten und zur Befriedigung von Ansprüchen braucht, welche bei der Zwangsvollstreckung in das Grundstück dem Anspruch des Gläubigers nach § 10 ZVG vorgehen würden. [3]Sind diese Voraussetzungen nicht offenkundig, so führt der Gerichtsvollzieher die Pfändung durch, verweist den Schuldner an das Vollstreckungsgericht und belehrt ihn darüber, dass das Gericht einen verspäteten Antrag auf Aufhebung der Pfändung ohne sachliche Prüfung zurückweisen kann (§ 851b Absatz 2 Satz 1, § 813b Absatz 2 ZPO). [4]Die Belehrung vermerkt er im Protokoll.

§ 78 Pfändung von Erzeugnissen, Bestandteilen und Zubehörstücken

(1) [1]Bewegliche Sachen, auf die sich bei Grundstücken die Hypothek erstreckt und die daher der Zwangsvollstreckung in das unbewegliche Vermögen unterliegen, sind nur nach Maßgabe des § 865 ZPO pfändbar. [2]Der Gerichtsvollzieher hat hierbei die Absätze 2 bis 5 zu beachten.

(2) [1]Das Bürgerliche Gesetzbuch bestimmt in den §§ 1120 bis 1122, auf welche Gegenstände außer dem Grundstück nebst hängenden und stehenden Früchten sich die Hypothek erstreckt. [2]Insbesondere gehören hierzu die vom Boden getrennten Erzeugnisse, die sonstigen Bestandteile sowie die Zubehörstücke eines Grundstücks, sofern diese Gegenstände in das Eigentum des Grundstückseigentümers gelangt und nicht wieder veräußert, auch nicht vom Grundstück entfernt sind.

(3) Der Gerichtsvollzieher hat hinsichtlich dieser Gegenstände zu unterscheiden:

1. [1]Zubehörstücke eines Grundstücks, die dem Grundstückseigentümer gehören, sind unpfändbar. [2]Was Zubehör ist, bestimmen die §§ 97 und 98 BGB. [3]Der Gerichtsvollzieher darf zum Beispiel bei der Zwangsvollstreckung gegen den Eigentümer eines landwirtschaftlichen Betriebes das Milch- und Zuchtvieh, bei der Zwangsvollstreckung gegen den Eigentümer einer Fabrik die zum Betrieb bestimmten Maschinen nicht pfänden.

2. Im Übrigen unterliegen die Gegenstände, auf die sich die Hypothek erstreckt (zum Beispiel Getreidevorräte auf einem landwirtschaftlichen Betrieb, die nicht zur Fortführung der Wirtschaft, sondern zum Verkauf bestimmt sind, § 98 BGB), der Pfändung, solange nicht ihre Beschlagnahme im Wege der Zwangsvollstreckung in das unbewegliche Vermögen erfolgt ist.

(4) Für die Zwangsvollstreckung in Früchte, die noch nicht vom Boden getrennt sind, gelten die besonderen Regelungen der §§ 101 bis 103.

(5) Die genannten Vorschriften finden entsprechende Anwendung auf die Zwangsvollstreckung in Erzeugnisse oder Zubehörteile einer Berechtigung, für welche die Vorschriften gelten, die sich auf Grundstücke beziehen.

(6) [1]Die Schiffshypothek bei Schiffen, Schiffsbauwerken, im Bau befindlichen oder fertig gestellten Schwimmdocks sowie das Registerpfandrecht bei Luftfahrzeugen erstrecken sich auf das Zubehör des Schiffes, Schiffsbauwerks, Schwimmdocks (bei Schiffsbauwerken und im Bau befindlichen Schwimmdocks auch die auf der Bauwerft zum Einbau bestimmten und als solche gekennzeichneten Bauteile) oder des Luftfahrzeugs mit Ausnahme der Zubehörstücke oder der Bauteile, die nicht in das Eigentum des Eigentümers des Schiffes, Schiffsbauwerks, im Bau befindlichen oder fertig gestellten Schwimmdocks oder Luftfahrzeugs gelangt sind. [2]Im Übrigen wird auf die §§ 31, 79 und 81a des Gesetzes über Rechte an eingetragenen Schiffen und Schiffsbauwerken (SchRG) und § 31 des Gesetzes über Rechte an Luftfahrzeugen (LuftFzgG) verwiesen. [3]Zubehör eines Seeschiffes sind auch die Schiffsboote. [4]Wegen der Zwangsvollstreckung in Ersatzteile für Luftfahrzeuge, die sich in einem Ersatzteillager befinden, vergleiche § 115.

§ 79 Pfändung urheberrechtlich geschützter Sachen

(1) [1]Ist der Schuldner Urheber oder dessen Rechtsnachfolger, so können nach den näheren Bestimmungen der §§ 114, 116 bis 118 des Urheberrechtsgesetzes (UrhG) die ihm gehörenden Originale

1. von Werken (§ 114 UrhG),
2. von wissenschaftlichen Ausgaben (§ 118 Nummer 1 UrhG),
3. von Lichtbildern sowie solchen Erzeugnissen, die ähnlich wie Lichtbilder hergestellt werden (§ 118 Nummer 2 UrhG),

nur mit seiner Einwilligung, im Falle des § 117 UrhG nur mit Einwilligung des Testamentsvollstreckers, gepfändet werden. [2]Der Einwilligung bedarf es in den in § 114 Absatz 2 und § 116 Absatz 2 UrhG bezeichneten Fällen nicht.

(2) Vorrichtungen, die ausschließlich

1. zur Vervielfältigung oder Funksendung eines Werkes bestimmt sind, wie Formen, Platten, Steine, Druckstöcke, Matrizen und Negative (§ 119 Absatz 1 Satz 1 UrhG),
2. zur Vorführung eines Filmwerks bestimmt sind, wie Filmstreifen und dergleichen (§ 119 Absatz 2 UrhG),

3. entsprechend der Nummern 1 und 2 zur Vervielfältigung und Wiedergabe,

a) der nach § 70 UrhG geschützten wissenschaftlichen Ausgaben urheberrechtlich nicht geschützter Werke oder Texte,

b) der nach § 71 UrhG geschützten Ausgaben nachgelassener Werke,

c) der nach § 72 UrhG geschützten Lichtbilder und ähnlicher Erzeugnisse,

d) der nach § 75 Satz 2, §§ 85, 87, 94 und 95 UrhG geschützten Bild- und Tonträger

bestimmt sind (§ 119 Absatz 3 UrhG), sind nur pfändbar, soweit der Gläubiger zur Nutzung des Werkes oder sonstigen Gegenstandes des Urheberrechtsschutzes mittels dieser Vorrichtungen berechtigt ist.

c) Verfahren bei der Pfändung

§ 80 Berechnung der Forderung des Gläubigers

(1) [1]Vor der Pfändung berechnet der Gerichtsvollzieher den Betrag der beizutreibenden Geldsumme oder prüft die vom Gläubiger aufgestellte Berechnung nach; Herabsetzungen, die sich aus der Nachprüfung ergeben, teilt er dem Gläubiger mit. [2]Bei der Feststellung des Betrags kommen insbesondere in Betracht:

1. die im Schuldtitel bezeichnete Hauptforderung;

2. die Nebenforderungen, die dem Gläubiger im Schuldtitel zuerkannt sind. Hierbei sind Zinsen, die dem Gläubiger ohne Bestimmung des Endes des Zinsenlaufes zugesprochen sind, vorläufig bis zu dem Tage anzusetzen, an dem die Zwangsvollstreckung erfolgt. Die Berechnung erfolgt – für den Fall, dass der Schuldner an diesem Tag nicht zahlt – vorbehaltlich der Erhöhung um den Zinsenbetrag bis zu dem Tage, an dem der Erlös der gepfändeten Sachen voraussichtlich in die Hände des Gerichtsvollziehers gelangt (§ 819 ZPO);

3. die Prozesskosten. Diese sind jedoch nur insoweit zu berücksichtigen, als sich ihr Betrag aus einem auf die vollstreckbare Ausfertigung des Titels gesetzten oder aus dem vom Gläubiger in besonderer Ausfertigung zu überreichenden Festsetzungsbeschluss ergibt;

4. die Kosten der Zwangsvollstreckung.

(2) [1]Bei der Berechnung nach Absatz 1 Satz 2 sind etwaige Abschlagszahlungen des Schuldners zu berücksichtigen. [2]Die Verrechnung geschieht nach den §§ 366 und 367 BGB. [3]Handelt es sich um eine Forderung auf Grund eines Verbraucherdarlehensvertrages (§ 491 BGB), so richtet sich die Verrechnung nach § 497 Absatz 3 BGB.

(3) Unter besonderen Umständen kann der Gerichtsvollzieher vom Gläubiger eine Berechnung der Forderung verlangen, insbesondere, wenn es wegen zahlreicher Posten mit verschiedenem Zinsenlauf und mit Abschlagszahlungen einer umfangreichen Berechnung bedarf.

(4) [1]Ist die Geldforderung in einer ausländischen Währung ausgedrückt, so erfolgt die Umrechnung nach dem Kurswert, der zur Zeit der Zahlung für den Zahlungsort maßgebend ist (§ 244 Absatz 2 BGB). [2]Bei der Berechnung des Betrags ist daher seine Erhöhung oder Herabsetzung entsprechend dem am Zahltage geltenden Kurs vorzubehalten.

(5) [1]Sind nach dem Schuldtitel mehrere zur Zahlung verpflichtet, so schuldet im Zweifel jeder nur den gleichen Anteil (§ 420 BGB). [2]Haften mehrere als Gesamtschuldner (§ 421 BGB), so kann bei jedem von ihnen bis zur vollen Deckung der Forderung vollstreckt werden. [3]Die Haftung als Gesamtschuldner muss sich aus dem vollstreckbaren Titel ergeben.

§ 81 Aufsuchen und Auswahl der Pfandstücke

(1) [1]Bleibt die Aufforderung zur Leistung (§ 59 Absatz 2) ohne Erfolg, so fordert der Gerichtsvollzieher den Schuldner auf, ihm seine bewegliche Habe vorzuzeigen und – soweit der Zweck der Vollstreckung es erfordert – seine Zimmer, Keller, Böden und anderen Räume sowie die darin befindlichen Schränke, Kästen und anderen Behältnisse zu öffnen. [2]Trifft der Gerichtsvollzieher den Schuldner nicht an, so richtet er eine entsprechende Aufforderung an eine zur Familie des Schuldners gehörige oder beim Schuldner beschäftigte erwachsene Person, die er in der Wohnung oder in den Geschäftsräumen antrifft. [3]Werden die Behältnisse nicht freiwillig geöffnet oder trifft der Gerichtsvollzieher weder den Schuldner noch eine der vorstehend bezeichneten Personen an, so wendet er Gewalt an und verfährt dabei nach den §§ 61 und 62 (§§ 758, 759 ZPO).

(2) [1]Bei der Auswahl der zu pfändenden Gegenstände achtet der Gerichtsvollzieher darauf, dass der Gläubiger auf dem kürzesten Wege befriedigt wird, ohne dass der Hausstand des Schuldners unnötig beeinträchtigt wird. [2]Der Gerichtsvollzieher richtet daher die Pfändung in erster Linie auf Geld, Kostbarkeiten oder solche Wertpapiere, die den Vorschriften über die Zwangsvollstreckung in bewegliche körperliche Sachen unterliegen (vergleiche §§ 104 bis 106), sowie auf Sachen, die der Schuldner sonst am ehesten entbehren kann. [3]Sachen, deren Aufbewahrung, Unterhaltung oder Fortschaffung unverhältnismäßig hohe Kosten verursachen oder deren Versteigerung nur mit großem Verlust oder mit großen Schwierigkeiten möglich sein würde, pfändet er nur, wenn keine anderen Pfandstücke in ausreichendem Maße vorhanden sind. [4]Ist es zweifelhaft, ob die Pfändung eines im Besitz des Schuldners befindlichen Wertpapiers durch den Gerichtsvollzieher zulässig ist, und sind keine anderen geeigneten Pfandstücke vorhanden, so pfändet der Gerichtsvollzieher das Papier einstweilen und überlässt es dem Gläubiger, den notwendigen Gerichtsbeschluss herbeizuführen.

§ 82 Vollziehung der Pfändung

(1) [1]Werden die Pfandstücke im Gewahrsam des Schuldners belassen, so ist die Pfändung nur wirksam, wenn sie kenntlich gemacht ist. [2]Dies gilt auch dann, wenn die Fortschaffung nur aufgeschoben wird. [3]Die Pfändung ist so kenntlich zu machen, dass sie jedem Dritten, der die im Verkehr übliche Sorgfalt aufwendet, erkennbar ist. [4]Der Gerichtsvollzieher versieht daher in der Regel jedes einzelne Pfandstück an einer in die Augen fallenden Stelle mit einer Siegelmarke oder einem sonst geeigneten Pfandzeichen. [5]Das Pfandzeichen muss mit dem Pfandstück mechanisch verbunden sein. [6]Es ist so anzubringen, dass die Sache dadurch nicht beschädigt wird. [7]Das Dienstsiegel oder der Dienststempel ist zur Kennzeichnung gepfändeter Gegenstände nur dann zu verwenden, wenn die Anbringung von Siegelmarken oder anderen Pfandzeichen unmöglich oder unzweckmäßig ist. [8]Für eine Mehrzahl von Pfandstücken – insbesondere eine Menge von Waren oder anderen vertretbaren Sachen, die sich in einem Behältnis oder in einer Umhüllung befinden oder mit Zustimmung des Schuldners in einem abgesonderten Raum untergebracht werden – genügt ein gemeinschaftliches Pfandzeichen, wenn es so angelegt wird, dass kein Stück aus dem Behältnis, der Umhüllung oder dem Raum entfernt werden kann, ohne dass das Pfandzeichen zerstört wird. [9]Den Schlüssel zu versiegelten Behältnissen oder Räumen nimmt der Gerichtsvollzieher an sich.

(2) [1]Die Pfändung kann auch durch eine Pfandanzeige erkennbar gemacht werden. [2]Der Gerichtsvollzieher bringt in diesem Fall an dem Ort, an dem sich die Pfandstücke befinden (zum Beispiel dem Lagerboden, dem Speicher, dem Viehstall), ein Schriftstück an, das auf die Pfändung hinweist. [3]Das Schriftstück ist so anzubringen, dass jedermann davon Kenntnis neh-

men kann. [4]Es ist mit der Unterschrift und dem Abdruck des Dienststempels des Gerichtsvollziehers zu versehen und soll die Pfandstücke genau bezeichnen. [5]Werden Vorräte gepfändet, so ist der dem Schuldner belassene Teil der Vorräte von dem gepfändeten Teil äußerlich zu trennen. [6]Wenn die Umstände es erfordern, ist für die Pfandstücke ein Hüter zu bestellen.

(3) [1]Belässt der Gerichtsvollzieher Tiere im Gewahrsam des Schuldners, so kann er mit dem Schuldner vereinbaren, dass dieser befugt sein soll, die gewöhnlichen Nutzungen der Tiere (zum Beispiel die Milch gepfändeter Kühe) als Entgelt für deren Fütterung und Pflege im Haushalt zu verbrauchen. [2]Der Gerichtsvollzieher weist den Schuldner an, ihm eine Erkrankung der Tiere, insbesondere eine etwa erforderliche Notschlachtung, sofort anzuzeigen.

(4) [1]Der Gerichtsvollzieher eröffnet dem Schuldner oder in dessen Abwesenheit den in § 81 Absatz 1 Satz 2 bezeichneten Personen, dass der Besitz der Pfandstücke auf ihn übergegangen sei. [2]Er weist darauf hin,

1. dass der Schuldner und jeder andere jede Handlung zu unterlassen hat, die diesen Besitz beeinträchtigt, wie etwa die Veräußerung, die Wegschaffung oder den Verbrauch der gepfändeten Sachen,
2. dass jede Beschädigung oder Zerstörung der Pfandzeichen untersagt ist,
3. dass Zuwiderhandlungen gegen diese Bestimmungen strafbar sind.

(5) [1]Nach den Vorschriften der Absätze 1 bis 4 verfährt der Gerichtsvollzieher auch, wenn er dem Schuldner Pfandstücke, die nicht in dessen Gewahrsam waren oder belassen sind, nachträglich unter Aufrechterhaltung der Pfändung herausgibt. [2]Eine Herausgabe ohne Anbringung von Pfandzeichen bringt das Pfändungspfandrecht zum Erlöschen.

(6) [1]Hinsichtlich der Überpfändung und der Schätzung sind die §§ 803 und 813 ZPO zu beachten. [2]Erscheint dem Gerichtsvollzieher nach einer Neuschätzung die volle Befriedigung des Gläubigers nicht mehr gesichert, so führt er eine weitere Pfändung durch.

(7) [1]Sind die Vorkehrungen, die dazu dienten, die Pfändung erkennbar zu machen, später beseitigt oder sind die angebrachten Siegelmarken abgefallen, so sorgt der Gerichtsvollzieher, sobald er davon Kenntnis erhält, für die Erneuerung. [2]Er prüft dabei auch, ob die Befriedigung des Gläubigers gefährdet wird, wenn er die Pfandstücke weiter im Gewahrsam des Schuldners belässt; ist eine Gefährdung gegeben, so entfernt er die Pfandstücke nachträglich aus dem Gewahrsam des Schuldners.

(8) Bei Verstrickungsbruch und Siegelbruch (§ 136 StGB) und bei Vereiteln der Zwangsvollstreckung (§ 288 StGB) hat der Gerichtsvollzieher keine Anzeigepflicht, sofern nicht allgemein oder für den besonderen Fall etwas Abweichendes angeordnet ist; er hat jedoch in jedem Fall den Gläubiger zu benachrichtigen.

[§§ 83–85 …]

§ 86   Besondere Vorschriften über das Pfändungsprotokoll

(1) [1]Das Pfändungsprotokoll muss enthalten:

1. ein genaues Verzeichnis der Pfandstücke unter fortlaufender Nummer, geeignetenfalls mit Angabe der Zahl, des Maßes, des Gewichts, der besonderen Merkmale und Kennzeichen der gepfändeten Sachen (zum Beispiel Fabrikmarke, Baujahr, Typ, Fabriknummer und dergleichen) nebst den vom Gerichtsvollzieher oder einem Sachverständigen geschätzten gewöhnlichen Verkaufswerten;
2. eine Beschreibung der angelegten Pfandzeichen;

3. den wesentlichen Inhalt der Eröffnungen, die dem Schuldner oder den in § 81 Absatz 1 Satz 2 bezeichneten Personen gemacht sind. [2]Es soll ferner den Inhalt der angebrachten Pfandanzeigen sowie den Inhalt der Vereinbarungen wiedergeben, die mit einem Hüter (§ 82 Absatz 2) getroffen sind.

(2) [1]Werden Pfandstücke aus dem Gewahrsam des Schuldners entfernt, so ist dies im Protokoll zu begründen. [2]Auch ist anzugeben, welche Maßnahmen für die Verwahrung der Pfandstücke getroffen sind (vergleiche § 90 Absatz 2).

(3) Das Protokoll hat auch die Angaben der Zeit und des Ortes des Versteigerungstermins oder die Gründe zu enthalten, aus denen die sofortige Ansetzung des Versteigerungstermins unterblieben ist (vergleiche § 92).

(4) [1]Sind dieselben Sachen gleichzeitig für denselben Gläubiger gegen denselben Schuldner auf Grund mehrerer Schuldtitel gepfändet, so ist nur ein Protokoll aufzunehmen. [2]In diesem sind die einzelnen Schuldtitel genau zu bezeichnen.

(5) [1]Eine Abschrift des Pfändungsprotokolls ist zu erteilen:
1. dem Gläubiger, wenn er es verlangt,
2. dem Schuldner, wenn er es verlangt oder wenn die Vollstreckung in seiner Abwesenheit stattgefunden hat.

[2]Die Absendung ist auf dem Protokoll zu vermerken.

(6) [1]Kann eine Pfändung überhaupt nicht oder nicht in Höhe der beizutreibenden Forderung erfolgen, weil der Schuldner nur Sachen besitzt, die nicht gepfändet werden dürfen oder nicht gepfändet werden sollen oder von deren Verwertung ein Überschuss über die Kosten der Zwangsvollstreckung nicht zu erwarten ist, so genügt im Protokoll der allgemeine Hinweis, dass eine Pfändung aus diesen Gründen unterblieben ist. [2]Abweichend von Satz 1 sind im Protokoll zu verzeichnen:
1. Sachen, deren Pfändung vom Gläubiger ausdrücklich beantragt war, unter Angabe der Gründe, aus denen der Gerichtsvollzieher von einer Pfändung abgesehen hat,
2. die Art der Früchte, die vom Boden noch nicht getrennt sind, und die gewöhnliche Zeit der Reife, wenn eine Pfändung noch nicht erfolgen durfte (§ 810 Absatz 1 Satz 2 ZPO),
3. Art, Beschaffenheit und Wert der Sachen, wenn eine Austauschpfändung (§ 811a ZPO) in Betracht kommt, unter Angabe der Gründe, aus denen der Gerichtsvollzieher von einer vorläufigen Austauschpfändung (§ 811b ZPO) abgesehen hat,
4. Art und Wert eines Tieres, das im häuslichen Bereich und nicht zu Erwerbszwecken gehalten wird, wenn dessen Pfändung in Betracht kommt (§ 811c Absatz 2 ZPO).

[3]Sind bereits Entscheidungen des Vollstreckungsgerichts ergangen, durch die die Unpfändbarkeit vergleichbarer Sachen festgestellt wurde, so soll sie der Gerichtsvollzieher im Protokoll erwähnen, soweit sie für den Gläubiger von Belang sind.

§ 87 Widerspruch eines Dritten

(1) [1]Wird ein Widerspruch dem Gerichtsvollzieher gegenüber von dem Dritten geltend gemacht oder von dem Schuldner angekündigt, so darf der Gerichtsvollzieher die Pfändung der Sachen, auf die sich der Widerspruch erstreckt, nur dann unterlassen, wenn die sonst vorhandene, von einem Widerspruch nicht betroffene bewegliche Habe des Schuldners zur Deckung der beizutreibenden Forderung ausreicht. [2]Ist dies nicht der Fall, so führt der Gerichtsvollzieher die Pfändung ohne Rücksicht auf den Widerspruch durch und verweist die Beteiligten da-

rauf, ihre Ansprüche bei dem Gläubiger und gegebenenfalls bei dem Gericht geltend zu machen. [3]Da sich hierbei nicht im Voraus übersehen lässt, welcher Teil der Pfandstücke nach Durchführung des Widerspruchs zur Befriedigung des Gläubigers verwendbar bleiben wird, wird in diesem Fall die Pfändung auch über die in § 803 Absatz 1 Satz 2 ZPO bezeichnete Wertgrenze hinaus zu erstrecken sein. [4]Dasselbe gilt, wenn ein Dritter ein Recht geltend macht, das ihn zur vorzugsweisen Befriedigung aus dem Erlös berechtigt (§ 805 ZPO), zum Beispiel der Vermieter sein gesetzliches Vermieterpfandrecht in Anspruch nimmt; denn solche Rechte schmälern bei erfolgreicher Geltendmachung den Erlös, der zur Befriedigung des Gläubigers verfügbar ist.

(2) [1]Werden Sachen trotz des Widerspruchs des Dritten oder der Ankündigung eines derartigen Widerspruchs gepfändet, so beurkundet der Gerichtsvollzieher diese Erklärungen im Protokoll, möglichst unter näherer Angabe der Person des Berechtigten und des Rechtsgrundes seines Anspruchs, und benachrichtigt den Gläubiger unverzüglich von dem Widerspruch. [2]Dem Dritten ist auf Verlangen eine Abschrift des Protokolls zu erteilen. [3]Wenn der Dritte bei oder nach der Erstpfändung eines ihm gehörenden Gegenstandes gegenüber dem Gerichtsvollzieher ein die Veräußerung hinderndes Recht geltend gemacht hat, muss der Gerichtsvollzieher ihn über die Anschlusspfändung (§ 116) desselben Gegenstands unverzüglich unterrichten.

(3) [1]Gepfändetes Geld hinterlegt der Gerichtsvollzieher, wenn ihm vor der Ablieferung an den Gläubiger (zum Beispiel durch eine eidesstattliche Versicherung) glaubhaft gemacht wird, dass einem Dritten an dem Geld ein die Veräußerung hinderndes oder zur vorzugsweisen Befriedigung berechtigendes Recht zusteht. [2]Wird ihm nicht binnen zwei Wochen seit dem Tage der Pfändung eine gerichtliche Entscheidung über die Einstellung der Zwangsvollstreckung vorgelegt, so veranlasst er die Rückgabe des Geldes zur Aushändigung an den Gläubiger (§§ 805, 815 Absatz 2 ZPO).

§ 88   Pfändung von Sachen, die sich im Gewahrsam des Gläubigers oder eines Dritten befinden

[1]Die Pfändung von Sachen im Gewahrsam des Gläubigers oder eines Dritten (§ 70 Absatz 2) geschieht ebenso wie die Pfändung von Sachen im Gewahrsam des Schuldners. [2]Der Sachverhalt, insbesondere die Erklärung des Dritten, ob er zur Herausgabe bereit sei oder nicht, ist im Protokoll zu vermerken. [3]Verlangt der Gewahrsamsinhaber die Fortschaffung der Pfandstücke, so ist diesem Verlangen stattzugeben. [4]Von einer Pfändung bei dem Gläubiger oder einem Dritten ist der Schuldner durch Übersendung einer Protokollabschrift zu benachrichtigen. [5]Auf Antrag ist auch dem Dritten eine Protokollabschrift zu erteilen.

d)   Unterbringung der Pfandstücke

§ 89   Unterbringung von Geld, Kostbarkeiten und Wertpapieren

(1) [1]Gepfändetes oder ihm gezahltes Geld liefert der Gerichtsvollzieher nach Abzug der Vollstreckungskosten unverzüglich an den Gläubiger ab (§ 815 Absatz 1 ZPO) oder hinterlegt es, sofern die Hinterlegung erfolgen muss (§ 155). [2]Ist dem Gläubiger Prozess- oder Verfahrenskostenhilfe bewilligt und reicht der gepfändete oder gezahlte Geldbetrag nicht zur Tilgung der Forderung des Gläubigers und der Vollstreckungskosten aus, so beachtet der Gerichtsvollzieher die Bestimmungen des § 15 Absatz 3 Satz 2 bis 4 GvKostG.

(2) [1]Gepfändete Kostbarkeiten und Wertpapiere sowie Geld bis zur Auszahlung oder Hinterlegung verwahrt der Gerichtsvollzieher unter sicherem Verschluss und getrennt von seinen eigenen Geldern und Wertgegenständen; nötigenfalls gibt er Kostbarkeiten und Wertpapiere bei einer sicheren Bank oder öffentlichen Sparkasse in Verwahrung oder trifft besondere Schutzmaßregeln. [2]In letzterem Fall ist er berechtigt, die tatsächlichen Auslagen zu berechnen. [3]Dasselbe gilt für Wechsel und andere indossable Papiere.

§ 90   Unterbringung anderer Pfandstücke

(1) [1]Der Gerichtsvollzieher ist verpflichtet, für eine sichere Unterbringung und Verwahrung der Pfandstücke zu sorgen, die er nicht im Gewahrsam des Schuldners belässt. [2]Er muss auch die notwendigen Maßnahmen zur Erhaltung der Pfandstücke treffen. [3]Er hat hierbei besondere Sorgfalt anzuwenden, um Schadensersatzansprüche wegen Verlustes oder Beschädigung der Sachen zu vermeiden.

(2) [1]Im Pfändungsprotokoll oder in einem Nachtrag darunter vermerkt der Gerichtsvollzieher, welche Maßnahmen er zur Unterbringung der Pfandstücke getroffen hat. [2]Entfernt er die Pfandstücke erst nachträglich aus dem Gewahrsam des Schuldners, so nimmt er auch darüber ein Protokoll auf; jedoch genügt ein Vermerk im Versteigerungsprotokoll, wenn die Wegschaffung nur zum Zwecke der anschließenden sofortigen Versteigerung erfolgt.

(3) [1]Die in der Pfandkammer verwahrten Sachen bezeichnet der Gerichtsvollzieher mit der Geschäftsnummer, die der Vorgang bei ihm hat. [2]Er bewahrt sie getrennt von den Sachen auf, die zu anderen Zwangsvollstreckungen gehören. [3]Der Gerichtsvollzieher darf die Pfandkammer nicht zur Verwahrung benutzen, wenn die Versteigerung der Pfandstücke an einem anderen Ort notwendig oder zweckmäßig ist, wenn die Pfandstücke nach ihrer Beschaffenheit zur Verwahrung in der Pfandkammer nicht geeignet sind oder wenn die Beförderung zur Pfandkammer besondere Schwierigkeiten bereiten oder außergewöhnlich hohe Kosten verursachen würde.

(4) [1]Pfandstücke, die der Gerichtsvollzieher nicht nach § 89 oder in einer Pfandkammer verwahren kann, übergibt er einem Verwahrer. [2]Zum Verwahrer soll er möglichst nur eine zuverlässige, zahlungsfähige und am Ort der Vollstreckung ansässige Person wählen; bei ihrer Auswahl ist in Landgemeinden tunlichst die Mitwirkung des Hauptverwaltungsbeamten der Gemeinde zu erbitten, falls dieser die Verwahrung nicht selbst übernimmt. [3]Die Bestellung des Gläubigers zum Verwahrer wird in der Regel nicht angebracht sein. [4]Die Vergütung für die Verwahrung, Beaufsichtigung und gegebenenfalls auch für die Erhaltung der Sache vereinbart der Gerichtsvollzieher mit dem Verwahrer möglichst bei Übergabe. [5]Der Verwahrungsvertrag soll schriftlich abgeschlossen werden. [6]Der Verwahrer hat unter einem Verzeichnis der übergebenen Sachen ihren Empfang zu bescheinigen; eine Abschrift dieses Verzeichnisses nebst der Bescheinigung ist ihm auf Verlangen auszuhändigen. [7]Der Gerichtsvollzieher vermerkt die Bestellung eines Verwahrers und die mit ihm getroffenen Vereinbarungen im Pfändungsprotokoll oder in einem Nachtrag darunter. [8]Er verbindet die Bescheinigung des Verwahrers über den Empfang mit dem Protokoll, sofern sie nicht in das Protokoll selbst aufgenommen ist.

(5) [1]Belässt der Gerichtsvollzieher gepfändete Tiere nicht im Gewahrsam des Schuldners, so ist er verpflichtet, die notwendigen Maßnahmen für die ordnungsgemäße Fütterung und Pflege der Tiere zu treffen. [2]Werden ihm die hierzu nötigen Geldmittel nicht rechtzeitig zur Ver-

fügung gestellt, so versteigert er die Tiere unverzüglich, selbst wenn er hierbei die Fristen für die Vornahme und die Bekanntmachung der Versteigerung nicht einhalten kann (§ 816 ZPO).

(6) Gepfändete oder zu verwertende Waffen sind entsprechend dem Waffengesetz (WaffG) und der Allgemeinen Waffengesetz-Verordnung (AWaffV) zu verwahren.

2. Verwertung

a) Allgemeines

§ 91

(1) [1]Die Verwertung der Pfandstücke erfolgt in der Regel durch öffentliche Versteigerung in Form der Präsenzversteigerung (§§ 92 bis 96); soweit dies landesrechtlich vorgesehen ist, ist auch die allgemein zugängliche Versteigerung im Internet (§ 814 Absatz 2 Nummer 2 ZPO) möglich. [2]Als Formen der anderweitigen Verwertung kommen insbesondere in Betracht:

1. freihändiger Verkauf durch den Gerichtsvollzieher (§§ 97 bis 99),
2. freihändiger Verkauf durch einen Dritten – gegebenenfalls unter Festsetzung eines Mindestpreises –,
3. Übereignung an den Gläubiger zu einem bestimmten Preis,
4. Versteigerung durch den Gerichtsvollzieher an einem anderen Ort als nach § 816 Absatz 2 ZPO vorgesehen.

[2]Ist nach der Auffassung des Gerichtsvollziehers wegen der Art der gepfändeten Sachen bei einer Verwertung durch öffentliche Versteigerung kein angemessener Erlös zu erwarten, so soll er den Schuldner und den Gläubiger sofort auf die Möglichkeit der anderweitigen Verwertung (§ 825 Absatz 1 ZPO) aufmerksam machen. [3]Beantragt eine der Parteien nach § 825 Absatz 1 ZPO eine Verwertung der Sache in anderer Weise oder an einem anderen Ort, unterrichtet der Gerichtsvollzieher den Antragsgegner über alle Einzelheiten der beabsichtigten anderweitigen Verwertung, insbesondere den Mindestpreis, und belehrt ihn, dass er die Sache ohne seine Zustimmung nicht vor Ablauf von zwei Wochen nach Zustellung der Unterrichtung verwerten wird. [4]Der Gerichtsvollzieher besorgt selbst die Zustellung der Unterrichtung. [5]Nach der Zustimmung des Antragsgegners oder spätestens nach dem Ablauf der Frist, wenn eine Einstellungsanordnung des Vollstreckungsgerichts nicht ergangen ist, führt der Gerichtsvollzieher die anderweitige Verwertung durch. [6]Er kann sie schon vor Fristablauf vorbereiten. [7]Ist bei der beantragten anderweitigen Verwertung nach der Überzeugung des Gerichtsvollziehers kein höherer Erlös zu erwarten, teilt er dies dem Antragsteller unter Fortsetzung des Verwertungsverfahrens mit.

(2) [1]Der Gerichtsvollzieher führt die Verwertung – ohne einen besonderen Auftrag des Gläubigers abzuwarten – nach den §§ 814 bis 825 ZPO durch. [2]Die Verwertung ist auch dann vorzunehmen, wenn der Schuldner verstorben ist oder wenn das Insolvenzverfahren über sein Vermögen eröffnet worden ist. [3]§ 51 Absatz 3 und § 120 Absatz 2 Satz 2 sind zu beachten. [4]Führt der Gerichtsvollzieher die allgemein zugängliche Versteigerung im Internet (§ 814 Absatz 2 Nummer 2 ZPO) durch, teilt er dies dem Schuldner und sämtlichen beteiligten Gläubigern mit und bezeichnet den von ihm bestimmten Zeitpunkt, zu dem die Versteigerung im Internet beginnen wird.

(3) [1]Ein Aufschub der Verwertung ist nur zulässig, wenn eine Zahlungsvereinbarung gemäß § 802b ZPO geschlossen wird. [2]Dies ist in jeder Lage des Verfahrens, auch noch kurz vor einem bereits bestimmten Versteigerungstermin, möglich, es sei denn, der Gläubiger hat den

Abschluss einer Zahlungsvereinbarung ausgeschlossen (§ 802b Absatz 2 Satz 1 ZPO). [3]Wenn der Gläubiger lediglich einen Vollstreckungsauftrag mit einem Auftrag zur Abnahme der Vermögensauskunft verbunden hat, hindert dies einen Verwertungsaufschub durch den Gerichtsvollzieher zunächst nicht. [4]§ 68 ist zu beachten.

(4) [1]Zwischen dem Zahlungstermin und dem Verwertungstermin sollen wenigstens zwei Wochen liegen. [2]Wird der Verwertungstermin verlegt, nachdem der Schuldner die Rate gezahlt hat, gehören die Kosten der öffentlichen Bekanntmachung der Terminsverlegung (§ 93) zu den notwendigen Kosten der Zwangsvollstreckung im Sinne des § 788 Absatz 1 ZPO. [3]Bei der Bestimmung der Termine für die Verwertung soll der Gerichtsvollzieher im Einzelfall einerseits die Notwendigkeit, den Schuldner durch die Terminsbestimmung zur pünktlichen Zahlung zu veranlassen, und andererseits die Höhe der zusätzlichen Vollstreckungskosten, zum Beispiel für die öffentliche Bekanntmachung, berücksichtigen.

(5) Bei der Verwertung muss der Gerichtsvollzieher gesetzliche und behördliche Veräußerungs- oder Erwerbsbeschränkungen beachten (vergleiche zum Beispiel § 772 ZPO).

(6) [1]Bei der Verwertung dürfen der Gerichtsvollzieher und die von ihm zugezogenen Gehilfen weder für sich (persönlich oder durch einen anderen) noch als Vertreter eines anderen kaufen (§§ 450, 451 BGB). [2]Der Gerichtsvollzieher darf auch seinen Angehörigen und den bei ihm beschäftigten Personen das Mitbieten nicht gestatten.

(7) Auf Antrag des Gläubigers oder des Schuldners kann das Vollstreckungsgericht anordnen, dass eine gepfändete Sache durch eine andere Person als den Gerichtsvollzieher versteigert wird (§ 825 Absatz 2 ZPO).

b) Öffentliche Versteigerung nach § 814 Absatz 2 Nummer 1 ZPO (Präsenzversteigerung)

§ 92 Ort und Zeit der Versteigerung

(1) [1]Der Gerichtsvollzieher bestimmt den Termin zur öffentlichen Versteigerung in der Regel sogleich bei der Pfändung. [2]Die Anberaumung des Termins ist nur dann einstweilen auszusetzen,

1. wenn die Parteien einverstanden sind, dass der Termin erst später bestimmt werden soll,

2. wenn die sofortige Terminbestimmung im Einzelfall nicht tunlich oder nicht zweckmäßig erscheint, zum Beispiel weil Früchte auf dem Halm gepfändet sind und der Eintritt der Reife der Früchte noch nicht mit Sicherheit übersehen werden kann oder weil das Vollstreckungsgericht voraussichtlich eine andere Art der Veräußerung oder die Versteigerung an einem anderen Ort anordnen wird.

(2) [1]Die Pfandstücke werden in der Gemeinde versteigert, in der sie gepfändet worden sind, an einem anderen Ort im Bezirk des Vollstreckungsgerichts oder am Amtssitz des Gerichtsvollziehers, sofern nicht der Gläubiger und der Schuldner sich auf einen anderen Ort einigen oder der Gerichtsvollzieher auf Antrag des Gläubigers oder des Schuldners einen anderen Ort bestimmt hat (§ 816 Absatz 2, § 825 Absatz 1 ZPO). [2]Liegt die Versteigerung an einem anderen Ort im Interesse der Parteien, so soll der Gerichtsvollzieher auf die Möglichkeit eines Antrags nach § 825 Absatz 1 ZPO hinweisen.

(3) [1]Der erste Versteigerungstermin darf nicht vor Ablauf einer Woche seit dem Tage der Pfändung stattfinden. [2]Ein früherer Termin darf nur bestimmt werden, wenn

1. der Gläubiger und der Schuldner sich über eine frühere Versteigerung einigen,
2. die frühere Versteigerung nach der pflichtgemäßen Überzeugung des Gerichtsvollziehers erforderlich ist, um die Gefahr einer beträchtlichen Wertminderung der Pfandstücke oder eines unverhältnismäßigen Kostenaufwands für längere Aufbewahrung abzuwenden.

[3]Die Einigung der Parteien oder die sonstigen Gründe für die vorzeitige Versteigerung sind aktenkundig zu machen. [4]In der Regel soll die Versteigerung nicht später als einen Monat nach der Pfändung stattfinden; wird sie weiter hinausgeschoben, so ist der Grund dafür in den Akten zu vermerken.

(4) [1]Sämtliche beteiligten Gläubiger und der Schuldner sind von dem Versteigerungstermin besonders zu benachrichtigen, wenn ihnen der Termin nicht bereits anderweitig bekannt gegeben worden ist, etwa durch die übersandte Abschrift des Pfändungsprotokolls. [2]Der Gerichtsvollzieher kann den Gläubiger hierbei auf die Bedeutung seiner persönlichen Teilnahme hinweisen.

§ 93   Öffentliche Bekanntmachung

(1) [1]Die Versteigerung muss öffentlich bekannt gemacht werden. [2]Die Bekanntmachung muss rechtzeitig erfolgen, spätestens am Tag vor dem Versteigerungstermin. [3]Eine Bekanntmachung am Tage der Versteigerung genügt nur, wenn die Pfandstücke alsbald versteigert werden müssen, etwa weil sie dem Verderb oder einer beträchtlichen Wertminderung ausgesetzt sind. [4]Erfolgt die Bekanntmachung nicht spätestens am Tag vor der Versteigerung, so ist der Grund dafür aktenkundig zu machen.

(2) [1]Die Bekanntmachung enthält

1. den Ort, den Tag und die Stunde der Versteigerung,
2. eine allgemeine Bezeichnung der Gegenstände, die zu versteigern sind; besonders wertvolle Sachen sind dabei hervorzuheben; zur allgemeinen Bezeichnung gehört auch die Fabrikmarke (zum Beispiel bei Motoren, Kraftwagen, Krafträdern, Fahrrädern, Büromaschinen und dergleichen); vielfach wird es sich empfehlen, auch die Herstellungsnummer anzugeben, da sie Interessenten die Feststellung des Herstellungsjahres ermöglicht.

[2]Die Bekanntmachung soll ferner die Zeit und den Ort enthalten, an dem die Pfandstücke vor der Versteigerung besichtigt werden können. [3]In der Bekanntmachung ist ersichtlich zu machen, dass es sich um eine Versteigerung im Wege der Zwangsvollstreckung handelt; die Namen des Gläubigers und des Schuldners sind wegzulassen. [4]Die Bekanntmachung ist aktenkundig zu machen; die Belegblätter und Rechnungen sind zu den Sachakten zu nehmen, soweit nicht in Absatz 5 eine andere Aufbewahrung angeordnet ist.

(3) [1]Über die Art der Bekanntmachung (Aushang, Veröffentlichung in Zeitungen) entscheidet der Gerichtsvollzieher nach pflichtgemäßem Ermessen unter besonderer Berücksichtigung des Einzelfalles, sofern nicht die Justizverwaltung bestimmte Weisungen erteilt hat. [2]Die öffentliche Bekanntmachung hat das Ziel, die Personen, die im Einzelfall als Kaufinteressenten in Betracht kommen, möglichst umfassend auf die bevorstehende Versteigerung hinzuweisen und durch Heranziehung zahlreicher Bieter ein günstiges Versteigerungsergebnis zu erzielen. [3]Die Kosten der Bekanntmachung müssen, soweit sie nicht vom Auftraggeber übernommen werden, in angemessenem Verhältnis zu dem Wert des Versteigerungsgutes und zu dem voraussichtlichen Erlös stehen. [4]Die Beachtung dieser Richtlinien wird vielfach zu folgendem Verfahren führen:

1. [1]Werden Gegenstände von geringem Wert versteigert, so kann eine öffentliche Bekanntmachung durch Anschlag genügen. [2]Erfahrungsgemäß hat sich in diesem Fall, insbesondere bei Versteigerungen in ständig dafür bestimmten und daher allgemein bekannten Pfandkammern oder Versteigerungsräumen, ein Anschlag an einer Tafel oder in einem Kasten vor den Versteigerungsräumen als ausreichend erwiesen.

2. [1]Haben die zur Versteigerung bestimmten Gegenstände einen hohen Wert, so wird die Bekanntmachung durch eine Zeitung in Betracht kommen. [2]Bei der Auswahl der Zeitung wird zu beachten sein, dass in diesen Fällen neben den Händlern meist solche Kauflustige infrage kommen, die den Ort der Versteigerung ohne Aufwendung von Fahrkosten erreichen und das Versteigerungsgut ohne wesentliche Transportkosten wegschaffen können. [3]Der Gerichtsvollzieher wird daher zu prüfen haben, ob eine mit mäßigen Kosten verbundene Anzeige in einer Ortszeitung oder – in größeren Städten – einer Bezirks- oder Vorortzeitung genügt.

3. [1]Hat das Versteigerungsgut beträchtlichen Wert (zum Beispiel Kunstgegenstände, echte Teppiche, Luxusgegenstände), so muss die Bekanntmachung die Kreise umfassen, die für den Erwerb solcher Sachen Interesse haben und über die notwendigen Mittel dazu verfügen. [2]Daher ist eine Zeitung zu wählen, die einen entsprechenden Leserkreis und ein entsprechendes Verbreitungsgebiet hat.

4. Sollen Gegenstände versteigert werden, deren Erwerb nur für bestimmte Berufsgruppen infrage kommt (zum Beispiel Rohstoffe, Maschinen, kaufmännische und gewerbliche Einrichtungen, Halbfabrikate), so wird vielfach die Bekanntmachung in einer Fachzeitschrift oder Fachzeitung zu bevorzugen sein.

5. Bei besonders umfangreichen Versteigerungen kann eine Bekanntmachung in mehreren Zeitungen in Betracht kommen, sofern die hierzu erforderlichen Kosten im angemessenen Verhältnis zum Wert des Versteigerungsgutes stehen.

(4) [1]Zur Verminderung der Bekanntmachungskosten vereinigt der Gerichtsvollzieher mehrere Bekanntmachungen von Versteigerungsterminen, die an demselben Tage und an demselben Ort abgehalten werden sollen, zu einer Bekanntmachung. [2]Er soll auch möglichst mehrere Bekanntmachungen von Versteigerungsterminen, die zu verschiedenen Zeiten und an verschiedenen Orten stattfinden, in einer Sammelbekanntmachung vereinigen. [3]In diesen Fällen nimmt er das Belegblatt und die Rechnung zu einem der Handaktenstücke, berechnet dabei die Kosten, die auf die einzelnen Angelegenheiten abfallen, und vermerkt in den Akten über die anderen Angelegenheiten, wie hoch die anteiligen Kosten sind und wo sich Rechnung und Belegblatt befinden. [4]Der Gerichtsvollzieher kann Rechnung und Belegblätter auch zu besonderen Sammelakten über Bekanntmachungen nehmen. [5]Er vermerkt dann in den einzelnen Sonderakten die Höhe der anteiligen Kosten und verweist auf die Blattzahl der Sammelakte, wo sich Belegblatt, Rechnung und Berechnung der anteiligen Kosten befinden.

(5) [1]Auch die Bekanntmachungen mehrerer Gerichtsvollzieher können aus Kostenersparnisgründen zu einer Sammelbekanntmachung vereinigt werden. [2]In diesen Fällen muss jeder Gerichtsvollzieher ein Belegblatt zu seinen Akten nehmen und dabei die Kosten angeben, die auf seine Bekanntmachung entfallen. [3]Im Übrigen ist entsprechend den Bestimmungen des Absatzes 4 zu verfahren.

(6) [1]Wird der Versteigerungstermin aufgehoben, so sind Aushänge und Anschläge sofort zu entfernen. [2]Die Aufhebung ist öffentlich bekannt zu machen, soweit dies noch tunlich ist. [3]Eine Terminverlegung oder -aufhebung ist den Beteiligten unverzüglich mitzuteilen.

§ 94 Bereitstellung der Pfandstücke

(1) [1]Vor Beginn des Termins sind die zu versteigernden Sachen zum Verkauf und zur Besichtigung durch Kaufinteressenten bereitzustellen; ihre Identität ist aus dem Pfändungsprotokoll festzustellen. [2]War ein Verwahrer oder Hüter bestellt, so ist mit ihm über die Rückgabe der Sachen ein Protokoll aufzunehmen; auf Verlangen ist ihm eine Bescheinigung hierüber zu erteilen. [3]Ergibt sich, dass Pfandstücke fehlen oder beschädigt sind, so ist dies im Protokoll oder zu den Akten zu vermerken und den Beteiligten bekannt zu geben.

(2) [1]Die Pfandstücke sollen zur Erzielung eines ihrem Wert angemessenen Erlöses in sauberem und möglichst ansehnlichem Zustand zur Versteigerung gestellt werden. [2]Die hierdurch entstehenden Kosten sind als Kosten der Zwangsvollstreckung zu behandeln. [3]Solche Kosten dürfen jedoch nur aufgewendet werden, wenn sie in einem angemessenen Verhältnis zu dem zu erwartenden Mehrerlös stehen. [4]Dagegen ist der Gerichtsvollzieher nicht berechtigt, gebrauchte oder beschädigte Pfandstücke ohne Einverständnis des Gläubigers und des Schuldners instand setzen zu lassen.

§ 95 Versteigerungstermin

(1) [1]Bei der Eröffnung des Termins sind zunächst die Versteigerungsbedingungen bekannt zu machen. [2]Abweichungen von den in § 817 ZPO bestimmten Versteigerungsbedingungen sind nur zulässig, wenn das Vollstreckungsgericht sie angeordnet hat oder der Gläubiger und der Schuldner sie vereinbart haben. [3]Versteigert der Gerichtsvollzieher Gase, Flüssigkeiten oder andere Sachen, die sich in Behältnissen befinden, welche dem Schuldner zweifellos nicht gehören, so nimmt er in die Versteigerungsbedingungen die Bestimmung auf, dass

1. die Behältnisse alsbald nach der Entleerung, spätestens binnen einer festzusetzenden Frist, dem Eigentümer zu übergeben seien,
2. der Ersteher eine dem Betrag nach zu bestimmende Sicherheit außer dem Meistgebot an den Gerichtsvollzieher zu leisten habe.

[4]Versteigert der Gerichtsvollzieher Schusswaffen, Munition oder diesen gleichstehende Gegenstände, deren Erwerb erlaubnis- oder anmeldepflichtig ist, so nimmt er in die Versteigerungsbedingungen die Bestimmung auf, dass sie nur von einem Berechtigten ersteigert werden können (vergleiche § 66).

(2) [1]Der Gerichtsvollzieher fordert alsdann zum Bieten auf. [2]Er bietet die Pfandstücke regelmäßig einzeln aus; jedoch kann er auch Gegenstände, die sich dazu eignen, zusammen anbieten, insbesondere Gegenstände gleicher Art. [3]Die Pfandstücke sind tunlichst nach ihrer Reihenfolge im Pfändungsprotokoll aufzurufen, sofern nicht die Beteiligten andere Wünsche haben. [4]Beim Ausbieten sind der gewöhnliche Verkaufswert der gepfändeten Sachen und das Mindestgebot bekannt zu geben, bei Gold- und Silbersachen auch der Gold- und Silberwert.

(3) Der Gläubiger und der Schuldner können bei der Versteigerung mitbieten; jedoch ist ein Gebot des Schuldners zurückzuweisen, wenn er nicht den Betrag sofort bar hinterlegt.

(4) [1]Der Zuschlag ist zu versagen, wenn das Meistgebot nicht die Hälfte des gewöhnlichen Verkehrswertes erreicht (Mindestgebot; § 817a Absatz 1 Satz 1 ZPO). [2]Der Gerichtsvollzieher hat dann auf Antrag des Gläubigers einen neuen Versteigerungstermin anzuberaumen oder es dem Gläubiger anheim zu geben, einen Antrag nach § 825 ZPO zu stellen. [3]Bleibt auch der neue Termin oder der Versuch anderweitiger Verwertung ohne Erfolg und ist auch von weiteren Verwertungsversuchen kein Erfolg zu erwarten, so kann der Gerichtsvollzieher die Pfändung aufheben. [4]Vor der Aufhebung gibt er dem Gläubiger Gelegenheit zur Äußerung binnen

einer angemessenen, von ihm zu bestimmenden Frist. [5]Eine Versagung des Zuschlags kommt jedoch nicht in Betracht, wenn alle beteiligten Gläubiger und der Schuldner mit der Erteilung des Zuschlags zu einem Gebot einverstanden sind, welches das gesetzliche Mindestgebot nicht erreicht, oder wenn die sofortige Versteigerung erforderlich ist, um die Gefahr einer beträchtlichen Wertverringerung der zu versteigernden Sachen abzuwenden oder um unverhältnismäßige Kosten für eine längere Aufbewahrung zu vermeiden.

(5) [1]Bei Gold- und Silbersachen ist der Zuschlag ferner zu versagen, wenn das Meistgebot den Gold- und Silberwert nicht erreicht. [2]Der Gerichtsvollzieher kann diese Sachen dann durch freihändigen Verkauf verwerten (vergleiche § 97).

(6) Ist eine Austauschpfändung mit der Maßgabe zugelassen, dass dem Schuldner der zur Ersatzbeschaffung notwendige Geldbetrag aus dem Vollstreckungserlös zu erstatten ist (§ 74 Absatz 1 Satz 3), so ist der Zuschlag zu versagen, wenn das Meistgebot nicht den vom Vollstreckungsgericht zur Ersatzbeschaffung bestimmten Geldbetrag sowie die Kosten der Zwangsvollstreckung deckt.

(7) [1]Erweist sich im Versteigerungstermin eine andere Schätzung des gewöhnlichen Verkaufswertes als notwendig, zum Beispiel wegen Veränderung der Marktlage (Mangel an ausreichenden Geboten genügt nicht), so ist das Ergebnis der Schätzung bekannt zu geben. [2]Ist eine der Parteien im Termin nicht vertreten und wird der gewöhnliche Verkaufswert niedriger geschätzt als bisher, so wird ein neuer Versteigerungstermin anzuberaumen und den Parteien zunächst das Ergebnis der abweichenden Schätzung mitzuteilen sein. [3]Dies gilt jedoch nicht, wenn die sofortige Versteigerung aus den in Absatz 4 genannten Gründen notwendig ist. [4]Falls es erforderlich ist, muss der Gerichtsvollzieher zur Sicherung des Gläubigers eine weitere Pfändung durchführen.

(8) Beim Einzelausgebot von Gegenständen, die sich zum Gesamtausgebot eignen, kann der Gerichtsvollzieher den Zuschlag davon abhängig machen, dass beim darauf folgenden Gesamtausgebot kein höherer Erlös erzielt wird.

(9) [1]Der Gerichtsvollzieher hat für den ordnungsmäßigen Ablauf der Versteigerung zu sorgen. [2]Er hat insbesondere unzulässigen Einwirkungen der Händlerringe (Verkäuferringe, Zusammenschlüsse) entgegenzutreten. [3]Weiß er oder muss er nach den Umständen annehmen, dass Verabredungen getroffen sind, auf Grund deren Andere vom Bieten abgehalten oder Sachen durch vorgeschobene Personen ersteigert werden sollen, um unter den Teilnehmern sodann zum gemeinsamen Vorteil veräußert zu werden, so hat er Personen, die an solchen Verabredungen beteiligt sind, zu entfernen, nötigenfalls mit polizeilicher Hilfe. [4]Er kann die Versteigerung auch unterbrechen.

(10) [1]Der Zuschlag ist dem Meistbietenden zu erteilen. [2]Dem Zuschlag soll ein dreimaliger Aufruf vorausgehen. [3]Dabei muss der Gerichtsvollzieher mit strenger Unparteilichkeit verfahren. [4]Er darf insbesondere den Zuschlag nicht zugunsten eines Bieters übereilen. [5]Die Verpflichtung eines jeden Bieters erlischt, wenn ein Übergebot abgegeben wird oder wenn die Versteigerung ohne Erteilung des Zuschlags geschlossen wird (§ 156 BGB, § 817 Absatz 1 ZPO).

(11) [1]Die zugeschlagene Sache ist dem Ersteher zu übergeben, und zwar nur gegen bare Zahlung des Kaufpreises. [2]Einen Scheck darf der Gerichtsvollzieher nur mit Zustimmung des Auftraggebers annehmen. [3]Hat der Meistbietende nicht bis zu der in den Versteigerungsbedingungen bestimmten Zeit oder mangels einer solchen Bestimmung nicht vor dem Schluss des

211

Versteigerungstermins die Ablieferung gegen Zahlung des Kaufgeldes verlangt, so ist die Sache anderweit zu versteigern. [4]Bei der Wiederversteigerung wird der Meistbietende zu keinem weiteren Gebot zugelassen. [5]Er haftet für den Ausfall; auf den Mehrerlös hat er keinen Anspruch (§ 817 Absatz 3 ZPO).

(12) [1]Wird der Zuschlag dem Gläubiger erteilt, so ist dieser von der Verpflichtung zur Barzahlung insoweit befreit, als der Erlös zu seiner Befriedigung zu verwenden ist. [2]Der Gläubiger hat mithin nur die Beträge bar zu zahlen, die zur Deckung der Zwangsvollstreckungskosten erforderlich sind oder sich nach seiner Befriedigung als Überschuss ergeben. [3]Sofern jedoch dem Schuldner nachgelassen ist, die Vollstreckung durch Sicherheitsleistung oder Hinterlegung abzuwenden, hat auch der Gläubiger den Preis für die von ihm erstandene Sache bar zu entrichten (§ 817 Absatz 4 ZPO). [4]Dasselbe gilt, wenn und soweit der Gläubiger das Recht eines Dritten auf vorzugsweise Befriedigung (§ 805 ZPO) anerkannt hat, ein vorrangiges Pfändungspfandrecht eines anderen Gläubigers (§ 804 Absatz 3 ZPO) besteht, der Erlös auf Grund einer gerichtlichen Anordnung zu hinterlegen ist oder dem Schuldner im Rahmen einer Austauschpfändung gemäß § 811a Absatz 1 Halbsatz 2 ZPO der zur Ersatzbeschaffung erforderliche Geldbetrag aus dem Vollstreckungserlös zu überlassen ist.

(13) [1]Die Versteigerung ist einzustellen, sobald der Erlös zur Befriedigung des Gläubigers und zur Deckung der Kosten der Zwangsvollstreckung hinreicht (§ 818 ZPO). [2]Um die Versteigerung nicht zu weit auszudehnen, hat der Gerichtsvollzieher die bereits erzielten Erlöse von Zeit zu Zeit zusammenzurechnen. [3]Der Erlös darf an den Gläubiger erst abgeführt werden, wenn die Übergabe der verkauften Sachen stattgefunden hat.

(14) Hat nach dem Ergebnis der Verwertung der Pfandstücke die Vollstreckung nicht zur vollen Befriedigung des Gläubigers geführt oder sind Pfandstücke abhanden gekommen oder beschädigt worden, so muss der Gerichtsvollzieher auch ohne ausdrückliche Weisung des Gläubigers alsbald die weitere Vollstreckung betreiben, wenn nach seinem pflichtgemäßen Ermessen eine erneute Pfändung zur weiteren Befriedigung des Gläubigers führen kann.

§ 96   Versteigerungsprotokoll

(1) Das Protokoll über die Versteigerung hat insbesondere zu enthalten:
1. die betreibenden Gläubiger nach ihrer Rangfolge;
2. die Beträge der beizutreibenden Forderungen und der Zwangsvollstreckungskosten;
3. den Hinweis auf die gesetzlichen Versteigerungsbedingungen oder den Wortlaut der Versteigerungsbedingungen, soweit von den gesetzlichen abweichende oder ergänzende Bestimmungen getroffen sind;
4. die Bezeichnung der ausgebotenen Sachen sowie ihre Nummern nach dem Pfändungsprotokoll und die abgegebenen Meistgebote;
5. die Namen der Bieter, denen der Zuschlag erteilt ist; bei Geboten über 100 Euro auch deren Anschriften; der Gerichtsvollzieher kann verlangen, dass ihm der Erwerber einen amtlichen Ausweis über seine Person vorlegt;
6. die Angabe, dass der Kaufpreis bezahlt und die Sache abgeliefert ist oder dass Zahlung und Ablieferung unterblieben sind.

(2) [1]Die ausgebotenen Sachen sind sogleich beim Ausgebot im Versteigerungsprotokoll zu verzeichnen. [2]Neben jeder Sache sind alsbald nach dem Zuschlag das Meistgebot und der Ersteher zu vermerken. [3]Dasselbe gilt von der Zahlung des Kaufgeldes, sobald sie erfolgt. [4]Die dem Meistgebot vorangegangenen Gebote und deren Bieter, die den Zuschlag nicht erhalten

haben, sind nicht zu verzeichnen. [5]Ein zurückgewiesenes Gebot ist im Protokoll zu vermerken, jedoch nicht in der Spalte, die für das Meistgebot bestimmt ist. [6]Bei Gold- und Silbersachen ist zutreffendenfalls zu beurkunden, dass trotz des wiederholten Aufrufs kein Gebot abgegeben worden ist, das den Gold- und Silberwert deckt. [7]Ein entsprechender Vermerk ist zu machen, wenn bei anderen Sachen nach § 95 Absatz 2 bis 8 ein Zuschlag nicht erteilt ist. [8]Am Schluss des Verzeichnisses ist die Summe des erzielten Erlöses festzustellen.

(3) [1]Das Protokoll braucht nicht im Ganzen vorgelesen zu werden. [2]Von den Bietern brauchen nur diejenigen in oder unter dem Protokoll zu unterzeichnen, die den Zuschlag erhalten haben oder – falls der Zuschlag im Termin nicht erteilt ist – an ihr Gebot gebunden bleiben. [3]Unterbleibt die Unterzeichnung, etwa weil ein Beteiligter sich entfernt hat oder die Unterschrift verweigert, so ist der Grund dafür im Protokoll aufzunehmen.

c)   Freihändiger Verkauf

§ 97   Zulässigkeit des freihändigen Verkaufs

Die Veräußerung erfolgt durch freihändigen Verkauf

1. bei Gold- und Silbersachen, wenn bei der Versteigerung kein Gebot abgegeben worden ist, das den Gold- und Silberwert erreicht (§ 817a ZPO),
2. bei Wertpapieren, die einen Börsen- oder Marktpreis haben (§ 821 ZPO),
3. im Einzelfall auf Antrag des Gläubigers oder des Schuldners (§ 825 Absatz 1 ZPO).

§ 98   Verfahren beim freihändigen Verkauf

(1) [1]Für den freihändigen Verkauf gilt die in § 92 Absatz 3 Satz 1 bezeichnete Frist nicht. [2]Der Gerichtsvollzieher führt den Verkauf – gegebenenfalls unter Beachtung von § 825 Absatz 1 ZPO (§ 91 Absatz 1 Satz 4 bis 7) – unverzüglich durch, falls das Vollstreckungsgericht nichts anderes angeordnet hat oder die Beteiligten nichts anderes vereinbart haben. [3]Er ist darauf bedacht, einen möglichst hohen Preis zu erzielen.

(2) [1]Die Bestimmungen des § 95 Absatz 4 über das Mindestgebot finden beim freihändigen Verkauf entsprechende Anwendung (§ 817a ZPO). [2]Gold- und Silbersachen darf der Gerichtsvollzieher nicht unter ihrem Gold- und Silberwert und nicht unter der Hälfte des gewöhnlichen Verkaufswerts, Wertpapiere nicht unter dem Tageskurs verkaufen, der für den Ort des Verkaufs maßgebend ist.

(3) Die Sache darf dem Käufer nur gegen bare Zahlung des Kaufpreises oder, falls der Auftraggeber dem zustimmt, gegen Übergabe eines über den Kaufpreis ausgestellten Schecks übergeben werden, soweit das Vollstreckungsgericht nichts anderes angeordnet hat oder alle Beteiligten einer anderen Regelung zustimmen.

(4) [1]Der Verkauf kann auch an den Gläubiger erfolgen. [2]§ 95 Absatz 12 ist in diesem Fall entsprechend anzuwenden.

(5) Bei dem Verkauf von Wertpapieren bleibt es dem Ermessen des Gerichtsvollziehers überlassen, ob er den Verkauf selbst besorgen oder sich der Vermittlung eines Bankgeschäfts bedienen will.

(6) [1]Hat das Vollstreckungsgericht den Verkauf angeordnet, so beachtet der Gerichtsvollzieher die etwaigen besonderen Anordnungen des Gerichts. [2]Ist eine Sache durch Beschluss des Vollstreckungsgerichts dem Gläubiger oder einem Dritten übereignet, so hat der Gerichtsvollzieher die Sache zu übergeben.

§ 99 Protokoll beim freihändigen Verkauf

[1]Das Protokoll über den freihändigen Verkauf hat insbesondere zu enthalten:

1. den Grund des freihändigen Verkaufs,

2. die genaue Bezeichnung des verkauften Gegenstandes mit Angabe des geschätzten Gold- und Silberwerts, des Tageskurses oder des vom Vollstreckungsgericht bestimmten Preises,

3. die mit Käufern getroffenen Abreden, den Nachweis der Preiszahlung und die Erfüllung des Geschäfts.

[2]§ 96 Absatz 1 Nummer 5 gilt entsprechend. [3]Verkauft der Gerichtsvollzieher ein Wertpapier durch Vermittlung eines Bankgeschäfts, so wird das Protokoll durch die Abrechnung ersetzt, die das Bankgeschäft über den Verkauf erteilt. [4]Die Abrechnung ist zu den Akten zu nehmen.

3. Pfändung und Veräußerung in besonderen Fällen

a) Pfändung bei Personen, die Landwirtschaft betreiben

§ 100

(1) [1]Ist der Gerichtsvollzieher mit der Pfändung bei einer Person beauftragt, die Landwirtschaft betreibt, und werden voraussichtlich Gegenstände der im § 811 Absatz 1 Nummer 4 ZPO bezeichneten Art zu pfänden sein, so zieht der Gerichtsvollzieher einen landwirtschaftlichen Sachverständigen hinzu, wenn anzunehmen ist, dass der Wert der zu pfändenden Gegenstände den Betrag von 500 Euro übersteigt. [2]Bei einem geringeren Wert soll ein Sachverständiger zugezogen werden, wenn der Schuldner es verlangt und wenn dadurch die Zwangsvollstreckung weder verzögert wird noch unverhältnismäßige Kosten entstehen.

(2) [1]Der Sachverständige hat zu begutachten, ob die zu pfändenden Sachen zu denen gehören, die im § 811 Absatz 1 Nummer 4 ZPO bezeichnet sind oder auf die sich die Hypothek und so weiter erstreckt (vergleiche § 78). [2]Das Gutachten des Sachverständigen ist für den Gerichtsvollzieher nicht bindend; jedoch soll er nur aus besonderen und gewichtigen Gründen von ihm abweichen.

(3) [1]Das Ergebnis des Gutachtens ist, sofern der Sachverständige es nicht sofort schriftlich oder in einer Anlage zum Pfändungsprotokoll niederlegt, nebst den wesentlichen Gründen in dieses Protokoll aufzunehmen. [2]Ist der Gerichtsvollzieher dem Gutachten bei der Pfändung nicht gefolgt, so sind die Gründe dafür im Protokoll anzugeben.

(4) [1]Dem Sachverständigen ist eine Vergütung nach dem ortsüblichen Preis seiner Leistung zu gewähren. [2]Der Gerichtsvollzieher zahlt die Vergütung sofort bei der Pfändung gegen Empfangsbescheinigung aus. [3]Soweit nicht ein anderer ortsüblicher Preis feststeht, sind für die Bemessung die Sätze des JVEG maßgebend. [4]Die Vergütung umfasst sowohl den Wert der Leistung als auch die Aufwandsentschädigung. [5]An Reisekosten sind dem Sachverständigen nur die tatsächlichen Auslagen zu erstatten. [6]Ist der Sachverständige mit der Bemessung seiner Entschädigung nicht einverstanden, so verweist ihn der Gerichtsvollzieher mit seinen Einwendungen gemäß § 766 ZPO an das Vollstreckungsgericht.

b) Pfändung und Versteigerung von Früchten, die noch nicht vom Boden getrennt sind

§ 101 Zulässigkeit der Pfändung

(1) [1]Früchte, die noch nicht vom Boden getrennt sind, können gepfändet werden, solange nicht ihre Beschlagnahme im Wege der Zwangsvollstreckung in das unbewegliche Vermögen erfolgt ist, und soweit sie nicht nach § 811 Absatz 1 Nummer 4 ZPO unpfändbar sind. [2]Diese Früchte werden jedoch von der Beschlagnahme dann nicht umfasst, wenn das Grundstück verpachtet ist (§ 21 Absatz 3 ZVG). [3]Gegen den Pächter ist daher die Pfändung trotz der Beschlagnahme des Grundstücks zulässig, soweit ihr nicht § 811 Absatz 1 Nummer 4 ZPO entgegensteht. [4]Früchte im Sinne dieser Bestimmung sind nur die wiederkehrend geernteten Früchte (zum Beispiel Getreide, Hackfrüchte, Obst; dagegen nicht Holz auf dem Stamm, Torf, Kohle, Steine und Mineralien).

(2) [1]Die Pfändung darf nicht früher als einen Monat vor der gewöhnlichen Reife der Früchte erfolgen. [2]Auf den bevorstehenden Eintritt der Reife achtet der Gerichtsvollzieher besonders, damit er den Versteigerungstermin so rechtzeitig ansetzen kann, dass nicht durch Überreife der Früchte Verluste entstehen können. [3]Der Gerichtsvollzieher verpflichtet den Hauptverwaltungsbeamten der Gemeinde oder den etwa bestellten Hüter, ihm rechtzeitig von der herannahenden Ernte Kenntnis zu geben.

§ 102 Verfahren bei der Pfändung

(1) [1]Die Pfändung von Früchten, die vom Boden noch nicht getrennt sind, erfolgt nach den Vorschriften über die Pfändung beweglicher Sachen. [2]Insbesondere dürfen die Früchte nur gepfändet werden, wenn sie sich im Alleingewahrsam des Schuldners oder eines zur Herausgabe bereiten Dritten befinden. [3]Ist zum Beispiel ein Grundstück verpachtet oder ein Nießbrauch daran bestellt, so ist die Pfändung der Früchte im Rahmen der Zwangsvollstreckung gegen den Pächter oder Nießbraucher als Schuldner ohne Weiteres zulässig; richtet sich die Zwangsvollstreckung dagegen gegen den Grundstückseigentümer, den Verpächter oder den Besteller des Nießbrauchs, so dürfen die Früchte nur mit Zustimmung des Pächters oder des Nießbrauchers gepfändet werden.

(2) [1]Die Pfändung ist in geeigneter Weise für jedermann kenntlich zu machen. [2]Dies geschieht durch Aufstellung von Pfandtafeln oder Pfandwischen (Pfandzeichen) mit einer vom Gerichtsvollzieher unterschriebenen Pfandanzeige oder durch andere zweckentsprechende Vorrichtungen, tunlichst unter Verwendung des Dienstsiegels (Dienststempels). [3]In geeigneten Fällen bestellt der Gerichtsvollzieher einen Hüter.

(3) [1]Werden bei der Zwangsvollstreckung gegen eine Person, die Landwirtschaft betreibt, voraussichtlich Früchte zu pfänden sein, die noch nicht vom Boden getrennt sind, so zieht der Gerichtsvollzieher einen landwirtschaftlichen Sachverständigen zu, wenn anzunehmen ist, dass der Wert der zu pfändenden Gegenstände 500 Euro übersteigt. [2]Der Sachverständige hat zu begutachten, ob die gewöhnliche Zeit der Reife binnen einem Monat zu erwarten ist (§ 101 Absatz 2) und ob die Früchte ganz oder zum Teil zur Fortführung der Wirtschaft bis zu der Zeit erforderlich sind, zu der voraussichtlich gleiche oder ähnliche Erzeugnisse gewonnen werden (§ 811 Absatz 1 Nummer 4 ZPO). [3]Im Übrigen gelten für die Zuziehung des Sachverständigen die Bestimmungen des § 100 Absatz 2 bis 4. [4]Auch wenn der Wert der zu pfändenden Gegenstände unter 500 Euro liegt, soll der Gerichtsvollzieher einen Sachverständigen zuziehen,

1. wenn nach seinem pflichtgemäßen Ermessen mit Rücksicht auf die Art und den Umfang des landwirtschaftlichen Betriebes eine sachgemäße Entscheidung der vorstehend bezeichneten Fragen nur auf Grund des Gutachtens eines Sachverständigen erfolgen kann,

2. wenn der Schuldner die Zuziehung verlangt und hierdurch die Zwangsvollstreckung weder verzögert wird noch unverhältnismäßige Kosten entstehen.

(4) Das Pfändungsprotokoll hat insbesondere zu enthalten:

1. die Bezeichnung des Grundstücks nach Lage und ungefährem Flächeninhalt und die Bezeichnung der Fruchtart, die darauf steht,

2. die Angabe, welcher Erlös aus der Verwertung der gepfändeten Früchte voraussichtlich zu erwarten ist,

3. die Angabe, in welcher Weise die Pfändung äußerlich erkennbar gemacht und wer als Hüter bestellt ist oder aus welchen Gründen die Bestellung eines Hüters unterblieben ist,

4. die Angabe, wann der Eintritt der Ernte zu erwarten ist,

5. die in Absatz 3 Satz 1 bis 3 bezeichneten Angaben, wenn ein landwirtschaftlicher Sachverständiger zugezogen ist.

§ 103 Trennung der Früchte und Versteigerung

(1) [1]Die Früchte dürfen vor der Reife nicht vom Boden getrennt werden. [2]Ihre Versteigerung ist erst nach der Reife zulässig. [3]Sie kann vor oder nach der Trennung der Früchte erfolgen. [4]Hierüber entscheidet der Gerichtsvollzieher – gegebenenfalls nach Anhörung eines Sachverständigen – insbesondere mit Rücksicht darauf, auf welche Weise voraussichtlich ein höherer Erlös zu erzielen ist. [5]Nach diesem Gesichtspunkt entscheidet er auch, ob die Versteigerung im Ganzen oder in einzelnen Teilen geschehen soll.

(2) [1]Sollen die reifen Früchte vor ihrer Aberntung versteigert werden, so hält der Gerichtsvollzieher den Termin in der Regel an Ort und Stelle ab. [2]Sollen die Früchte nach der Trennung versteigert werden, so lässt sie der Gerichtsvollzieher durch eine zuverlässige Person abernten. [3]Es ist nicht unbedingt ausgeschlossen, dass er hierfür auch den Schuldner wählt. [4]Die Vergütung für die Aberntung vereinbart der Gerichtsvollzieher im Voraus. [5]Er beaufsichtigt die Aberntung, soweit es erforderlich ist, um den Ertrag der Ernte mit Sicherheit festzustellen. [6]Er sorgt auch dafür, dass die Ernte bis zur Versteigerung sicher untergebracht und verwahrt wird.

(3) [1]In den Versteigerungsbedingungen ist zu bestimmen, innerhalb welcher Zeit der Käufer die Früchte von dem Grund und Boden wegzuschaffen hat. [2]Der Erlös darf erst ausgezahlt werden, wenn die Früchte weggeschafft sind oder die für ihre Fortschaffung bestimmte Frist verstrichen ist.

(4) [1]Wird dem Gerichtsvollzieher ein Gerichtsbeschluss vorgelegt, durch den die Zwangsvollstreckung in das Grundstück angeordnet ist, so stellt er die Zwangsvollstreckung einstweilen ein; er unterlässt also die Pfändung, die Aberntung und die Versteigerung der Früchte sowie – falls der Käufer die Früchte noch nicht an sich genommen hat – die Auszahlung des Erlöses. [2]Wird die Zwangsversteigerung des Grundstücks angeordnet, so ist die Zwangsvollstreckung einzustellen, wenn die Beschlagnahme (§§ 20 bis 26 ZVG) erfolgt, solange die Früchte noch nicht vom Boden getrennt sind. [3]Hat die Trennung schon stattgefunden, so ist die Vollstreckung trotz der Beschlagnahme fortzusetzen. [4]Von der Einstellung der Zwangsvollstreckung ist der Gläubiger unverzüglich zu benachrichtigen.

c) Pfändung und Veräußerung von Wertpapieren

§ 104 Pfändung von Wertpapieren

(1) [1]Bei der Zwangsvollstreckung wegen Geldforderungen werden Wertpapiere wie bewegliche körperliche Sachen behandelt. [2]Sie werden dadurch gepfändet, dass der Gerichtsvollzieher sie in Besitz nimmt.

(2) [1]Zu den Wertpapieren nach Absatz 1 gehören alle Inhaberpapiere, auch wenn sie auf den Namen eines bestimmten Berechtigten umgeschrieben sind, sowie alle Aktien, auch wenn sie auf den Namen eines bestimmten Berechtigten lauten. [2]Dagegen gehören Legitimationspapiere nicht dazu (zum Beispiel Sparbücher, Pfandscheine, Lebensversicherungspolicen).

(3) Für die Pfändung von Forderungen aus Wechseln und anderen auf den Namen lautenden, aber durch Indossament übertragbaren Forderungspapieren gelten die Bestimmungen des § 123.

(4) Inländische Banknoten sind bei der Zwangsvollstreckung nicht als Wertpapiere, sondern als bares Geld zu behandeln.

§ 105 Veräußerung von Wertpapieren

(1) Die Veräußerung von Wertpapieren erfolgt, wenn sie einen Börsen- oder Marktpreis haben, durch freihändigen Verkauf, sonst durch öffentliche Versteigerung (§ 821 ZPO).

(2) [1]Bei der Veräußerung von Inhaberpapieren genügt die Übergabe des veräußerten Papiers an den Erwerber, um das im Papier verbriefte Recht auf ihn zu übertragen. [2]Dagegen sind Papiere, die durch Indossament übertragen werden können, jedoch nicht Forderungspapiere sind, zum Zweck der Übertragung mit dem Indossament zu versehen (zum Beispiel Namensaktien). [3]Andere Papiere, die auf den Namen lauten, sind mit der Abtretungserklärung zu versehen. [4]Dies gilt auch für auf den Namen umgeschriebene Inhaberpapiere, sofern nicht ihre Rückverwandlung (Absatz 3) beantragt wird.

(3) [1]Die Abtretungserklärung oder das Indossament stellt der Gerichtsvollzieher anstelle des Schuldners aus, nachdem ihn das Vollstreckungsgericht dazu ermächtigt hat (§ 822 ZPO). [2]Ebenso bedarf der Gerichtsvollzieher der Ermächtigung des Vollstreckungsgerichts, wenn er anstelle des Schuldners die Erklärungen abgeben soll, die zur Rückverwandlung einer auf den Namen umgeschriebenen Schuldverschreibung in eine Inhaberschuldverschreibung erforderlich sind (§ 823 ZPO). [3]Der Gerichtsvollzieher fügt dem Antrag, durch den er die Ermächtigung erbittet, den Schuldtitel und das Pfändungsprotokoll bei.

§ 106 Hilfspfändung

[1]Papiere, die nur eine Forderung beweisen, aber nicht Träger des Rechts sind (zum Beispiel Sparbücher, Pfandscheine, Versicherungsscheine und Depotscheine, ferner Hypotheken- und solche Grundschuld- und Rentenschuldbriefe, die nicht auf den Inhaber lauten), sind nicht Wertpapiere im Sinne des § 104. [2]Sie können deshalb auch nicht nach den Vorschriften über die Zwangsvollstreckung in bewegliche körperliche Sachen gepfändet werden. [3]Der Gerichtsvollzieher kann aber diese Papiere vorläufig in Besitz nehmen (Hilfspfändung). [4]Er teilt dem Gläubiger die vorläufige Wegnahme unverzüglich mit und bezeichnet die Forderungen, auf die sich die Legitimationspapiere beziehen. [5]Die Papiere sind jedoch dem Schuldner zurückzugeben, wenn der Gläubiger nicht alsbald, spätestens innerhalb eines Monats, den Pfändungsbeschluss über die Forderung vorlegt, die dem Papier zugrunde liegt. [6]Die in Besitz ge-

nommenen Papiere sind im Pfändungsprotokoll genau zu bezeichnen. [7]Grund- und Rentenschuldbriefe, die auf den Inhaber lauten, werden nach § 104 gepfändet.

d) Pfändung und Veräußerung von Kraftfahrzeugen

§ 107 Entfernung des Kraftfahrzeugs aus dem Gewahrsam des Schuldners

(1) [1]Bei der Pfändung eines Kraftfahrzeugs wird in der Regel davon auszugehen sein, dass die Befriedigung des Gläubigers gefährdet wird, wenn das Fahrzeug im Gewahrsam des Schuldners verbleibt (vergleiche § 808 ZPO). [2]Der Gerichtsvollzieher nimmt das gepfändete Fahrzeug daher in Besitz, sofern nicht der Gläubiger damit einverstanden ist, dass es im Gewahrsam des Schuldners bleibt, oder eine Wegnahme aus sonstigen Gründen ausnahmsweise nicht erforderlich erscheint.

(2) Kann der Gerichtsvollzieher – obwohl die gesetzlichen Voraussetzungen hierfür gegeben sind – das Fahrzeug nicht in Besitz nehmen (zum Beispiel wegen fehlender Unterbringungsmöglichkeiten) und erscheint die Wegnahme der Kraftfahrzeugpapiere (§§ 108 bis 110) nicht ausreichend, um eine missbräuchliche Benutzung des Kraftfahrzeugs zu verhindern, so muss der Gerichtsvollzieher weitere geeignete Sicherungsmaßnahmen treffen (zum Beispiel die Abnahme und Verwahrung des amtlichen Kennzeichens).

§ 108 Zulassungsbescheinigung Teil I und Teil II

(1) Der Gerichtsvollzieher muss bei der Zwangsvollstreckung in Kraftfahrzeuge die Bedeutung der Zulassungsbescheinigung Teil I (früher: Fahrzeugschein) und Teil II (früher: Fahrzeugbrief) beachten.

(2) Die Bestimmungen für Kraftfahrzeuge, amtliche Kennzeichen und Zulassungsbescheinigungen Teil I und Teil II gelten entsprechend für Anhänger.

§ 109 Behandlung der Zulassungsbescheinigung Teil I

(1) [1]Pfändet der Gerichtsvollzieher ein Kraftfahrzeug, so nimmt er die über das Kraftfahrzeug ausgestellte und im Gewahrsam des Schuldners befindliche Zulassungsbescheinigung Teil I in Besitz, sofern das Fahrzeug nicht gemäß § 107 Absatz 1 im Gewahrsam des Schuldners belassen wird. [2]Findet der Gerichtsvollzieher die Zulassungsbescheinigung Teil I nicht, vermerkt er dies im Protokoll.

(2) Der Gerichtsvollzieher händigt die in seinem Besitz befindliche Zulassungsbescheinigung Teil I dem Erwerber bei der Übergabe des Kraftfahrzeugs gegen Empfangsbestätigung aus.

§ 110 Behandlung der Zulassungsbescheinigung Teil II

(1) Bei der Pfändung eines Kraftfahrzeugs nimmt der Gerichtsvollzieher auch die über das Fahrzeug ausgestellte Zulassungsbescheinigung Teil II in Besitz, wenn er sie im Gewahrsam des Schuldners findet.

(2) [1]Findet der Gerichtsvollzieher die Zulassungsbescheinigung Teil II nicht, so forscht er durch Befragen des Schuldners oder der bei der Vollstreckung anwesenden Personen (Familienangehörige, beim Schuldner Beschäftigte) nach dem Verbleib der Bescheinigung; das Ergebnis vermerkt er im Protokoll. [2]Befindet sich die Zulassungsbescheinigung Teil II hiernach angeblich in der Hand eines Dritten, so teilt der Gerichtsvollzieher dem Gläubiger den Namen und die Wohnung des Dritten mit; er gibt möglichst auch an, weshalb sich die Bescheinigung in der Hand des Dritten befindet.

(3) Hat der Gerichtsvollzieher die Zulassungsbescheinigung Teil II nicht in Besitz nehmen können, so kann er in geeigneten Fällen den Schuldner darauf hinweisen, dass die Pfändung voraussichtlich nach § 111 der Zulassungsstelle mitgeteilt werden wird.

§ 111   Benachrichtigung der Zulassungsstelle, Versteigerung

(1) [1]Hat der Gerichtsvollzieher die Zulassungsbescheinigung Teil II nicht in Besitz nehmen können, so teilt er dies unverzüglich der für das Fahrzeug zuständigen Zulassungsstelle mit, soweit nicht § 112 etwas anderes bestimmt. [2]Kennt die Zulassungsstelle den Verbleib der Bescheinigung, so verständigt sie den Gerichtsvollzieher; die Zwangsvollstreckung setzt der Gerichtsvollzieher trotzdem fort.

(2) Die Mitteilung soll folgende Angaben enthalten:

1. Namen und Wohnung des Gläubigers;
2. Namen, Dienststelle und Geschäftsnummer des Gerichtsvollziehers;
3. Bezeichnung des Fahrzeugs unter Angabe der Fabrikmarke;
4. amtliches Kennzeichen;
5. den aus der Zulassungsbescheinigung Teil I ersichtlichen Namen und die Wohnung dessen, für den das Kraftfahrzeug zugelassen ist;
6. Nummer des Fahrgestells;
7. Tag der Pfändung und Versteigerung;
8. Namen und Wohnung des angeblichen Briefbesitzers.

(3) Der Gerichtsvollzieher vermerkt die Absendung der Mitteilung unter Angabe des Tages in seinen Akten.

(4) [1]Die Versteigerung soll nicht vor Ablauf von vier Wochen seit der Pfändung stattfinden. [2]Der Gerichtsvollzieher braucht jedoch die Mitteilung der Zulassungsstelle nicht abzuwarten. [3]Vor der Aufforderung zum Bieten weist der Gerichtsvollzieher darauf hin, dass er die Zulassungsbescheinigung Teil II nicht im Besitz hat und dass es Sache des Erwerbers ist, sich diese für die Zulassung zu beschaffen oder eine Ersatzbescheinigung ausstellen zu lassen; die Belehrung ist im Versteigerungsprotokoll zu vermerken.

§ 112   Wegfall oder Aussetzung der Benachrichtigung

(1) Von der Nachricht an die Zulassungsstelle ist abzusehen, wenn

1. der gewöhnliche Verkaufswert eines Kraftwagens den Betrag von 400 Euro und der eines Kraftrades den Betrag von 200 Euro nicht übersteigt,
2. besondere Umstände die baldige Verwertung erfordern, zum Beispiel die Kosten der Verwahrung im Verhältnis zum voraussichtlichen Erlös zu hoch sind.

(2) [1]Von der Nachricht an die Zulassungsstelle kann einstweilen abgesehen werden, wenn

1. ein sicherer Anhalt für die gütliche Erledigung der Vollstreckung besteht,
2. der Versteigerungstermin von vornherein mit einer Frist von mehr als sechs Wochen angesetzt wird.

[2]Sobald jedoch feststeht, dass das Fahrzeug im Wege der Zwangsvollstreckung veräußert werden wird, ist die Zulassungsstelle spätestens vier Wochen vor dem Termin zu benachrichtigen.

§ 113 Behandlung der Zulassungsbescheinigung Teil II bei der Veräußerung des Kraftfahrzeugs

(1) Besitzt der Gerichtsvollzieher die Zulassungsbescheinigung Teil II, so händigt er sie dem Erwerber bei der Übergabe des Fahrzeugs gegen Empfangsbestätigung aus.

(2) Besitzt der Gerichtsvollzieher die Zulassungsbescheinigung Teil II nicht, so gibt er dem Erwerber eine mit seiner Unterschrift und dem Dienststempelabdruck versehene Bescheinigung dahin, dass der Erwerber das nach § 111 Absatz 2 Nummer 3, 4 und 6 näher bezeichnete Kraftfahrzeug in der Zwangsvollstreckung erworben hat und dass die Zulassungsbescheinigung Teil II bei der Pfändung nicht gefunden worden ist.

§ 114 Anzeige des Erwerbers an die Zulassungsstelle

Geht ein zugelassenes und nicht endgültig abgemeldetes Kraftfahrzeug im Wege der Zwangsvollstreckung auf einen neuen Eigentümer über, so zeigt der Gerichtsvollzieher den Namen und die Anschrift des Erwerbers unter Bezeichnung des Fahrzeugs nach § 111 Absatz 2 Nummer 3, 4 und 6 unverzüglich der für das Kraftfahrzeug zuständigen Zulassungsstelle an und fügt die etwaigen Empfangsbestätigungen nach § 109 Absatz 2 und § 113 Absatz 1 bei.

e) Pfändung und Versteigerung von Ersatzteilen eines Luftfahrzeugs, die sich in einem Ersatzteillager befinden

§ 115

[1]Das Registerpfandrecht an einem inländischen oder ein Recht an einem ausländischen Luftfahrzeug kann sich auf Ersatzteile erstrecken, die an einer bestimmten Stelle (Ersatzteillager) lagern oder von ihr entfernt werden, nachdem sie in Beschlag genommen worden sind (vergleiche hierzu §§ 68, 69, 71, 105, 106 Absatz 1 Nummer 2 LuftFzgG). [2]Soll wegen einer Geldforderung die Zwangsvollstreckung in solche Ersatzteile betrieben werden, so sind die besonderen Vorschriften des § 100 LuftFzgG zu beachten.

f) Pfändung bereits gepfändeter Sachen

§ 116

(1) [1]Die Pfändung bereits gepfändeter Sachen muss in derselben Form wie eine Erstpfändung erfolgen, wenn sie sich gegen einen anderen Schuldner als den der Erstpfändung richtet (so genannte Doppelpfändung). [2]Der Gerichtsvollzieher vermerkt in diesem Fall in den Akten über beide Pfändungen, dass und wann er die Sache auch gegen den anderen Schuldner gepfändet hat.

(2) [1]Die Pfändung bereits gepfändeter Sachen ist, wenn sie sich gegen denselben Schuldner richtet, ebenfalls als Erstpfändung zulässig. [2]Der Gerichtsvollzieher soll aber in diesen Fällen regelmäßig durch Anschlusspfändung (§ 826 ZPO) und nicht in der Form einer Erstpfändung pfänden, es sei denn, dass die Rechtsgültigkeit oder das Fortbestehen der vorangegangenen Pfändung zweifelhaft oder die Wirksamkeit einer durch bloße Erklärung bewirkten Anschlusspfändung aus sonstigen Gründen fraglich erscheint (Absatz 3). [3]Zur Bewirkung der Anschlusspfändung genügt die mit Zeitangabe in das Pfändungsprotokoll aufzunehmende Erklärung des Gerichtsvollziehers, dass er die Sache für seinen Auftraggeber gleichfalls pfände. [4]War die Erstpfändung von einem anderen Gerichtsvollzieher bewirkt, so ist diesem eine Abschrift des Pfändungsprotokolls zuzustellen. [5]Der Gerichtsvollzieher muss sicherstellen, dass

bei der weiteren Bearbeitung, insbesondere bei der Versteigerung, keine der Pfändungen übersehen wird, insbesondere, dass Pfändungspfandrechte ruhender Vollstreckungen nicht gefährdet werden.

(3) [1]Die Anschlusspfändung setzt zu ihrer Wirksamkeit das Bestehen einer staatlichen Verstrickung voraus. [2]Der Gerichtsvollzieher vergewissert sich deshalb, dass die erste Pfändung eine wirksame Verstrickung herbeigeführt hat und dass diese noch besteht. [3]Er sieht in der Regel das Protokoll ein, das über die erste Pfändung aufgenommen ist. [4]Bei Pfandstücken, die sich im Gewahrsam des Schuldners oder eines anderen befinden, sieht der Gerichtsvollzieher grundsätzlich an Ort und Stelle nach, ob die Pfandstücke noch vorhanden sind und ob die Pfändung noch ersichtlich ist. [5]Unterbleibt die Nachschau, weil der Angetroffene dem Gerichtsvollzieher die Durchsuchung der Wohnung des Schuldners nicht gestattet oder weil der Gerichtsvollzieher an Ort und Stelle niemand angetroffen hat, so hat der Gerichtsvollzieher dies im Protokoll über die Anschlusspfändung festzuhalten, den Gläubiger durch Übersendung einer Protokollabschrift zu unterrichten und auf die Möglichkeit des § 758a ZPO zur Überprüfung des Pfandrechts hinzuweisen; ein Antrag auf Übersendung des Protokolls ist erforderlichenfalls zu unterstellen. [6]Eine Anschlusspfändung darf nicht deshalb unterbleiben, weil eine Nachschau nicht möglich ist. [7]Bei der Anschlusspfändung von Sachen im Gewahrsam eines Dritten ist dessen Herausgabebereitschaft (vergleiche § 70 Absatz 2) erneut festzustellen. [8]Den Wert der Pfandstücke prüft der Gerichtsvollzieher nach. [9]Hat sich der Wert verändert, so gibt er den Wert zum Zeitpunkt der Anschlusspfändung an.

(4) [1]Die Pfändung bereits gepfändeter Gegenstände ist ohne Rücksicht darauf vorzunehmen, ob sich nach Befriedigung der Ansprüche des Gläubigers der Erstpfändung und der Kosten der ersten Vollstreckung noch ein Überschuss erwarten lässt. [2]Eine solche Pfändung soll jedoch nur erfolgen, wenn die Befriedigung des Gläubigers aus anderen Pfandstücken nicht erlangt werden kann oder wenn sie entweder vom Gläubiger ausdrücklich verlangt wird oder aus besonderen Gründen zweckentsprechender erscheint als die Pfändung anderer, noch nicht gepfändeter Sachen.

(5) [1]Der Auftrag des Gläubigers, für den eine Anschlusspfändung bewirkt ist, geht kraft Gesetzes auf den Gerichtsvollzieher über, der die Erstpfändung durchgeführt hat (§ 827 Absatz 1 ZPO). [2]Daher ist dem Gerichtsvollzieher, der die Erstpfändung durchgeführt hat, der Schuldtitel nebst den sonstigen für die Vollstreckung erforderlichen Urkunden auszuhändigen, sofern nicht das Vollstreckungsgericht die Verrichtungen dieses Gerichtsvollziehers einem anderen überträgt (§ 827 Absatz 1 ZPO). [3]Dem Auftraggeber und dem Schuldner ist hiervon Kenntnis zu geben. [4]Der Gerichtsvollzieher, dem die Fortsetzung der Vollstreckung obliegt, hat sich als von allen Gläubigern beauftragt zu betrachten.

(6) [1]Die Versteigerung erfolgt durch den hiernach zuständigen Gerichtsvollzieher für alle beteiligten Gläubiger. [2]Reicht der Erlös zur Deckung sämtlicher Forderungen nicht aus, so ist er nach der Reihenfolge der Pfändungen zu verteilen. [3]Verlangt ein Gläubiger ohne Zustimmung der übrigen Gläubiger eine andere Art der Verteilung, so ist gemäß § 827 Absatz 2 ZPO zu verfahren.

(7) [1]Die Stundung seitens eines der Gläubiger oder die Einstellung des Verfahrens gegenüber einem der Gläubiger hat auf die Fortsetzung der Vollstreckung für die anderen Gläubiger keinen Einfluss. [2]Wird die Vollstreckung fortgesetzt, so ist der Gläubiger, der gestundet hat oder demgegenüber die Vollstreckung eingestellt ist, zur Wahrung seiner Interessen ohne Verzug zu benachrichtigen. [3]Der auf diesen Gläubiger entfallende Betrag ist zu hinterlegen, und zwar

im Fall der Einstellung unter Vorbehalt einer anderweitigen Überweisung, falls der Anspruch des Gläubigers ganz oder teilweise wegfallen sollte. [4]Im Fall der Stundung bedarf es beim Einverständnis des Schuldners mit der Zahlung nicht der Hinterlegung, sofern sie nicht aus anderen Gründen zu erfolgen hat.

(8) [1]Wenn ein anderer Gerichtsvollzieher als derjenige, der die Erstpfändung vorgenommen hat, bei der weiteren Pfändung noch pfandfreie Gegenstände pfändet, so hat er geeignetenfalls bei seinem Auftraggeber nachzufragen, ob dieser mit der Erledigung des ganzen Vollstreckungsauftrags – also auch wegen der neu gepfändeten Sachen – durch den Gerichtsvollzieher einverstanden ist, dem die Versteigerung der früher gepfändeten Sachen zusteht. [2]Wird dieses Einverständnis erteilt, so ist der Auftrag wegen der neu gepfändeten Sachen an den anderen Gerichtsvollzieher abzugeben.

(9) [1]Ist derselbe Gegenstand im Verwaltungsvollstreckungsverfahren oder zur Beitreibung von Abgaben und durch Gerichtsvollzieher für andere Auftraggeber gepfändet, so sind die besonderen Bestimmungen zu beachten, die hierfür in Betracht kommen (§ 6 JBeitrO, die noch anzuwendenden landesrechtlichen Vorschriften, §§ 307, 308 AO). [2]Ist die erste Pfändung im Wege der Verwaltungsvollstreckung erfolgt, so hat der Gerichtsvollzieher bei einer folgenden Vollstreckung nach der Zivilprozessordnung die Form der Erstpfändung (§ 808 ZPO) zu wählen.

g)   Gleichzeitige Pfändung für mehrere Gläubiger

§ 117

(1) [1]Ein Gerichtsvollzieher, der vor Ausführung einer ihm aufgetragenen Pfändung von den anderen Gläubigern mit der Pfändung gegen denselben Schuldner beauftragt wird, muss alle Aufträge als gleichzeitige behandeln und deshalb die Pfändung für alle beteiligten Gläubiger zugleich bewirken. [2]Auf die Reihenfolge, in der die Vollstreckungsaufträge an den Gerichtsvollzieher gelangt sind, kommt es nicht an, sofern nicht die Pfändung auf Grund eines früheren Auftrags schon vollzogen ist; denn der Eingang des Vollstreckungsauftrags für sich allein begründet kein Vorzugsrecht des Gläubigers vor anderen Gläubigern. [3]Steht der Vollziehung eines oder einzelner Aufträge ein Hindernis entgegen, so darf die Erledigung der anderen Aufträge deshalb nicht verzögert werden.

(2) [1]Will der Schuldner vor der Pfändung einen Geldbetrag freiwillig leisten, der die Forderungen sämtlicher Gläubiger nicht deckt, so darf der Gerichtsvollzieher diesen Betrag nur dann als Zahlung annehmen, wenn der Schuldner damit einverstanden ist, dass der Betrag unter allen Gläubigern nach dem Verhältnis der beizutreibenden Forderungen (Absatz 5 Satz 2) verteilt wird. [2]Willigt der Schuldner hierin nicht ein, so ist das Geld für sämtliche Gläubiger zu pfänden.

(3) [1]Über die gleichzeitige Pfändung für mehrere Gläubiger ist nur ein Pfändungsprotokoll aufzunehmen; dieses muss die beteiligten Gläubiger und ihre Schuldtitel bezeichnen und die Erklärung enthalten, dass die Pfändung gleichzeitig für alle bewirkt ist. [2]Bei erfolgloser Vollstreckung gilt Satz 1 Halbsatz 1 entsprechend. [3]§ 86 Absatz 5 Satz 1 ist mit der Maßgabe anzuwenden, dass ein Gläubiger auf Grund eines allgemein gehaltenen Antrags auf Abschrift eines Pfändungsprotokolls nur eine Teilabschrift mit den ihn betreffenden Daten erhält; eine vollständige Protokollabschrift mit den Namen und Forderungen aller beteiligten Gläubiger ist nur auf ausdrücklichen Antrag zu erteilen.

(4) Alle zu pfändenden Sachen sind für alle beteiligten Gläubiger zu pfänden, sofern nicht ein Gläubiger bestimmte Sachen ausgeschlossen hat.

(5) [1]Die Versteigerung erfolgt für alle beteiligten Gläubiger. [2]Der Erlös ist nach dem Verhältnis der beizutreibenden Forderungen zu verteilen, wenn er zur Deckung der Forderungen aller Gläubiger nicht ausreicht. [3]Verlangt ein Gläubiger ohne Zustimmung der übrigen Gläubiger eine andere Art der Verteilung, so ist nach § 827 Absatz 2 ZPO zu verfahren. [4]Im Übrigen gilt § 116 Absatz 7 entsprechend.

(6) Hat der Gerichtsvollzieher für einen Gläubiger ganz oder teilweise erfolglos vollstreckt und findet er bei der Erledigung des Auftrags eines anderen Gläubigers weitere pfändbare Sachen vor, so verfährt er nach den Bestimmungen der Absätze 1 bis 5, sofern der Auftrag des ersten Gläubigers noch besteht und er den Schuldtitel dieses Gläubigers noch besitzt.

(7) Hat der Gerichtsvollzieher eine Pfändung im Verwaltungsvollstreckungsverfahren und im Auftrag eines anderen Gläubigers durchzuführen, so finden die Absätze 1 bis 6 entsprechende Anwendung.

4. Auszahlung des Erlöses

§ 118 Berechnung der auszuzahlenden Beträge

(1) Der Gerichtsvollzieher muss in seinen Akten eine Abrechnung über die Geldbeträge aufstellen, die infolge der Zwangsvollstreckung in seine Hände gelangt sind.

(2) [1]Aus dem Erlös sind vorweg ein etwa dem Schuldner zu erstattender Ersatzbetrag (§§ 74, 75) sowie die Kosten gemäß § 15 Absatz 1 GvKostG zu entnehmen. [2]Darauf ist der Betrag, der dem Gläubiger zusteht, einschließlich der Zinsen und Kosten anzusetzen und der Überschuss festzustellen, der dem Schuldner etwa verbleibt. [3]Reicht der Erlös zur Deckung der Forderung des Gläubigers nicht aus, so ist er zunächst auf die Kosten der Zwangsvollstreckung, sodann auf die übrigen Kosten des Gläubigers, weiter auf die Zinsen der beizutreibenden Forderung und schließlich auf die Hauptleistung zu verrechnen (§ 367 BGB), es sei denn, dass die Anrechnung der Teilleistung nach § 497 Absatz 3 BGB vorzunehmen ist. [4]Wird der Gläubiger nicht voll befriedigt, so muss die Berechnung ergeben, welche von diesen Forderungsarten ungetilgt bleiben. [5]Reicht im Fall der Bewilligung von Prozess- oder Verfahrenskostenhilfe der Erlös nicht zur Befriedigung des Gläubigers aus, so beachtet der Gerichtsvollzieher die Bestimmungen des § 15 Absatz 3 Satz 3 bis 4 GvKostG.

(3) [1]Sind mehrere Gläubiger an dem Erlös beteiligt und reicht dieser nicht zur Deckung aller Forderungen aus, so sind – vorbehaltlich des § 15 Absatz 3 Satz 3 bis 4 GvKostG – zunächst die Kosten des § 15 Absatz 1 GvKostG aus dem Erlös zu entnehmen. [2]Der Resterlös wird sodann nach § 116 Absatz 6 und § 117 Absatz 5 verteilt.

(4) Dem Schuldner ist eine Abschrift der Abrechnung zu erteilen, falls deren wesentlicher Inhalt nicht bereits in die ihm ausgestellte Quittung (§ 757 ZPO) aufgenommen ist.

§ 119 Verfahren bei der Auszahlung

(1) Bei Ablieferung von Geld an den Gläubiger sind – vorbehaltlich des § 15 Absatz 3 Satz 3 bis 4 GvKostG – die gesamten Gerichtsvollzieherkosten, für die der Gläubiger haftet, einzubehalten, soweit sie nicht bereits nach § 118 Absatz 2 Satz 1 dem Erlös vorweg entnommen sind; das gilt auch, wenn Geld an einen Bevollmächtigten des Gläubigers abzuführen ist (vergleiche § 31 Absatz 2).

(2) [1]Der Gerichtsvollzieher führt die Beträge, die auf die Gläubiger entfallen, sowie den etwa für den Schuldner verbleibenden Überschuss unverzüglich an die Empfangsberechtigten ab, soweit die Gelder nicht zu hinterlegen sind. [2]Macht ein Dritter dem Gerichtsvollzieher glaubhaft, dass die alsbaldige Auszahlung seine Rechte auf den Erlös gefährden würde (vergleiche §§ 771, 781, 786, 805 ZPO) und dass deshalb in Kürze ein Einstellungsbeschluss des Gerichts zu erwarten sei, so muss der Gerichtsvollzieher mit der Auszahlung eine angemessene Frist warten. [3]Diese Frist soll regelmäßig nicht mehr als zwei Wochen betragen.

(3) [1]Die Auszahlung ist grundsätzlich über das Gerichtsvollzieher-Dienstkonto abzuwickeln (§ 52 Absatz 7 GVO). [2]Ist im Einzelfall nur eine Barauszahlung möglich, ist diese durch Quittung zu belegen. [3]Die Gründe für die Barauszahlung sind aktenkundig zu machen.

(4) [1]Macht ein Dritter auf Grund eines Pfand- oder Vorzugsrechts seinen Anspruch auf vorzugsweise Befriedigung aus dem Erlös geltend (§ 805 ZPO), so darf ihm der Gerichtsvollzieher den beanspruchten Betrag nur dann auszahlen, wenn sämtliche Beteiligten einwilligen oder wenn ein rechtskräftiges Urteil gegen den nicht zustimmenden Gläubiger oder Schuldner vorgelegt wird. [2]Die Einwilligung ist aktenkundig zu machen.

(5) [1]Wird durch den Widerspruch eines Gläubigers gegen die in Aussicht genommene Verteilung eine gerichtliche Verteilung notwendig, so hinterlegt der Gerichtsvollzieher den Erlös, der nach Abzug der zu entnehmenden Kosten (§ 118 Absatz 3) verbleibt. [2]Er zeigt die Sachlage dem Vollstreckungsgericht an und fügt die Schriftstücke bei, die sich auf das Verfahren beziehen.

5. Rückgabe von Pfandstücken

§ 120

(1) [1]Pfandstücke, deren Veräußerung nicht erforderlich gewesen ist oder die entweder auf Anweisung des Gläubigers oder auf Grund einer gerichtlichen Entscheidung freigegeben sind, stellt der Gerichtsvollzieher ohne Verzug dem Empfangsberechtigten zur Verfügung und gibt sie gegen Empfangsbescheinigung heraus, wenn sie aus dem Gewahrsam des Schuldners oder eines Dritten entfernt waren. [2]War die Pfändung zu Recht erfolgt, hat der Schuldner die Kosten der Zurückschaffung zu tragen, war sie zu Unrecht erfolgt, hat der Gläubiger die Kosten zu tragen. [3]Bei der Bekanntmachung der Freigabe ist der Schuldner ausdrücklich zur Entfernung der Pfandzeichen zu ermächtigen. [4]Ein etwa bestellter Hüter ist von dem Ende der Vollstreckung zu benachrichtigen.

(2) [1]Empfangsberechtigt ist grundsätzlich derjenige, aus dessen Gewahrsam die Sachen genommen worden sind. [2]Ist über das Vermögen des Schuldners das Insolvenzverfahren eröffnet, so stellt der Gerichtsvollzieher die zurückzugebenden Gegenstände dem Insolvenzverwalter bzw. Treuhänder zur Verfügung, soweit sie zur Masse gehören.

(3) [1]Befinden sich die Pfandstücke im Gewahrsam des Gerichtsvollziehers oder eines Verwahrers und verweigert oder unterlässt der Empfangsberechtigte innerhalb einer ihm gestellten angemessenen Frist die Abholung der Pfandstücke oder ist der Aufenthalt des Empfangsberechtigten nicht zu ermitteln, so kann der Gerichtsvollzieher die Pfandstücke hinterlegen (§ 372 BGB) oder nach § 383 BGB verfahren, sofern dessen Voraussetzungen vorliegen. [2]Bei der Fristsetzung ist der Empfangsberechtigte hierauf hinzuweisen. [3]Gegenstände, die sich in der Pfandkammer befinden, können auch nach § 983 BGB versteigert werden, wenn sich der Empfangsberechtigte oder sein Aufenthalt nicht ermitteln lässt. [4]Die Gründe, aus denen zu einer dieser Maßregeln geschritten wird, sind aktenkundig zu machen; auch ist zu vermerken,

welche Versuche zur Ermittlung des Empfangsberechtigten unternommen worden sind. [5]Das Verfahren nach den §§ 383 oder 983 BGB darf der Gerichtsvollzieher nur auf Anordnung seiner vorgesetzten Dienststelle einleiten. [6]Der Gerichtsvollzieher legt dieser die Akten vor.

III. Zwangsvollstreckung in Forderungen und andere Vermögensrechte

§ 121 Zustellung des Pfändungs- und Überweisungsbeschlusses

(1) [1]Die Pfändung einer Forderung ist mit der Zustellung des Pfändungsbeschlusses an den Drittschuldner als bewirkt anzusehen (§ 829 Absatz 3 ZPO). [2]Die Zustellung an den Drittschuldner ist daher regelmäßig vor der Zustellung an den Schuldner durchzuführen, wenn nicht der Auftraggeber ausdrücklich etwas anderes verlangt (vergleiche Absatz 3). [3]Diese Zustellung ist zu beschleunigen; in der Zustellungsurkunde ist der Zeitpunkt der Zustellung nach Stunde und Minute anzugeben. [4]Bei Zustellung durch die Post ist nach § 26 Absatz 2 Satz 1 Nummer 1 zu verfahren. [5]Ist der Gerichtsvollzieher mit der Zustellung mehrerer Pfändungsbeschlüsse an denselben Drittschuldner beauftragt, so stellt er sie alle in dem gleichen Zeitpunkt zu und vermerkt in den einzelnen Zustellungsurkunden, welche Beschlüsse er gleichzeitig zugestellt hat. [6]Lässt ein Gläubiger eine Forderung pfänden, die dem Schuldner gegen ihn selbst zusteht, so ist der Pfändungsbeschluss dem Gläubiger wie einem Drittschuldner zuzustellen.

(2) [1]Auf Verlangen des Gläubigers fordert der Gerichtsvollzieher den Drittschuldner bei der Zustellung des Pfändungsbeschlusses auf, binnen zwei Wochen, von der Zustellung an gerechnet, dem Gläubiger die in § 840 Absatz 1 Nummer 1 bis 5 ZPO aufgeführten Erklärungen zu machen, deren Wortlaut in der Aufforderung wiederzugeben ist. [2]Die Aufforderung zur Abgabe dieser Erklärungen muss in die Zustellungsurkunde aufgenommen werden (§ 840 ZPO). [3]Die Zustellung an den Drittschuldner kann in solchen Fällen nur im Wege der persönlichen Zustellung bewirkt werden. [4]Eine Erklärung, die der Drittschuldner bei der Zustellung abgibt, ist in die Zustellungsurkunde aufzunehmen und von dem Drittschuldner nach Durchsicht oder nach Vorlesung zu unterschreiben. [5]Gibt der Drittschuldner keine Erklärung ab oder verweigert er die Unterschrift, so ist dies in der Zustellungsurkunde zu vermerken. [6]Eine Erklärung, die der Drittschuldner später dem Gerichtsvollzieher gegenüber abgibt, ist ohne Verzug dem Gläubiger zu übermitteln und, soweit sie mündlich erfolgt, zu diesem Zweck durch ein Protokoll festzustellen. [7]Sollen mehrere Drittschuldner, die in verschiedenen Amtsgerichtsbezirken wohnen, aber in einem Pfändungsbeschluss genannt sind, zur Abgabe der Erklärungen aufgefordert werden, so führt zunächst der für den zuerst genannten Drittschuldner zuständige Gerichtsvollzieher die Zustellung an die in seinem Amtsgerichtsbezirk wohnenden Drittschuldner aus. [8]Hiernach gibt er den Pfändungsbeschluss an den Gerichtsvollzieher ab, der für die Zustellung an die im nächsten Amtsgerichtsbezirk wohnenden Drittschuldner zuständig ist. [9]Dieser verfährt ebenso, bis an sämtliche Drittschuldner zugestellt ist. [10]Die Zustellung an den Schuldner (vergleiche Absatz 3) nimmt der zuletzt tätig gewesene Gerichtsvollzieher vor.

(3) [1]Nach der Zustellung an den Drittschuldner stellt der Gerichtsvollzieher den Pfändungsbeschluss mit einer beglaubigten Abschrift der Urkunde über die Zustellung an den Drittschuldner – im Fall der Zustellung durch die Post mit einer beglaubigten Abschrift der Postzustellungsurkunde – auch ohne besonderen Auftrag sofort dem Schuldner zu. [2]Muss diese Zustellung im Ausland bewirkt werden, so geschieht sie durch Aufgabe zur Post. [3]Die Zustellung an den Schuldner unterbleibt, wenn eine öffentliche Zustellung erforderlich sein würde.

[4]Ist auf Verlangen des Gläubigers die Zustellung an den Schuldner erfolgt, bevor die Zustellung an den Drittschuldner stattgefunden hat oder ehe die Postzustellungsurkunde dem Gerichtsvollzieher zugegangen ist, so stellt der Gerichtsvollzieher dem Schuldner die Abschrift der Zustellungsurkunde nachträglich zu. [5]Ist ein Drittschuldner nicht vorhanden (zum Beispiel bei Pfändung von Urheber- und Patentrechten), so ist die Pfändung mit der Zustellung des Pfändungsbeschlusses an den Schuldner erfolgt (§ 857 ZPO).

(4) Wird neben dem Pfändungsbeschluss ein besonderer Überweisungsbeschluss erlassen, so ist dieser ebenfalls dem Drittschuldner und sodann unter entsprechender Anwendung von Absatz 3 dem Schuldner zuzustellen (§ 835 Absatz 3 ZPO).

(5) [1]Hat der Gerichtsvollzieher die Zustellung im Fall des Absatzes 1 durch die Post bewirken lassen, so überprüft er die Zustellungsurkunde an den Drittschuldner nach ihrem Eingang und achtet darauf, ob die Zustellung richtig durchgeführt und mit genauer Zeitangabe beurkundet ist. [2]Ist die Zustellung durch die Post fehlerhaft, so stellt er umgehend erneut zu. [3]Sofern es die Umstände erfordern, wählt er dabei die persönliche Zustellung.

§ 122   Wegnahme von Urkunden über die gepfändete Forderung

(1) [1]Hat der Gläubiger die Pfändung einer Forderung, für die eine Hypothek besteht, oder die Pfändung einer Grundschuld oder Rentenschuld erwirkt, so ist der Schuldner verpflichtet, den etwa bestehenden Hypotheken-, Grundschuld- oder Rentenschuldbrief an den Gläubiger herauszugeben (§§ 830, 857 Absatz 6 ZPO). [2]Dasselbe gilt für andere über eine Forderung vorhandene Urkunden (zum Beispiel Schuldschein, Sparbuch, Pfandschein, Versicherungspolice), wenn außer der Pfändung auch schon die Überweisung zugunsten des Gläubigers erfolgt ist (§ 836 ZPO).

(2) [1]Verweigert der Schuldner die Herausgabe der Urkunden, so nimmt der Gerichtsvollzieher sie ihm weg. [2]Die Wegnahme ist im Wege der Zwangsvollstreckung zu bewirken (§§ 127 bis 132). [3]Der Gerichtsvollzieher wird dazu durch den Besitz des Schuldtitels und einer Ausfertigung des Pfändungsbeschlusses (bei Wegnahme eines Hypotheken-, Grundschuld- oder Rentenschuldbriefes) oder des Überweisungsbeschlusses (bei Wegnahme anderer Urkunden) ermächtigt. [4]Der Pfändungs- oder Überweisungsbeschluss ist dem Schuldner spätestens bis zum Beginn der Vollstreckungstätigkeit zuzustellen, welche die Wegnahme der Urkunde zum Ziel hat.

(3) Sind die wegzunehmenden Urkunden in dem Pfändungs- oder Überweisungsbeschluss nicht so genau bezeichnet, dass sie der Gerichtsvollzieher nach dieser Bezeichnung bei dem Schuldner aufsuchen kann, so überlässt er es dem Gläubiger, eine Vervollständigung des Beschlusses bei dem Gericht zu beantragen.

§ 123   Pfändung von Forderungen aus Wechseln, Schecks und anderen Papieren, die durch Indossament übertragen werden können

(1) [1]Die Zwangsvollstreckung in Forderungen aus Wechseln, Schecks und anderen Wertpapieren, die durch Indossament übertragen werden können, zum Beispiel aus kaufmännischen Anweisungen und Verpflichtungsscheinen, Konnossementen, Ladescheinen, Lagerscheinen, die an Order gestellt sind (vergleiche § 363 HGB), erfolgt durch ein Zusammenwirken des Gerichtsvollziehers und des Vollstreckungsgerichts. [2]Der Gerichtsvollzieher pfändet die Forderungen dadurch, dass er die bezeichneten Papiere in Besitz nimmt.

[3]Ein Pfändungsbeschluss ist nicht erforderlich. [4]Die weitere Durchführung der Vollstreckung erfolgt sodann auf Antrag des Gläubigers durch das Vollstreckungsgericht.

(2) [1]Forderungen aus Wechseln und ähnlichen Papieren sind Vermögensstücke von ungewissem Wert, wenn die Zahlungsfähigkeit des Drittschuldners nicht unzweifelhaft feststeht. [2]Der Gerichtsvollzieher soll diese Forderungen nur pfänden, wenn ihn der Gläubiger ausdrücklich dazu angewiesen hat oder wenn andere Pfandstücke entweder nicht vorhanden sind oder zur Befriedigung des Gläubigers nicht ausreichen.

(3) [1]In dem Pfändungsprotokoll ist die weggenommene Urkunde nach Art, Gegenstand und Betrag der Forderung, nach dem Namen des Gläubigers und des Schuldners, dem Tag der Ausstellung und eventuell mit der Nummer genau zu bezeichnen. [2]Auch der Fälligkeitstag der Forderung ist nach Möglichkeit anzugeben. [3]Von der Pfändung ist der Gläubiger unter genauer Bezeichnung der gepfändeten Urkunden und eventuell auch des Fälligkeitstages unverzüglich zu benachrichtigen. [4]Der Schuldtitel ist dem Gläubiger zurückzugeben; dieser benötigt ihn zur Erwirkung des Überweisungsbeschlusses.

(4) Der Gerichtsvollzieher verwahrt die weggenommene Urkunde so lange, bis das Gericht sie einfordert oder bis ihm ein Beschluss des Vollstreckungsgerichts vorgelegt wird, durch den die Überweisung der Forderung an den Gläubiger ausgesprochen oder eine andere Art der Verwertung der Forderung angeordnet wird, zum Beispiel die Veräußerung oder die Herausgabe der den Gegenstand der Forderung bildenden körperlichen Sachen an einen Gerichtsvollzieher.

(5) [1]Werden gepfändete Schecks oder Wechsel zahlbar, bevor eine gerichtliche Entscheidung über ihre Verwertung ergangen ist, so sorgt der Gerichtsvollzieher in Vertretung des Gläubigers für die rechtzeitige Vorlegung, eventuell auch für die Protesterhebung. [2]Wird der Wechsel oder der Scheck bezahlt, so hinterlegt der Gerichtsvollzieher den gezahlten Betrag und benachrichtigt den Gläubiger und den Schuldner hiervon.

(6) Der Gerichtsvollzieher darf die Urkunde über die gepfändete Forderung nur gegen Empfangsbescheinigung des Gläubigers oder – wenn die Forderung freigegeben wird – des Schuldners herausgeben.

[§§ 124–125 …]

§ 126 Zustellung der Benachrichtigung, dass die Pfändung einer Forderung oder eines Anspruchs bevorsteht (so genannte Vorpfändung)

(1) [1]Der Gläubiger kann dem Drittschuldner und dem Schuldner schon vor der Pfändung einer Forderung oder eines Anspruchs die Benachrichtigung, dass die Pfändung bevorsteht, mit den in § 845 ZPO näher bezeichneten Aufforderungen zustellen lassen. [2]Die Benachrichtigung an den Drittschuldner hat zugunsten des Gläubigers die Wirkung eines Arrestes, sofern innerhalb eines Monats seit ihrer Zustellung die angekündigte Pfändung erfolgt.

(2) [1]Der Gerichtsvollzieher muss deshalb die Zustellung dieser Benachrichtigung an den Drittschuldner besonders beschleunigen und den Zustellungszeitpunkt (Tag, Stunde, Minute) beurkunden oder veranlassen, dass dies durch den Postbediensteten erfolgt. [2]Auf die Zustellung finden die Vorschriften des § 121 Absatz 1 und 3 bis 5 entsprechende Anwendung. [3]Der Gerichtsvollzieher hat nicht zu prüfen, ob dem Gläubiger eine vollstreckbare Ausfertigung erteilt und ob der Schuldtitel bereits zugestellt ist.

(3) [1]Der Gerichtsvollzieher hat die Benachrichtigung mit den Aufforderungen selbst anzufertigen, wenn er von dem Gläubiger hierzu ausdrücklich beauftragt worden ist. [2]Dies gilt nicht für die Vorpfändung von Vermögensrechten im Sinne des § 857 ZPO (vergleiche § 857 Absatz 7 ZPO). [3]In diesem Fall hat der Gerichtsvollzieher zu prüfen, ob der Gläubiger einen vollstreckbaren Schuldtitel erwirkt hat und ob die Voraussetzungen der §§ 711, 712, 720a, 751, 752, 756, 795, 930 ZPO vorliegen. [4]Der Gerichtsvollzieher hat die vorzupfändende Forderung nach Gläubiger, Schuldner und Rechtsgrund in der Benachrichtigung möglichst so genau zu bezeichnen, dass über die Identität der Forderung kein Zweifel bestehen kann.

(4) [1]Stellt der Gerichtsvollzieher lediglich eine vom Gläubiger selbst angefertigte Benachrichtigung zu, so obliegt ihm nicht die Prüfungspflicht nach Absatz 3 Satz 3. [2]In diesem Fall wirkt er bei der Vorpfändung nur als Zustellungsorgan mit.

C. Zwangsvollstreckung zur Erwirkung der Herausgabe von Sachen

§ 127 Bewegliche Sachen

(1) [1]Hat der Schuldner nach dem Schuldtitel eine bestimmte bewegliche Sache oder eine gewisse Menge von bestimmten beweglichen Sachen herauszugeben, so wird die Zwangsvollstreckung dadurch bewirkt, dass der Gerichtsvollzieher die Sache dem Schuldner wegnimmt und sie dem Gläubiger übergibt. [2]Hat der Schuldner eine Menge von vertretbaren Sachen (§ 91 BGB) oder von Wertpapieren zu leisten, so ist in derselben Weise zu verfahren, sofern der Gerichtsvollzieher Sachen der geschuldeten Gattung im Gewahrsam des Schuldners vorfindet. [3]Befindet sich die herauszugebende Sache im Gewahrsam eines Dritten, so darf sie der Gerichtsvollzieher nur wegnehmen, wenn der Dritte zur Herausgabe bereit ist (§ 70 Absatz 2) oder wenn die Zwangsvollstreckung auch in das in seinem Gewahrsam befindliche Vermögen zulässig ist. [4]In den übrigen Fällen überlässt es der Gerichtsvollzieher dem Gläubiger, bei dem Vollstreckungsgericht die Überweisung des Anspruches des Schuldners auf Herausgabe der Sache zu erwirken (§ 886 ZPO).

(2) [1]Der Gerichtsvollzieher händigt die weggenommenen Sachen dem Gläubiger unverzüglich gegen Empfangsbescheinigung aus oder sendet sie an ihn ab. [2]Die Sachen sollen dem Gläubiger tunlichst an Ort und Stelle ausgehändigt werden. [3]Der Gerichtsvollzieher zeigt dem Gläubiger den Tag und die Stunde der beabsichtigten Vollstreckung rechtzeitig an, damit sich dieser zur Empfangnahme der Sachen an dem Ort der Vollstreckung einfinden oder einen Vertreter entsenden und die notwendigen Maßnahmen zur Fortschaffung der Sachen treffen kann.

(3) Macht ein Dritter bei der Vollstreckung ein Recht an dem wegzunehmenden Gegenstand geltend, das ihn zur Erhebung der Widerspruchsklage (§ 771 ZPO) berechtigt, so verweist ihn der Gerichtsvollzieher an das Gericht.

(4) Trifft mit dem Auftrag des Gläubigers auf Wegnahme einer Sache ein Pfändungsbeschluss nach § 124 zusammen, so nimmt der Gerichtsvollzieher die Sache in Besitz und überlässt es den Beteiligten, eine Einigung oder eine gerichtliche Entscheidung über ihre Rechte herbeizuführen.

(5) [1]Trifft mit dem Auftrag eines Gläubigers auf die Wegnahme einer Sache der Auftrag eines anderen Gläubigers auf Pfändung zusammen, so verfährt der Gerichtsvollzieher – sofern nicht die Sachlage oder der Inhalt der Aufträge eine andere Erledigung erfordern – wie folgt. [2]Er führt zunächst die Pfändung durch. [3]Hierbei pfändet er die herauszugebenden Sachen nur dann ganz oder teilweise, wenn andere Pfandstücke nicht oder nicht in ausreichendem Um-

fang vorhanden sind. [4]Pfändet er zugunsten des einen Gläubigers Sachen, die der Schuldner an den anderen Gläubiger herauszugeben hat, so nimmt er sie dem Schuldner auf Verlangen des Gläubigers, der die Herausgabe verlangen kann, für diesen Gläubiger weg. [5]Er darf sie jedoch dem Gläubiger nicht herausgeben, sondern muss sie in seinem Besitz behalten. [6]Die Zwangsvollstreckung in diese Sachen darf er erst fortsetzen, sobald sie der eine Gläubiger von dem Recht des anderen befreit hat. [7]Soweit die herauszugebenden Sachen nicht gepfändet sind, nimmt der Gerichtsvollzieher sie dem Schuldner weg und übergibt sie dem Gläubiger.

(6) [1]In dem Protokoll über die Vollstreckungshandlung sind die weggenommenen Sachen genau zu bezeichnen. [2]Bei vertretbaren Sachen sind Maß, Zahl und Gewicht anzugeben, bei Wertpapieren der Nennwert, die Nummer oder die sonstigen Unterscheidungsmerkmale sowie die bei dem Stammpapier vorgefundenen Zins- oder Gewinnanteil- oder Erneuerungsscheine. [3]Das Protokoll muss ferner ergeben, ob die Sachen dem Gläubiger ausgehändigt, an ihn abgesandt oder in welcher anderen Weise sie untergebracht sind. [4]Findet der Gerichtsvollzieher die geschuldeten Sachen nicht oder nur zum Teil vor, so macht er dies im Protokoll ersichtlich; ebenso vermerkt er es im Protokoll, wenn der Schuldner bestreitet, dass die weggenommenen Sachen die geschuldeten sind, oder wenn ein Dritter Rechte auf den Besitz der Sachen geltend macht.

(7) [1]Ist der Schuldner zur Übertragung des Eigentums oder zur Bestellung eines Rechts an einer beweglichen Sache, auf Grund dessen der Gläubiger die Besitzeinräumung verlangen kann, verurteilt, so nimmt der Gerichtsvollzieher die Sache dem Schuldner unter Beachtung der vorstehenden Vorschriften weg und händigt sie dem Gläubiger aus. [2]Dasselbe gilt für den Hypotheken-, Grundschuld- oder Rentenschuldbrief, wenn der Schuldner zur Bestellung, zur Abtretung oder zur Belastung der durch diese Urkunde verbrieften Hypothek, Grundschuld oder Rentenschuld verurteilt ist (§ 897 ZPO).

§ 128 Unbewegliche Sachen sowie eingetragene Schiffe, Schiffsbauwerke und Schwimmdocks

(1) [1]Hat der Schuldner nach dem Schuldtitel ein Grundstück, einen Teil eines Grundstücks, Wohnräume oder sonstige Räume oder ein eingetragenes Schiff, Schiffsbauwerk oder im Bau befindliches oder fertig gestelltes Schwimmdock herauszugeben, so wird die Zwangsvollstreckung dadurch vollzogen, dass der Gerichtsvollzieher den Schuldner aus dem Besitz setzt und den Gläubiger in den Besitz einweist. [2]Der Gerichtsvollzieher hat den Schuldner aufzufordern, eine Anschrift zum Zweck von Zustellungen oder einen Zustellungsbevollmächtigten zu benennen.

(2) [1]Der Gerichtsvollzieher teilt dem Gläubiger und dem Schuldner Tag und Stunde der beabsichtigten Vollstreckung rechtzeitig vor dem Vollstreckungstermin mit. [2]Die Benachrichtigung ist dem Schuldner zuzustellen. [3]Der Gerichtsvollzieher benachrichtigt den Schuldner zusätzlich durch einfachen Brief von dem Vollstreckungstermin, wenn zu besorgen ist, dass die zuzustellende Benachrichtigung den Schuldner nicht erreicht. [4]Dies gilt nicht, wenn der Gerichtsvollzieher eine Entscheidung des Familiengerichts in einer Gewaltschutz- oder Ehewohnungssache (§§ 210, 200 Absatz 1 FamFG) vor der Zustellung vollziehen darf, weil das Gericht dies gemäß § 53 Absatz 2 Satz 1, § 209 Absatz 3 Satz 1 oder § 216 Absatz 2 Satz 1 FamFG als zulässig angeordnet hat, oder die Zustellung auf Verlangen des Antragstellers gegenüber dem Gerichtsvollzieher gemäß § 214 Absatz 2 Halbsatz 2 FamFG nicht vor der Vollstreckung erfolgen darf. [5]Zwischen dem Tag der Zustellung und dem Tag des Vollstreckungs-

termins müssen wenigstens drei Wochen liegen. [6]Die Zustellung kann unterbleiben, wenn der Schuldner unbekannt verzogen oder sein Aufenthalt unbekannt ist. [7]Eine öffentliche Zustellung soll nicht erfolgen. [8]Die Herausgabe der Räume kann auch in Abwesenheit des Gläubigers bewirkt werden, wenn der Gläubiger durch die von dem Gerichtsvollzieher getroffenen Maßregeln (zum Beispiel Übergabe der Schlüssel, Bestellung des Hüters) in die Lage versetzt wird, die tatsächliche Gewalt über das Grundstück oder die Räume auszuüben. [9]Auch die Anwesenheit des Schuldners ist nicht notwendig.

(3) [1]Das bewegliche Zubehör (§§ 97, 98 BGB) ist Gegenstand der Vollstreckung in das Grundstück, auch wenn es im Schuldtitel nicht ausdrücklich erwähnt ist. [2]Es ist dem Räumungsgläubiger herauszugeben oder auf dem Grundstück zu belassen.

(4) [1]Bewegliche Sachen, die weder mit herauszugeben noch wegen einer gleichzeitig beizutreibenden Forderung oder wegen der Kosten zu pfänden sind, entfernt der Gerichtsvollzieher von dem Grundstück, Schiff (Schiffsbauwerk, im Bau befindlichen oder fertig gestellten Schwimmdock) oder aus den Räumen, falls nicht der Gläubiger der Entfernung wegen eines Pfand- oder Zurückbehaltungsrechts widerspricht, das er an diesen Sachen in Anspruch nimmt. [2]Macht der Gläubiger sein Vermieter- oder Verpächterpfandrecht an allen in den Räumen befindlichen Sachen geltend, darf der Gerichtsvollzieher die Existenz eines solchen Rechts nicht prüfen, und zwar auch nicht im Hinblick auf § 811 ZPO. [3]Er belässt die Sachen in den Räumen und weist den Gläubiger in den Besitz der Räume ein. [4]Damit ist die Räumung beendet und der Räumungstitel verbraucht. [5]In den Fällen, in denen die Überlassung der Wohnung an den Gläubiger (verletzte Person) gemäß § 2 Absatz 2 GewSchG befristet ist, kommt die Entfernung der beweglichen Sachen des Schuldners (Täter) aus der Wohnung gegen seinen Willen nicht in Betracht. [6]Die Sachen sind dem Schuldner außerhalb des zu räumenden Objekts zu übergeben oder zur Verfügung zu stellen. [7]Ist der Schuldner abwesend, so tritt an seine Stelle sein Bevollmächtigter oder eine erwachsene Person, die zu seiner Familie gehört oder in seiner Familie beschäftigt ist, oder ein erwachsener ständiger Mitbewohner. [8]Der Gerichtsvollzieher ist nicht verpflichtet, die herauszugebenden Sachen in ein anderes (zum Beispiel neu angemietetes) Objekt des Schuldners zu schaffen. [9]Er ist jedoch befugt, dies auf Antrag des Schuldners dann zu tun, wenn die hierdurch entstehenden Kosten nicht höher als diejenigen sind, die durch den Transport des Räumungsguts in die Pfandkammer und durch dessen Lagerung entstehen würden.

(5) [1]Ist weder der Schuldner noch eine der in Absatz 4 Satz 7 bezeichneten Personen anwesend oder wird die Entgegennahme verweigert, so schafft der Gerichtsvollzieher die in Absatz 4 Satz 1 bezeichneten Sachen auf Kosten des Schuldners in die Pfandkammer oder trägt sonst für ihre Verwahrung Sorge. [2]Unpfändbare Sachen und solche Sachen, bei denen nach seinem pflichtgemäßen Ermessen ein Verwertungserlös nicht zu erwarten ist, hat er bis zu ihrer Veräußerung oder ihrer Vernichtung jederzeit, das heißt zu den üblichen Geschäftszeiten des Gerichtsvollziehers, ohne Weiteres, insbesondere ohne irgendwelche Kostenzahlungen des Schuldners auf dessen Verlangen herauszugeben. [3]Bewegliche Sachen, an deren Aufbewahrung auch bei Anlegung eines engen Maßstabs an die Erfüllung der Voraussetzungen und unter Berücksichtigung der Betrachtung der weiteren Verwendung durch einen unvoreingenommenen Dritten offensichtlich kein Interesse seitens des Schuldners besteht, sollen unverzüglich vernichtet werden. [4]Ein offensichtlich fehlendes Interesse an der Aufbewahrung kann der Gerichtsvollzieher in der Regel bei gewöhnlichem Abfall und Unrat annehmen, die durch Verwertung oder Beseitigung unter Beachtung der einschlägigen abfallrechtlichen Bestimmungen zu vernichten sind. [5]Allerdings umfasst der Vollstreckungsauftrag nicht die un-

mittelbare Beseitigung durch den Gerichtsvollzieher in solchen Fällen, die eine aufwändige und kostenintensive Entsorgung von sehr großen Mengen Mülls, die auf dem herauszugebenden Grundstück lagern, oder von Altlasten erforderlich machen. [6]Für die entstehenden Kosten der Räumung einschließlich der Kosten der ersten Einlagerung ist der Gläubiger dem Gerichtsvollzieher gemäß § 4 GvKostG vorschusspflichtig.

(6) [1]Der Gerichtsvollzieher benachrichtigt den Schuldner, dass er die verwertbaren Sachen, auch soweit sie unpfändbar sind, verkaufen und den Erlös nach Abzug der Unkosten hinterlegen und die unverwertbaren Sachen vernichten wird, wenn der Schuldner die Sachen nicht innerhalb einer Frist von einem Monat nach der Räumung herausverlangt oder sie zwar innerhalb dieser Frist herausverlangt, aber die aufgelaufenen Kosten nicht innerhalb einer weiteren Frist von einem Monat, das heißt in diesem Fall nicht binnen einer Frist von zwei Monaten nach der Räumung, bezahlt. [2]Die Mitteilung soll zugleich die Höhe der zu erstattenden Kosten und den Hinweis enthalten, dass unpfändbare Sachen und Sachen, für die ein Verwertungserlös nicht zu erwarten ist, jederzeit und ohne irgendwelche Kostenzahlungen an den Schuldner herausgegeben werden. [3]Der Gerichtsvollzieher kann die Mitteilung schon in die Benachrichtigung über den Vollstreckungstermin aufnehmen (Absatz 2). [4]In diesem Fall ist der Schuldner darauf hinzuweisen, dass dieser die Höhe der zu erstattenden Kosten bei ihm erfragen kann.

(7) [1]Die Veräußerung der verwertbaren Sachen erfolgt nach den Vorschriften über die Pfandversteigerung (§§ 806, 814 und 817 ZPO). [2]Die Schutzvorschriften, die bei der Pfändung von Sachen gelten (§§ 803 Absatz 2, 811, 811c, 812, 816, 817a ZPO), finden keine Anwendung. [3]Der Gerichtsvollzieher darf aus dem Erlös, bevor er diesen hinterlegt, seine noch offenen, durch den Vorschuss des Gläubigers nicht gedeckten Kosten für Räumung, Einlagerung und Verkauf (Versteigerung) unmittelbar abziehen. [4]Über die Hinterlegung unterrichtet er den Gläubiger, der einen Vorschuss geleistet hat.

(8) [1]Nach Ablauf der in Absatz 6 Satz 1 genannten Frist entscheidet der Gerichtsvollzieher nach pflichtgemäßem Ermessen über die Vernichtung des wertlosen oder nach seiner Einschätzung unverwertbaren Räumungsgutes. [2]Eines vorangehenden erfolglosen Verwertungsversuches bedarf es nicht.

(9) [1]In dem Protokoll über die Vollstreckungshandlung ist das zu räumende Objekt genau zu bezeichnen. [2]Das Protokoll muss ferner ergeben, welche Personen der Vollstreckungshandlung beigewohnt haben, welche Maßregeln getroffen worden sind, um den Schuldner aus dem Besitz zu setzen und den Gläubiger in den Besitz einzuweisen, und welche Zubehörstücke dem Gläubiger mit übergeben worden sind. [3]Nimmt der Gerichtsvollzieher Sachen des Schuldners in Verwahrung, so gibt er die Sachen, den Grund und die Art der Verwahrung im Protokoll an.

§ 129 Beschränkter Vollstreckungsauftrag

(1) Der Vollstreckungsauftrag kann auf die Maßnahmen nach § 128 Absatz 1 beschränkt werden.

(2) [1]Der Gerichtsvollzieher hat in seinem Protokoll die frei ersichtlichen beweglichen Sachen zu dokumentieren, die er bei der Vornahme der Vollstreckungshandlung vorfindet. [2]Die Dokumentation muss nicht die Anforderungen an eine vollständige Inventarisierung erfüllen. [3]Sie beschränkt sich auf die in Räumen frei einsehbaren beweglichen Sachen. [4]Behältnisse muss der Gerichtsvollzieher für die Dokumentation nicht öffnen. [5]Insbesondere muss er weder

Schranktüren öffnen noch Schubladen herausziehen und den Inhalt von Schränken und Schubladen weder vollständig noch zum Teil herausnehmen. [6]Eine Pflicht zur weitergehenden Dokumentation, die unter Umständen mit aufwändigen Feststellungen über den Zustand aller in den Räumlichkeiten befindlichen Sachen verbunden sein kann, trifft den Gerichtsvollzieher nicht. [7]Er kann nach seinem Ermessen bei der Dokumentation Bildaufnahmen in elektronischer oder in analoger Form herstellen. [8]Die elektronischen Bilder sind im Gerichtsvollzieherbüro unter Verwendung geeigneter, den üblichen Standards der Datensicherheit und des Datenschutzes entsprechender elektronischer Speichermedien zu verwahren.

(3) In den Fällen des Absatzes 1 weist der Gerichtsvollzieher zusammen mit der Mitteilung des Räumungstermins sowohl den Schuldner als auch den Gläubiger ausdrücklich schriftlich auf die Bestimmungen des § 885a Absatz 2 bis 5 ZPO hin.

§ 130 Besondere Vorschriften über die Räumung von Wohnungen

(1) Die Anberaumung des Räumungstermins ist schon vor Ablauf der Räumungsfrist zulässig.

(2) [1]Während der Geltungsdauer einer einstweiligen Anordnung in Gewaltschutzsachen, soweit Gegenstand des Verfahrens Regelungen aus dem Bereich der Ehewohnungssachen sind, und in Ehewohnungssachen kann der Gerichtsvollzieher den Schuldner mehrfach aus dem Besitz der Wohnung setzen und den Gläubiger in den Besitz der Wohnung einweisen, ohne dass es weiterer Anordnungen oder einer erneuten Zustellung an den inzwischen wieder in die Wohnung eingezogenen Schuldner bedarf (§ 96 Absatz 2 FamFG). [2]Nach jeder Erledigung eines Auftrags ist der Vollstreckungstitel innerhalb seiner Geltungsdauer jeweils dem Gläubiger zurückzugeben, der dem Gerichtsvollzieher durch die erneute Übergabe des Titels einen neuen Auftrag erteilen kann. [3]Im Übrigen ist bei der Vollziehung von Entscheidungen des Familiengerichts in Verfahren nach § 2 GewSchG zur Überlassung einer von Gläubiger (verletzte Person) und Schuldner (Täter) gemeinsam genutzten Wohnung und der in solchen Verfahren erlassenen einstweiligen Anordnungen entsprechend § 134 zu verfahren.

(3) [1]Ist zu erwarten, dass der Räumungsschuldner durch Vollstreckung des Räumungstitels obdachlos werden wird, so benachrichtigt der Gerichtsvollzieher unverzüglich die für die Unterbringung von Obdachlosen zuständige Verwaltungsbehörde. [2]Die Befugnis des Gerichtsvollziehers, die Zwangsvollstreckung aufzuschieben, richtet sich nach § 65.

(4) Nimmt die für die Unterbringung von Obdachlosen zuständige Behörde die bisherigen Räume des Schuldners ganz oder teilweise für dessen vorläufige Unterbringung auf ihre Kosten in Anspruch, so unterlässt der Gerichtsvollzieher die Zwangsvollstreckung hinsichtlich der in Anspruch genommenen Räume.

§ 131 Räumung eines zwangsweise versteigerten Grundstücks, Schiffes, Schiffsbauwerks oder Schwimmdocks oder eines unter Zwangsverwaltung gestellten Grundstücks

(1) [1]Im Fall des § 93 ZVG erfolgt die Räumung im Auftrag des Erstehers nach den Vorschriften der §§ 128 bis 130. [2]Im Hypothekenhaftungsverband befindliche und im Rahmen der Zwangsverwaltung oder Zwangsversteigerung beschlagnahmte Sachen, insbesondere Zubehör gemäß §§ 97 und 98 BGB, sind auf dem Grundstück zu belassen und dem Ersteher zu übergeben. [3]Diese Vorschriften finden im Fall der Räumung eines versteigerten eingetragenen

Schiffes, Schiffsbauwerks oder (im Bau befindlichen oder fertig gestellten) Schwimmdocks entsprechende Anwendung.

(2) [1]In den Fällen der § 94 Absatz 2 und § 150 Absatz 2 ZVG kann der Gerichtsvollzieher von dem Vollstreckungsgericht beauftragt werden, ein Grundstück dem Zwangsverwalter zu übergeben. [2]Der Gerichtsvollzieher setzt in diesem Fall den Schuldner aus dem Besitz und weist den Zwangsverwalter in den Besitz ein. [3]Er wird zur Vornahme dieser Handlung durch den gerichtlichen Auftrag oder den Auftrag des Zwangsverwalters ermächtigt. [4]Einer Klausel und einer (erneuten) Zustellung dieser Urkunden bedarf es nicht. [5]Der Auftrag ist dem Schuldner oder der an Stelle des Schuldners angetroffenen Person vorzuzeigen und auf Verlangen in Abschrift mitzuteilen. [6]Wohnt der Schuldner auf dem Grundstück, so sind ihm die für seinen Hausstand unentbehrlichen Räume zu belassen, sofern das Vollstreckungsgericht nichts anderes bestimmt hat (§ 149 ZVG).

§ 132 Bewachung und Verwahrung eines Schiffes, Schiffsbauwerks, Schwimmdocks oder Luftfahrzeugs

[1]Werden Schiffe, Schiffsbauwerke, im Bau befindliche oder fertig gestellte Schwimmdocks oder Luftfahrzeuge zwangsversteigert, so kann das Vollstreckungsgericht in den Fällen der §§ 165, 170, 171c Absatz 2 und 3 sowie § 171g ZVG den Gerichtsvollzieher mit ihrer Bewachung und Verwahrung beauftragen. [2]In diesem Fall beschränkt sich die Tätigkeit des Gerichtsvollziehers, soweit das Vollstreckungsgericht keine besonderen Anweisungen erteilt, in der Regel darauf, sie anzuketten, die Beschlagnahme kenntlich zu machen, das Inventar aufzunehmen, die vorhandenen Schiffs- oder Bordpapiere wegzunehmen sowie einen Wachtposten (Hüter, Bewachungsunternehmen) zu bestellen und zu überwachen. [3]Die Bestellung des Wachtposten und die dadurch entstehenden Kosten teilt der Gerichtsvollzieher dem Vollstreckungsgericht unverzüglich mit. [4]Ohne Weisung des Vollstreckungsgerichts darf der Gerichtsvollzieher von der Bestellung eines Wachtpostens nur absehen, wenn die Sicherheit des Schiffes (Schiffsbauwerks, Schwimmdocks) oder Luftfahrzeugs anderweit gewährleistet erscheint. [5]Für die Bewachung ist der Gerichtsvollzieher nicht verantwortlich, wenn er nur mit der Übergabe zur Bewachung und Verwahrung an eine ihm bezeichnete Person beauftragt ist.

D. Zwangsvollstreckung zur Beseitigung des Widerstands des Schuldners gegen Handlungen, die er nach den §§ 887, 890 ZPO zu dulden hat, oder zur Beseitigung von Zuwiderhandlungen des Schuldners gegen eine Unterlassungsverpflichtung aus einer Anordnung nach § 1 GewSchG (§ 96 FamFG)

§ 133

[1]Einen unberechtigten Widerstand des Schuldners muss der Gerichtsvollzieher unter Beachtung der §§ 758 und 759 ZPO – nötigenfalls mit Gewalt, jedoch unter Vermeidung jeder unnötigen Härte – überwinden. [2]Die Zwangsmaßnahmen dürfen nicht über das zur Beseitigung des Widerstandes notwendige Maß hinausgehen.

§ 134

(1) [1]Die gerichtliche Anordnung gemäß § 1 GewSchG ist ein vollstreckbarer Schuldtitel; er muss daher insbesondere auch dem Schuldner vor Beginn der Tätigkeit des Gerichtsvollziehers zugestellt werden, die auf Beseitigung des Widerstandes gerichtet ist. [2]Abweichend von

der Regel der §§ 44 und 45 ist die Vollstreckung einer Anordnung des Familiengerichts nach § 1 GewSchG gemäß § 216 Absatz 2 Satz 1 FamFG oder die Vollziehung einer einstweiligen Anordnung des Familiengerichts nach § 214 Absatz 1 Satz 1 FamFG gemäß § 53 Absatz 2 Satz 1 FamFG auch zulässig, bevor die Entscheidung dem Antragsgegner, das heißt dem Schuldner, zugestellt ist, wenn das Gericht dies ausdrücklich angeordnet hat. [3]Der Antrag auf Erlass einer einstweiligen Anordnung gemäß § 214 Absatz 1 Satz 1 FamFG gilt zugleich als Auftrag zur Zustellung durch den Gerichtsvollzieher unter Vermittlung der Geschäftsstelle und zur Vollstreckung, wenn die einstweilige Anordnung ohne mündliche Erörterung erlassen wurde. [4]Verlangt der Antragsteller in diesem Fall von dem Gerichtsvollzieher, die Zustellung nicht vor der Vollstreckung durchzuführen, so ist der Gerichtsvollzieher an dieses Verlangen gebunden.

(2) [1]Der Gerichtsvollzieher wird zur Beseitigung der Zuwiderhandlung durch den Besitz einer Ausfertigung der gerichtlichen Entscheidung ermächtigt. [2]Er prüft nach deren Inhalt selbstständig, ob und wieweit das Verlangen des Gläubigers gerechtfertigt erscheint. [3]Zuwiderhandlungen des Schuldners muss der Gerichtsvollzieher unter Beachtung des § 758 Absatz 3 und des § 759 ZPO, nötigenfalls mit Gewalt, jedoch unter Vermeidung jeder unnötigen Härte, überwinden.

E. **Zwangsvollstreckung durch Abnahme der Vermögensauskunft, der eidesstattlichen Versicherung gemäß § 836 Absatz 3 oder § 883 Absatz 2 ZPO oder § 94 FamFG und durch Haft; Vorführung von Parteien und Zeugen**

§ 135   Vorbereitung des Termins zur Abgabe der Vermögensauskunft

[1]Bevor der Gerichtsvollzieher einen Termin zur Abgabe der Vermögensauskunft bestimmt, holt er eine Auskunft aus dem Vermögensverzeichnisregister ein. [2]Daneben kann er das Schuldnerverzeichnis einsehen und den Schuldner befragen, ob dieser innerhalb der letzten zwei Jahre eine Vermögensauskunft abgegeben hat.

§ 136   Behandlung des Auftrags, Ladung zum Termin

(1) [1]Der Ladung an den Schuldner fügt der Gerichtsvollzieher den Text der nach § 802f Absatz 3 ZPO erforderlichen Belehrungen, je ein Überstück des Auftrags und der Forderungsaufstellung sowie einen Ausdruck der Vorlage für die abzugebende Vermögensauskunft oder ein entsprechendes Merkblatt bei. [2]Soweit dafür amtliche Vordrucke eingeführt sind, verwendet der Gerichtsvollzieher diese. [3]Hat der Gläubiger mit dem Auftrag schriftlich Fragen eingereicht, die der Schuldner bei der Abnahme der Vermögensauskunft beantworten soll, fügt der Gerichtsvollzieher auch diesen Fragenkatalog der Ladung bei. [4]Reicht der Gläubiger nach Auftragserteilung einen solchen Fragenkatalog ein, so übersendet der Gerichtsvollzieher dem Schuldner eine Ablichtung des Fragenkatalogs nachträglich formlos durch die Post unter Hinweis auf den Termin.

(2) [1]Den Prozessbevollmächtigten des Schuldners muss der Gerichtsvollzieher von dem Termin nicht unterrichten. [2]Dem Gläubiger oder dessen Verfahrensbevollmächtigten teilt er die Terminbestimmung formlos mit.

(3) [1]Hat der Schuldner im Falle des § 807 Absatz 1 ZPO der sofortigen Abnahme der Vermögensauskunft widersprochen (§ 807 Absatz 2 Satz 1 ZPO), bedarf es der Setzung einer

Zahlungsfrist nicht. [2]Zwischen dem Terminstag und dem Tag der Zustellung der Ladung (§ 802f Absatz 4 Satz 1 ZPO) müssen wenigstens drei Tage liegen (§ 217 ZPO).

§ 137 Anschriftenänderung, Rechtshilfeersuchen, Erledigung des Rechtshilfeersuchens

(1) [1]Ist der Schuldner nach der Rückbriefadresse an einen Ort außerhalb des Bezirkes des Gerichtsvollziehers verzogen, kann der Gerichtsvollzieher mangels anderer Anhaltspunkte regelmäßig davon ausgehen, dass der Schuldner bereits bei Auftragseingang an den anderen Ort verzogen war. [2]In diesem Fall hebt er den Termin auf. [3]Ist der Schuldner innerhalb des Amtsgerichtsbezirks in den Bezirk eines anderen Gerichtsvollziehers umgezogen, so gibt er den Auftrag unverzüglich an den zuständigen Gerichtsvollzieher ab. [4]Ist der Schuldner außerhalb des Amtsgerichtsbezirks verzogen, leitet der Gerichtsvollzieher den Auftrag auf Antrag des Gläubigers an das zuständige Amtsgericht weiter und benachrichtigt unverzüglich den Gläubiger. [5]Ist der Wohnsitz oder gewöhnliche Aufenthaltsort nach der Rückbriefadresse unbekannt und hat der Gläubiger für diesen Fall den Gerichtsvollzieher mit der Ermittlung des Aufenthaltsortes des Schuldners beauftragt, führt er zunächst diesen Auftrag aus. [6]Ist ein Auftrag nach § 755 ZPO nicht erteilt oder bleibt die Aufenthaltsermittlung erfolglos, so ist der Auftrag dem Gläubiger mit entsprechender Mitteilung zurückzusenden (§ 20 Absatz 2 Satz 1 Nummer 2 GVO).

(2) [1]Ist der Schuldner nach Eingang des Auftrags zur Abnahme der Vermögensauskunft nach Kenntnis des Gerichtsvollziehers an einen Ort außerhalb des Amtsgerichtsbezirks verzogen, ersucht der Gerichtsvollzieher den für den jetzigen Wohnort oder Aufenthaltsort zuständigen Gerichtsvollzieher, den Schuldner im Wege der Rechtshilfe dort zur Abgabe der Vermögensauskunft bei ihm zu laden. [2]Der Gerichtsvollzieher benachrichtigt den Gläubiger formlos von seinem Rechtshilfeersuchen.

(3) [1]Nach Abnahme der Vermögensauskunft hat der ersuchte Gerichtsvollzieher die Urschrift des Protokolls und das elektronisch errichtete Vermögensverzeichnis an den ersuchenden Gerichtsvollzieher zu senden. [2]Das Vermögensverzeichnis ist dabei als elektronisches Dokument unter Nutzung des OSCI-Transportprotokolls (zum Beispiel über das Elektronische Gerichts- und Verwaltungspostfach (EGVP)) zu übermitteln. [3]Der Gerichtsvollzieher hinterlegt das Vermögensverzeichnis bei dem zentralen Vollstreckungsgericht und leitet dem Gläubiger unverzüglich nach Eingang der Information des zentralen Vollstreckungsgerichts über die erfolgte Eintragung in das Vermögensregister einen mit einem Übereinstimmungsvermerk versehenen Ausdruck des Vermögensverzeichnisses zu. [4]Er kann auf Antrag des Gläubigers auch nach § 802d Absatz 2 ZPO verfahren.

(4) Soweit dem Gerichtsvollzieher nach Ladung und vor dem Termin zur Abnahme der Vermögensauskunft im Einzelfall Mängel in den von Amts wegen zu beachtenden Voraussetzungen bekannt werden, hebt er stets den Termin unter Benachrichtigung von Gläubiger und Schuldner endgültig oder einstweilen auf.

§ 138 Durchführung des Termins

(1) [1]Der Termin ist nicht öffentlich. [2]Der Gerichtsvollzieher achtet darauf, dass Dritte vom Inhalt der Sitzung keine Kenntnisse erlangen. [3]Nur der Gläubiger, sein Vertreter und die Personen, denen der Schuldner die Anwesenheit gestattet oder die vom Gerichtsvollzieher zu seiner Unterstützung zugezogen werden, dürfen an dem Termin teilnehmen. [4]Nimmt der Gläubi-

ger am Termin teil, kann er den Schuldner innerhalb der diesem nach § 802c ZPO obliegenden Auskunftspflicht befragen und Vorhalte machen. [5]Er kann den Gerichtsvollzieher zum Termin auch schriftlich auf Vermögenswerte des Schuldners, zu denen er fehlende oder unrichtige Angaben des Schuldners befürchtet, hinweisen, damit dieser dem Schuldner bei Abwesenheit des Gläubigers im Termin den Vorhalt macht. [6]Der Grundsatz der gütlichen Erledigung des Zwangsvollstreckungsverfahrens (§ 802b ZPO) ist auch in dem Termin vorrangig zu beachten (vergleiche § 68).

(2) [1]Zu Beginn des Termins belehrt der Gerichtsvollzieher den Schuldner nach § 802f Absatz 3 ZPO eingehend über die Bedeutung einer eidesstattlichen Versicherung und weist auf die Strafvorschriften der §§ 156 und 161 StGB hin. [2]Der Gerichtsvollzieher errichtet gemäß § 802f Absatz 5 ZPO selbst eine Aufstellung mit den nach § 802c Absatz 1 und 2 ZPO erforderlichen Angaben als elektronisches Dokument (Vermögensverzeichnis). [3]Dem Schuldner nicht verständliche Begriffe, die dem zu erstellenden Vermögensverzeichnis zugrunde liegen, erläutert er. [4]Der Gerichtsvollzieher hat auf Vollständigkeit der Angaben unter Beachtung der vom Gläubiger im Termin oder zuvor schriftlich gestellten Fragen zu dringen. [5]Auf ein erkennbar unvollständiges Vermögensverzeichnis darf die eidesstattliche Versicherung nicht abgenommen werden, es sei denn, der Schuldner erklärt glaubhaft, genauere und vollständigere Angaben insoweit nicht machen zu können. [6]Der Schuldner hat an Eides statt zu versichern, dass er die verlangten Angaben nach bestem Wissen und Gewissen richtig und vollständig gemacht hat. [7]Über den Ablauf des Termins erstellt der Gerichtsvollzieher in entsprechender Anwendung der §§ 159 bis 163 ZPO ein Protokoll. [8]Zu den in das Protokoll aufzunehmenden rechtserheblichen Erklärungen des Schuldners zählen auch die von ihm vorgebrachten Gründe, aus denen er die eidesstattliche Versicherung nicht abgeben will. [9]Soweit ein amtlicher Protokollvordruck eingeführt ist, hat sich der Gerichtsvollzieher desselben zu bedienen.

§ 139   Aufträge mehrerer Gläubiger

[1]Hat der Gerichtsvollzieher Aufträge mehrerer Gläubiger zur Abnahme der Vermögensauskunft erhalten, so bestimmt er den Termin zur Abgabe in diesen Verfahren auf dieselbe Zeit am selben Ort, soweit er die Ladungsfrist jeweils einhalten kann. [2]Gibt der Schuldner die Vermögensauskunft ab, so nimmt der Gerichtsvollzieher für alle Gläubiger in allen Verfahren zusammen nur ein Protokoll und ein Vermögensverzeichnis auf.

§ 140   Verfahren nach Abgabe der Vermögensauskunft

(1) [1]Der Gerichtsvollzieher hinterlegt das Vermögensverzeichnis nach Maßgabe der Vermögensverzeichnisverordnung (VermVV) spätestens nach drei Werktagen als elektronisches Dokument bei dem zentralen Vollstreckungsgericht. [2]Die elektronische Kommunikation mit dem zentralen Vollstreckungsgericht richtet sich nach den dazu ergangenen landesrechtlichen Bestimmungen.

(2) [1]Der Gerichtsvollzieher speichert die durch das zentrale Vollstreckungsgericht nach § 5 Absatz 2 Satz 2 VermVV übersandte Eintragungsmitteilung in elektronischer Form. [2]Sodann erstellt er den für die Übermittlung an den Gläubiger bestimmten Ausdruck oder das für die Übermittlung an den Gläubiger bestimmte elektronische Dokument.

(3) [1]Der Gerichtsvollzieher leitet dem Gläubiger unverzüglich nach Eingang der Information des zentralen Vollstreckungsgerichts über die erfolgte Eintragung in das Vermögensverzeichnisregister einen mit einem Übereinstimmungsvermerk versehenen Ausdruck des Vermögens-

verzeichnisses zu. [2]Er kann auf Antrag des Gläubigers auch nach § 802d Absatz 2 ZPO verfahren. [3]Der Vermerk, mit dem der Gerichtsvollzieher bescheinigt, dass der an den Gläubiger übermittelte Ausdruck mit dem Inhalt des Vermögensverzeichnisses übereinstimmt, enthält die Formulierung „Dieser Ausdruck stimmt mit dem Inhalt des Vermögensverzeichnisses überein." sowie Datum, Unterschrift, Name und Dienstbezeichnung des Gerichtsvollziehers. [4]Der Vermerk, mit dem der Gerichtsvollzieher bescheinigt, dass das an den Gläubiger übermittelte elektronische Dokument mit dem Inhalt des Vermögensverzeichnisses übereinstimmt, enthält die Formulierung „Dieses elektronische Dokument stimmt mit dem Inhalt des Vermögensverzeichnisses überein." sowie Datum, Unterschrift, Name und Dienstbezeichnung des Gerichtsvollziehers.

§ 141   Einholung der Auskünfte Dritter zu Vermögensgegenständen

(1) [1]Der Gläubiger kann den Gerichtsvollzieher beauftragen, gemäß § 802l ZPO bei Dritten Auskünfte zu Vermögensgegenständen des Schuldners einzuholen, wenn

1. der Schuldner seiner Pflicht zur Abgabe der Vermögensauskunft nicht nachkommt, oder
2. eine vollständige Befriedigung des Gläubigers bei Vollstreckung in die im Vermögensverzeichnis aufgeführten Gegenstände nach pflichtgemäßem Ermessen des Gerichtsvollziehers nicht zu erwarten ist.

[2]Der Gerichtsvollzieher darf diese Auskünfte nur einholen, soweit dies zur Vollstreckung erforderlich ist und die zu vollstreckenden Ansprüche wenigstens 500 Euro betragen; Kosten der Zwangsvollstreckung und Nebenforderungen sind allerdings bei der Berechnung nur zu berücksichtigen, wenn sie allein Gegenstand des Vollstreckungsauftrags sind. [3]Auch Folgegläubiger können ihren Antrag auf Einholung der Auskünfte Dritter auf Satz 1 Nummer 2 stützen. [4]Der Gerichtsvollzieher sieht zur Prüfung der Zulässigkeit der Einholung einer solchen Auskunft Dritter das bei dem zentralen Vollstreckungsgericht hinterlegte Vermögensverzeichnis ein.

(2) [1]Werden dem Gerichtsvollzieher von den in § 802l Absatz 1 Satz 1 ZPO genannten Stellen Daten übermittelt, die für die Zwecke der Zwangsvollstreckung nicht erforderlich sind, so hat er sie unverzüglich zu löschen oder zu sperren. [2]Die Löschung ist aktenkundig zu machen.

(3) [1]Über die zur Vollstreckung notwendigen Auskünfte nach Absatz 1 unterrichtet der Gerichtsvollzieher den Gläubiger unverzüglich; den Schuldner unterrichtet er innerhalb von vier Wochen nach Erhalt des Ergebnisses. [2]Er weist den Gläubiger darauf hin, dass dieser die erlangten Daten nur zu Vollstreckungszwecken nutzen darf und sie nach Zweckerreichung zu löschen hat.

§ 142   Wiederholung, Ergänzung oder Nachbesserung des Vermögensverzeichnisses

[1]In den Fällen der Wiederholung, Ergänzung oder Nachbesserung des Vermögensverzeichnisses ist immer ein vollständiges Vermögensverzeichnis zu errichten. [2]Der Gerichtsvollzieher dokumentiert in dem neu erstellten Vermögensverzeichnis, an welchem Tag die Versicherung an Eides statt für das Vermögensverzeichnis erstmals erfolgt ist (§ 3 Absatz 2 Nummer 3 VermVV).

§ 143 Erzwingungshaft

(1) [1]Beantragt der Gläubiger gemäß § 802g Absatz 1 ZPO den Erlass eines Haftbefehls, so leitet der Gerichtsvollzieher den Antrag nach Vollzug der Eintragungsanordnung nach § 882c Absatz 1 Nummer 1, § 882d ZPO zusammen mit seiner Akte an das nach § 764 Absatz 2 ZPO zuständige Vollstreckungsgericht weiter. [2]Ist der Schuldner unentschuldigt dem Termin zur Abgabe der Vermögensauskunft ferngeblieben, übersendet der Gerichtsvollzieher die Unterlagen nach Satz 1 dem Vollstreckungsgericht erst dann zum Erlass des Haftbefehls, wenn das zentrale Vollstreckungsgericht ihn über den Vollzug der Eintragungsanordnung unterrichtet hat (§ 882c Absatz 1 Nummer 1 ZPO, § 882d ZPO, § 3 Absatz 2 Satz 2 SchuFV).

(2) [1]Das Verfahren richtet sich nach § 145. [2]Der Zweck des Haftbefehls entfällt, wenn der Schuldner die Verpflichtung, deren Befriedigung durch die Abgabe der Vermögensauskunft vorbereitet werden soll, vollständig erfüllt. [3]§ 68 findet Anwendung.

§ 144 Zulässigkeit der Verhaftung

(1) [1]Auf Antrag des Gläubigers kann das Gericht gegen den Schuldner einen Haftbefehl erlassen, um von ihm

1. die Abgabe der in § 802c ZPO bezeichneten Vermögensauskunft oder

2. die Abgabe der in §§ 836, 883 ZPO, § 94 FamFG und § 153 InsO bezeichneten eidesstattlichen Versicherung oder

3. die Abgabe der ihm nach dem bürgerlichen Recht obliegenden eidesstattlichen Versicherung oder die Vornahme einer sonstigen Handlung, zu welcher der Schuldner verurteilt worden ist und die ein anderer nicht vornehmen kann (zum Beispiel die Erteilung einer Auskunft; vergleiche §§ 802g, 888, 889 ZPO) zu erzwingen.

[2]Eine Zwangsvollstreckung auf Grund des § 888 ZPO ist jedoch ausgeschlossen, wenn im Fall der Verurteilung zur Vornahme einer Handlung der Beklagte für den Fall, dass die Handlung nicht binnen einer zu bestimmenden Frist vorgenommen wird, zur Zahlung einer Entschädigung verurteilt ist (§§ 510b, 888a ZPO).

(2) [1]Der Gerichtsvollzieher hat vor einer Verhaftung § 802h ZPO zu beachten. [2]Er soll eine Verhaftung auch erst durchführen, wenn die Besorgnis ausgeschlossen erscheint, dass dadurch eine Gefährdung der öffentlichen Sicherheit und Ordnung entstehen kann.

(3) [1]Die Verhaftung unterbleibt, wenn der Schuldner die Leistung bewirkt, die ihm nach dem Schuldtitel obliegt, die Vermögensauskunft oder die eidesstattliche Versicherung freiwillig abgibt. [2]§ 802b ZPO findet Anwendung.

§ 145 Verfahren bei der Verhaftung

(1) [1]Der Gerichtsvollzieher vermeidet bei der Verhaftung unnötiges Aufsehen und jede durch den Zweck der Vollstreckung nicht gebotene Härte. [2]In geeigneten Fällen kann er den Schuldner schriftlich zur Zahlung und zum Erscheinen an der Gerichtsstelle auffordern. [3]Dies hat jedoch zu unterbleiben, wenn zu befürchten ist, der Schuldner werde sich der Verhaftung entziehen oder Vermögenswerte beiseiteschaffen. [4]Bei Widerstand wendet der Gerichtsvollzieher Gewalt an und beachtet dabei die §§ 758 und 759 ZPO. [5]Der Gerichtsvollzieher befragt den Verhafteten, ob er jemanden von seiner Verhaftung zu benachrichtigen wünsche, und gibt ihm Gelegenheit zur Benachrichtigung seiner Angehörigen und anderer nach Lage des Falles in Betracht kommender Personen, soweit es erforderlich ist und ohne Gefährdung der Inhaftnahme geschehen kann. [6]Der Gerichtsvollzieher kann die Benachrichtigung auch selbst aus-

führen. [7]Der Gerichtsvollzieher, der den Schuldner verhaftet hat, liefert ihn in die nächste zur Aufnahme von Zivilhäftlingen bestimmte Justizvollzugsanstalt ein. [8]Der Haftbefehl ist dem zuständigen Vollzugsbediensteten zu übergeben. [9]Ist das Amtsgericht des Haftorts nicht die Dienstbehörde des einliefernden Gerichtsvollziehers, so weist er den Vollzugsbediensteten außerdem darauf hin, dass der verhaftete Schuldner zu jeder Zeit verlangen kann, bei dem zuständigen Gerichtsvollzieher des Amtsgerichts des Haftorts die Vermögensauskunft oder die eidesstattliche Versicherung (vergleiche § 144 Absatz 1 Satz 1, § 147) abzugeben. [10]Er weist ihn ferner darauf hin, den Schuldner sogleich zu unterrichten, zu welchen Zeiten Gründe der Sicherheit der Justizvollzugsanstalt einer Abnahme entgegenstehen. [11]Außerdem übergibt er dem Vollzugsbediensteten die Vollstreckungsunterlagen, der sie dem bei Abgabebereitschaft des Schuldners herbeigerufenen Gerichtsvollzieher des Amtsgerichts des Haftorts aushändigt. [12]Eines besonderen Annahmebefehls bedarf es nicht. [13]Einer Einlieferung in die Justizvollzugsanstalt steht nicht entgegen, dass der Schuldner sofortige Beschwerde gegen den Haftbefehl eingelegt hat oder seine Absicht dazu erklärt. [14]Im Einzelfall kann der Gerichtsvollzieher den Haftbefehl jedoch aussetzen, damit der Schuldner sofortige Beschwerde einlegen und die Aussetzung der Vollziehung gemäß § 570 Absatz 3 ZPO beantragen kann.

(2) [1]Das Protokoll muss die genaue Bezeichnung des Haftbefehls und die Bemerkung enthalten, dass dem Schuldner eine beglaubigte Abschrift desselben übergeben worden ist; es muss ferner ergeben, ob und zu welcher Zeit der Schuldner verhaftet worden oder aus welchem Grund die Verhaftung unterblieben ist. [2]Die Einlieferung des Schuldners in die Justizvollzugsanstalt ist von dem zuständigen Vollzugsbediensteten unter dem Protokoll zu bescheinigen; dabei ist die Stunde der Einlieferung anzugeben.

(3) [1]Für die Verhaftung des Vollstreckungsschuldners in Steuersachen ist der Gerichtsvollzieher zuständig. [2]Die Vollstreckungsbehörde (Finanzamt/Hauptzollamt) teilt dem Gerichtsvollzieher den geschuldeten Betrag sowie den Schuldgrund mit und ermächtigt ihn, den geschuldeten Betrag anzunehmen und über den Empfang Quittung zu erteilen. [3]Ist der verhaftete Vollstreckungsschuldner vor Einlieferung in die Justizvollzugsanstalt zur Abgabe der Vermögensauskunft bereit, hat ihn der Gerichtsvollzieher grundsätzlich der Vollstreckungsbehörde vorzuführen. [4]Abweichend hiervon kann der Gerichtsvollzieher des Amtsgerichts des Haftortes die Vermögensauskunft abnehmen, wenn sich der Sitz der in § 284 Absatz 5 AO bezeichneten Vollstreckungsbehörde nicht im Bezirk dieses Amtsgerichts befindet oder wenn die Abnahme der Vermögensauskunft durch die Vollstreckungsbehörde nicht möglich ist, weil die Verhaftung zu einer Zeit stattfindet, zu der der zuständige Beamte der Vollstreckungsbehörde nicht erreichbar ist. [5]In diesem Fall hinterlegt der Gerichtsvollzieher das Vermögensverzeichnis beim zentralen Vollstreckungsgericht und benachrichtigt die Vollstreckungsbehörde unter Angabe der Verfahrensnummer und Übersendung des Vermögensverzeichnisses von der Hinterlegung. [6]Über die Anordnung der Eintragung des Schuldners in das Schuldnerverzeichnis entscheidet die Vollstreckungsbehörde. [7]Hat die Vollstreckungsbehörde Weisungen für die Durchführung der Verhaftung getroffen, zum Beispiel die Einziehung in Raten ausgeschlossen, ist der Gerichtsvollzieher daran gebunden. [8]Im Übrigen kann der Gerichtsvollzieher nur unter den gleichen Voraussetzungen wie die Vollstreckungsbehörde von der Abnahme der Vermögensauskunft absehen. [9]Diese soll nach Abschnitt 52 Absatz 2 der Vollstreckungsanweisung vom 13. März 1980 (BStBl. I S. 112), zuletzt geändert durch Artikel 1 der Allgemeinen Verwaltungsvorschrift vom 10. März 2011 (BStBl. I S. 238), von der Abnahme der Vermögensauskunft Abstand nehmen, wenn nach ihrer Überzeugung feststeht,

dass das vom Vollstreckungsschuldner vorgelegte Vermögensverzeichnis vollständig und wahrheitsgemäß erstellt wurde.

(4) [1]Ist die Vollstreckung des Haftbefehls nicht möglich, weil der Schuldner nicht aufzufinden oder nicht anzutreffen ist, so vermerkt der Gerichtsvollzieher dies zu den Akten und benachrichtigt unverzüglich den Gläubiger. [2]Nach wiederholtem fruchtlosen Verhaftungsversuch binnen drei Monaten nach Auftragseingang in einer Wohnung (§ 61 Absatz 1 Satz 2), der mindestens einmal unmittelbar vor Beginn oder nach Beendigung der Nachtzeit erfolgt sein muss, hat der Gerichtsvollzieher dem Gläubiger anheimzugeben, einen Beschluss des zuständigen Richters bei dem Amtsgericht darüber herbeizuführen, dass die Verhaftung auch an Sonntagen und allgemeinen Feiertagen sowie zur Nachtzeit in den bezeichneten Wohnungen erfolgen kann.

(5) [1]Der Gerichtsvollzieher des Amtsgerichts des Haftorts ist zuständig, das Vermögensverzeichnis (§ 802f Absatz 5 ZPO) zu errichten. [2]Er entlässt den Schuldner nach Abgabe der Vermögensauskunft oder Bewirkung der geschuldeten Leistung aus der Haft. [3]Der Haftbefehl ist damit verbraucht. [4]Der Gerichtsvollzieher des Amtsgerichts des Haftorts übermittelt dem zentralen Vollstreckungsgericht das Vermögensverzeichnis in elektronischer Form und leitet dem Gläubiger unverzüglich nach Eingang der Information des zentralen Vollstreckungsgerichts über die erfolgte Eintragung in das Vermögensregister einen mit dem Übereinstimmungsvermerk versehenen Ausdruck zu (§ 802f Absatz 6 ZPO).

(6) [1]Die Vollziehung des persönlichen Sicherheitsarrestes richtet sich nach den Vorschriften über die Haft im Zwangsvollstreckungsverfahren (§§ 802g, 802h bis 802j Absatz 1 und 2, § 933 ZPO). [2]Absatz 1 bis 5 findet entsprechende Anwendung.

(7) [1]Der Gerichtsvollzieher, der den Schuldner verhaftet hat (Absatz 1 Satz 7), ist für das Eintragungsanordnungsverfahren zuständig. [2]Dazu unterrichtet ihn der Gerichtsvollzieher des Amtsgerichts des Haftorts unverzüglich über die Entlassung des Schuldners aus der Haft und den Entlassungsgrund.

§ 146   Nachverhaftung

(1) [1]Ist der Schuldner bereits nach den §§ 144 und 145 in Erzwingungshaft genommen, so ist ein weiterer Haftbefehl gegen ihn dadurch zu vollstrecken, dass der Gerichtsvollzieher sich in die Justizvollzugsanstalt zu dem Schuldner begibt und ihn durch persönliche Eröffnung unter Übergabe einer beglaubigten Abschrift des Haftbefehls für nachverhaftet erklärt. [2]Der Haftbefehl ist dem zuständigen Vollzugsbediensteten mit dem Ersuchen auszuhändigen, an dem Schuldner die fernere Haft nach Beendigung der zuerst verhängten Haft zu vollstrecken.

(2) [1]Das Protokoll muss die Bezeichnung des Haftbefehls und die vom Gerichtsvollzieher abgegebenen Erklärungen enthalten. [2]Die Aushändigung des Haftbefehls ist von dem Vollzugsbediensteten unter dem Protokoll zu bescheinigen. [3]Im Übrigen findet § 145 entsprechende Anwendung.

(3) [1]Gegen einen Schuldner, der sich in Untersuchungshaft oder in Strafhaft befindet, kann die Erzwingungshaft erst nach Beendigung der Untersuchungshaft oder der Strafhaft vollzogen werden. [2]Der Gerichtsvollzieher erfragt bei dem Vollzugsbediensteten, bis zu welchem Tag gegen den Schuldner voraussichtlich noch Untersuchungshaft oder Strafhaft vollstreckt wird. [3]Liegt dieser Tag vor dem Tag, von dem an die Vollziehung des Haftbefehls unstatthaft ist, weil seit seinem Erlass zwei Jahre vergangen sind (§ 802h Absatz 1 ZPO), verfährt der Gerichtsvollzieher entsprechend Absatz 1 und 2. [4]Andernfalls gibt der Gerichtsvollzieher den

Auftrag unerledigt an den Gläubiger zurück. [5]Es bleibt dem Gläubiger überlassen, sich nötigenfalls mit dem Gericht, der Staatsanwaltschaft oder dem Anstaltsleiter in Verbindung zu setzen, um die Beendigung der Untersuchungshaft oder Strafhaft zu erfahren. [6]Sodann kann er den Gerichtsvollzieher erneut mit der Verhaftung beauftragen.

(4) Absatz 1 bis 3 findet bei der Vollziehung des persönlichen Sicherheitsarrests entsprechende Anwendung (§ 145 Absatz 6).

§ 147 Verhaftung im Insolvenzverfahren

[1]Für die Verhaftung des Schuldners nach § 21 InsO und nach § 98 InsO gelten die Vorschriften der Zivilprozessordnung über die Zwangsvollstreckung durch Haft entsprechend (§ 98 Absatz 3 InsO). [2]Die Verhaftung erfolgt jedoch auf Anordnung des Gerichts.

[§§ 148–150 ...]

§ 151 Verfahren zur Eintragung in das Schuldnerverzeichnis

[1]Die Übermittlung der Eintragungsanordnung an das zentrale Vollstreckungsgericht erfolgt nach Maßgabe der Schuldnerverzeichnisführungsverordnung. [2]Erhält der Gerichtsvollzieher von dem zentralen Vollstreckungsgericht nach § 3 Absatz 3 Satz 1 SchuFV die Mitteilung, dass seine elektronische Übermittlung die Anforderungen nicht erfüllt, veranlasst er unverzüglich nach § 3 Absatz 3 Satz 1 SchuFV eine erneute elektronische Übermittlung der Eintragungsanordnung, die dann den Anforderungen entspricht. [3]Die elektronische Kommunikation mit dem zentralen Vollstreckungsgericht richtet sich nach den landesrechtlichen Bestimmungen.

F. Vollziehung von Arresten und einstweiligen Verfügungen

I. Allgemeines

§ 152

(1) [1]Arrestbefehle und einstweilige Verfügungen sind Schuldtitel, die nicht eine Befriedigung des Gläubigers, sondern nur eine Sicherung seines Anspruchs oder die einstweilige Regelung eines rechtlichen Zustandes bezwecken. [2]Der dingliche Arrest wird durch Beschlagnahme des gesamten Vermögens des Schuldners oder eines in dem Befehl näher bezeichneten Teiles hiervon, der persönliche Sicherheitsarrest je nach dem Inhalt des Befehls durch Verhaftung des Schuldners oder eine sonstige Beschränkung seiner persönlichen Freiheit vollzogen. [3]Bei der einstweiligen Verfügung trifft das Gericht in dem Befehl die zur Erreichung des Zwecks erforderlichen Anordnungen, die zum Beispiel darin bestehen können, dass dem Schuldner eine Handlung geboten oder verboten, unter Umständen auch eine Leistung an den Gläubiger oder die Herausgabe einer beweglichen Sache oder eines Grundstücks aufgegeben wird.

(2) [1]Arrestbefehle und einstweilige Verfügungen ergehen in Form eines Urteils oder eines Beschlusses. [2]Sie werden dem Gläubiger von dem Gericht durch Verkündung oder durch Zustellung von Amts wegen bekannt gemacht, dem Schuldner dagegen auf Betreiben und im Auftrag des Gläubigers durch einen Gerichtsvollzieher zugestellt, sofern der Arrest oder die einstweilige Verfügung durch Beschluss angeordnet worden ist (vergleiche § 922 Absatz 2 ZPO). [3]Ist über das Gesuch durch Urteil entschieden worden, kann eine Zustellung an den Schuldner von Amts wegen nach § 317 Absatz 1 Satz 1 ZPO oder zum Zwecke der Einleitung der Vollziehung im Parteibetrieb nach § 750 Absatz 1 Satz 2 Halbsatz 1, § 795 ZPO erfolgen.

[4]In Familienstreitsachen kann das Gericht gemäß § 119 Absatz 2 Satz 1 FamFG den Arrest anordnen. [5]Satz 2 und 3 finden entsprechende Anwendung.

(3) [1]Die Vollziehung des Arrestes ist nur innerhalb einer Ausschlussfrist von einem Monat zulässig. [2]Die Frist beginnt mit der Verkündung des Arrestbefehls oder dessen Zustellung an den Gläubiger (§ 929 Absatz 2 ZPO). [3]Dasselbe gilt für die Vollziehung einer einstweiligen Verfügung, soweit sich nicht aus den darin getroffenen Anordnungen etwas anderes ergibt (§ 936 ZPO). [4]Der Gerichtsvollzieher prüft selbstständig, ob die Ausschlussfrist abgelaufen ist. [5]Er beachtet dabei, dass der Arrestbefehl dem Gläubiger auch dann zugestellt ist, wenn er ihm an der Amtsstelle ausgehändigt worden ist (§ 173 ZPO). [6]Die Monatsfrist ist schon dadurch gewahrt, dass der Antrag des Gläubigers auf Vornahme der Vollstreckungshandlung vor ihrem Ablauf bei dem Gerichtsvollzieher eingeht. [7]Soweit die Vollziehung nicht mehr statthaft ist, lehnt er den Auftrag ab.

(4) Eine Vollstreckungsklausel ist auf Arrestbefehlen und einstweiligen Verfügungen nur dann erforderlich, wenn die Vollziehung für einen anderen als den im Befehl bezeichneten Gläubiger oder gegen einen anderen als den im Befehl bezeichneten Schuldner erfolgen soll (§ 929 Absatz 1 ZPO).

(5) [1]Abweichend von der Regel der §§ 44 und 45 ist die Vollziehung eines Arrestes oder einer einstweiligen Verfügung auch zulässig, bevor die Entscheidung oder – falls eine Vollstreckungsklausel erteilt ist – bevor die Klausel und die in ihr erwähnten, die Rechtsnachfolge beweisenden Urkunden dem Schuldner zugestellt sind. [2]Die Wirksamkeit der Vollziehung ist dadurch bedingt, dass die Zustellung innerhalb einer Woche nach der Vollziehung und zugleich vor Ablauf der Ausschlussfrist von einem Monat nachgeholt wird (§ 929 Absatz 3 ZPO; vergleiche auch § 167 ZPO). [3]Der mit der Vollziehung beauftragte Gerichtsvollzieher hat auch ohne ausdrückliche Anweisung des Gläubigers für die rechtzeitige Zustellung der Entscheidung zu sorgen.

II. Verfahren bei der Vollziehung

§ 153   Dinglicher Arrest

(1) Bei der Vollziehung des dinglichen Arrestes wirkt der Gerichtsvollzieher in gleicher Weise mit wie bei der sonstigen Zwangsvollstreckung.

(2) [1]In bewegliche körperliche Sachen wird der Arrest durch Pfändung nach den Vorschriften vollzogen, die für die Zwangsvollstreckung gelten (§§ 928, 929 ZPO). [2]Zu den beweglichen Sachen rechnen in diesem Fall auch die in das Schiffsregister eingetragenen Schiffe, Schiffsbauwerke und im Bau befindlichen oder fertiggestellten Schwimmdocks (§ 931 Absatz 1 ZPO in Verbindung mit Artikel 3 SchRG); dies gilt nicht nur für deutsche, sondern auch für alle ausländischen Schiffe. [3]Wegen der Benachrichtigung der konsularischen Vertretung bei der Pfändung von ausländischen Schiffen vergleiche § 84 Absatz 4.

(3) [1]Die Pfandstücke dürfen auf Grund des Arrestbefehls nicht veräußert werden. [2]Das Vollstreckungsgericht kann jedoch die Versteigerung und die Hinterlegung des Erlöses anordnen, wenn eine im Arrestwege gepfändete Sache der Gefahr einer beträchtlichen Wertverringerung ausgesetzt ist oder wenn ihre Aufbewahrung unverhältnismäßig hohe Kosten verursachen würde (§ 930 ZPO); erscheint die Stellung eines Antrags auf Versteigerung erforderlich, so soll der Gerichtsvollzieher die Beteiligten darauf aufmerksam machen. [3]Die Pfändung auf Grund eines Arrestbefehls steht der Veräußerung der Pfandstücke für einen anderen Gläubiger

nicht entgegen. [4]Der Teil des Erlöses, der auf die durch das Arrestpfandrecht gesicherte Forderung entfällt, ist zu hinterlegen.

(4) [1]Bei der Vollziehung des Arrestes in ein Schiff, Schiffsbauwerk oder Schwimmdock sorgt der Gerichtsvollzieher durch geeignete Maßnahmen für die Bewachung und Verwahrung des Schiffes, Schiffsbauwerks oder Schwimmdocks. [2]Die Vollziehung des Arrestes in das Schiff ist nicht zulässig, wenn sich das Schiff auf der Reise befindet und nicht in einem Hafen liegt (§ 482 HGB). [3]Ist zur Zeit der Arrestvollziehung die Zwangsversteigerung des Schiffes, Schiffsbauwerks oder Schwimmdocks eingeleitet, so reicht der Gerichtsvollzieher eine Abschrift des Pfändungsprotokolls beim Vollstreckungsgericht ein (§ 931 Absatz 5 ZPO).

(5) [1]In inländische Luftfahrzeuge, die in der Luftfahrzeugrolle oder im Register für Pfandrechte an Luftfahrzeugen eingetragen sind, wird der Arrest dadurch vollzogen, dass der Gerichtsvollzieher das Luftfahrzeug in Bewachung und Verwahrung nimmt und ein Registerpfandrecht für die Forderung eingetragen wird (§ 99 Absatz 2 LuftFzgG). [2]In ausländische Luftfahrzeuge wird der Arrest dadurch vollzogen, dass der Gerichtsvollzieher das Luftfahrzeug in Bewachung und Verwahrung nimmt und es nach den Vorschriften über die Zwangsvollstreckung pfändet (§ 106 Absatz 3 LuftFzgG). [3]Die Bewachung und Verwahrung sowie die Pfändung des Luftfahrzeugs unterbleiben, soweit nach den Vorschriften des Gesetzes über die Unzulässigkeit der Sicherungsbeschlagnahme von Luftfahrzeugen eine Pfändung unzulässig ist.

(6) [1]Soll ein Arrestbefehl vor oder bei der Zustellung vollzogen werden (§ 929 Absatz 3, § 750 Absatz 1 ZPO) und übergibt der Schuldner dem Gerichtsvollzieher die im Arrestbefehl bestimmte Lösungssumme (§ 923 ZPO), so darf der Gerichtsvollzieher die Summe in Empfang nehmen und von der Vollstreckung absehen, vorausgesetzt, der Schuldner entrichtet auch die erwachsenen Gerichtsvollzieherkosten. [2]Der Gerichtsvollzieher handelt in diesem Fall in amtlicher Eigenschaft und hat die ihm übergebene Lösungssumme unverzüglich zu hinterlegen.

(7) [1]Erwirkt der Gläubiger demnächst wegen der Arrestforderung einen vollstreckbaren Titel und liegen im Übrigen die Voraussetzungen der Zwangsvollstreckung vor, so bedarf es zur Durchführung der Vollstreckung keiner nochmaligen Pfändung, es sei denn, die Arrestpfändung ist unwirksam oder aufgehoben (§ 934 ZPO). [2]Das Arrestpfandrecht geht ohne Weiteres in ein Vollstreckungspfandrecht über; der Gläubiger kann daher die Auszahlung des hinterlegten Geldes verlangen. [3]Dem Schuldner steht das Recht nicht mehr zu, die Versteigerung oder sonstige Durchführung des Verfahrens durch Hinterlegung gemäß § 923 ZPO abzuwenden.

(8) [1]Bei der Vollziehung des dinglichen Arrestes in eine Forderung, die dem Schuldner gegen eine dritte Person (den Drittschuldner) zusteht, oder in andere zum beweglichen Vermögen gehörende Vermögensrechte des Schuldners erfolgt die Pfändung durch das Arrestgericht. [2]Die Mitwirkung des Gerichtsvollziehers regelt sich nach §§ 121 bis 126. [3]Der mit der Zustellung des Pfändungsbeschlusses beauftragte Gerichtsvollzieher achtet darauf, dass die Zustellung dieses Beschlusses an den Drittschuldner innerhalb der Ausschlussfrist von einem Monat (§ 152 Absatz 3) geschieht. [4]Er stellt dem Schuldner innerhalb derselben Frist und zugleich vor Ablauf einer Woche nach der Zustellung an den Drittschuldner den Arrestbefehl zu, sofern dessen Zustellung nicht schon vorher erfolgt war. [5]Für die Zustellung des Pfändungsbeschlusses an den Schuldner gilt § 121 Absatz 3.

§ 154   Einstweilige Verfügung, Sequestration, Verwahrung

(1) [1]Nach § 938 ZPO kann die einstweilige Verfügung auch in einer Sequestration bestehen, das heißt in der Verwahrung und Verwaltung durch eine Vertrauensperson. [2]Der Gerichtsvollzieher wird bei der Vollziehung einer solchen Verfügung nur insoweit tätig, als es sich darum handelt, dem Sequester durch eine Zwangsmaßnahme die Durchführung der Sequestration zu ermöglichen, zum Beispiel durch die Wegnahme einer beweglichen Sache oder die Räumung eines Grundstücks und die Übergabe an den Sequester. [3]Der Gerichtsvollzieher ist nicht verpflichtet, das Amt eines Sequesters zu übernehmen.

(2) [1]Erfordert die in einer einstweiligen Verfügung angeordnete Sicherstellung einer Sache nur eine Verwahrung (ohne Verwaltung), so liegt keine Sequestration vor. [2]Der Gerichtsvollzieher muss die Verwahrung mit übernehmen, da sie noch eine Vollstreckungshandlung darstellt. [3]Die Kosten einer solchen Verwahrung sind Vollstreckungskosten. [4]Die Sicherstellung einer beweglichen Sache bedeutet in der Regel keine Sequestration, da sie keine selbständige Verwaltung notwendig macht.

(3) Ist in der einstweiligen Verfügung die Sequestration angeordnet, so kann der Gerichtsvollzieher im Zweifel davon ausgehen, dass es sich um die Anordnung einer Verwaltung handelt; er kann in diesen Fällen nach Absatz 1 verfahren.

G.   Hinterlegung

§ 155

[1]Der Gerichtsvollzieher darf gepfändetes Geld oder den durch Verwertung der Pfandstücke erzielten Erlös in den Fällen nicht auszahlen, in denen die Hinterlegung erfolgen muss. [2]Dies gilt insbesondere,

1. wenn dem Schuldner im Urteil nachgelassen ist, die Zwangsvollstreckung durch Sicherheitsleistung oder durch Hinterlegung abzuwenden (§ 711 Satz 1, § 712 Absatz 1 Satz 1, § 720 ZPO in Verbindung mit § 817 Absatz 4, §§ 819, 847 Absatz 2 ZPO);

2. wenn gegen den Schuldner nur die Sicherungsvollstreckung nach § 720a ZPO betrieben wird oder nach § 712 Absatz 1 Satz 2 ZPO im Urteil die Vollstreckung auf die in § 720a Absatz 1 und 2 ZPO bezeichneten Maßregeln beschränkt ist;

3. wenn ein gerichtliches Verteilungsverfahren erforderlich wird (§ 827 Absatz 2 und 3, § 854 Absatz 2 und 3, § 872 ZPO; vergleiche auch § 119 Absatz 5);

4. wenn dem Gerichtsvollzieher glaubhaft gemacht wird, dass an dem gepfändeten Geld ein die Veräußerung hinderndes oder zur vorzugsweisen Befriedigung berechtigendes Recht eines Dritten besteht (§§ 805, 815 Absatz 2 ZPO; vergleiche auch § 87 Absatz 3);

5. wenn auf Grund eines Arrestbefehls Geld vom Gerichtsvollzieher gepfändet oder als Lösungssumme gemäß § 923 ZPO an ihn geleistet wird oder wenn in einem anhängig gewordenen Verteilungsverfahren auf den Arrestgläubiger ein Betrag von dem Erlös der Pfandstücke entfallen ist (§ 930 Absatz 2 ZPO);

6. wenn das Gericht die Hinterlegung angeordnet hat (vergleiche § 805 Absatz 4, § 885 Absatz 4 ZPO);

7. wenn die Auszahlung aus Gründen, die in der Person des Empfangsberechtigten liegen, nicht bewirkt werden kann;

8. wenn im Verfahren zum Zweck der Zwangsversteigerung eines Grundstücks eine Forderung oder eine bewegliche Sache besonders versteigert oder in anderer Weise verwertet worden ist (§ 65 ZVG);

9. wenn Ersatzteile eines Luftfahrzeugs verwertet sind, auf die sich ein Sicherungsrecht erstreckt (vergleiche § 115).

[3]Die Hinterlegung ist unverzüglich bei der zuständigen Hinterlegungsstelle nach Maßgabe der landesrechtlichen Regelungen zu bewirken.

[§§ 156–179...]

Fünfter Abschnitt Öffentliche Versteigerung und freihändiger Verkauf außerhalb der Zwangsvollstreckung

A. Allgemeine Vorschriften

§ 180

(1) Außerhalb der Zwangsvollstreckung ist der Gerichtsvollzieher zuständig,

1. die öffentliche Versteigerung oder den freihändigen Verkauf in allen Fällen durchzuführen, in denen das Gesetz einen Berechtigten ermächtigt, bewegliche Sachen oder Wertpapiere zum Zweck seiner Befriedigung oder sonst für Rechnung eines anderen öffentlich versteigern oder durch eine zu öffentlichen Versteigerungen befugte Person aus freier Hand verkaufen zu lassen,

2. freiwillige Versteigerungen für Rechnung des Auftraggebers durchzuführen.

(2) [1]Die Versteigerung oder der freihändige Verkauf erfolgt auf Betreiben des Berechtigten. [2]Eines Schuldtitels oder einer gerichtlichen Ermächtigung bedarf es nicht.

(3) Dem Gerichtsvollzieher ist es nicht gestattet,

1. Sachen zu versteigern, die ihm, seinen Angehörigen oder seinen anlässlich der Versteigerung zugezogenen Gehilfen gehören,

2. selbst, durch einen anderen oder für einen anderen zu bieten oder zu kaufen,

3. seinen Angehörigen oder seinen Gehilfen das Bieten oder das Kaufen zu gestatten,

4. eine Gewähr für den Eingang der Kaufgelder (Kaufgeldergewähr) oder für eine bestimmte Höhe des Versteigerungserlöses (Ausbietungsgewähr) zu übernehmen,

5. eine Beteiligung an einem Überpreis oder eine besondere Vergütung für den Empfang des Erlöses und seiner Ablieferung zu vereinbaren,

6. die zu versteigernden Gegenstände anzupreisen.

(4) [1]In Gastwirtschaften sollen Versteigerungen nur stattfinden, wenn keine anderen geeigneten Räume vorhanden sind und wenn während der Versteigerung keine alkoholischen Getränke ausgeschenkt werden. [2]Betrunkene sind zum Bieten nicht zuzulassen und aus den Versteigerungsräumen zu entfernen.

(5) [1]Der Gerichtsvollzieher muss die Versteigerung unterbrechen oder abbrechen, wenn er weiß oder nach den Umständen annehmen muss, dass

1. Personen Verabredungen getroffen haben, nach denen andere vom Mitbieten oder Weiterbieten abgehalten werden sollen,

2. Sachen durch vorgeschobene Personen ersteigert werden sollen, um von den Beteiligten zum gemeinsamen Vorteil veräußert oder unter ihnen verteilt zu werden,

3. Personen mitbieten, die gewerbsmäßig das Mitbieten für andere übernehmen oder sich dazu erbieten.

[2]Der Gerichtsvollzieher kann die in Satz 1 Nummer 1 bis 3 bezeichneten Personen nötigenfalls mit polizeilicher Hilfe entfernen lassen.

B. Pfandverkauf

I. Allgemeines

§ 181

(1) [1]Aus einem Pfand, das aus beweglichen Sachen oder Inhaberpapieren (§§ 1293, 1296 BGB) besteht, kann sich der Pfandgläubiger ohne gerichtliches Verfahren nach den §§ 1228 bis 1248 BGB im Wege des Pfandverkaufs befriedigen; es macht keinen Unterschied, ob das Pfandrecht durch Rechtsgeschäft bestellt oder kraft Gesetzes entstanden war (§ 1257 BGB). [2]Ein gesetzliches Pfandrecht haben insbesondere

1. der aus einer Hinterlegung Berechtigte (§ 233 BGB),

2. der Vermieter (§§ 562 bis 562d BGB),

3. der Verpächter (§ 581 Absatz 2, § 592 BGB),

4. der Pächter (§ 583 BGB),

5. der Unternehmer eines Werkes (§ 647 BGB),

6. der Gastwirt (§ 704 BGB),

7. der Kommissionär, Spediteur, Lagerhalter und Frachtführer (§§ 397, 398, 410, 421, 440 HGB).

(2) [1]Der Verkauf des Pfandes ist – vorbehaltlich der in § 188 bezeichneten Befugnis des Pfandgläubigers – nach den §§ 1234 bis 1240 BGB durchzuführen. [2]Der Auftraggeber ist gegenüber dem Eigentümer des Pfandes dafür verantwortlich, dass das Pfand unter den gesetzlichen Voraussetzungen und in der gesetzlichen Form veräußert wird. [3]Der Gerichtsvollzieher muss sich an die Weisungen des Auftraggebers halten. [4]Er soll jedoch den Auftraggeber auf die Folgen (§ 1243 BGB) aufmerksam machen, wenn dieser einen Pfandverkauf unter einer anderen als der gesetzlichen Form ohne die erforderliche Einwilligung des Eigentümers und der Personen, denen sonstige Rechte an dem Pfand zustehen (§ 1245 BGB) oder ohne die erforderliche Anordnung des Gerichts (§ 1246 BGB) verlangt. [5]Den Auftrag zu einem offenbar unzulässigen Pfandverkauf lehnt der Gerichtsvollzieher ab.

(3) [1]Der Verkauf darf – vorbehaltlich der Abweichung nach § 187 Absatz 2 – nicht vor dem Ablauf eines Monats nach der Androhung (§ 1234 BGB) oder, wenn die Androhung unterblieben ist, nach dem Eintritt der Verkaufsberechtigung erfolgen. [2]Die Androhung ist Sache des Pfandgläubigers; er kann den Gerichtsvollzieher beauftragen, die Androhung in seinem Namen vorzunehmen (vergleiche § 182 Absatz 2). [3]Der Verkauf ist durch öffentliche Versteigerung oder, wenn das Pfand einen Börsen- oder Marktpreis hat, aus freier Hand zum laufenden Preis zu bewirken (§§ 1235, 1221 BGB). [4]Bei der Versteigerung oder bei dem freihändigen Verkauf ist der zu veräußernde Gegenstand ausdrücklich als Pfand zu bezeichnen.

(4) [1]Der Gerichtsvollzieher trägt die zum Verkauf gestellten Gegenstände unter fortlaufender Nummer in ein Verzeichnis ein. [2]Dabei sind die Gegenstände so genau wie möglich zu bezeichnen. [3]Fabrikmarken und Herstellungsnummern sind anzugeben; falls erforderlich, müssen mehrere Nummern angegeben werden, zum Beispiel Fahrgestell- und Motoren-Nummern bei Kraftfahrzeugen. [4]Das Verzeichnis ist dem Auftraggeber zur Anerkennung vorzulegen und von diesem zu unterzeichnen. [5]Hat der Auftraggeber ein solches Verzeichnis bereits übergeben, so prüft der Gerichtsvollzieher die Vollständigkeit und bestätigt dies schriftlich. [6]Nimmt der Gerichtsvollzieher auf Verlangen die Pfandgegenstände bis zum Versteigerungstermin in Verwahrung, so nimmt er über die Übernahme ein Protokoll auf und verbindet es

mit dem Verzeichnis. [7]Schätzpreise sind nur auf besonderes Verlangen in das Verzeichnis aufzunehmen; bei Gold- und Silbersachen muss das Verzeichnis den Gold- und Silberwert, erforderlichenfalls nach der Schätzung eines Sachverständigen, ergeben. [8]Der Sachverständige braucht nicht vereidigt zu sein.

II. Öffentliche Versteigerung

§ 182   Ort, Zeit und Bekanntmachung der Versteigerung

(1) [1]Die Versteigerung erfolgt an dem Ort, an dem das Pfand aufbewahrt wird oder an einem anderen geeigneten Ort (§ 1236 BGB). [2]Die Bestimmung des Ortes ist Sache des Auftraggebers. [3]Zeit und Ort der Versteigerung werden unter allgemeiner Bezeichnung des Pfandes öffentlich bekanntgemacht. [4]Bei der Wahl der Art der Bekanntmachung (zum Beispiel durch Veröffentlichung in Zeitungen) ist der Wert des Gegenstandes zu berücksichtigen (vergleiche § 93 Absatz 3). [5]Es ist ersichtlich zu machen, dass es sich um einen Pfandverkauf handelt. [6]Die Namen des Pfandgläubigers und des Verpfänders sind nicht bekanntzumachen. [7]Die Bekanntmachung ist aktenkundig zu machen; war sie in öffentliche Blätter eingerückt, so ist ein Belegblatt zu den Akten zu nehmen.

(2) [1]Der Eigentümer des Pfandes und die von dem Pfandgläubiger etwa bezeichneten dritten Personen, denen Rechte an dem Pfand zustehen, sind von dem Versteigerungstermin zu benachrichtigen (§ 1237 BGB). [2]Die Benachrichtigung des Eigentümers kann mit der Androhung des Pfandverkaufs verbunden werden. [3]Die Benachrichtigungen erfolgen durch Einschreiben, sofern der Auftraggeber nichts anderes bestimmt.

(3) [1]Die Aufhebung eines Versteigerungstermins ist öffentlich bekanntzumachen. [2]Die nach Absatz 2 benachrichtigten Personen sind von der Aufhebung des Termins zu verständigen.

§ 183   Versteigerungstermin

(1) [1]Vor dem Beginn des Versteigerungstermins sind die zu versteigernden Sachen bereitzustellen und mit dem Verzeichnis zu vergleichen. [2]Fehlende oder beschädigte Gegenstände sind in dem Verzeichnis zu vermerken. [3]§ 94 Absatz 1 gilt entsprechend.

(2) [1]Die Versteigerungsbedingungen müssen § 1238 BGB entsprechen. [2]Insbesondere ist aufzunehmen, dass der Käufer den Kaufpreis sofort bar zu entrichten hat und andernfalls seine Rechte verliert (§ 1238 Absatz 1 BGB). [3]Verlangt der Pfandgläubiger die Versteigerung unter anderen Bedingungen (vergleiche § 1238 Absatz 2 BGB), so soll er darauf hingewiesen werden, dass er für den Schaden haftet, der daraus für den Eigentümer des Pfandes entsteht.

(3) [1]Im Termin sind die Kaufbedingungen bekanntzumachen. [2]Sodann ist zum Bieten aufzufordern. [3]Die Gegenstände sind regelmäßig einzeln und in der Reihenfolge des Verzeichnisses aufzurufen und zur Besichtigung vorzuzeigen. [4]Gegenstände, die sich dazu eignen, insbesondere eine Anzahl von Gegenständen derselben Art, können auch zusammen ausgeboten werden. [5]Der Auftraggeber und der Eigentümer des Pfandes können bei der Versteigerung mitbieten (§ 1239 Absatz 1 BGB). [6]Das Gebot des Eigentümers und – wenn das Pfand für eine fremde Schuld haftet – das Gebot des Schuldners ist zurückzuweisen, wenn nicht der gebotene Betrag sogleich bar vorgelegt wird (§ 1239 Absatz 2 BGB). [7]Dies gilt nicht, wenn der Auftraggeber etwas anderes bestimmt. [8]Dem Zuschlag an den Meistbietenden soll ein dreimaliger Aufruf vorausgehen. [9]Gold- und Silbersachen dürfen nicht unter dem Gold- und Silberwert zugeschlagen werden (§ 1240 Absatz 1 BGB). [10]Die Verpflichtung eines Bieters

erlischt, sobald ein Übergebot abgegeben wird oder wenn die Versteigerung ohne Erteilung des Zuschlags geschlossen wird (§ 156 BGB).

(4) [1]Wenn die Versteigerungsbedingungen nichts anderes ergeben oder der Auftraggeber nichts anderes bestimmt (vergleiche Absatz 2), hat der Ersteher den zugeschlagenen Gegenstand gegen Zahlung des Kaufpreises unverzüglich in Empfang zu nehmen. [2]Unterbleibt die Zahlung bis zu der in den Versteigerungsbedingungen bestimmten Zeit oder beim Fehlen einer solchen Bestimmung bis zum Schluss des Termins, so kann die Wiederversteigerung zu Lasten des Erstehers sofort vorgenommen werden.

(5) Wird der Zuschlag dem Auftraggeber erteilt, so ist dieser von der Verpflichtung zur baren Zahlung insoweit befreit, als der Erlös nach Abzug der Kosten an ihn abzuführen wäre; der Gerichtsvollzieher ist zur Herausgabe der Sache an ihn nur verpflichtet, wenn die Gerichtsvollzieherkosten bar gezahlt werden.

(6) [1]Die Versteigerung ist einzustellen, sobald der Erlös zur Befriedigung des Auftraggebers und zur Deckung der Kosten ausreicht. [2]Der Gerichtsvollzieher rechnet deshalb die bereits erzielten Erlöse von Zeit zu Zeit zusammen.

§ 184   Versteigerungsprotokoll

(1) [1]Das Protokoll über die Versteigerung muss insbesondere enthalten:

1. den Namen des Pfandgläubigers und des Eigentümers der Pfandgegenstände; wenn das Pfand für eine fremde Schuld haftet, auch den Namen des Schuldners,

2. den Betrag der Forderung und der Kosten, derentwegen der Gläubiger seine Befriedigung aus dem Pfand sucht,

3. den Hinweis auf die gesetzlichen Versteigerungsbedingungen und den Wortlaut der Versteigerungsbedingungen, soweit sie von den gesetzlichen Bestimmungen abweichen; ferner die Bemerkung, dass die Gegenstände als Pfand verkauft werden,

4. die Bezeichnung der angebotenen Gegenstände, die abgegebenen Meistgebote und die Namen der Bieter, denen der Zuschlag erteilt ist,

5. die Angabe, dass der Kaufpreis bezahlt oder dass die Zahlung und die Übergabe der Sachen unterblieben ist.

[2]Die Gegenstände werden in dem Versteigerungsprotokoll sogleich bei dem Ausgebot verzeichnet. [3]Zu jedem Gegenstand ist nach dem Zuschlag das Meistgebot und der Name des Meistbietenden anzugeben, bei Geboten über 100 Euro auch dessen Anschrift. [4]Ebenso ist die Zahlung des Kaufpreises alsbald zu vermerken. [5]Die dem Meistgebot vorangegangenen Gebote und deren Bieter, die den Zuschlag nicht erhalten haben, sind nicht zu verzeichnen. [6]Jedoch ist ein zurückgewiesenes Gebot im Protokoll zu vermerken, aber nicht in der Spalte, die für das Meistgebot bestimmt ist. [7]Bei Gold- und Silbersachen ist es zudem zu protokollieren, falls trotz des wiederholten Aufrufs kein genügendes Gebot abgegeben worden ist.

(2) [1]Das Protokoll braucht nicht im Ganzen vorgelesen zu werden. [2]Von den Bietern brauchen nur diejenigen in oder unter dem Protokoll zu unterzeichnen, die den Zuschlag erhalten haben oder – falls der Zuschlag in dem Termin nicht erteilt ist – an ihr Gebot gebunden bleiben. [3]Unterbleibt die Unterzeichnung, etwa weil ein Beteiligter sich entfernt hat oder die Unterschrift verweigert, so ist der Grund dafür im Protokoll zu vermerken.

III. Freihändiger Verkauf

§ 185

[1]Ein freihändiger Verkauf findet statt:

1. bei Wertpapieren, Waren und anderen Pfändern, die einen Börsen- oder Marktpreis haben (§ 1235 Absatz 2, § 1295 BGB),

2. bei Gold- und Silbersachen, deren Versteigerung fruchtlos versucht worden ist (§ 1240 Absatz 2 BGB),

3. auf Anordnung des Gerichts (§ 1246 Absatz 2 BGB, § 411 Absatz 4 FamFG).

[2]Der Verkauf ist unter entsprechender Anwendung der Vorschriften der §§ 98 und 99 durchzuführen. [3]Die Bestimmungen über das Mindestgebot (vergleiche § 98) gelten jedoch nicht. [4]Beim Verkauf ist die Sache als Pfand zu bezeichnen. [5]Die in Satz 1 Nummer 1 genannten Sachen sind nur zum laufenden Preis, die in Satz 1 Nummer 2 genannten Sachen nur zu einem den Gold- und Silberwert erreichenden Preis zu verkaufen. [6]Unter dem laufenden Preis ist der Börsen- oder Marktpreis zu verstehen, der am Tage des Verkaufs für den Verkaufsort gilt. [7]Der Pfandgläubiger kann solche Pfandgegenstände, die einen Börsen- oder Marktpreis haben, statt durch freihändigen Verkauf auch durch Versteigerung veräußern lassen, sofern es sich nicht um die im § 1295 BGB bezeichneten indossablen Papiere handelt.

IV. Behandlung des Erlöses und der nicht versteigerten Gegenstände

§ 186

(1) [1]Der Gerichtsvollzieher führt den Erlös der Versteigerung oder des freihändigen Verkaufs nach Abzug der Gerichtsvollzieherkosten unverzüglich an den Auftraggeber ab. [2]Dies gilt auch dann, wenn der Erlös den Betrag der Forderung und der Kosten übersteigt, es sei denn, dass der Gläubiger den Gerichtsvollzieher beauftragt hat, den Überschuss an den Eigentümer des Pfandes abzuführen oder für diesen zu hinterlegen. [3]In gleicher Weise ist mit Gegenständen zu verfahren, die gemäß § 183 Absatz 6 nicht versteigert worden sind.

(2) Die Benachrichtigung des Eigentümers über das Ergebnis des Pfandverkaufs ist dem Pfandgläubiger zu überlassen (§ 1241 BGB).

V. Pfandverkauf in besonderen Fällen

§ 187

(1) Die Vorschriften über den Pfandverkauf finden auch Anwendung auf eine Versteigerung,

1. die zwecks Auseinandersetzung unter den Teilhabern einer Gemeinschaft (§ 753 BGB), unter den Mitgliedern einer Gesellschaft (§ 731 BGB in Verbindung mit § 753 BGB), unter Ehegatten bei Auflösung der Gütergemeinschaft (§ 1477 BGB), unter den Beteiligten bei Aufhebung der fortgesetzten Gütergemeinschaft (§ 1498 BGB) oder unter Miterben (§ 2042 in Verbindung mit § 753 BGB) vorgenommen wird,

2. die der Besitzer einer beweglichen Sache veranlasst, um sich wegen seiner Verwendungen aus der Sache zu befriedigen (§§ 1003, 2022 BGB).

(2) [1]Steht einem Kaufmann ein Zurückbehaltungsrecht auf Grund des § 369 HGB zu, so darf er sich aus den zurückbehaltenen Gegenständen für seine Forderungen im Wege des Pfandverkaufs befriedigen, vorausgesetzt, dass er einen vollstreckbaren Titel über sein Recht zur Befriedigung aus den Gegenständen besitzt (§ 371 Absatz 3 HGB). [2]Bei einem Pfandverkauf, der auf Grund eines kaufmännischen Zurückbehaltungsrechts oder auf Grund eines Pfand-

rechts vorgenommen wird, dessen Bestellung auf Seiten des Pfandgläubigers und des Verpfänders ein Handelsgeschäft war, verkürzt sich die in § 181 Absatz 3 genannte Frist auf eine Woche. [3]Dies gilt entsprechend auch für das gesetzliche Pfandrecht des Kommissionärs, des Spediteurs, des Lagerhalters und des Frachtführers, für das Pfandrecht des Spediteurs und des Frachtführers auch dann, wenn der Speditions- oder Frachtvertrag nur auf ihrer Seite ein Handelsgeschäft ist (§ 368 HGB). [4]Bei einem Pfandverkauf im Auftrag eines Frachtführers oder Verfrachters sind die Androhung und die Benachrichtigung an den Empfänger des Gutes zu richten; ist dieser nicht zu ermitteln oder verweigert er die Annahme des Gutes, so hat die Androhung und Benachrichtigung gegenüber dem Absender zu erfolgen (§§ 440, 623 HGB). [5]Der Kommissionär kann auch solches Kommissionsgut, dessen Eigentümer er ist, im Wege des Pfandverkaufs veräußern lassen; der Verkauf erfolgt dann für Rechnung des Kommittenten (§ 398 HGB).

VI. Befriedigung des Pfandgläubigers in Wege der Zwangsvollstreckung

§ 188

[1]Im Fall von § 1233 Absatz 2 BGB hat der Pfandgläubiger das Pfand und den vollstreckbaren Titel an den Gerichtsvollzieher herauszugeben, den er mit der Veräußerung beauftragt. [2]In dem Übernahmeprotokoll sind die einzelnen Stücke in der Weise aufzuführen, die für das Pfändungsprotokoll vorgeschrieben ist. [3]Die Zustellung des Schuldtitels, die Unterbringung und Verwertung der Gegenstände sowie die Verrechnung und Abführung des Erlöses erfolgt nach den Bestimmungen für das Zwangsvollstreckungsverfahren.

C. Sonstige Versteigerungen, die kraft gesetzlicher Ermächtigung für einen anderen erfolgen

§ 189

(1) [1]Die Bestimmungen über den Pfandverkauf finden keine Anwendung, wenn der Auftraggeber seine gesetzliche Ermächtigung zur Versteigerung auf andere als die in den §§ 181 bis 188 bezeichneten Vorschriften gründet. [2]In diesem Fall richtet sich das Verfahren des Gerichtsvollziehers nach den folgenden Absätzen 2 bis 8. [3]Dies gilt insbesondere für die Versteigerung

1. von Fundsachen, deren Verderb zu besorgen oder deren Aufbewahrung mit unverhältnismäßigen Kosten verbunden ist (§ 966 BGB), oder von Sachen, die in den Geschäftsräumen oder Beförderungsmitteln einer öffentlichen Behörde oder einer dem öffentlichen Verkehr dienenden Anstalt gefunden worden sind (§ 979 BGB),

2. von verpfändeten oder anderen Sachen wegen drohenden Verderbs oder wegen der Besorgnis wesentlicher Wertminderung (§ 1219 BGB; §§ 379, 388, 391, 437 HGB),

3. von Sachen, die zur Hinterlegung nicht geeignet sind, im Fall des Verzugs des Gläubigers (§ 383 Absatz 1 BGB),

4. von Waren wegen Verzugs des Käufers mit der Annahme der Ware gemäß § 373 HGB,

5. von Sachen wegen des Erfüllungsverzugs beim Fixgeschäft gemäß § 376 HGB.

(2) Die nach den gesetzlichen Vorschriften erforderliche Androhung des Verkaufs und die im Fall des § 966 BGB erforderliche Anzeige bei der zuständigen Behörde obliegt dem Auftraggeber.

(3) [1]Die zum Verkauf gestellten Sachen sind in ein Verzeichnis einzutragen, das den Bestimmungen des § 181 Absatz 4 entspricht. [2]Die Versteigerungsbedingungen, die Zeit und den Ort

der Versteigerung sowie die Art der Bekanntmachung hat der Auftraggeber zu bestimmen. [3]Der Gerichtsvollzieher soll den Auftraggeber nötigenfalls darauf hinweisen, dass der Gegner den Verkauf nicht als für seine Rechnung geschehen anzuerkennen brauche, wenn er zu ungewöhnlichen oder den Umständen des Falles nicht angemessenen Bedingungen vorgenommen worden ist, zum Beispiel unter Ausschluss der Gewährleistung. [4]Bleibt die Bestimmung dem Gerichtsvollzieher überlassen, so erfolgt die Versteigerung ohne besondere Bedingungen nach den Vorschriften des Bürgerlichen Gesetzbuchs, die für den Kauf gelten. [5]Die Bekanntmachung erfolgt nach den Grundsätzen des § 93 Absatz 3, soweit sie erforderlich und ohne Gefährdung des Versteigerungszwecks ausführbar ist.

(4) [1]Von dem Versteigerungstermin sind der Auftraggeber und nach dessen Bestimmungen auch die Personen, für deren Rechnung der Verkauf erfolgt, zu benachrichtigen. [2]Die Benachrichtigung geschieht durch eingeschriebenen Brief, sofern der Auftraggeber nichts anderes angeordnet hat. [3]Gold- und Silbersachen dürfen – vorbehaltlich einer anderen Bestimmung des Auftraggebers – auch unter dem Gold- und Silberwert zugeschlagen werden. [4]Für die Versteigerung gelten im Übrigen die Bestimmungen des § 183 Absatz 3 entsprechend. [5]Die Versteigerung ist solange fortzusetzen, bis alle zum Verkauf stehenden Sachen angeboten sind, wenn nicht der Auftraggeber den früheren Schluss verlangt.

(5) [1]Das Protokoll muss den gesetzlichen Grund der Versteigerung angeben. [2]Die Vorschriften des § 184 Absatz 1 finden entsprechende Anwendung. [3]Die Bemerkung, dass die Sachen als Pfand angeboten werden, ist nur aufzunehmen, wenn der Fall des § 1219 BGB vorliegt.

(6) Der Erlös ist nach Abzug der Gerichtsvollzieherkosten ohne Verzug an den Auftraggeber abzuführen oder auf sein Verlangen für die von ihm bestimmten Personen zu hinterlegen.

(7) [1]Wird der Gerichtsvollzieher beauftragt, Sachen, die einen Börsen- oder Marktpreis haben, aus freier Hand zu veräußern (vergleiche §§ 385, 1221 BGB; § 373 Absatz 2 HGB), so ist der Verkauf unter entsprechender Anwendung der §§ 98 und 99 vorzunehmen. [2]Die Sachen sind jedoch zum laufenden Preis zu verkaufen, sofern der Auftraggeber nichts anderes bestimmt hat.

(8) Nach den vorstehenden Bestimmungen ist auch die Veräußerung einer Aktie oder eines Anteilrechts im Auftrag einer Aktiengesellschaft in den Fällen der §§ 65 und 226 Absatz 3 AktG sowie eines Geschäftsanteils in den Fällen der §§ 23 und 27 GmbHG durchzuführen.

D. Freiwillige Versteigerungen für Rechnung des Auftraggebers

§ 190 Zuständigkeit und Verfahrensvorschriften

(1) [1]Der Gerichtsvollzieher darf außerhalb der Zwangsvollstreckung freiwillige Versteigerungen von

1. beweglichen Sachen,
2. Früchten, die vom Boden noch nicht getrennt sind (zum Beispiel Früchte auf dem Halm, Holz auf dem Stamm),

für Rechnung des Auftraggebers ausführen. [2]Die nachfolgenden Vorschriften finden auf die Versteigerung von Früchten, die vom Boden noch nicht getrennt sind, entsprechende Anwendung.

(2) [1]Dem Gerichtsvollzieher ist es nicht gestattet, um Aufträge zu freiwilligen Versteigerungen nachzusuchen. [2]Der Auftrag zu einer freiwilligen Versteigerung ist schriftlich zu erteilen. [3]Ihm ist eine vollständige Liste der zur Versteigerung bestimmten Sachen beizufügen. [4]Sollen

Waren versteigert werden, die in offenen Verkaufsstellen angeboten werden und die ungebraucht sind oder deren bestimmungsgemäßer Gebrauch in ihrem Verbrauch besteht, so ist dem Auftrag ferner eine Bescheinigung der nach § 155 Absatz 2 der Gewerbeordnung (GewO) zuständigen Behörde darüber beizufügen, dass der Versteigerung unter den Gesichtspunkten des § 34b Absatz 6 Nummer 5 Buchstabe b GewO und des § 6 der Versteigererverordnung (VerstV) keine Bedenken entgegenstehen.

(3) [1]Der Gerichtsvollzieher muss die zur Versteigerung bestimmten Sachen auf Verlangen des Auftraggebers durch Sachverständige schätzen oder begutachten lassen. [2]Das gilt auch für den Wert von Gold- und Silbersachen, sofern nicht der Auftraggeber schriftlich hierauf verzichtet oder schriftlich erklärt, dass er mit der Erteilung des Zuschlags unter dem Gold- und Silberwert einverstanden ist.

§ 191   Ablehnung des Auftrags

(1) Der Gerichtsvollzieher kann den Auftrag ohne Angabe von Gründen ablehnen.

(2) Der Gerichtsvollzieher muss den Auftrag oder seine Durchführung ablehnen, wenn er weiß oder den Umständen nach annehmen muss, dass

1. der Auftraggeber nicht über die Sache verfügen darf,
2. eine Umgehung des § 34b GewO oder der Versteigererverordnung beabsichtigt ist,
3. die Allgemeinheit über die Herkunft, den Wert, die Beschaffenheit und so weiter der Sachen getäuscht werden soll, zum Beispiel durch unrichtige Herkunftsbezeichnungen, durch Beseitigung oder Veränderung von Firmenzeichen und Schutzmarken, durch gemeinschaftliche Versteigerung einer Nachlass-, Insolvenz- oder Liquidationsmasse sowie von Wohnungs- und Geschäftseinrichtungen mit anderen Sachen,
4. nach der Beschaffenheit der Sachen die Versteigerung nur gewählt wird, um Mängel der Sachen zu verheimlichen,
5. die Sachen lediglich für die Versteigerung angefertigt oder beschafft sind,
6. durch Ausführung des Auftrags sonstige gesetzliche oder polizeiliche Bestimmungen verletzt werden.

(3) [1]Der Gerichtsvollzieher muss den Auftrag ferner ablehnen, wenn der Auftraggeber die Möglichkeit hat, mit der Versteigerung einen zugelassenen Versteigerer zu beauftragen und der aufsichtführende Richter diese Möglichkeit für den Bezirk des Amtsgerichts festgestellt hat. [2]Der Gerichtsvollzieher kann den Auftrag annehmen, wenn ihm die Nebentätigkeit als freiwilliger Versteigerer, nachdem er sie angezeigt hat, nicht nach landesrechtlichen Bestimmungen untersagt wurde.

(4) Hat der Auftraggeber einen Mindestpreis festgesetzt, so darf der Gerichtsvollzieher den Auftrag nur annehmen, falls er unwiderruflich ermächtigt wird, den Zuschlag zu erteilen, wenn das Meistgebot den Mindestpreis erreicht oder überschreitet.

§ 192   Versteigerungsbedingungen

(1) Der Auftraggeber soll die Versteigerungsbestimmungen bestimmen.

(2) [1]Bleibt die Bestimmung dem Gerichtsvollzieher überlassen, so erfolgt die Versteigerung nach den Vorschriften des Bürgerlichen Gesetzbuchs über den Kauf. [2]Dabei ist in die Versteigerungsbedingungen aufzunehmen, dass

1. das Los entscheidet, wenn zwei oder mehrere Personen gleichzeitig ein und dasselbe Gebot abgeben und die Aufforderung zur Abgabe eines höheren Gebots erfolglos bleibt,

2. die Übergabe der zugeschlagenen Sachen gegen sofortige Barzahlung erfolgt,
3. der Meistbietende, wenn er nicht vor Schluss der Versteigerung oder der sonst etwa bestimmten Zeit die Übergabe gegen Barzahlung verlangt, seine Rechte aus dem Zuschlag verliert und bei der weiteren Versteigerung der Sache nicht als Bieter zugelassen wird, jedoch für den Ausfall haftet.

§ 193 Bekanntmachung der Versteigerung

(1) [1]Die Art der Bekanntmachung bestimmt der Auftraggeber. [2]Unterlässt dieser die Bestimmung, so verfährt der Gerichtsvollzieher nach § 93 Absatz 3.

(2) [1]Neben den allgemeinen Bestimmungen über die Bekanntmachung nach § 93 Absatz 3 muss die Bekanntmachung die Bezeichnung als freiwillige Versteigerung und den Anlass der Versteigerung enthalten. [2]Eine freiwillige Versteigerung darf nicht in Verbindung mit einer Versteigerung anderer Art bekanntgemacht werden.

(3) Der Auftraggeber ist von der Zeit und dem Ort der Versteigerung rechtzeitig zu benachrichtigen, falls er nicht selbst die Zeit und den Ort der Versteigerung bestimmt hat.

§ 194 Versteigerungstermin

(1) Eine freiwillige Versteigerung darf nicht in Verbindung mit einer Versteigerung anderer Art durchgeführt werden.

(2) [1]Vor der Aufforderung zum Bieten verliest der Gerichtsvollzieher die Versteigerungsbedingungen. [2]Während der Versteigerung sind die Versteigerungsbedingungen an einer den Beteiligten zugänglichen Stelle auszuhängen.

(3) [1]Die zu versteigernden Sachen müssen in der Reihenfolge der Liste oder Verzeichnisse (Kataloge) ausgeboten werden. [2]Beim Ausbieten sind die Bezeichnung der Sachen und die Nummer, die sie in der Liste oder in dem Verzeichnis haben, zu verkünden. [3]Das Zurückstellen von Sachen ist bekanntzugeben; es ist nur zulässig, wenn ein besonderer Grund dafür vorliegt, insbesondere wenn anzunehmen ist, dass für eine Sache später ein höherer Preis erzielt werden kann. [4]Der Gerichtsvollzieher darf eine Sache erst ausbieten, wenn er die vorher ausgebotenen Sachen zugeschlagen oder von der Versteigerung zurückgezogen hat oder wenn er erklärt hat, dass der Zuschlag vorbehalten ist.

(4) Den Zuschlag darf der Gerichtsvollzieher erst erteilen, wenn nach dreimaligem Wiederholen des Höchstgebotes kein Übergebot abgegeben wird.

(5) [1]Der Auftraggeber kann sich den Zuschlag vorbehalten; der Gerichtsvollzieher hat dies nach dreimaligem Wiederholen des Höchstgebots zu erklären. [2]Der Meistbietende ist in diesem Fall nur bis zum Schluss der Versteigerung an sein Gebot gebunden.

(6) [1]Wird eine Sache dem Eigentümer oder dem Auftraggeber zugeschlagen, so gibt der Gerichtsvollzieher dies bei Erteilung des Zuschlags bekannt. [2]Hat der Auftraggeber einen Mindestpreis festgesetzt, so muss der Gerichtsvollzieher den Zuschlag erteilen, wenn das Meistgebot den Mindestpreis erreicht oder überschreitet.

(7) [1]Gold- und Silbersachen dürfen nicht unter dem Gold- und Silberwert, Wertpapiere, die einen Börsen- oder Marktpreis haben, nicht unter dem Tageskurs zugeschlagen werden; dies gilt nicht, wenn sich der Auftraggeber schriftlich mit der Versteigerung zu einem geringeren Preis einverstanden erklärt hat. [2]Der Gerichtsvollzieher kann in der Versteigerung nicht verkaufte Gold- und Silbersachen oder Wertpapiere, die nach Satz 1 nicht zugeschlagen worden

sind, nach Schluss der Versteigerung aus freier Hand zu einem Preis verkaufen, der dem zulässigen Gebot entspricht; dies gilt nicht, wenn der Auftraggeber etwas anderes bestimmt hat.

(8) Der Gerichtsvollzieher kann verlangen, dass ihm der Erwerber einen amtlichen Ausweis über seine Person vorlegt.

§ 195 Versteigerungsprotokoll und Abwicklung

(1) Das Protokoll über die freiwillige Versteigerung muss neben dem Ort und der Zeit der Versteigerung, dem Namen des Auftraggebers und der Bezeichnung der zu versteigernden Sachen enthalten:

1. die Versteigerungsbedingungen, soweit sie von den Vorschriften des Bürgerlichen Gesetzbuchs über den Kauf abweichen;

2. das Gebot und den Namen des Erstehers oder des Bieters, der an sein Gebot gebunden bleibt, wenn der Zuschlag nicht in der Versteigerung erteilt wird; bei Geboten über 100 Euro auch die Anschriften;

3. einen Vermerk, wenn ein Gebot zurückgewiesen oder ein ungenügendes Gebot abgegeben wird;

4. Angaben über die Versagung des Zuschlags, die Übergabe und die Zahlung;

5. die Maßnahmen, die beim Ausbleiben der Zahlung getroffen worden sind.

(2) [1]Wenn der Auftraggeber nichts anderes bestimmt hat, händigt der Gerichtsvollzieher den Versteigerungserlös dem Auftraggeber nach Abzug der Kosten unverzüglich nach Beendigung der Versteigerung aus. [2]Die versteigerten Sachen händigt der Gerichtsvollzieher dem Käufer oder seinem Bevollmächtigten gegen Empfang des Kaufgeldes aus.

Sechster Abschnitt   Besondere Vorschriften über die Beitreibung nach der Justizbeitreibungsordnung und im Verwaltungsvollstreckungsverfahren

§ 196 Zuständigkeit

(1) [1]Der Gerichtsvollzieher ist zuständig, als Vollziehungsbeamter nach der Justizbeitreibungsordnung für die nach dieser Vorschrift beizutreibenden Ansprüche mitzuwirken. [2]Dies gilt nicht, soweit Beitreibungen nach den bestehenden Verwaltungsanordnungen den Vollziehungsbeamten der Justiz übertragen sind.

(2) [1]Zwangsgelder, die gegen den Schuldner im Zwangsvollstreckungsverfahren zur Erzwingung einer Handlung festgesetzt sind (§ 888 Absatz 1 ZPO), werden nach der Zivilprozessordnung auf Antrag des Gläubigers vollstreckt. [2]Sie stehen der Landeskasse zu. [3]Daneben sind die Gerichtsvollzieherkosten gesondert zu vollstrecken.

(3) [1]Vollstreckungsbehörden sind die in § 2 Absatz 1 und 2 JBeitrO bezeichneten Behörden. [2]Dies ist in den Fällen, auf die die Strafvollstreckungsordnung anzuwenden ist, die darin bezeichnete Behörde; im Übrigen diejenige Behörde, die auf die Verpflichtung zur Zahlung des Geldbetrages erkannt hat. [3]In den übrigen Fällen ist Vollstreckungsbehörde die durch Landesrecht bestimmte Behörde.

(4) [1]Der Gerichtsvollzieher wird zu Vollstreckungshandlungen durch einen schriftlichen Auftrag der Vollstreckungsbehörde ermächtigt. [2]Er prüft dabei nicht, ob die sonstigen Voraussetzungen für die Beitreibung erfüllt sind.

(5) [1]Der Gerichtsvollzieher wendet bei der Vollstreckung die Bestimmungen an, die für eine Vollstreckung in bürgerlichen Rechtsstreitigkeiten maßgebend sind. [2]Werden ihm gegenüber Einwendungen gegen die Vollstreckung erhoben, denen er nicht selbst abhelfen kann, so verweist er die Beteiligten an die Stelle, die über die Einwendungen zu entscheiden hat (vergleiche §§ 6 und 8 JBeitrO); kann er diese Stelle nicht selbst feststellen, so verweist er die Beteiligten an die Vollstreckungsbehörde.

§ 197 Vollstreckung für Stellen außerhalb der Justizverwaltung

[1]Die Zuständigkeit des Gerichtsvollziehers für die Vollstreckung von Geldbußen, Nebenfolgen, Zwangs- und Ordnungsgeldern, die nicht von der Justiz verhängt worden sind, richtet sich nach den dafür geltenden besonderen Bestimmungen. [2]Will der Gerichtsvollzieher einen solchen Vollstreckungsauftrag wegen Unzuständigkeit ablehnen, so legt er den Vorgang unverzüglich dem aufsichtführenden Richter vor. [3]Für die Ablieferung der eingezogenen Beträge (Geldbußen, Zwangs- und Ordnungsgelder sowie Nebenkosten) sind die Weisungen des Auftraggebers maßgebend.

§ 198 Vollstreckung von Entscheidungen in Straf- und Bußgeldverfahren über den Verfall, die Einziehung und die Unbrauchbarmachung von Sachen

(1) [1]Mit der Rechtskraft der Entscheidung geht das Eigentum an verfallenen oder eingezogenen Sachen auf das Land (Justizfiskus) über, dessen Gericht im ersten Rechtszug entschieden hat. [2]Dies gilt auch dann, wenn im ersten Rechtszug in Ausübung der Gerichtsbarkeit des Bundes entschieden worden ist. [3]Hat jedoch das Gericht den Verfall oder die Einziehung zu Gunsten des Bundes angeordnet, so wird die Bundesrepublik Deutschland (Justizfiskus) Eigentümer. [4]Die verfallenen oder eingezogenen Sachen werden durch die Vollstreckungsbehörde verwertet, soweit nichts anderes bestimmt ist.

(2) Mit der Wegnahme von Sachen, auf deren Verfall, Einziehung oder Unbrauchbarmachung erkannt ist, kann die Vollstreckungsbehörde den Gerichtsvollzieher beauftragen.

(3) [1]Die Wegnahme (§ 459g Absatz 1 StPO) richtet sich nach den Bestimmungen der Justizbeitreibungsordnung. [2]Der Gerichtsvollzieher wird zur Wegnahme durch einen schriftlichen Auftrag der Vollstreckungsbehörde ermächtigt. [3]Der Gerichtsvollzieher zeigt der Vollstreckungsbehörde den Tag und die Stunde der beabsichtigten Vollstreckung an, wenn sie darum ersucht hat. [4]Für die Übergabe oder Verwahrung der weggenommenen Gegenstände sind etwaige Weisungen der Vollstreckungsbehörde maßgebend.

(4) [1]Die Vollstreckungsbehörde kann den Gerichtsvollzieher aufgrund eines schriftlichen Auftrags mit der öffentlichen Versteigerung und in der Regel auch mit dem freihändigen Verkauf verfallener oder eingezogener Sachen beauftragen. [2]Der Auftrag kann nähere Weisungen hinsichtlich der Veräußerung enthalten; er soll die Personen bezeichnen, an welche die Sache nicht veräußert werden darf. [3]Die Versteigerung erfolgt nach den Bestimmungen für freiwillige Versteigerungen und der freihändige Verkauf nach den Bestimmungen für freihändige Verkäufe.

(5) [1]Der Versteigerungstermin ist der Vollstreckungsbehörde mitzuteilen. [2]Die verfallenen oder eingezogenen Sachen dürfen an Täter und Teilnehmer der Straftat oder Beteiligte an der Ordnungswidrigkeit nur mit Einwilligung der obersten Justizbehörde veräußert werden. [3]Der

freihändige Verkauf an Richter, Beamte, Angestellte oder Arbeiter der Justizverwaltung oder an Ermittlungspersonen der Staatsanwaltschaft (§ 152 GVG) ist nicht zulässig.

§ 199 Beitreibung im Verwaltungsvollstreckungsverfahren

[1]Nach bundesrechtlichen und landesrechtlichen Vorschriften können die Gerichtsvollzieher durch die Behörden anderer Verwaltungen um die Erledigung von Vollstreckungen im Verwaltungsvollstreckungsverfahren ersucht werden. [2]Auch kann die Justizverwaltung nach landesrechtlichen Vorschriften die Gerichtsvollzieher anderer Dienststellen allgemein für die Durchführung von Vollstreckungen im Verwaltungsvollstreckungsverfahren zur Verfügung stellen. [3]Solche Aufträge führt der Gerichtsvollzieher nach den dafür geltenden bundes- oder landesrechtlichen Vorschriften aus. [4]Der Gerichtsvollzieher hat in diesen Verfahren die Stellung eines Vollziehungsbeamten.

Siebenter Abschnitt   Übergangsregelungen

§ 200 Behandlung bis zum 31. Dezember 2012 eingegangener Vollstreckungsaufträge

Auf die Bearbeitung von Vollstreckungsaufträgen, die vor dem 1. Januar 2013 eingegangen sind, sind die Vorschriften der Geschäftsanweisung für Gerichtsvollzieher in der bis zum 31. Dezember 2012 geltenden Fassung anzuwenden.

§ 201 Einsichtnahme in das dezentral geführte Schuldnerverzeichnis

[1]Bis zum 31. Dezember 2017 sieht der Gerichtsvollzieher, bevor er einen Termin zur Abgabe der Vermögensauskunft bestimmt, neben dem Vermögensverzeichnisregister auch das bei dem für den Wohnsitz des Schuldners zuständigen Amtsgericht dezentral geführte Schuldnerverzeichnis ein. [2]Ist dem Gerichtsvollzieher bekannt, dass hinsichtlich des Schuldners eine gemäß § 915 ZPO in der bis zum 31. Dezember 2012 geltenden Fassung vorgenommene Eintragung in das Schuldnerverzeichnis besteht, übermittelt er einen Abdruck der durch das zentrale Vollstreckungsgericht übermittelten Eintragungsmitteilung an das Vollstreckungsgericht, bei dem die frühere Eintragung besteht.

Anhang 2 Gerichtsvollzieherordnung – GVO

geändert durch Änderung der Gerichtsvollzieherordnung vom 5. September 2016 (JMBl. S. 98)[1]

Erster Abschnitt Dienstverhältnis

A. Allgemeine Vorschriften

§ 1 Dienstaufsicht

[1]Bei der ihm zugewiesenen Zwangsvollstreckung handelt der Gerichtsvollzieher selbstständig. [2]Er unterliegt hierbei zwar der Aufsicht, aber nicht der unmittelbaren Leitung des Gerichts. [3]Unmittelbarer Dienstvorgesetzter des Gerichtsvollziehers ist der aufsichtführende Richter des Amtsgerichts.

§ 2 Amtssitz

[1]Amtssitz des Gerichtsvollziehers ist der Sitz seiner Dienstbehörde. [2]Hat das Amtsgericht seinen Sitz an einem Ort mit mehr als 100 000 Einwohnern, so kann der Präsident des Landgerichts (Amtsgerichts) den Amtssitz auf einen Teil des Ortes beschränken. [3]Der Präsident des Landgerichts (Amtsgerichts) kann ferner einen anderen Ort des Gerichtsvollzieherbezirks zum Amtssitz des Gerichtsvollziehers bestimmen. [4]Diese Anordnung ist durch dauernden Aushang an der Gerichtstafel, erforderlichenfalls auch in sonst geeigneter Weise, bekanntzumachen.

§ 3 Persönliche Amtsausübung

[1]Der Gerichtsvollzieher übt sein Amt persönlich aus. [2]Er darf die Ausführung eines Dienstgeschäfts keiner anderen Person übertragen, soweit nicht ausdrücklich etwas anderes bestimmt ist.

---

1 Die GVO gilt mWv 1.9.2013 in sämtlichen Ländern bundeseinheitlich.
Siehe hierzu ua:
– Baden-Württemberg: VV v. 10.7.2013 (Die Justiz S. 240)
– Bayern: Bek. v. 6.8.2013 (JMBl. S. 95)
– Berlin: AV v. 9.8.2013 (ABl. S. 1777)
– Brandenburg: AV v. 22.7.2013 (JMBl. S. 79)
– Hamburg: AV v. 17.7.2013 (JVBl. S. 82)
– Hessen: RdErl. v. 11.7.2013 (JMBl. S. 349)
– Mecklenburg-Vorpommern: VV v. 7.8.2013 (AmtsBl. M-V S. 602)
– Niedersachsen: AV v. 16.7.2013 (Nds. RPfl. S. 225)
– Nordrhein-Westfalen: AV v. 9.8.2013 (JMBl. S. 211)
– Sachsen: VV v. 25.9.2013 (SächsJMBl. S. 130)
– Sachsen-Anhalt: AV v. 2.8.2013 (JMBl. LSA S. 171, 273)
– Schleswig-Holstein: AV v. 2.8.2013 (SchlHA S. 324)
– Thüringen: VV v. 24.7.2013 (JMBl. S. 57)
Siehe bis zum 31.8.2013 die Gerichtsvollzieherordnung 2012.
Der Text folgt der im Bayerischen Staatsministerium der Justiz archivmäßig verwahrten Urschrift (vgl. Bek. v. 6.8.2013, JMBl. S. 95); im Änderungsverzeichnis und in den Änderungsfußnoten wird das Bayerische Justizministerialblatt als Referenzfundstelle angegeben.

§ 4 Dienstsiegel

(1) [1]Der Gerichtsvollzieher führt für dienstliche Zwecke ein Dienstsiegel (Dienststempel) nach den hierfür geltenden Bestimmungen. [2]Die Umschrift des Dienstsiegels lautet: „Gerichtsvollzieher bei dem Amtsgericht ... (Ort)".

(2) Dienstsiegel werden auf Kosten der Landeskasse beschafft.

(3) Dienstsiegel sind so zu verwahren, dass jeder Missbrauch ausgeschlossen ist.

(4) Bei maschineller Erstellung des Schriftstücks ist es zulässig, das Siegel mit auszudrucken.

§ 5 Dienstausweis

(1) Der Gerichtsvollzieher erhält einen Dienstausweis nach den landesrechtlichen Bestimmungen.

(2) Dieser trägt ein Lichtbild des Inhabers (ohne Kopfbedeckung).

(3) Die Dienstausweise werden auf Kosten der Landeskasse beschafft.

(4) Der Gerichtsvollzieher führt den Dienstausweis bei Amtshandlungen stets bei sich und zeigt ihn den Beteiligten bei Vollstreckungshandlungen unaufgefordert, bei sonstigen Amtshandlungen auf Verlangen vor.

§ 6 Maßnahmen bei Beendigung und Unterbrechung der Beschäftigung

(1) Endet die Beschäftigung des Gerichtsvollziehers bei der Dienstbehörde durch Tod, Versetzung, Eintritt in den Ruhestand, Ablauf des Dienstleistungsauftrags, vorläufige Dienstenthebung, Entlassung und so weiter, so veranlasst die Dienstbehörde, dass

1. die im Besitz des Gerichtsvollziehers befindlichen Dienstgegenstände (zum Beispiel Dienstsiegel (Dienststempel), Geschäftsbücher und Akten) an sie abgeliefert werden,

2. die aus dienstlichem Anlass der Verfügung des Gerichtsvollziehers unterliegenden Gegenstände (zum Beispiel Geld, Giroguthaben, Pfandstücke, Schriftstücke) sichergestellt werden,

3. ihr eine vollständige Datensicherung des vom Gerichtsvollzieher dienstlich genutzten IT-Systems (insbesondere bestehend aus Dienstregistern und Kassenbüchern) zur Verfügung gestellt wird und sämtliche elektronisch gespeicherten Daten des Gerichtsvollziehers gelöscht werden,

4. das Ende der Beschäftigung unmittelbar dem zentralen Vollstreckungsgericht nach § 882h der Zivilprozessordnung (ZPO) mitgeteilt wird.

(2) [1]Wird die Beschäftigung des Gerichtsvollziehers vorübergehend unterbrochen, zum Beispiel durch Urlaub oder Krankheit, so trifft die Dienstbehörde die erforderlichen Anordnungen unter entsprechender Anwendung der Vorschriften in Absatz 1. [2]Sie befindet insbesondere darüber, ob und inwieweit dem verhinderten Gerichtsvollzieher noch die Abwicklung laufender Dienstgeschäfte zu überlassen ist.

B. Diensteinkommen

[§§ 7–9 ...]

Zweiter Abschnitt   Zuständigkeit

A.   Gerichtsvollzieherbezirk

§ 10   Geschäftsverteilung

(1) [1]Der aufsichtführende Richter weist jedem im Amtsgericht beschäftigten Gerichtsvollzieher einen örtlich begrenzten Bezirk (Gerichtsvollzieherbezirk) zu. [2]Bei der Einteilung der Bezirke nimmt er auf eine gleichmäßige Verteilung der Geschäfte und auf die Möglichkeit einer zweckmäßigen Gestaltung der Reisen der Vollstreckungsbeamten Rücksicht. [3]Für jeden Beamten bestellt er im Voraus einen oder, falls es die örtlichen Verhältnisse erfordern, mehrere Gerichtsvollzieher als ständige Vertreter. [4]Mit Genehmigung des Präsidenten des Landgerichts (Amtsgerichts) können die Geschäfte anders als nach örtlichen Bezirken verteilt werden.

(2) [1]Von der Geschäftsverteilung bleiben Eilaufträge (§ 26) unberührt. [2]Der aufsichtführende Richter regelt die Zuständigkeit für die Aufträge. [3]Zur Erledigung dieser Aufträge ist jeder Gerichtsvollzieher des Amtsgerichts ohne örtliche Beschränkung berechtigt und verpflichtet. [4]Der nach Absatz 1 zuständige Gerichtsvollzieher ist von Pfändungen – unbeschadet der Vorschrift des § 826 Absatz 2 ZPO – in jedem Fall zur Wahrung früherer Pfändungen und zur Berücksichtigung bei Anschlusspfändungen durch Übersendung einer Abschrift der Pfändungsniederschrift zu benachrichtigen.

(3) Die Geschäftsverteilung ist in geeigneter Weise bekanntzumachen.

(4) Die Gültigkeit einer Amtshandlung wird dadurch nicht berührt, dass sie von einem anderen als dem nach der Geschäftsverteilung zuständigen Gerichtsvollzieher vorgenommen worden ist.

§ 11   Amtsgerichte mit einem Gerichtsvollzieher

(1) Ist bei einem Amtsgericht nur ein Gerichtsvollzieher beschäftigt, so ist der Amtsgerichtsbezirk der Gerichtsvollzieherbezirk.

(2) [1]Der Präsident des Landgerichts (Amtsgerichts) bestellt im Voraus einen Gerichtsvollzieher eines benachbarten Amtsgerichts als ständigen Vertreter, wenn auch das benachbarte Amtsgericht seiner Dienstaufsicht untersteht; in allen übrigen Fällen wird der ständige Vertreter von dem Präsidenten des Oberlandesgerichts bestimmt. [2]Falls es die örtlichen Verhältnisse erfordern, können auch mehrere Gerichtsvollzieher je für einen bestimmten Teil des Bezirks als ständige Vertreter bestellt werden. [3]In Eilfällen ist der aufsichtführende Richter des Amtsgerichts oder bei seiner Verhinderung der Geschäftsleiter ermächtigt, die Vertretung durch andere Beamte nach Maßgabe der Notwendigkeit zu regeln und diesen Beamten die für die Erledigung des einzelnen Dienstgeschäfts erforderlichen Weisungen zu erteilen.

§ 12   Amtsgerichte ohne Gerichtsvollzieher

(1) Ist bei einem Amtsgericht kein Gerichtsvollzieher beschäftigt, so teilt, soweit landesrechtlich nichts anderes bestimmt ist, der Präsident des Oberlandesgerichts den Amtsgerichtsbezirk dem Bezirk eines, ausnahmsweise unter zweckmäßiger Aufteilung auch den Bezirken mehrerer Gerichtsvollzieher benachbarter Amtsgerichte zu (zugeschlagener Bezirk).

(2) Eigener Gerichtsvollzieherbezirk und zugeschlagener Bezirk bilden den Gesamtbezirk des Gerichtsvollziehers.

(3) Name, Bezirk und Amtssitz des zuständigen Gerichtsvollziehers sind im Gebäude des Amtsgerichts des zugeschlagenen Bezirks durch ständigen Aushang oder in sonst geeigneter Weise mit dem Hinweis bekanntzumachen, dass Aufträge, Anfragen und Mitteilungen nach Möglichkeit unmittelbar an den Gerichtsvollzieher zu richten sind, aber auch in der Geschäftsstelle des Amtsgerichts zur Übermittlung an den Gerichtsvollzieher angebracht werden können.

(4) [1]Die Geschäftsstelle des Amtsgerichts des zugeschlagenen Bezirks leitet die bei ihr eingehenden, für den Gerichtsvollzieher bestimmten Schriftstücke täglich an diesen weiter. [2]Dies gilt nicht, wenn mit Sicherheit zu erwarten ist, dass der Gerichtsvollzieher an dem betreffenden Tage auf der Geschäftsstelle anwesend sein wird.

(5) [1]Ist der Gerichtsvollzieher am Sitz des Amtsgerichts des zugeschlagenen Bezirks anwesend, so hat er sich stets in der Geschäftsstelle zur Entgegennahme seiner Eingänge und zu etwa erforderlichen Dienstbesprechungen einzufinden. [2]Von der Einrichtung bestimmter Sprechtage ist regelmäßig abzusehen.

(6) [1]Für Eilaufträge, die im zugeschlagenen Bezirk zu erledigen sind, bestellt der aufsichtführende Richter des Amtsgerichts des zugeschlagenen Bezirks im Voraus einen oder, falls es erforderlich ist, mehrere geeignete Beamte des Amtsgerichts als ständige Vertreter des Gerichtsvollziehers für die Wahrnehmung einzelner Gerichtsvollziehergeschäfte. [2]Die Bestimmungen über die Regelung der ständigen Vertretung des Gerichtsvollziehers (§§ 10, 11) werden hierdurch nicht berührt. [3]Macht ein eiliger Auftrag eine weitere nicht mehr dringliche Amtshandlung erforderlich, so sind die Vorgänge nach Erledigung des dringlichen Teils an den zuständigen Gerichtsvollzieher abzugeben.

§ 13 Zuteilung eines zugeschlagenen Bezirks in Sonderfällen

[1]Soweit landesrechtlich nichts anderes bestimmt ist, kann der Präsident des Oberlandesgerichts den Gerichtsvollzieherdienst eines Amtsgerichtsbezirks oder eines Bezirksteils auch in anderen als den in § 12 Absatz 1 bezeichneten Fällen einem Gerichtsvollzieher eines benachbarten Amtsgerichts übertragen. [2]Die Bestimmungen in § 12 Absatz 2 bis 6 gelten in diesem Fall entsprechend.

B. Örtliche Zuständigkeit

§ 14 Allgemeines

(1) Die örtliche Zuständigkeit des Gerichtsvollziehers beschränkt sich, soweit nichts anderes bestimmt ist, auf den ihm zugewiesenen Gerichtsvollzieherbezirk.

(2) Eine Amtshandlung ist nicht aus dem Grund unwirksam, weil der Gerichtsvollzieher sie außerhalb seines Gerichtsvollzieherbezirks vorgenommen hat.

§ 15 Freiwillige Versteigerungen

[1]Für freiwillige Versteigerungen ist der Gerichtsvollzieher zuständig, in dessen Bezirk sich die zu versteigernde Sache befindet. [2]Die Weitergabe des Auftrags an einen zur Übernahme bereiten Gerichtsvollzieher ist möglich. [3]§ 191 der Geschäftsanweisung für Gerichtsvollzieher (GVGA) bleibt unberührt.

§ 16   Zustellungen durch die Post

[1]Für Zustellungen durch die Post ist der Gerichtsvollzieher zuständig, in dessen Gerichtsvollzieherbezirk der Auftraggeber (Partei, Prozessbevollmächtigter) oder ein Zustellungsempfänger seinen Wohnsitz, Geschäftssitz, Amtssitz, Sitz der Niederlassung oder Aufenthaltsort hat. [2]Eilige Zustellungen durch die Post von Vorpfändungsbenachrichtigungen nach § 126 GVGA darf jeder Gerichtsvollzieher ausführen.

§ 17   Ermittlung des Aufenthaltsortes

(1) [1]Die Ermittlung des Aufenthaltsortes des Schuldners nach § 755 ZPO obliegt dem für die letzte bekannte Anschrift des Schuldners zuständigen Gerichtsvollzieher. [2]Ist keine solche Anschrift bekannt, obliegt die Ermittlung dem für den Wohnsitz des Gläubigers zuständigen Gerichtsvollzieher.

(2) Ist aufgrund des Ergebnisses der Ermittlung ein anderer Gerichtsvollzieher zuständig, gibt der Gerichtsvollzieher den Vollstreckungsvorgang von Amts wegen an diesen ab.

§ 18   In mehreren Gerichtsvollzieherbezirken zu erledigende Aufträge

(1) Für die Erledigung eines Auftrags, der eine Tätigkeit in mehreren Gerichtsvollzieherbezirken des gemeinsamen Landgerichtsbezirks erfordert, ist der Gerichtsvollzieher eines jeden der beteiligten Gerichtsvollzieherbezirke zuständig.

(2) Die Zuständigkeit ist auch gegeben, wenn der Gerichtsvollzieher zur Durchführung der in seinem Gerichtsvollzieherbezirk begonnenen Amtshandlung die Grenze dieses Bezirks (auch über die Landesgrenze hinaus) überschreiten muss.

Dritter Abschnitt   Aufträge

A.   Ablehnung und Abgabe von Aufträgen

§ 19   Rechtliche oder tatsächliche Verhinderung

[1]Ist der Gerichtsvollzieher von der Ausübung seines Amts kraft Gesetzes ausgeschlossen, so gibt er den Auftrag unter Angabe des Grundes seiner Verhinderung an seinen ständigen Vertreter ab. [2]Ist auch der ständige Vertreter verhindert, so zeigt dieser die Sachlage unverzüglich der Dienstbehörde an. [3]Die Dienstbehörde sorgt für die Bestellung eines besonderen Vertreters zur Durchführung des Dienstgeschäfts. [4]Der übernehmende Beamte (Satz 1 und 3) teilt dem Auftraggeber die Übernahme des Auftrags unverzüglich mit. [5]Die Mitteilung kann unterbleiben, wenn sie bei dem Auftraggeber nicht früher als die Nachricht über das Ergebnis der Amtshandlung eingehen würde. [6]Ist der Gerichtsvollzieher an der Erledigung eines Auftrags tatsächlich verhindert, so gelten die Bestimmungen in den Sätzen 1 bis 5 entsprechend.

§ 20   Örtliche Unzuständigkeit bei Erteilung des Auftrags

(1) Ist der Gerichtsvollzieher für die Erledigung eines mündlich erteilten Auftrags örtlich unzuständig, so verweist er den Auftraggeber an den zuständigen Gerichtsvollzieher.

(2) [1]Ist der Gerichtsvollzieher für einen ihm schriftlich erteilten Auftrag nicht zuständig, so gibt er ihn nach Eintragung in das Dienstregister
1.   falls der Auftrag im eigenen Amtsgerichtsbezirk oder in einem zugeschlagenen Bezirk des Amtsgerichts zu erledigen ist, unverzüglich an den zuständigen Gerichtsvollzieher ab,

der den Auftraggeber umgehend von der Übernahme des Auftrags zu benachrichtigen hat;

2. falls der Auftrag in einem anderen Amtsgerichtsbezirk zu erledigen ist, unter Benachrichtigung des Auftraggebers an das zuständige Amtsgericht weiter; ist dies nicht angängig oder zweckmäßig, so ist der Auftrag dem Auftraggeber mit entsprechender Mitteilung zurückzusenden; § 802e ZPO bleibt unberührt.

[2]Der Verbleib des Auftrags ist im Dienstregister unter Angabe des Tages der Abgabe und der vollen Anschrift des Empfängers zu vermerken.

§ 21   Eintritt der örtlichen Unzuständigkeit nach Auftragserteilung

Tritt die örtliche Unzuständigkeit infolge Veränderung der tatsächlichen Verhältnisse nach Annahme des Auftrags ein, so verfährt der Gerichtsvollzieher nach § 20 Absatz 2, auch wenn der Auftrag durch die Verteilungsstelle vermittelt ist.

B.   Vermittlung von Aufträgen durch die Verteilungsstelle

§ 22   Aufgabe; Zuständigkeit

(1) Bei jedem Amtsgericht ist eine Verteilungsstelle einzurichten.

(2) [1]Aufgabe der Verteilungsstelle ist es, Aufträge, auch wenn sie durch Vermittlung der Geschäftsstelle gestellt werden, und sonstige für die Gerichtsvollzieher bestimmte Eingänge entgegenzunehmen und an den zuständigen Gerichtsvollzieher weiterzuleiten. [2]Das Recht, dem Gerichtsvollzieher Aufträge unmittelbar zu erteilen, bleibt unberührt.

(3) [1]Die Dienstaufsicht ist befugt, einen Zwangsvollstreckungsauftrag aus besonderen Gründen einem anderen als dem zuständigen Gerichtsvollzieher oder seinem ständigen Vertreter zur Erledigung zuzuteilen. [2]Die Zuteilung muss schriftlich erfolgen.

(4) Aufträge zur Erhebung von Wechsel- und Scheckprotesten sind grundsätzlich dem Gerichtsvollzieher zuzuteilen, zu dessen Bezirk die Örtlichkeit gehört, an welcher der Protest oder die erste von mehreren Protesthandlungen vorzunehmen ist.

(5) [1]Aufträge zur Abnahme der Vermögensauskunft nach § 802c ZPO und der eidesstattlichen Versicherung in den Fällen der §§ 836, 883 ZPO und § 94 FamFG sind dem Gerichtsvollzieher zuzuteilen, in dessen Bezirk der Schuldner nach den in dem Auftrag enthaltenen Angaben seinen Wohnsitz oder Aufenthaltsort hat. [2]Dies gilt auch für nachträgliche Aufträge nach § 802l ZPO.

(6) Die Verteilungsstelle darf Kosten, Vorschüsse oder sonstige Geldbeträge für den Gerichtsvollzieher nicht annehmen.

§ 23   Geschäftszeit; Geschäftszimmer

(1) [1]Die Verteilungsstelle muss während der allgemeinen Dienststunden des Amtsgerichts für den Verkehr mit der Bevölkerung geöffnet sein. [2]Soweit eine besondere Regelung der Dienststunden für den Verkehr mit dem Gerichtsvollzieher erforderlich ist, trifft sie der aufsichtführende Richter.

(2) Im Geschäftszimmer der Verteilungsstelle sind die Dienststunden der Verteilungsstelle, die Namen und Anschriften der Gerichtsvollzieher und ihrer ständigen Vertreter, die Bezirkseinteilung sowie sonstige Anordnungen zur Verteilung der Geschäfte unter die Gerichtsvollzieher durch Aushang oder in sonst geeigneter Weise bekanntzumachen.

§ 24   Entgegennahme der Aufträge

(1) [1]Die Erteilung des Auftrags bei der Verteilungsstelle nebst der Aushändigung der erforderlichen Schriftstücke steht der unmittelbaren Auftragserteilung an den zuständigen Gerichtsvollzieher gleich. [2]Die Verteilungsstelle hat den Zeitpunkt der Übergabe auf den Schriftstücken zu vermerken. [3]Ein offensichtlich unvollständiger Auftrag ist dem Auftraggeber zur Vervollständigung zurückzugeben, sofern der festgestellte Mangel nicht durch mündliche oder fernmündliche Rücksprache mit ihm behoben werden kann.

(2) [1]Besondere Weisungen des Auftraggebers über Art und Umfang der Erledigung vermerkt die Verteilungsstelle nötigenfalls auf den übergebenen Schriftstücken oder einem besonderen Umschlag. [2]Der erschienene Auftraggeber ist an den zuständigen Gerichtsvollzieher selbst zu verweisen, wenn ein Vermerk nicht genügen würde, um den Gerichtsvollzieher über die Sachlage hinreichend zu unterrichten, oder wenn der Auftraggeber eine beschleunigte Erledigung verlangt.

§ 25   Verteilung der Aufträge

(1) Für jeden Gerichtsvollzieher wird bei der Verteilungsstelle ein Abholfach eingerichtet, in das die für ihn bestimmten Eingänge gelegt werden.

(2) Der Gerichtsvollzieher hat die Eingänge täglich abzuholen oder auf eigene Verantwortung durch eine zuverlässige, der Verteilungsstelle zu bezeichnende erwachsene Person abholen zu lassen.

(3) Hat der zuständige Gerichtsvollzieher seinen Amtssitz nicht am Sitz des Amtsgerichts, so leitet ihm die Verteilungsstelle die für ihn bestimmten Eingänge täglich zu, sofern nicht mit Sicherheit zu erwarten ist, dass er an dem betreffenden Tag auf der Verteilungsstelle anwesend sein wird.

(4) Eingehende besonders eilbedürftige Aufträge sind dem Gerichtsvollzieher schnellstens zuzuleiten.

(5) Die Verteilungsstelle hat dem Auftraggeber auf Verlangen den Gerichtsvollzieher zu benennen, dem der Auftrag zugeleitet wird, sofern dieses Verlangen im Auftrag augenfällig gekennzeichnet ist; sie hat ihn dann darauf hinzuweisen, dass weitere Anfragen oder Aufträge in der Angelegenheit unmittelbar an den Gerichtsvollzieher zu richten sind.

(6) [1]Aufzeichnungen über den Eingang und die Verteilung der Aufträge bei der Verteilungsstelle sind im Allgemeinen nicht erforderlich. [2]Der Präsident des Landgerichts (Amtsgerichts) kann anordnen, dass hierüber Listen in einfacher Form geführt werden, sofern es ausnahmsweise notwendig erscheint.

§ 26   Erledigung von Eilaufträgen

(1) Bei Amtsgerichten mit großem Geschäftsumfang kann der aufsichtführende Richter anordnen, dass sich ein oder mehrere Gerichtsvollzieher an den einzelnen Wochentagen abwechselnd in einer im Voraus festgelegten Reihenfolge in ihrem Geschäftszimmer oder in der Verteilungsstelle zur Durchführung von Aufträgen bereithalten, die sofort erledigt werden müssen.

(2) [1]Ob eine Sache eilbedürftig ist, ist unter Berücksichtigung aller ersichtlichen Umstände nach Lage des Einzelfalles zu entscheiden. [2]Die Bezeichnung eines Auftrags als Eilsache genügt für sich allein nicht, um die Eilbedürftigkeit zu begründen. [3]Aufträge zur Vollziehung

von Arresten, einstweiligen Verfügungen und einstweiligen Anordnungen nach dem Gewalt-schutzgesetz sowie Aufträge zur Erhebung von Protesten sind stets als Eilaufträge zu behandeln.

(3) [1]Der aufsichtführende Richter kann allgemein anordnen, dass die dem Eilgerichtsvollzieher übergebenen Aufträge unverzüglich an den zuständigen Gerichtsvollzieher zur weiteren Erledigung abzugeben sind, sobald sie nicht mehr eilbedürftig sind. [2]Etwa erforderliche Bestimmungen über die geschäftliche Behandlung dieser Aufträge durch die beteiligten Gerichtsvollzieher trifft der aufsichtführende Richter.

C. Behandlung und Überwachung ruhender Vollstreckungsaufträge

§ 27 Ruhen von Vollstreckungsaufträgen (§ 64 Absatz 3 Nummer 2 GVGA)

(1) [1]Gewährt der Gläubiger oder der Gerichtsvollzieher dem Schuldner eine Frist von unbestimmter Dauer oder von mehr als zwölf Monaten oder mehrere aufeinander folgende Fristen von zusammen mehr als zwölf Monaten, so bleiben die getroffenen Vollstreckungsmaßnahmen zwar bestehen, für die Akten- und Buchführung des Gerichtsvollziehers gilt der Auftrag als büromäßig erledigt (Ruhen des Vollstreckungsauftrags). [2]Der Gerichtsvollzieher gibt dem Gläubiger den Schuldtitel und die sonstigen ihm übergebenen Urkunden zurück. [3]Er setzt die Vollstreckung nur auf besonderen Antrag des Gläubigers fort. [4]Sind die Pfandstücke nicht im Gewahrsam des Schuldners belassen worden, so ruht der Auftrag erst dann, wenn ihre weitere Aufbewahrung durch eine Einigung der Beteiligten oder durch eine gerichtliche Anordnung geregelt ist.

(2) [1]Wird die Zwangsvollstreckung bis zur Entscheidung in der Hauptsache über die Klage, den Einspruch, die Berufung oder die Revision eingestellt (§§ 707, 719, 769, 771, 785, 805, 924 ZPO) oder eine Maßnahme der Zwangsvollstreckung nach § 765a ZPO einstweilen eingestellt, so ruht der Auftrag ebenfalls. [2]Das weitere Verfahren des Gerichtsvollziehers richtet sich nach Absatz 1.

(3) [1]Wird die Zwangsvollstreckung nur kurzfristig einstweilen eingestellt, so gilt der Auftrag als fortbestehend (zum Beispiel bei Einstellung bis zur Entscheidung über die Erinnerung oder die Beschwerde – §§ 570, 766 ZPO – oder über Einwendungen gegen die Zulässigkeit der Vollstreckungsklausel – § 732 ZPO). [2]Der Gerichtsvollzieher setzt die Zwangsvollstreckung fort, sobald die für die einstweilige Einstellung maßgebliche Frist abgelaufen ist. [3]Sind jedoch seit der einstweiligen Einstellung mehr als drei Monate verstrichen und ist nach dem pflichtgemäßen Ermessen des Gerichtsvollziehers mit einer baldigen Entscheidung nicht zu rechnen, so verfährt er auch in diesen Fällen nach den Bestimmungen in Absatz 1.

(4) [1]Gibt der Gerichtsvollzieher seinem Auftraggeber anheim, einen richterlichen Durchsuchungsbeschluss oder einen Beschluss nach § 758a Absatz 4 ZPO einzuholen, gilt der Auftrag als büromäßig erledigt. [2]Legt der Auftraggeber den Beschluss vor, setzt der Gerichtsvollzieher die Zwangsvollstreckung unter der alten Nummer fort.

(5) Das Ruhen des Vollstreckungsauftrags ist bei noch nicht vorgenommenen Vollstreckungsmaßnahmen auf höchstens sechs Monate, in allen anderen Fällen auf 24 Monate beschränkt.

§ 28 Überwachung ruhender Aufträge

(1) [1]Der Gerichtsvollzieher vermerkt bei den nach § 27 ruhenden Aufträgen in Spalte 5 des Dienstregisters II unter Hinzufügung des Datums „Ruht seit . . .“. [2]Bei einer späteren Übertragung in das neue Dienstregister II ist dieser Vermerk zu übernehmen. [3]Das Ruhen ist auf dem

Umschlag der Sonderakten zu vermerken. [4]Die Sonderakten sind nach dem Namen der Schuldner alphabetisch geordnet und getrennt von anderen Akten aufzubewahren. [5]Im Fall des § 27 Absatz 4 enthält der Vermerk in Spalte 5 den Klammerzusatz „(§ 27 Absatz 4 GVO)". [6]Einer Überwachung dieser Aufträge bedarf es nur, wenn Pfandstücke im Gewahrsam des Schuldners belassen worden sind.

(2) [1]Wird die Zwangsvollstreckung fortgesetzt oder erledigt sie sich (zum Beispiel durch Zahlung, durch Freigabe oder durch Rücknahme des Auftrags), so vermerkt der Gerichtsvollzieher in Spalte 5 des Dienstregisters II „Fortgesetzt" oder „Erledigt". [2]Als Fortsetzung gilt nur die tatsächliche Fortsetzung des Verfahrens, zum Beispiel die Anberaumung eines Versteigerungstermins oder eine weitere Pfändung, jedoch nicht die Erklärung des Gläubigers, dass die Sache noch nicht erledigt sei.

(3) [1]Ist in dem Vollstreckungsverfahren eine Vollstreckungsmaßnahme nicht vorgenommen oder sind vor dem Ruhen lediglich Raten entgegengenommen worden und sind seit dem Ruhen ohne einen Fortsetzungsantrag sechs Monate vergangen, so ist der Vorgang als erledigt anzusehen. [2]Der Gerichtsvollzieher vermerkt in Spalte 5 des Dienstregisters II „Erledigt aufgrund des Ablaufs der Ruhensfrist (sechs Monate)". [3]Sind Vollstreckungsmaßnahmen, insbesondere Pfändungen, vorgenommen worden und seit dem Abschluss der Eintragung zwei Jahre verstrichen, so teilt der Gerichtsvollzieher dem Gläubiger durch zuzustellenden Brief Folgendes mit: „Nachdem die Zwangsvollstreckung gegen … zwei Jahre geruht hat, bitte ich um Mitteilung innerhalb von zwei Wochen nach der Zustellung, ob die Angelegenheit erledigt ist oder ob Sie die Fortsetzung des Verfahrens beantragen". [4]Teilt der Gläubiger mit, dass die Sache erledigt sei oder äußert er sich nicht, so vermerkt der Gerichtsvollzieher in Spalte 5 des Dienstregisters II „Erledigt". [5]Beantragt der Gläubiger die Fortsetzung der Zwangsvollstreckung, so vermerkt der Gerichtsvollzieher in Spalte 5 des Dienstregisters II unter Hinzufügung des Datums „Fortgesetzt am …".

Vierter Abschnitt   Geschäftsbetrieb

§ 29   Allgemeines

Der Gerichtsvollzieher regelt seinen Geschäftsbetrieb nach eigenem pflichtgemäßen Ermessen, soweit hierüber keine besonderen Bestimmungen bestehen.

§ 30   Geschäftszimmer

(1) [1]Der Gerichtsvollzieher muss an seinem Amtssitz ein Geschäftszimmer auf eigene Kosten halten. [2]Der Präsident des Landgerichts (Amtsgerichts) kann dem Gerichtsvollzieher gestatten, das Geschäftszimmer an einem anderen Ort als dem des Amtssitzes zu unterhalten, wenn das Geschäftszimmer verkehrsgünstig in der Nähe des Amtssitzes eingerichtet wird, eine Internetanbindung gewährleistet ist und die ordnungsmäßige Erledigung der Dienstgeschäfte und die Belange der Parteien nicht beeinträchtigt werden, insbesondere dem Land und den Parteien keine Mehrkosten entstehen. [3]Mehrere Gerichtsvollzieher können sich zu einer Bürogemeinschaft zusammenschließen.

(2) [1]Der Gerichtsvollzieher ist verpflichtet, das Geschäftszimmer durch ein an der Außenseite des Hauses in der Nähe des Hauseingangs anzubringendes Schild kenntlich zu machen, das den Namen des Gerichtsvollziehers enthalten und die Aufschrift „Gerichtsvollzieher" enthalten muss. [2]Das Schild beschafft der Gerichtsvollzieher auf eigene Kosten. [3]Das Schild einer Bürogemeinschaft muss neben der Aufschrift „Gerichtsvollzieher" die Namen sämtlicher Ge-

richtsvollzieher, die Mitglieder der Bürogemeinschaft sind, enthalten. [4]Am Eingang zum Geschäftszimmer muss sich ein Briefeinwurf oder Briefkasten befinden. [5]Der Gerichtsvollzieher hat ein elektronisches Gerichts- und Verwaltungspostfach (EGVP) zu unterhalten.

(3) [1]Das Geschäftszimmer des Gerichtsvollziehers muss für den Publikumsverkehr geeignet sein. [2]Dementsprechend muss es mit einer für die ordentliche und schnelle Geschäftsführung erforderlichen Büroeinrichtung, insbesondere einer zweckmäßigen IT-Ausstattung, und den einschlägigen Gesetzen und Dienstvorschriften ausgestattet sein. [3]Näheres kann durch besondere landesrechtliche Bestimmungen geregelt werden. [4]Der Gerichtsvollzieher hat durch Einsatz geeigneter elektronischer Kommunikationsmittel sicherzustellen, dass er während der Dienstzeiten des Amtsgerichts für die Verteilungsstelle und die Dienstaufsicht erreichbar ist. [5]Ein von einem Gerichtsvollzieher verwendetes Kopiergerät muss Ablichtungen herstellen, die das Schriftstück in Originalgröße oder nur gering verkleinert wiedergeben und hinreichend fälschungssicher sind.

(4) Der Gerichtsvollzieher hat Vorsorge zu treffen, dass eilige Aufträge unverzüglich an seinen Vertreter oder die Dienstbehörde gelangen können, falls er vom Geschäftszimmer abwesend oder sonst an der Erledigung der Aufträge verhindert ist.

(5) [1]Der Gerichtsvollzieher hat mindestens zweimal in der Woche Sprechstunden abzuhalten, während derer er sich in seinem Geschäftszimmer aufhalten muss. [2]Die Sprechstunden sind nach § 2 Satz 4 bekannt zu machen.

(6) [1]Akten, Register, Kassenbücher und sonstige dienstliche Unterlagen hat der Gerichtsvollzieher ebenso im Geschäftszimmer aufzubewahren wie für dienstliche Zwecke genutzte IT-Anlagen und Datenträger. [2]Entsprechendes gilt für Unterlagen, die nach Landesrecht für die Geschäftsprüfung vorzuhalten sind; sonstige private Unterlagen dürfen in dem Geschäftszimmer nicht aufbewahrt werden. [3]Der Gerichtsvollzieher oder im Fall seiner Verhinderung sein Vertreter hat dafür Sorge zu tragen, dass zu Zwecken der Dienstaufsicht der Zugang zu dem Geschäftszimmer gewährleistet wird.

[§§ 31–37…]

Fünfter Abschnitt   Aktenführung

§ 38   Generalakten

(1) [1]Über die Verwaltungsbestimmungen, die den Gerichtsvollzieherdienst betreffen, sind Generalakten zu führen. [2]Sie sind wie folgt aufzugliedern:

1. Gerichtsvollzieherdienst im Allgemeinen,
2. Kostenwesen,
3. Zustellungen,
4. Zwangsvollstreckungen,
5. Wechsel- und Scheckproteste,
6. öffentliche Versteigerungen,
7. Einziehung von Gerichtskosten und Geldbeträgen nach § 1 Absatz 1 der Einforderungs- und Beitreibungsanordnung (EBAO),
8. Elektronische Datenverarbeitung.

(2) Die Generalakten sind entsprechend zu beschriften.

§ 39   Sonderakten und Verzeichnisse

(1) Über jeden in das Dienstregister II einzutragenden Auftrag sind Sonderakten zu führen; dies gilt nicht für die in § 20 Absatz 1 bezeichneten Aufträge, wenn für sie keine Kosten entstehen.

(2) [1]Aus den Sonderakten muss sich der Stand der Angelegenheit jederzeit vollständig ergeben. [2]Über die im Einzelnen vorgeschriebenen Protokolle oder Aktenvermerke hinaus ist alles festzuhalten, was zum Verständnis und zur rechtlichen Wertung der Amtshandlungen des Gerichtsvollziehers, zur Begründung des Kostenansatzes, zur Überprüfung der Dauer der einzelnen Verrichtungen und zum Nachweis des Verbleibs von Urkunden und sonstigen Schriftstücken erforderlich ist.

(3) [1]In den Sonderakten sind alle in dem Verfahren entstandenen Schriftstücke der Zeitfolge nach zu ordnen und fortlaufend zu nummerieren. [2]Sonderakten mit mehr als 15 Blättern sind mit einem Umschlag zu versehen. [3]Wird ein zu den Akten gehöriges Schriftstück dauernd oder vorübergehend herausgegeben, so ist dies in den Akten zu vermerken; von Anfragen und ähnlichen Schriftstücken, die urschriftlich zurückgesandt werden, ist eine Ablichtung zu den Akten zu nehmen. [4]Die Herausgabe von Sonderakten ist im Dienstregister, die endgültige Erledigung auf dem Aktendeckel zu vermerken. [5]Wegen der in den Sonderakten zu erstellenden Kostenrechnungen wird auf Nummer 7 DB-GvKostG und § 49 Absatz 5 verwiesen. [6]Die im Zwangsvollstreckungsverfahren mittels Informationstechnik erstellten Schriftstücke sowie die auf elektronischem Wege bei dem Gerichtsvollzieher eingegangenen Dokumente und Unterlagen sind zur Sonderakte zu nehmen. [7]Die elektronische Speicherung reicht nicht aus.

(4) [1]Nimmt der Gerichtsvollzieher, der die Erstpfändung durchgeführt hat, eine Anschlusspfändung vor, so trägt er diese und alle folgenden Anschlusspfändungen in ein Verzeichnis der gegen den Schuldner vorgenommenen Anschlusspfändungen ein. [2]Das Verzeichnis enthält folgende Spalten:

1. Laufende Nummern,
2. Dienstregisternummer,
3. Name des Gläubigers,
4. Höhe der beizutreibenden Forderung,
5. Pfändungstag,
6. Versteigerungstermine,
7. Angabe über Fristen, Freigabe und Erledigung,
8. Besondere Bemerkungen.

[3]In der Spalte 8 sind auch die Pfandstücke zu bezeichnen, soweit es erforderlich ist. [4]Bei jeder weiteren Bearbeitung der einzelnen Pfändungen zieht der Gerichtsvollzieher das Verzeichnis heran, um sicherzustellen, dass keine Pfändung übersehen werden kann. [5]Die Anlegung des Verzeichnisses ist auf dem Umschlag der Sonderakten über die Erstpfändung zu vermerken. [6]Die Verzeichnisse sind nach Namen der Schuldner alphabetisch geordnet aufzubewahren. [7]Erledigte Pfändungen sind in Spalte 8 zu vermerken; die entsprechenden Eintragungen können gerötet werden. [8]Nach der Erledigung sämtlicher Anschlusspfändungen gegen einen Schuldner ist das Verzeichnis gesondert unter „Erledigte Verzeichnisse über Anschlusspfändungen" abzulegen.

(5) Abgeschlossene Sonderakten sind gesondert und nach der Folge der Geschäftsnummern geordnet aufzubewahren.

(6) Der Gerichtsvollzieher hat über die in der Pfandkammer oder anderweitig eingelagerten Gegenstände (Pfandstücke, Räumungsgut etc.) eine jahrgangsweise Liste mit folgendem Inhalt zu führen:
1. Bezeichnung der Parteien und der DR II-Nummer,
2. Ort der eingelagerten Gegenstände,
3. Bezeichnung der eingelagerten Gegenstände und
4. Datum der Einlagerung und deren Beendigung.

§ 40   Sammelakten

(1) Sonstige Schriftstücke, die weder zu Generalakten noch zu Sonderakten gehören, sind nach Abschluss des Verfahrens jahrgangsweise und nach der Folge der Dienstregisternummern geordnet in Sammelakten aufzubewahren.

(2) Die Abschriften von Wechsel- und Scheckprotesten nebst Wechsel- und Scheckvermerken sind nach § 179 GVGA zu besonderen Protestsammelakten zu vereinigen.

(3) Die Behandlungen der Rechnungen und Belegblätter bei Sammelbekanntmachungen richtet sich nach § 93 Absatz 4 und 5 GVGA.

(4) [1]Belege über Kosten für Hilfeleistung, Transport und die Verwahrung eingelagerter Gegenstände sind, soweit sie mehrere Sachen betreffen, zu besonderen Sammelakten zu nehmen. [2]Im Übrigen ist § 93 Absatz 4 und 5 GVGA entsprechend anzuwenden.

(5) Belege über den Eingang und die Weiterleitung von Geldbeträgen, die dem Gerichtsvollzieher nicht gebühren oder die auf das Dienstkonto des Gerichtsvollziehers eingezahlt werden, obwohl sie dem Gerichtsvollzieher persönlich zustehen (§ 49 Absatz 4), sind zu besonderen Sammelakten zu nehmen; auf diesen Belegen ist die Kassenbuchnummer anzugeben.

§ 41   Rückgabe von Schriftstücken

(1) [1]Nach Abschluss des Verfahrens gibt der Gerichtsvollzieher die ihm überlassenen Schriftstücke an den Auftraggeber zurück, soweit sie nicht dem Schuldner auszuhändigen sind. [2]Den Tag der Rückgabe vermerkt er in den Akten.

(2) Der Schuldtitel ist zu den Sonderakten zu nehmen, wenn der Schuldner auf die Aushändigung verzichtet oder wenn sich mehrere Gesamtschuldner, von denen jeder einen Teil des Anspruchs des Gläubigers getilgt hat, über seinen Verbleib nicht einigen; er bleibt von der Vernichtung ausgeschlossen.

§ 42   Recht auf Einsichtnahme

(1) [1]Ein Recht auf Einsichtnahme in die Akten des Gerichtsvollziehers steht nur den Beteiligten zu. [2]Auf Verlangen sind diesen Personen auch kostenpflichtige Abschriften einzelner Schriftstücke zu erteilen. [3]Die Einsichtnahme muss in Anwesenheit des Gerichtsvollziehers, dessen Vertreters oder der Dienstaufsicht geschehen.

(2) Der Dienstbehörde und den Prüfungsdienststellen sind die Akten jederzeit, auf Anforderung auch außerhalb des Geschäftszimmers, vorzulegen.

(3) Dem Finanzamt ist auf Verlangen Einsicht in die Akten zu gewähren.

(4) [1]Den Gerichten sind angeforderte Akten über die Dienstbehörde zu übersenden. [2]Sonstigen Behörden und Dienststellen dürfen Akten nur mit Genehmigung der Dienstbehörde auf kurze Zeit gegen Empfangsbescheinigung überlassen werden.

§ 43 Aufbewahrung; Vernichtung

(1) Der Gerichtsvollzieher hat die Akten nach Jahrgängen geordnet und so aufzubewahren, dass jeder Missbrauch, insbesondere eine Einsichtnahme durch Unberechtigte, ausgeschlossen ist.

(2) [1]Sonder- und Sammelakten sind von dem Gerichtsvollzieher fünf Jahre nach Erledigung des letzten in ihnen enthaltenen Vorgangs zu vernichten oder zur Vernichtung zu verkaufen. [2]Die Vorschriften über die Vernichtung oder den Verkauf des ausgesonderten Schriftgutes bei den Justizbehörden gelten entsprechend.

(3) In der Regel soll der Gerichtsvollzieher seine vernichtungsreifen Sonder- und Sammelakten der Dienstbehörde zur gleichzeitigen Vernichtung mit den gerichtlichen Akten überlassen.

Sechster Abschnitt   Buchführung

[§§ 44–50 . . .]

Siebenter Abschnitt   Kassenführung

§ 51 Aufbewahrung von Geld, Wertsachen und Kostbarkeiten

Der Gerichtsvollzieher hat fremde Geldbeträge, Wertpapiere und Kostbarkeiten getrennt von seinen eigenen unter sicherem Verschluss (zum Beispiel in einem einbruchsicheren Behältnis) aufzubewahren.

§ 52 Zahlungsverkehr

(1) [1]Der Gerichtsvollzieher ist verpflichtet, für den dienstlichen Zahlungsverkehr ein Konto bei einer öffentlichen Sparkasse, einem privaten Kreditinstitut, das dem Einlagensicherungsfonds des Bundesverbandes Deutscher Banken e.V. angehört, oder bei einer Genossenschaftsbank, die der Sicherungseinrichtung des Bundesverbandes der Deutschen Volksbanken und Raiffeisenbanken e.V. angehört, (Kreditinstitut) zu unterhalten; die Einrichtung des Kontos kommt nur bei einem Kreditinstitut in Betracht, das eine Niederlassung innerhalb des Bezirks des Amtsgerichts, bei dem der Gerichtsvollzieher beschäftigt ist, oder innerhalb des zugeschlagenen Bezirks eingerichtet hat. [2]Das Nähere regeln die zur Kontoführung von den Landesjustizverwaltungen jeweils erlassenen besonderen Bestimmungen. [3]Hat der Präsident des Landgerichts (Amtsgerichts) dem Gerichtsvollzieher gemäß § 30 Absatz 1 Satz 2 gestattet, das Geschäftszimmer an einem anderen Ort als dem des Amtssitzes zu unterhalten, kann er sein Dienstkonto auch bei einem Kreditinstitut unterhalten, das eine Niederlassung an dem anderen Ort eingerichtet hat. [4]Der Präsident des Landgerichts (Amtsgerichts) kann in anderen Fällen dem Gerichtsvollzieher gestatten, sein Dienstkonto bei einem Kreditinstitut zu unterhalten, das eine Niederlassung außerhalb der vorgenannten Bereiche eingerichtet hat, wenn besondere Gründe dies rechtfertigen und Belange der Dienstaufsicht dem nicht entgegenstehen. [5]Einzugsermächtigungen für Abbuchungen vom Gerichtsvollzieher-Dienstkonto dürfen nicht erteilt werden.

(2) [1]Das für den dienstlichen Zahlungsverkehr bestimmte Konto wird mit dem Zusatz „Gerichtsvollzieher-Dienstkonto" geführt. [2]Demgemäß muss der Antrag auf Eröffnung eines Kontos ausdrücklich auf die Eröffnung eines „Gerichtsvollzieher-Dienstkontos" gerichtet werden.

(3) [1]Das Dienstkonto darf nur für den dienstlichen Zahlungsverkehr des Gerichtsvollziehers benutzt und nicht überzogen werden. [2]Dazu gehören zum Beispiel nicht die Zahlungen von Dienstbezügen durch die gehaltszahlende Stelle.

(4) [1]Der Gerichtsvollzieher ist verpflichtet, in seinem Schriftverkehr die in Klammern zu setzende Bankleitzahl (BLZ ...), die IBAN, den SWIFT-BIC und die Nummer seines Kontos mit dem Zusatz „Dienstkonto" anzugeben und den Zahlungspflichtigen zu empfehlen, außer der Bankleitzahl und der Kontonummer auch den Zusatz „Dienstkonto" anzugeben. [2]Dagegen darf er sein privates Konto im dienstlichen Schriftverkehr nicht angeben.

(5) [1]Die Gutbuchung der Beträge auf dem Dienstkonto wird in den automatisierten Buchungsverfahren grundsätzlich nach der Kontonummer ausgeführt. [2]Sollte eine für das Gerichtsvollzieher-Dienstkonto bestimmte Zahlung auf dem Privatkonto des Gerichtsvollziehers eingegangen sein, so ist der Gerichtsvollzieher verpflichtet, den Betrag unverzüglich auf das Dienstkonto zu überweisen. [3]Auf dem Dienstkonto eingegangene Zahlungen, die für das Privatkonto bestimmt sind, kann der Gerichtsvollzieher auf sein Privatkonto überweisen. [4]Entnahmen der dem Gerichtsvollzieher zustehenden Gelder (Gebührenanteile und Auslagen) sind entweder durch Überweisung vom Konto des Gerichtsvollziehers unter ausdrücklicher Bezeichnung des Entnahmegrundes oder nach Erstellung eines aufzubewahrenden Kassensturzes, auf welchem Datum und Betrag der Entnahme zu vermerken sind und der zu unterschreiben ist, zulässig. [5]Die Landesjustizverwaltungen können abweichende oder ergänzende Bestimmungen treffen.

(6) [1]Über das Guthaben auf dem Dienstkonto darf nur der Gerichtsvollzieher und, falls er verhindert ist (Urlaub, Erkrankung, Dienstunfall, Amtsenthebung, Tod und so weiter), die Dienstbehörde verfügen. [2]Der Gerichtsvollzieher ist verpflichtet, für den Verhinderungsfall bis zu drei von seinem unmittelbaren Dienstvorgesetzten zu bestimmende Beamte des gehobenen Justizdienstes in der Weise zur Verfügung über sein Dienstkonto zu bevollmächtigen, dass ein Widerruf der Vollmacht nur im Einvernehmen mit dem unmittelbaren Dienstvorgesetzten möglich ist. [3]Der Gerichtsvollzieher ist nicht befugt, seine Büroangestellten oder andere Personen hierzu zu bevollmächtigen und deren Unterschriftsproben beim Kreditinstitut zu hinterlegen.

(7) [1]Der dienstliche Zahlungsverkehr ist über das Gerichtsvollzieher-Dienstkonto abzuwickeln. [2]Auszahlungen durch Übergabe von Zahlungsmitteln dürfen nur geleistet werden, wenn der Empfänger kein Girokonto bei einem Kreditinstitut hat.

(8) [1]Aufträge für mehrere Empfänger in Sammelaufträgen (mit Überweisungen, Zahlungsanweisungen oder Zahlungsanweisungen zur Verrechnung) sind zulässig, wenn das beauftragte Kreditinstitut schriftlich bestätigt, dass es den Überweisungsauftrag jedenfalls in seinem Geschäftsbereich ausgeführt hat (Ausführungsbestätigung). [2]Die Ausführungsbestätigung muss allein oder in Verbindung mit anderen bankbestätigten Belegen den Inhalt der Sammelaufträge (Einzelbeträge und Einzelempfänger mit Empfängerkonto) vollständig und zweifelsfrei erkennen lassen. [3]Von den Landesjustizverwaltungen können abweichende oder ergänzende Bestimmungen getroffen werden.

(9) Die zum Kontoauszug gehörenden Belege sind entsprechend der Regelung des § 53 Absatz 5 unterzubringen.

(10) [1]Die Kontoauszüge sind nach Zeitfolge und Jahrgängen in einem Schnellhefter zu sammeln und nach Ablauf des Jahres noch fünf Jahre aufzubewahren. [2]Auf den Kontoauszügen

ist neben den einzelnen Buchungsposten die Nummer des Kassenbuches oder des Dienstregisters I anzugeben. [3]Nach Ablauf der Aufbewahrungsfrist sind die Kontoauszüge zu vernichten; § 43 Absatz 2 und 3 gilt entsprechend.

(11) Vom Kreditinstitut erhobene Vordruckkosten trägt der Gerichtsvollzieher.

§ 53   Quittung

(1) [1]Über alle Barzahlungen und gepfändeten Beträge hat der Gerichtsvollzieher dem Einzahler unaufgefordert eine Quittung zu erteilen. [2]Bei Versteigerungen kann der Gerichtsvollzieher nach pflichtgemäßem Ermessen von einer Quittungserteilung absehen, wenn im Einzelfall der Ersteher bei einem Zuschlag auf ein Gebot unter 50 Euro die Erteilung einer Quittung nicht verlangt. [3]Der Gerichtsvollzieher lässt sich in diesem Fall die Höhe der Zahlung durch Gegenzeichnung des Einzahlers im Protokoll bestätigen. [4]In der dem Meistbietenden zu erteilenden Quittung ist der Raum für die Bezeichnung des Gläubigers und des Schuldners zu durchstreichen. [5]Die Annahme von Schecks ist ebenfalls zu quittieren, es sei denn, ein vom Auftraggeber ausgestellter Scheck wird zur Begleichung von Gerichtsvollzieherkosten angenommen. [6]Die Verpflichtung zur Erteilung einer Quittung trifft auch jede andere Person, die für den Gerichtsvollzieher eine Zahlung oder einen Scheck annimmt. [7]Ermächtigt der Gerichtsvollzieher einen Büroangestellten oder eine andere Person zur Annahme von Einzahlungen oder Schecks, so bleibt er für den Betrag der Zahlung oder den Scheck verantwortlich.

(2) [1]Für die Quittung sind durchlaufend nummerierte Durchschreibequittungsblöcke nach dem Vordruck GV 7 zu benutzen. [2]Auf dem Umschlag der Blöcke ist der Zeitraum anzugeben, für den sie verwendet werden. [3]Die Urschrift der Quittung ist dem Einzahler oder demjenigen auszuhändigen, der den Scheck übergeben hat. [4]Die erste Durchschrift ist zu den Akten oder sonstigen Vorgängen zu nehmen, die weitere Durchschrift verbleibt im Quittungsblock. [5]Auf den Durchschriften ist die laufende Nummer des Kassenbuchs zu vermerken, unter der die Einzahlung oder der Betrag des eingelösten Schecks gebucht ist. [6]Ungültige Quittungen sind unter Angabe des Grundes zu bezeichnen und im Block zu belassen. [7]Die Quittungsblöcke mit den Durchschriften bewahrt der Gerichtsvollzieher nach der Zeitfolge geordnet auf. [8]Sie sind fünf Jahre nach der Erledigung, jedoch nicht vor der Vernichtung der dazugehörigen Sonderakten und Geschäftsbücher, zu vernichten. [9]§ 43 Absatz 2 und 3 gilt entsprechend.

(3) [1]Auszahlungen durch Übergabe von Zahlungsmitteln darf der Gerichtsvollzieher nur gegen Quittung leisten. [2]Für diese Quittung ist kein Muster vorgeschrieben. [3]Die Quittungen und sonstigen Zahlungsbeweise (Belege für den Auftraggeber bei Überweisungsaufträgen, Einlieferungsbescheinigungen und so weiter) sind mit der Nummer des Kassenbuchs II zu versehen und zu den Akten oder sonstigen Vorgängen zu nehmen.

(4) Quittungen sind mit Tintenstift oder Kugelschreiber mit dunkler, urkundenechter Tinte auszustellen.

(5) [1]Alle sonstigen Belege über Ein- und Auszahlungen im Geschäftsverkehr des Gerichtsvollziehers (zum Kontoauszug gehörige Belege, Bestätigungen von Banken und so weiter) sind, sofern besondere Akten geführt werden, zu diesen, sonst zu Sammelakten zu nehmen. [2]Betrifft ein Beleg mehrere Akten, so ist er in den Vorgängen über den zuerst eingegangenen Auftrag unterzubringen; in den anderen Akten ist zu vermerken, wo sich der Beleg befindet.

§ 54 Abrechnung mit der nach Landesrecht zuständigen Stelle; Ablieferung

(1) Der Gerichtsvollzieher liefert die der Landeskasse zustehenden Geldbeträge, sobald sie den Betrag von 500 Euro oder die von der Dienstbehörde etwa festgesetzten niedrigeren Beträge übersteigen, schon vor der Abrechnung an die nach Landesrecht zuständige Stelle (zum Beispiel Kasse) ab.

(2) [1]Die nach Absatz 1 abgelieferten Beträge sind in dem Kassenbuch II nicht als Ablieferung zu buchen. [2]Bis zur Abrechnung mit der nach Landesrecht zuständigen Stelle (zum Beispiel Kasse) gelten die Empfangsbescheinigungen oder sonstigen Zahlungsnachweise (Posteinlieferungsschein, Lastschriftzettel, Kontoauszug) für den Gerichtsvollzieher als bares Geld und sind von ihm als solches zu behandeln.

(3) [1]Der Gerichtsvollzieher rechnet an den von der nach Landesrecht zuständigen Stelle (zum Beispiel Kasse) allgemein bestimmten Abrechnungstagen aufgrund des Abrechnungsscheins mit der Stelle ab. [2]Den Geldbetrag, der nach der Abrechnung der Landeskasse zusteht, liefert er an die Stelle unbar ab. [3]Die Beträge gelten als abgeliefert, wenn der Abrechnungsschein ausgeschrieben und der Überweisungsauftrag erteilt und in dem über die Überweisung zu führenden Übersendungsnachweis eingetragen ist.

§ 55 Abschluss der Geschäftsbücher, Kosteneinziehung und Abrechnung in besonderen Fällen

(1) [1]Endet die Beschäftigung eines Gerichtsvollziehers durch Tod, Entlassung, vorläufige Dienstenthebung, Versetzung, Erkrankung, Beurlaubung, Ablauf des Dienstleistungsauftrags oder aus ähnlichen Gründen, so sind seine Geschäftsbücher unverzüglich abzuschließen. [2]Der Abschluss obliegt in der Regel dem Gerichtsvollzieher selbst, wird aber in besonderen Fällen, zum Beispiel bei Tod, Entlassung, vorläufiger Dienstenthebung, Erkrankung und so weiter von der Dienstbehörde einem anderen hierfür geeigneten Beamten übertragen.

(2) [1]Auf den Abschluss finden die Bestimmungen über den regelmäßigen Abschluss der Geschäftsbücher (Vierteljahres- oder Jahresabschluss) entsprechende Anwendung. [2]Soweit nach diesen Bestimmungen Aufträge oder Geldbeträge in Geschäftsbücher für das neue Vierteljahr oder das neue Haushaltsjahr zu übertragen sind, sind sie in die entsprechenden Geschäftsbücher des Dienstnachfolgers oder Vertreters zu übertragen. [3]Dabei sind die Geldbeträge im Dienstregister I besonders zu kennzeichnen. [4]Das Kennzeichen ist auf der Titelseite des Dienstregisters I zu erläutern.

(3) Die Geldbeträge, die nach dem Abschluss des Kassenbuchs II Spalte 5 und 6 der nach Landesrecht bestimmten Stelle (zum Beispiel Kasse) zustehen, sind unverzüglich an die Stelle abzuliefern.

(4) Der nach dem Abschluss des Kassenbuchs I Spalte 9 verbleibende Kassenbestand, die etwa für auswärtige nach Landesrecht bestimmte Stellen (zum Beispiel Kasse), Gerichtsvollzieher oder andere Dienststellen eingezogenen, diesen aber noch nicht übersandten Kosten, die im Besitz des ausgeschiedenen Gerichtsvollziehers befindlichen Wertsachen und Kostbarkeiten sowie die Akten und sonstigen Geschäftspapiere über die in die Geschäftsbücher des Dienstnachfolgers oder Vertreters übertragenen Aufträge sind gegen Empfangsbestätigung zu übergeben.

(5) [1]Der Dienstnachfolger oder Vertreter des ausgeschiedenen Gerichtsvollziehers führt die noch nicht vollständig erledigten Aufträge weiter aus, wickelt die von ihm übernommenen,

noch nicht verwendeten Einzahlungen und so weiter ab und zieht die rückständigen Kosten ein. [2]Die durch die Tätigkeit des ausgeschiedenen Beamten entstandenen Gebühren und Auslagen sind bei der Buchung im Kassenbuch II besonders zu kennzeichnen.

(6) [1]Für die Abrechnung mit der nach Landesrecht bestimmten Stelle (zum Beispiel Kasse) und die Ablieferung der eingezogenen Kostenrückstände an diese Stelle gelten im Übrigen die allgemeinen Bestimmungen. [2]Bei der Aufrechnung des Kassenbuchs II Spalte 5 und 6 sind jedoch die besonders gekennzeichneten Beträge (Absatz 5 Satz 2) auch für sich zusammen zu rechnen und von den Schlusssummen der Spalten abzuziehen.

(7) [1]Soweit die eingezogenen Kosten bei ihrem Eingang dem ausgeschiedenen Gerichtsvollzieher zustehen, sind sie an ihn zu zahlen, falls die Dienstbehörde nichts anderes bestimmt. [2]Dasselbe gilt für die Gebührenanteile, die bei den Ablieferungen an die nach Landesrecht bestimmte Stelle (zum Beispiel Kasse) zurückbehalten wurden. [3]Die Art der Abrechnung im Einzelnen bleibt dem Einvernehmen der beteiligten Beamten überlassen.

(8) Beim Abschluss des Dienstregisters I und des Kassenbuchs II des Dienstnachfolgers oder Vertreters sind die besonders gekennzeichneten Beträge und die Beträge der Abrechnungsscheine für den ausgeschiedenen Beamten auch für sich allein aufzurechnen und von den entsprechenden Abschlusssummen abzuziehen.

(9) [1]Soweit beim Abschluss des Dienstregisters I besonders gekennzeichnete Beträge noch ganz oder zum Teil ausstehen und deshalb in das Dienstregister I des neuen Jahres oder im Fall des Absatzes 1 des Dienstnachfolgers oder Vertreters übertragen werden müssen, sind sie auch dort in der bisherigen Weise und unter Beachtung von Absatz 2 Satz 3 kenntlich zu machen. [2]Im Fall des Absatzes 1 gilt dies nicht, wenn der Dienstnachfolger oder Vertreter der Beamte ist, für dessen frühere dienstliche Tätigkeit die Kosten entstanden sind.

(10) [1]Die vorstehenden Bestimmungen sind nicht anzuwenden, wenn der Gerichtsvollzieher nur vorübergehend kurze Zeit an der Ausübung seines Dienstes gehindert ist und deshalb für ihn ein Vertreter nicht bestellt wird. [2]Die Dienstbehörde bestimmt, ob und inwieweit bei Erkrankung oder Beurlaubung des Gerichtsvollziehers von der Befolgung der Bestimmungen in den Absätzen 1, 3 und 4 sowie von der Einziehung der rückständigen Kosten durch den Vertreter abgesehen werden kann, wenn der Beamte seine Dienstgeschäfte bis zum Vierteljahresabschluss voraussichtlich wieder aufnehmen wird.

§ 56 Festsetzung der Entschädigung und Kassenanordnung

(1) Gebührenanteile, Dokumentenpauschale, Wegegelder, sonstige Auslagen und Reisekostenzuschüsse – letztere mit Zustimmung des Präsidenten des Landgerichts (Amtsgerichts) – setzt die Dienstbehörde nach Ablauf eines jeden Kalendervierteljahres fest oder im Laufe des Kalendervierteljahres, wenn die Beschäftigung des Gerichtsvollziehers bei der Dienstbehörde endet.

(2) [1]Der Gerichtsvollzieher überreicht der Dienstbehörde das abgeschlossene Kassenbuch II nebst Durchschriften der Abrechnungsscheine alsbald nach der letzten Ablieferung der in den Spalten 5 und 6 gebuchten Kosten sowie ein etwa geführtes Reisetagebuch. [2]Der Geschäftsleiter oder der hierfür bestimmte Beamte prüft die Aufrechnungen und die Schlusszusammenstellung und bescheinigt nach Aufklärung etwaiger Unstimmigkeiten ihre Richtigkeit. [3]Er überzeugt sich auch davon, dass die Durchschriften der Abrechnungsscheine die vorgeschriebenen Buchungsvermerke der nach Landesrecht zuständigen Stelle (zum Beispiel Kasse) tra-

gen und die einzelnen Abrechnungsscheine richtig in die Schlusszusammenstellung des Kassenbuchs II übernommen worden sind.

(3) [1]Über die Entschädigung des Gerichtsvollziehers wird eine Auszahlungsanordnung nach dem von der Landesjustizverwaltung festgestellten Vordruck erlassen. [2]Die Grundlage für die Festsetzung bilden die in der Anleitung zu dem Vordruck bezeichneten Geschäftsbücher. [3]Festsetzung und Kassenanordnung sollen regelmäßig alsbald nach Eingang der dazu erforderlichen Unterlagen vollzogen werden.

(4) [1]Alsbald nach dem Jahresabschluss überreicht der Gerichtsvollzieher der Dienstbehörde ferner das Kassenbuch I, das Dienstregister I und die Kassenbücher II der ersten drei Vierteljahre. [2]Der Geschäftsleiter oder der hierfür bestimmte Beamte prüft die Aufrechnungen im Kassenbuch I und im Dienstregister I, die richtige Übertragung der Seitensummen des Dienstregisters I in das Kassenbuch II und die richtige Übertragung der in Spalte 9 des Kassenbuchs I eingestellten Beträge in das Kassenbuch I des neuen Jahres. [3]Nach Aufklärung etwaiger Unstimmigkeiten bescheinigt er die Richtigkeit. [4]Zur Prüfung der richtigen Übertragung legt der Gerichtsvollzieher auch das Kassenbuch I für das neue Jahr vor, das ihm sofort zurückzugeben ist.

§ 57 Kostenvermerke; Antrag auf Beitreibung rückständiger Kosten

(1) [1]Soweit Auslagen nach § 7 Absatz 3 aus der Landeskasse zu erstatten sind, sind die nach dem GvKostG entstandenen Kosten in voller Höhe in den Sonderakten zu vermerken. [2]Dort sind auch die Vermerke nach Nummer 6 Absatz 5 DB-GvKostG zu fertigen. [3]Bei Aufträgen, die im Dienstregister I eingetragen werden, sind diese Vermerke in Spalte 8 des Dienstregisters I zu machen (vergleiche auch Anleitung 8 zum Kassenbuch II und Anleitung 7 zum Dienstregister I).

(2) Für die Mitteilung der Gerichtsvollzieherkosten nach Nummer 6 Absatz 2 und 3 DB-GvKostG ist der Vordruck GV 10, für den Antrag auf Einziehung rückständiger Kosten nach Nummer 9 Absatz 2 DB-GvKostG der Vordruck GV 9 zu verwenden.

§ 58 Abführung von Kosten an den Gerichtsvollzieher

[1]In den Fällen der Nummer 6 Absatz 2 Satz 2 und Absatz 3 sowie Nummer 9 Absatz 2 DB-GvKostG werden die durch die Kasse oder eine andere landesrechtlich dafür bestimmte Stelle eingezogenen Gerichtsvollzieherkosten an den Gerichtsvollzieher abgeführt. [2]Er behandelt sie so, als ob er sie selbst eingezogen hätte. [3]Im Falle der Bewilligung von Prozess- oder Verfahrenskostenhilfe (Nummer 6 Absatz 2 Satz 1 DB-GvKostG) verbleiben die nachträglich von der Kasse oder einer anderen landesrechtlich dafür bestimmten Stelle eingezogenen Gerichtsvollzieherkosten in voller Höhe der Landeskasse.

Achter Abschnitt Auszahlung von Kleinbeträgen; Bewilligung von Prozess- oder Verfahrenskostenhilfe

§ 59 Auszahlung von Kleinbeträgen

(1) Kleinbeträge bis zu 3,00 Euro sind nicht auszuzahlen, sofern die Auszahlung nicht ohne besondere Kosten geschehen kann; sie sind im Dienstregister I Spalte 5b oder im Kassenbuch II Spalte 6 gesondert einzutragen und im Dienstregister I in Spalte 8, im Kassenbuch II in Spalte 14 durch den Buchstaben K als Kleinbetrag zu kennzeichnen.

274

(2) Kleinbeträge von weniger als 5,00 Euro, die aus Gründen, die in der Person des Empfangsberechtigten liegen, nicht ausgezahlt werden können, sind im Dienstregister I Spalte 5b oder im Kassenbuch II Spalte 6 gesondert einzutragen und im Dienstregister I in Spalte 8, im Kassenbuch II in Spalte 14 durch den Buchstaben M als Mehrbetrag zu bezeichnen.

(3) [1]Kleinbeträge nach den Absätzen 1 und 2 sind auf Verlangen des Empfangsberechtigten auszuzahlen. [2]Ist der Betrag bereits an die Kasse abgeliefert, so ist die Sache erneut in das laufende Dienstregister I oder Kassenbuch II einzutragen und der Betrag in Spalte 5b des Dienstregisters I oder in Spalte 6 des Kassenbuchs II mit roter, urkundenechter Tinte (vergleiche § 46 Absatz 2) zu buchen.

(4) Die Behandlung von Kleinbeträgen bei der Kosteneinziehung richtet sich nach Nummer 8 Absatz 1 DB-GvKostG.

§ 60 Bewilligung von Prozesskostenhilfe nach der ZPO und Verfahrenskostenhilfe nach dem FamFG

(1) [1]Die einer Partei für ein Erkenntnisverfahren bewilligte Prozesskostenhilfe oder Verfahrenskostenhilfe erstreckt sich auch auf die Zustellung eines in dem Verfahren erwirkten Titels an die Gegenpartei, jedoch nicht auf die Zwangsvollstreckung. [2]Ist der Partei auch für die Zwangsvollstreckung Prozess- oder Verfahrenskostenhilfe bewilligt, so darf der Gerichtsvollzieher von der Partei für seine Tätigkeit Kosten nicht erheben (§ 122 Absatz 1 Nummer 1 Buchstabe 3a ZPO, § 76 des Gesetzes über das Verfahren in Familiensachen und in den Angelegenheiten der freiwilligen Gerichtsbarkeit (FamFG)).

(2) Der Gerichtsvollzieher kann verlangen, dass ihm die Bewilligung von Prozess- oder Verfahrenskostenhilfe durch Vorlegung der darüber ergangenen gerichtlichen Entscheidung nachgewiesen wird.

(3) Auch wenn der Partei Prozess- oder Verfahrenskostenhilfe noch nicht bewilligt ist, muss der Gerichtsvollzieher Zustellungsaufträge, die von einem Rechtsanwalt oder Kammerrechtsbeistand (§ 16 Absatz 3 Satz 3 GVGA) erteilt werden, auf Verlangen vorläufig unentgeltlich erledigen, wenn der Rechtsanwalt oder Kammerrechtsbeistand sich bereit erklärt, die Kosten aus eigenen Mitteln zu zahlen, falls die Prozess- oder Verfahrenskostenhilfe nicht mit rückwirkender Kraft bewilligt werden sollte.

§ 61 Behandlung der Anwaltskosten bei Bewilligung von Prozesskostenhilfe oder Verfahrenskostenhilfe

[1]Zahlt der erstattungspflichtige Gegner einer Partei, der Prozess- oder Verfahrenskostenhilfe bewilligt ist, bei der Vollstreckung aus dem Kostenfestsetzungsbeschluss freiwillig auch die in dem Kostenfestsetzungsbeschluss abgesetzte oder ihm von dem Urkundsbeamten der Geschäftsstelle mitgeteilte Vergütung, die der Anwalt der Partei, der Prozess- oder Verfahrenskostenhilfe bewilligt ist, aus der Staatskasse erhalten hat, so hat der Gerichtsvollzieher sie anzunehmen und an die Kasse abzuführen. [2]Zieht der Gerichtsvollzieher nur den nach Abzug dieser Vergütung verbleibenden Restbetrag ein, so hat er dies zu den Gerichtsakten mitzuteilen, damit der auf die Staatskasse übergegangene Betrag eingezogen werden kann.

Neunter Abschnitt **Pflichten zur Sicherung des Aufkommens aus Steuern und Abgaben**

[§§ 62–69 . . .]

Zehnter Abschnitt Übersichten über Diensteinnahmen und Geschäftstätigkeit

§ 70 Übersicht über die Diensteinnahmen

(1) [1]Die Dienstbehörde führt eine Jahresübersicht nach Vordruck GV 11 über die Diensteinnahmen aller Beamten, die bei ihr als Gerichtsvollzieher beschäftigt gewesen sind. [2]Die Übersicht ist zu Beginn des Haushaltsjahres anzulegen. [3]Die Einnahmen sind im Anschluss an die Festsetzung der Entschädigungen, in der Regel also vierteljährlich, in die Übersicht zu übernehmen.

(2) [1]Nach Ablauf des Haushaltsjahres sind die Spalten 5 bis 16 der Übersicht aufzurechnen, sobald die Entschädigungen der Beamten für das letzte Vierteljahr des Haushaltsjahres festgesetzt sind. [2]Eine besondere Darstellung der Schlusssummen für jeden einzelnen Gerichtsvollzieher ist nicht erforderlich.

(3) Die Dienstbehörde teilt dem Präsidenten des Landgerichts das Jahresergebnis der einzelnen Spalten bis zum 25. Februar mit; sie verwendet hierbei den Vordruck für die Übersicht.

(4) Die Jahresergebnisse der Amtsgerichte werden beim Landgericht zusammengestellt und aufgerechnet.

(5) Der Präsident des Landgerichts reicht die Zusammenstellung bis zum 5. März dem Präsidenten des Oberlandesgerichts ein; dieser überreicht sie mit einer aufgerechneten Zusammenstellung der Schlussergebnisse der einzelnen Landgerichtsbezirke bis zum 20. März der obersten Landesjustizbehörde.

(6) Die Richtigkeit der Zusammenstellung und Aufrechnungen (Absätze 2, 4 und 5) ist von dem zuständigen Beamten zu bescheinigen.

§ 71 Übersicht über die Geschäftstätigkeit

(1) Der Gerichtsvollzieher führt eine Jahresübersicht über seine Geschäftstätigkeit nach dem Vordruck GV 12.

(2) [1]Nach Ablauf des Haushaltsjahres reicht der Gerichtsvollzieher die abgeschlossene Übersicht bis zum 25. Januar der Dienstbehörde ein. [2]Die Dienstbehörde kann die Aufstellung der Geschäftsübersicht auch für kürzere Zeiträume anordnen.

(3) [1]Die Schlusszahlen der Übersichten der Gerichtsvollzieher werden bei dem Amtsgericht zusammengestellt. [2]Vorher sind die einzelnen Übersichten von dem Geschäftsleiter des Amtsgerichts oder von dem hierzu bestimmten Beamten rechnerisch und nach Stichproben auch sachlich anhand der Geschäftsbücher zu prüfen. [3]Die rechnerische Feststellung hat der Beamte unter den Aufrechnungen zu bescheinigen.

(4) Die Schlusszahlen der Zusammenstellung sind in der Form der Übersicht bis zum 25. Februar dem Präsidenten des Landgerichts anzuzeigen.

(5) Die Übersichten der Amtsgerichte überreicht der Präsident des Landgerichts mit einer Zusammenstellung der Geschäftszahlen der einzelnen Amtsgerichte für den Landgerichtsbezirk bis zum 5. März dem Präsidenten des Oberlandesgerichts; dieser leitet sie mit den Zusammen-

stellungen für die Landgerichtsbezirke und einer Zusammenstellung der Schlussergebnisse der Landgerichtsbezirke für den Oberlandesgerichtsbezirk bis zum 20. März an die oberste Landesjustizbehörde weiter.

(6) Die Zusammenstellungen sind aufzurechnen und nach der Buchstabenfolge der Gerichtsbezirke zu ordnen.

(7) Die Präsidenten der Land- und Oberlandesgerichte können für ihre Zwecke die Einreichung von weiteren Stücken der Übersichten anordnen.

Elfter Abschnitt   Geschäftsprüfungen

§ 72   Ordentliche Geschäftsprüfung

(1) [1]Der aufsichtführende Richter des Amtsgerichts oder ein besonders bestimmter Beamter des gehobenen Justizdienstes überprüft die Geschäftsführung des Gerichtsvollziehers vierteljährlich. [2]Die Prüfungen, die auch ohne Ankündigung zulässig sind, können bei allen oder bei einzelnen Gerichtsvollziehern auch in kürzeren Zeitabständen durchgeführt werden.

(2) Die ordentliche Geschäftsprüfung kann unterbleiben, wenn in dem maßgebenden Zeitraum (Absatz 1) eine außerordentliche Prüfung (§ 79 Absatz 1) stattfindet.

§ 73   Beschränkung der Zahl der Geschäftsprüfungen

[1]Der Präsident des Landgerichts (Amtsgerichts) kann die Zahl der ordentlichen Geschäftsprüfungen für bestimmt bezeichnete Gerichtsvollzieher widerruflich bis auf eine Prüfung jährlich beschränken. [2]Die Anordnung ist rückgängig zu machen, wenn sie im Einzelfall zu Unzuträglichkeiten führt.

§ 74   Unterlagen für die Geschäftsprüfung

(1) Der Gerichtsvollzieher legt dem Prüfungsbeamten zur Prüfung vor:

1. die Dienstregister, die noch nicht erledigte oder nicht übertragene Aufträge enthalten, mit den dazugehörigen und einem Verzeichnis der fehlenden Sonderakten,
2. die Kassenbücher mit den Durchschriften der Abrechnungsscheine zum Kassenbuch II,
3. die überlassenen Quittungsblöcke, soweit sie nicht schon bei früheren Geschäftsprüfungen vorgelegen haben und keine unbenutzten Vordrucke mehr enthielten,
4. die zugehörigen Kontoauszüge über das Dienstkonto,
5. das Reisetagebuch, falls es geführt wird,
6. die Sonderakten, die bei der letzten Geschäftsprüfung gefehlt haben, sowie das Dienstregister und die Quittungsblöcke hierzu,
7. die Kassenstürze nach § 52 Absatz 5.

(2) Bei den Geschäftsprüfungen sind auch die Sonderakten und Dienstregister über die Geschäfte vorzulegen, die bei den vorangegangenen Geschäftsprüfungen noch nicht erledigt waren.

(3) [1]Bei zwei von der Dienstbehörde bestimmten ordentlichen Geschäftsprüfungen in jedem Jahr sind auch die Protestsammelakten vorzulegen. [2]Die Vorlegung dieser Akten kann auch zu jeder Geschäftsprüfung angeordnet werden.

(4) Die Unterlagen für die Geschäftsprüfung sind dem Gerichtsvollzieher nach Beendigung der Prüfung unverzüglich zurückzugeben, soweit sie nicht für die nach dem Ergebnis der Prüfung erforderlichen Maßnahmen benötigt werden.

§ 75   Zweck und Durchführung der Geschäftsprüfung

(1) [1]Die Prüfung soll feststellen, ob der Gerichtsvollzieher seine Dienstgeschäfte während des Prüfungszeitraums ordnungsgemäß erledigt hat. [2]Sie umfasst daher den gesamten Inhalt der Geschäftsbücher und Akten. [3]Bei der Prüfung ist besonders darauf zu achten, ob

1. die Aufträge vollzählig in die Dienstregister eingetragen und die geleisteten Vorschüsse richtig gebucht sind,
2. die Aufträge rechtzeitig erledigt sind,
3. die Kosten richtig angesetzt und eingetragen sind,
4. die eingezogenen Geldbeträge richtig und rechtzeitig an die Auftraggeber und sonstigen Empfangsberechtigten ausgezahlt oder an die Kasse abgeliefert sind,
5. die im Dienstregister I Spalte 8 und im Dienstregister II Spalte 5 eingetragenen Vermerke zutreffen,
6. die Eintragungen in den Sonderakten, den Dienstregistern, den Kassenbüchern, dem Reisetagebuch, den Quittungsblöcken und den Kontoauszügen des Kreditinstituts miteinander übereinstimmen,
7. die Kassenbücher richtig und sauber geführt und die Geldspalten richtig aufgerechnet sind,
8. die Sonderakten ordentlich geführt sind und die Belege über die Auslagen enthalten,
9. unverhältnismäßig viele Vollstreckungsverfahren erfolglos geblieben sind,
10. die Vollstreckungskosten in auffallendem Missverhältnis zu dem Ergebnis der Vollstreckung stehen.

(2) [1]Die Geschäftsprüfung beginnt mit der Prüfung des Kassenbestandes. [2]Sodann ist festzustellen, ob die in § 74 bezeichneten Prüfungsunterlagen vorhanden sind; bei den Sonderakten genügt diese Feststellung für eine ausreichende Anzahl in lückenloser Reihenfolge. [3]Ferner ist durch eine ausreichende Anzahl von Stichproben zu prüfen, ob die dem Gerichtsvollzieher nach § 36 Absatz 6 überlassenen Quittungsblöcke ordnungsgemäß verwendet worden und die noch nicht in Gebrauch genommenen Quittungsblöcke vollständig vorhanden sind. [4]Fehlen Sonderakten, Quittungsblöcke oder einzelne Quittungsvordrucke, so sind die Gründe hierfür festzustellen. [5]Haben bei der vorhergehenden Geschäftsprüfung Sonderakten gefehlt, so ist festzustellen, ob sie jetzt zur Prüfung vorliegen. [6]Sodann ist eine ausreichende Zahl von Sonderakten, von Eintragungen in den Geschäftsbüchern, von Durchschriften des Quittungsblocks und von Posten in den Kontoauszügen zu prüfen und zu vergleichen. [7]Dabei sind die Richtlinien in Absatz 1 zu beachten. [8]Die im Dienstregister I Spalte 7 und im Kassenbuch II Spalte 12 und 13 eingestellten Auslagen sind ausnahmslos zu prüfen und nach Stichproben mit dem Inhalt der Sonderakten zu vergleichen. [9]Die richtige Aufrechnung der Geldspalten im Kassenbuch ist nach Stichproben zu prüfen. [10]Schließlich ist, um einen genauen Einblick in die Arbeitsweise des Gerichtsvollziehers zu erhalten, bei jeder Geschäftsprüfung eine ausreichende Zahl von Sonderakten eingehend daraufhin zu überprüfen, ob der Gerichtsvollzieher das Verfahren nach den bestehenden Bestimmungen sachgemäß durchgeführt hat, insbesondere, ob er die einschlägigen Verfahrensvorschriften und die Geschäftsanweisung für Gerichtsvollzieher beachtet hat.

(3) [1]Die Prüfung umfasst in der Regel auch dann nur die Geschäftsführung des vorangegangenen Vierteljahres, wenn die Zahl der Geschäftsprüfungen nach § 73 beschränkt worden ist. [2]Der Prüfungsbeamte muss jedoch die im Dienstregister I Spalte 5b oder im Kassenbuch II Spalte 6 ausgebuchten Kleinbeträge (vergleiche Nummer 8 Absatz 1 DB-GvKostG) und alle im Dienstregister I Spalte 7 und im Kassenbuch II Spalte 12 und 13 gebuchten Auslagen für

die Zeit seit der letzten Geschäftsprüfung überprüfen und nach Stichproben mit dem Inhalt der Sonderakten vergleichen. [3]Es bleibt ihm ferner unbenommen, auch die übrige Geschäftsführung seit der letzten Prüfung zu überprüfen.

(4) Die Prüfung erstreckt sich auf die zweckmäßige Einrichtung des Geschäftsbetriebs und auf die Beschäftigung von Büroangestellten im erforderlichen Umfang (§ 33 Absatz 1 Satz 1).

(5) Nach Abschluss der Prüfung trägt der Prüfungsbeamte in die Dienstregister, die Kassenbücher, das Reisetagebuch und die geprüften Sonderakten einen Prüfungsvermerk ein.

(6) Zwischen dem Prüfungsbeamten und dem Gerichtsvollzieher soll eine Schlussbesprechung stattfinden, bei der dem Gerichtsvollzieher Gelegenheit zu geben ist, sich zu etwa festgestellten Mängeln zu äußern oder etwaige Unstimmigkeiten aufzuklären.

§ 76 Niederschrift über die Geschäftsprüfung

(1) [1]Der Prüfungsbeamte legt die Ergebnisse der Prüfung in einer Niederschrift nach Vordruck GV 13 nieder. [2]In der Niederschrift müssen auch die Geschäftsnummern der

1. bei der Prüfung fehlenden Sonderakten,
2. für die Akten- und Registerführung als nicht erledigt geltenden Sachen,
3. nach § 75 Absatz 2 eingehend geprüften Sonderakten angegeben werden.

(2) [1]Hat der aufsichtführende Richter des Amtsgerichts die Prüfung nicht selbst vorgenommen, so ist ihm die Niederschrift unverzüglich vorzulegen. [2]Er versieht sie mit einem Sichtvermerk.

§ 77 Maßnahmen der Dienstaufsicht

[1]Gibt eine Geschäftsprüfung Anlass zu Beanstandungen oder Bedenken hinsichtlich der Geschäftsführung, so trifft die Dienstbehörde die erforderlichen Maßnahmen. [2]Es empfiehlt sich, die bei den Geschäftsprüfungen gewonnenen Erfahrungen auch zu Hinweisen an die anderen Gerichtsvollzieher zu verwerten.

§ 78 Nachträgliche Prüfung

[1]Bei den Geschäftsprüfungen sind die Sonderakten, die bei der Geschäftsprüfung für das vorangegangene Kalendervierteljahr in der Niederschrift als nicht erledigt bezeichnet worden sind, nachträglich zu prüfen und mit den Eintragungen in den Geschäftsbüchern zu vergleichen. [2]Ist die Zahl der Geschäftsprüfungen nach § 73 beschränkt, so findet diese Nachprüfung bei der nächsten Geschäftsprüfung statt.

§ 79 Außerordentliche Geschäftsprüfung

(1) [1]Mindestens einmal im Haushaltsjahr muss der aufsichtführende Richter des Amtsgerichts unvermutet eine außerordentliche Geschäftsprüfung im Geschäftszimmer des Gerichtsvollziehers durchführen oder durch einen Beamten des gehobenen Justizdienstes durchführen lassen. [2]Der Zeitpunkt hierfür ist unter Berücksichtigung der örtlichen und persönlichen Verhältnisse zu wählen. [3]Die Prüfung soll möglichst nicht über 19 Uhr ausgedehnt werden. [4]Eine Geschäftsprüfung in späteren Abendstunden oder an Sonntagen und allgemeinen Feiertagen ist nur zulässig, wenn besondere Umstände es rechtfertigen. [5]Ist die Zahl der ordentlichen Geschäftsprüfungen nach § 73 beschränkt worden, so ist für die außerordentliche Geschäftsprüfung ein Monat zu wählen, in dem keine ordentliche Geschäftsprüfung stattfindet.

(2) [1]Die Prüfung beginnt mit der Feststellung des Kassenbestandes. [2]Anschließend ist die Geschäftsführung des Gerichtsvollziehers seit der letzten außerordentlichen Geschäftsprüfung nach Stichproben zu überprüfen. [3]Dabei sind die Richtlinien in den §§ 74 bis 77 zu beachten. [4]Es ist auch darauf zu achten, ob der Gerichtsvollzieher etwa überlastet ist. [5]Ferner ist festzustellen,

1. ob das vorgeschriebene Schild angebracht ist und ob das Geschäftszimmer für seinen Zweck geeignet und ausreichend eingerichtet ist,

2. wie das Dienstsiegel (Dienststempel) und der amtliche Kassenbestand aufbewahrt werden,

3. ob zur Ausübung einer ordnungsgemäßen Geschäftstätigkeit ausreichende Kommunikationsmittel und Büroausstattung vorhanden sind,

4. ob die Generalakten ordnungsgemäß geführt werden,

5. ob die Sonderakten geordnet aufbewahrt werden,

6. ob die erforderlichen Gesetze und Dienstvorschriften vorhanden sind,

7. ob Büroangestellte beschäftigt sind.

(3) Die Niederschrift über die außerordentliche Geschäftsprüfung ist nach Vordruck GV 13 zu fertigen.

(4) [1]Ob gelegentlich des Abschlusses der Geschäftsbücher bei Tod, Entlassung oder vorläufiger Dienstenthebung des Gerichtsvollziehers oder in anderen Fällen auch eine außerordentliche Geschäftsprüfung vorzunehmen ist, bestimmt die Dienstbehörde. [2]Wird eine außerordentliche Geschäftsprüfung nach dem Tod eines Gerichtsvollziehers angeordnet, so soll einem Vertreter seiner Erben Gelegenheit gegeben werden, hierbei anwesend zu sein.

(5) Die vorstehenden Bestimmungen sind bei den Geschäftsprüfungen entsprechend anzuwenden, die nach besonderen Vorschriften von dem Bezirksrevisor oder einem sonst zuständigen Beamten durchgeführt werden.

Zwölfter Abschnitt   Vordrucke

§ 80   Einführung von Vordrucken

Die verbindliche Einführung von Vordrucken, die durch die Gerichtsvollzieher zu verwenden sind, sowie deren Ausgestaltung ist der obersten Landesjustizbehörde vorbehalten, soweit sie dies nicht einer anderen Stelle übertragen hat.

Dreizehnter Abschnitt   Hilfsbeamte des Gerichtsvollziehers

§ 81   Hilfsbeamte

(1) Zur Aushilfe im Gerichtsvollzieherdienst, und zwar als Vertreter oder als Verwalter von Plan- oder Hilfsstellen, sind vorwiegend Beamte zu verwenden, die die Gerichtsvollzieherprüfung bestanden haben.

(2) Beamte, die sich in der Ausbildung für die Gerichtsvollzieherlaufbahn befinden oder sie bereits erfolgreich abgeschlossen haben, und Beamte, die die Befähigung für das Rechtspflegeramt haben, dürfen zur Aushilfe im Gerichtsvollzieherdienst herangezogen werden, soweit sie sich in geordneten wirtschaftlichen Verhältnissen befinden.

(3) Den Dienstleistungsauftrag für den Hilfsbeamten erteilt der Präsident des Oberlandesgerichts.

(4) Der Hilfsbeamte führt seine bisherige Amtsbezeichnung mit dem Zusatz „als Gerichtsvollzieher".

(5) [1]Für Hilfsbeamte, die nur befristet beschäftigt werden, können Ausnahmeregelungen vom unmittelbaren Dienstvorgesetzten getroffen werden. [2]Ein Arbeitsplatz im Amtsgericht kann gegen Zahlung einer angemessenen Entschädigung zur Verfügung gestellt werden.

(6) Im Übrigen gelten die Vorschriften des ersten bis elften Abschnitts entsprechend.

[Anlagen: Muster...]

Stichwortverzeichnis

fette Zahlen = Paragrafen, magere Zahlen = Randnummern

Abtretung **2** 23
ärztliches Attest **3** 53
Alleingewahrsam **2** 106 ff.
Altmasseverbindlichkeit **2** 153
Annahmeverzug des Schuldners
  2 33 ff.
– durch Vollstreckungstitel **2** 43 ff.
– Feststellungsklage **2** 41
– Gegenleistung **2** 34
– Identität der Sache **2** 40
– Mängel **2** 39
– Mängel der Gegenleistung **2** 40
– Nachweis **2** 37 ff.
– Sachverständiger **2** 38
– Wechselurteil **2** 35
Anschlusspfändung **2** 64
Arbeitgeber
– Gerichtsvollzieher **1** 15
– Vermögensverzeichnis **3** 76
Arbeitsamt **3** 76
Arbeitsüberlastung **1** 37
Arrestbefehl **2** 64
Arzt **3** 76
Auskunfteien **1** 9
Auskunftsrechte **3** 147 ff.
– Antrag **3** 152
– Drittauskünfte **3** 150, 153 ff.
– gesetzliche Grundlage **3** 147 ff.
– Mitteilungspflicht **3** 157 ff.
Auskunftssperre **1** 20
Ausländerzentralregister **1** 22
Austauschpfändung **2** 226 ff.
– Anwendbarkeit **2** 226 f.
– Beispiele **2** 228 f.
– Ersatzbeschaffung **2** 231 ff.

– Geldbetrag aus Vollstreckungserlös
  2 236
– Kosten **2** 239
– Überlassung eines Geldbetrages
  2 235
– Verfahren **2** 230 ff.
– vorläufige **2** 237 f.

Bagatellforderung
– Durchsuchungsanordnung **2** 73
– Vollstreckungsauftrag **2** 17 ff.
Betreuer **3** 52
Beugehaft **3** 127 ff.

Doppelpfändung **2** 221 f.
Drittauskünfte
– Auskunftsrechte **3** 150, 153 ff.
– Kosten **3** 160
Drittschuldner
– Ergänzungsverfahren **3** 95
– Pfändung **2** 173
– Vermögensverzeichnis **3** 76
Durchsuchung **2** 58
Durchsuchungsanordnung **2** 57 ff.
– Anschlusspfändung **2** 64
– Antragsvoraussetzungen **2** 76 ff.
– Anwesenheitsrecht des Gläubigers
  2 67
– Arrestbefehl **2** 64
– Bagatellforderung **2** 73
– Durchsuchung **2** 58
– Durchsuchungsbeschluss **2** 59,
  83 ff.
– Einverständnis **2** 64
– Erforderlichkeit **2** 63 ff.
– Gefahr im Verzug **2** 64
– geschützte Rechte **2** 57 ff.

– Haftbefehl 2 64
– rechtliches Gehör 2 69
– Rechtsmittel 2 89 f.
– Rechtsschutzbedürfnis 2 78
– Taschenpfändung 2 64
– Verfahren 2 68 ff.
– Verhältnismäßigkeit 2 71 ff.
– Verweigerung 2 60 f.
– Vollstreckungsunterlagen 2 83
– Vollstreckungsversuche, erfolglose 2 79 ff.
– Vollstreckungsversuche, keine 2 82
– weitere Gläubiger 2 64
– Wohngemeinschaft 2 64
– Wohnung eines Dritten 2 64
– Wohnungsräumung 2 64
– zeitliche Grenze 2 87
– Zurückweisung 2 88
– Zuständigkeit 2 68
– Zwangsvollstreckungsformular-Verordnung 2 76
Durchsuchungsbeschluss 2 54, 59, 83 ff.

eheähnliche Lebensgemeinschaft 2 126
Ehegatte 2 120 ff.
Ehevertrag 2 124
eidesstattliche Versicherung 2 173 ff.
– Kosten 2 178
– Verfahren 2 176
– Vermögensauskunft 3 36
– Zuständigkeit 2 175
Eigentumsvorbehalt 2 219 ff.
– anderweitige Verwertung 2 282 ff.
– Anwartschaftsrecht 2 220
– Begriff 2 219
– Doppelpfändung 2 221 f.
– Pfändungsprotokoll 2 184
– Pfändungsverbote 2 208 ff.
Einwohnermeldeamt 1
Energieversorger 3

Ergänzungsverfahren 3 86 ff.
– Antragsrecht 3 96
– Auftraggeber 3 95
– Beispiele 3 95
– Drittschuldner 3 95
– Eigentumswohnung 3 95
– falsche Angaben 3 95
– Globalzession 3 95
– Kosten 3 95
– Lebensunterhalt 3 99
– Mietwohnung 3 95
– Nachbesserungsgrund 3 88
– Pflichtteil 3 95
– Selbstständige 3 95
– Sozialversicherungsnummer 3 95
– Vermögensverzeichnis 3 87
– Vollstreckungsunterlagen 3 97
– Zusatzfragen 3 89
– Zuständigkeit 3 98
Ermessen 1 35
Ermittlungspflicht 1 26
Ersatzbeschaffung 2 231 ff.
EuKoPfVODG 1 4
Existenzminimum 2 189

Forderungsaufstellung 2 8 ff.
– amtliches Formular 2 9
– Forderungsentwicklung 2 10
– geleistete Zahlungen 2 8
– Restforderung 2 11 ff.
Fragerecht
– Gerichtsvollzieher 1 13 ff.
– Gläubiger 3 21
freihändiger Verkauf 2 274 f.
Fremdeigentum 2 112

Gefälligkeitsatteste 3 54
Gefriertruhe 2 196
Gelegenheitsarbeiten 3 76
Gerichtsvollzieher 1 28 ff.
– Antrag des Gläubigers 1 31
– Arbeitgeberangabe 1 15

– Arbeitsüberlastung **1** 37
– Aufgaben **1** 28 ff.
– Auskünfte Dritter **1** 29
– Befragung des Schuldners **1** 13 ff.
– Durchsuchungsanordnung *s.a. dort*
  2 57 ff.
– Ermessen **1** 35
– Ermittlung des Aufenthaltsorts
  1 18 ff.
– Ermittlungspflicht **1** 26
– Fragerecht **1** 13 ff.
– Freiwilligkeit der Angaben **1** 16
– Gewahrsamsprüfung *s.a. dort*
  2 103 ff.
– Grundsatz effizienter Vollstreckung
  1 30
– gütliche Erledigung **1** 29
– Informationsbeschaffung *s.a. dort*
  1 6 ff.
– Mobiliarzwangsvollstreckung
  1 28 ff.
– Nacht-, Sonn- und Feiertags-
  beschluss *s.a. dort* **2** 90 ff.
– Parteiherrschaft des Gläubigers
  1 34, 38
– Pfändung *s.a. dort* **2** 127 ff.
– Verhaftung *s.a. dort* **3** 108 ff.
– Vermögensauskunft **1** 29
– Vermögensauskunftsantrag **1** 52
– Vermögensbetreuungspflicht **1** 32
– Verzögerung **1** 36
– Vollstreckungsaufschub **1** 43 ff.
– Vollstreckungsauftrag *s.a. dort* **1** 1,
  52 ff.
– Vollstreckungsverbot *s.a. dort*
  2 134 ff.
– Vorpfändung **1** 29
– Weisungen **1** 33 ff., 39 ff.
– Weisungen (Beispiele) **1** 39 ff.
– Zahlungsplan *s.a. dort* **1** 45 ff.

– Zustellungsaufträge **1** 42
– Zwangsvollstreckung wegen
  Geldforderungen **1** 28
Gerichtsvollzieherformular-Verord-
  nung **2** 7
Gerichtsvollzieherverteilerstelle **2** 3
Gesellschafter **2** 117
Gesetz zur Reform der Sachaufklärung
  1 3 f.
Getrenntleben **2** 122
Gewahrsam **2** 104
Gewahrsamsprüfung **2** 103 ff.
– Alleingewahrsam **2** 106 ff.
– Begriff **2** 103 ff.
– Besitz, mittelbarer **2** 106
– Besitz, unmittelbarer **2** 104
– besondere Vermögensmassen **2** 114
– Dritte **2** 103
– eheähnliche Lebensgemeinschaft
  2 126
– Ehegatte **2** 120 ff.
– Ehevertrag **2** 124
– Fremdeigentum **2** 112
– Gesellschafter **2** 117
– Getrenntleben **2** 122
– Gewahrsam **2** 104
– Gewahrsamsvermutung **2** 124
– GmbH-Geschäftsführer **2** 116
– Gütergemeinschaft **2** 125
– juristische Personen **2** 115 ff.
– Lebenspartner **2** 120 ff.
– Mitgewahrsamsinhaber **2** 109
– Prüfungsumfang **2** 110 ff.
– tatsächliche Sachherrschaft **2** 105
– Vermischung **2** 118
Gewahrsamsvermutung **2** 124
Globalzession **3** 95
GmbH-Geschäftsführer
– Gewahrsamsprüfung **2** 116
– Verhaftung **3** 114
– Vermögensauskunft **3** 62 ff.
– Vermögensverzeichnis **3** 76

Grabstein **2** 212
Grundbesitz **3** 76
Grundsatz effizienter Vollstreckung
1 30
Gütergemeinschaft **2** 125
gütliche Erledigung
– Gerichtsvollzieher **1** 29
– Kosten **1** 50

Haftbefehl **3** 100 ff.
– Antrag **3** 100
– Beugehaft **3** 127 ff.
– Durchsuchungsanordnung **2** 64
– Haftentlassung **3** 123
– Haftfähigkeit **3** 105
– unzulässige Rechtsausübung **3** 102
– Verhaftung *s.a. dort* **3** 108 ff.,
121 f.
– Vermögensauskunft in anderer
Sache **3** 104, 124
– Vorführungsbefehl **3** 104
– Zahlungsplan **3** 125
– zeitliche Befristung **3** 106 f.
– Zuständigkeit **3** 101
Hausmann **3** 76
Hausrat **2** 218
Haustiere **2** 213 ff.
Hilfsvollstreckung **2** 167
– Euroscheckkarten **2** 170
– Herausgabevollstreckung **2** 172
– Pfändungsbeschluss **2** 168 f.
– Urkunden **2** 167 f.
Hinterlegung **2** 244 ff.
Holschuld **2** 29
Hypothekenhaftungsverband **2** 186

Informationsbeschaffung **1** 6 ff., 15
– Auskunfteien **1** 9
– Auskunftssperre **1** 20
– Ausländerzentralregister **1** 22
– Berufskammern **1** 9
– Einwohnermeldeamt **1** 7

– Ermittlung des Aufenthaltsorts
1 18 ff.
– Fragerecht **1** 13
– Internetanbieter **1** 8
– Kosten **1** 27
– Kraftfahrt-Bundesamt **1** 22
– nachbarrechtliche Beziehung **1** 9
– Nachsendeauftrag **1** 8
– Register **1** 10, 21
– Rentenversicherung **1** 22
– Unionsbürger **1** 24
– Vermögensverzeichnis **1** 6
– Vollstreckungsgericht **1** 11
– vor der Vollstreckung **1** 6 ff.
– während der Vollstreckung **1** 13 ff.
Informationsgewinnung *s.a. Informationsbeschaffung* **1** 3, 6 ff.
– Verfahrensbestandteile **1** 5
– vor der Vollstreckung **1** 3 ff.
Inhaberschuldverschreibung **2** 21
Insolvenz **2** 143 ff.
– absolutes Vollstreckungsverbot
2 143
– Altmasseverbindlichkeit **2** 153
– Insolvenzanfechtung **2** 148
– Masseunzulänglichkeit **2** 153
– Masseverbindlichkeiten **2** 151
– nachrangige Insolvenzgläubiger
2 146
– Neuerwerb **2** 144
– Neumasseverbindlichkeit **2** 154
– rechtsgeschäftlich bestellte
Sicherung **2** 148
– Rückschlagsperre **2** 147
– Sozialplanforderungen **2** 152
– Vermögensauskunft **2** 31
– Vollstreckungsverbot **3** 146
Insolvenzeröffnungsverfahren
2 134 ff.
– Absonderungsrecht **2** 141
– einstweilige Einstellung **2** 142
– Insolvenzgericht **2** 134

– Sicherung der Insolvenzmasse
2 135
– Verbraucherinsolvenz 2 137
– Vermögensauskunft 3 59
– Vollstreckungshindernis 2 139
– Wirksamwerden der Verbote 2 138
Internetanbieter 1 8
Internetversteigerung 2 269 ff.
Investmentfonds 2 23

juristische Personen
– Gewahrsamsprüfung 2 115 ff.
– Vermögensauskunft 3 10, 56 ff.
– Zusatzfragen 3 18

Kommanditgesellschaft 2 24
Kosten
– anderweitige Verwertung 2 281
– Austauschpfändung 2 239
– Drittauskünfte 3 160
– eidesstattliche Versicherung 2 178
– Ergänzungsverfahren 3 99
– gütliche Erledigung 1 50
– Herausgabevollstreckung 2 172
– Informationsbeschaffung 1 27
– Nacht-, Sonn- und Feiertags-
beschluss 2 101 f.
– Öffentliche Versteigerung 2 272
– Pfändung 2 225
– Vermögensauskunft 3 43, 80
– Vermögensauskunft, wiederholte
3 131 ff.
– Vorpfändung 2 53
Kraftfahrt-Bundesamt 1 22
Krankenhaus 3 112
Krankenversicherung 3 76

Lagerverträge 2 131
Lebenspartner 2 120 ff.
Lebensunterhalt
– Ergänzungsverfahren 3 95
– Vermögensverzeichnis 3 76

Lebensversicherung 3 76
Liquidator 3 58

Makler 3 76
Masseunzulänglichkeit 2 153
Masseverbindlichkeiten 2 151
Meistgebot 2 261
Mietkaution 3 76
Mindestgebot 2 260
Mobiliarzwangsvollstreckung 1 2 ff.,
28 ff.
– Austauschpfändung *s.a. dort*
2 226 ff.
– Durchsuchungsanordnung *s.a. dort*
2 58 ff.
– Eidesstattliche Versicherung *s.a.*
dort 2 173 ff.
– Eigentumsvorbehalt *s.a. dort*
2 219 ff.
– EuKoPfVODG 1 4
– Gerichtsvollzieher *s.a. dort* 1 28 ff.
– Gewahrsamsprüfung *s.a. dort*
2 103 ff.
– Hilfsvollstreckung *s.a. dort*
2 167 ff.
– Ineffektivität 1 2
– Informationsbeschaffung *s.a. dort*
1 6 ff.
– Nacht-, Sonn- und Feiertags-
beschluss *s.a. dort* 2 90 ff.
– Pfändung *s.a. dort* 2 127 ff.
– Pfändungsverbote *s.a. dort*
2 189 ff.
– Reform der Sachaufklärung 1 3
– Verfahrensbestandteile 1 5
– Vermögensauskunft *s.a. dort* 3 1 ff.
– Verwertung *s.a. dort* 2 240 ff.
– Vollstreckungsauftrag *s.a. dort*
1 52 ff.
– Vollstreckungsverbot *s.a. dort*
2 134 ff.

Nachsendeauftrag **1** 8
Nacht-, Sonn- und Feiertagsbeschluss
 2 90 ff.
– andere Gläubiger **2** 99
– Inhalt **2** 97
– Kosten **2** 101 f.
– richterliche Anordnung **2** 92 f.
– Verfahren **2** 95 ff.
– Verhaftung **3** 113
– Vollstreckungsauftrag **2** 55
– Vollstreckungsversuch, vorheriger
 2 97
– Voraussetzungen **2** 90 ff.
– Zuständigkeit **2** 96
Neumasseverbindlichkeit **2** 154

Öffentliche Versteigerung **2** 240 ff.
– Ablauf **2** 254 ff.
– Aufschub **2** 256
– Barzahlung **2** 264
– Bekanntmachung **2** 258
– Eigentumsübertragung **2** 263
– Erlös **2** 267
– gewöhnlicher Verkaufswert **2** 259
– Gold- und Silberwaren **2** 253
– Kosten **2** 272
– Mehrheit von Pfandsachen **2** 266
– Meistgebot **2** 261
– Mindestgebot **2** 260
– Nichtzahlung **2** 265
– Übergebot **2** 261
– Versteigerungsort **2** 257
– vor Ort **2** 254
– Wertpapiere **2** 251
– Zeitpunkt **2** 255
– Zuständigkeit **2** 240 f.

PC **2** 192
Pfändung **2** 127 ff.
– Auskunft **2** 174
– Austauschpfändung *s.a. dort*
 2 226 ff.

– Drittschuldner **2** 173
– Durchführung **2** 127 ff.
– eidesstattliche Versicherung *s.a.*
 dort **2** 173 ff.
– Hilfsvollstreckung *s.a. dort*
 2 167 ff.
– Hypothekenhaftungsverband **2** 186
– Inbesitznahme **2** 127
– Kostbarkeiten **2** 129
– Kosten **2** 225
– Lagerverträge **2** 131
– Pfändungsprotokoll *s.a. dort*
 2 155 ff.
– Pfändungsverbote *s.a. dort*
 2 189 ff.
– Pfandsiegel **2** 132
– Pkw **2** 130
– Quittung **2** 128
– und Immobiliarzwangsvollstre-
 ckung **2** 186 ff.
– Verwertung *s.a. dort* **2** 240 ff.
– Wertpapiere **2** 129
– Zahlungen **2** 128
– Zubehör **2** 187
Pfändungsprotokoll **2** 155 ff.
– Eigentumsvorbehalt **2** 184
– Erfolg **2** 156
– fruchtlose Vollstreckung **2** 159 ff.
– Inhalt **2** 155 ff.
– Protokollanalyse **2** 179 ff.
– sicherungsübereignete Gegenstände
 2 184
– Wertfeststellung **2** 158
– Zahlungsplan **2** 181
Pfändungsverbote
– Arbeitsmittel **2** 205
– Baumbestand **2** 201
– Beispiele **2** 198
– Eigentumsvorbehalt *s.a. dort*
 2 208
– Existenzminimum **2** 189
– Fernsehgerät **2** 192

– Gefriertruhe 2 196
– Grabstein 2 212
– Haushaltsführung 2 190
– Hausrat 2 218
– Haustiere 2 213 ff.
– PC 2 192
– persönliche Arbeitsleistung 2 204
– persönlicher Gebrauch 2 190
– Pkw 2 211
– Smartphone 2 192
– Stereoanlage 2 195
– Telekommunikationsgeräte 2 192
– Vieh 2 200
– Vorwegpfändung 2 216 f.
– Waschmaschine 2 194
– Wohnlauben 2 197
– zeitgemäßer Lebensstandard 2 191
– Zuchtstuten 2 202
Pfandsiegel 2 132
Pflichtteil 3 95
Pkw
– Pfändung 2 130
– Pfändungsverbote 2 211
Prozesskostenhilfe 3 17

Quittung
– Pfändung 2 128
– Vollstreckungsauftrag 1 66

rechtliches Gehör 2 69
Rechtsanwalt 3 76
Rechtsmittel
– Durchsuchungsanordnung 2 89 f.
– Vermögensauskunft 3 81 ff.
Rechtsschutzbedürfnis 2 78
Register 1 21
Rententräger 3 76
Rentenversicherung 1 22
Restforderung 2 11 ff.
Rückschlagsperre 2 147

Sachverständiger 2 38
Schenkungen 3 76
Schufa 3 3
Schuldner 1 6 ff.
Schuldnerverzeichnis 3 161 ff.
– Inhalt 3 164 ff.
– Löschung 3 180 ff.
– Vermögensauskunft 3 3, 44 f.
– Vollziehung 3 176
– Widerspruch 3 175
– Zahlungsplan 1 46; 3 171
– zentrale Vollstreckungsgerichte
  3 161 ff.
– zentrale Vollstreckungsgerichte
  (Liste) 3 163
Schwarzarbeit 3 76
Selbstständige
– Ergänzungsverfahren 3 95
– Vermögensverzeichnis 3 76
Sicherungsvollstreckung 3 28 ff.
Smartphone 2 192
Software 2 25
Sozialplanforderungen 2 152
Stereoanlage 2 195
Steuerberater 3 76

Taschengeld 3 76
Taschenpfändung 2 64

Übergebot 2 261
Unpfändbarkeitsbescheinigung 1 2

Verbraucherinsolvenz
– Insolvenzeröffnungsverfahren
  2 137
– Vermögensauskunft 3 60
Verhältnismäßigkeit 2 71 ff.
Verhaftung 3 108 ff.
– Anwesenheit des Gläubigers
  3 118 ff.
– Gerichtsvollzieher 3 108 ff.
– Gesundheitszustand 3 111

– GmbH-Geschäftsführer 3 114
– Kosten 3 117
– Krankenhaus 3 112
– Nacht-, Sonn- und Feiertags-
  beschluss 3 113
Vermögensauskunft 3 1 ff.
– ärztliches Attest 3 53
– Antrag 3 1, 13 ff.
– Antragsformular 3 13
– Antragsinhalt 3 13 ff.
– Aufenthaltsort 3 12
– Auskunftsrechte *s.a. dort* 3 147 ff.
– bedingte Antragstellung 3 134 ff.
– Betreuer 3 52
– Durchsuchungsverweigerung 3 40
– Eidesstattliche Versicherung 3 36
– erfolgloser Pfändungsversuch 3 34,
  41 f.
– Ergänzungsverfahren *s.a. dort*
  3 86 ff.
– erneute 3 45
– Gefälligkeitsatteste 3 54
– gelöschte Gesellschaft 3 67 f.
– gesetzlicher Vertreter 3 56
– GmbH-Geschäftsführer 3 62 ff.
– GmbH-Liquidator 3 65
– Haftbefehl *s.a. dort* 3 100 ff.
– im Krankenhaus 3 53
– in der Wohnung 3 53, 55
– Inkassodienstleister 3 16
– Insolvenz 3 31
– Insolvenzeröffnungsverfahren 3 59
– juristische Personen 3 10, 56 ff.
– Kenntnis der Unpfändbarkeit
  3 32 ff.
– Kosten 3 43, 80, 131 ff.
– Liquidator 3 58
– mehrere Gläubiger 3 46 f.
– persönliche Verpflichtung 3 52
– Prozesskostenhilfe 3 17
– Prozessunfähigkeit 3 52
– Rechtsmittel 3 81 ff.

– Schufa 3 3
– Schuldnerverzeichnis *s.a. dort* 3 3,
  44 f., 161 ff.
– Sicherungsvollstreckung 3 28 ff.
– Terminsteilnahme 3 70 f.
– Veränderung der Vermögensverhält-
  nisse 3 138
– Verbraucherinsolvenz 3 60
– Verfahren 3 44 ff.
– Vermögenserwerb 3 138 ff.
– Vermögensverzeichnis *s.a. dort*
  3 72 ff.
– Vollstreckungsauftrag 2 2
– vor Ort 3 37 ff.
– Vorladung des Schuldners 3 48 ff.
– wiederholte 3 131 ff.
– Wohnsitzwechsel 3 9
– Wohnungseigentümergemeinschaft
  3 61
– Zahlungsplan 3 4
– Zusatzfragen *s.a. dort* 3 18 ff.
– Zuständigkeit 3 5 ff.
– Zuständigkeit, internationale 3 6 ff.
– Zweck 3 2
– Zwei-Jahres-Frist 3 132
Vermögensbetreuungspflicht 1 32
Vermögenserwerb 3 138 ff.
Vermögensverzeichnis 1 6; 3 72 ff.
– Arbeitgeber 3 76
– Arbeitsamt 3 76
– Arzt 3 76
– Belehrung 3 72
– Drittschuldner 3 76
– Energieversorger 3 76
– Ergänzungsverfahren 3 87
– Forderungen 3 76
– Gelegenheitsarbeiten 3 76
– GmbH-Geschäftsführer 3 76
– Grundbesitz 3 76
– Hausmann 3 76
– Informationsbeschaffung 1 6
– Inhalt 3 72

– Krankenversicherung 3 76
– Lebensunterhalt 3 76
– Lebensversicherung 3 76
– Makler 3 76
– Mietkaution 3 76
– Rechtsanwalt 3 76
– Rententräger 3 76
– Sachen des persönlichen Gebrauchs 3 76
– Schenkungen 3 76
– Schwarzarbeit 3 76
– Selbstständige 3 76
– Steuerberater 3 76
– Taschengeld 3 76
– unterhaltsberechtigte Personen 3 76
– Vollständigkeit 3 74
– Wertsachen 3 76
Verwertung 2 240 ff.
– anderweitige 2 273 ff.
– Aufschub 2 256
– freihändiger Verkauf 2 274 f.
– Geld 2 242 ff.
– Geldablieferung 2 243
– Geldhinterlegung 2 244 ff.
– Internetversteigerung 2 269 ff.
– Öffentliche Versteigerung *s.a. dort* 2 240 ff.
– Wegnahme schuldnerfremden Geldes 2 248
– Wertpapiere 2 251
Vollstreckungsaufschub 1 43 ff.
Vollstreckungsauftrag 1 52
– Bagatellforderung 2 17 ff.
– Dispositionsmaxime des Gläubigers 2 1
– Durchsuchungsbeschluss 2 54
– Ermächtigung 2 6
– Ermittlung des Aufenthaltsorts 1 20
– Forderungsaufstellung *s.a. dort* 2 8 ff.

– Form 2 1 ff.
– Gerichtsvollzieherformular-Verordnung 1 53; 2 7
– Gerichtsvollzieherverteilerstelle 2 3
– Inhalt 2 1 ff.
– Kosten der Zwangsvollstreckung 1 61
– Nacht-, Sonn- und Feiertagsbeschluss *s.a. dort* 2 55
– Quittung 1 66
– rechtzeitige Pfändung 2 50
– Unterschrift 2 5
– vereinfachter 1 60
– Vermögensauskunft 2 2
– Verwendung von Modulen 1 55
– Vollstreckungsbescheid 1 60 ff.
– Vordruckzwang 1 56
– Vorpfändungsbenachrichtigung 2 49 ff.
– Wertgrenze 1 64
– wiederholte Vorpfändung 2 51
– Zug-um-Zug-Leistung *s.a. dort* 2 20 ff.
– Zuständigkeit 2 3
Vollstreckungsbescheid 1 60 ff.
Vollstreckungsgericht 1 11
Vollstreckungsunterlagen
– Durchsuchungsanordnung 2 83
– Ergänzungsverfahren 3 97
Vollstreckungsverbot 2 134 ff.
– Insolvenz *s.a. dort* 2 143 ff.
– Insolvenzeröffnungsverfahren *s.a. dort* 2 134 ff.
Vordruckzwang 1 56
Vorpfändung 1 29
Vorpfändungsbenachrichtigung 2 49 ff.
Vorpfändungskosten 2 53
Vorwegpfändung 2 216 f.

Waschmaschine **2** 194
Wechselurteil **2** 35
Weisungen **1** 33 ff., 39 ff.
Wertpapiere
– Öffentliche Versteigerung **2** 251
– Pfändung **2** 129
– Verwertung **2** 251
– Zug-um-Zug-Leistung **2** 22
Widerspruch **3** 175
Wohngemeinschaft **2** 64
Wohnlauben **2** 197
Wohnungseigentümergemeinschaft
3 61
Wohnungsräumung **2** 64

Zahlungsplan
– Gerichtsvollzieher **1** 45
– Haftbefehl **3** 125
– nachrangige Gläubiger **1** 49
– Pfändungsprotokoll **2** 181
– Schuldnerverzeichnis **1** 46; **3** 171
– Vermögensauskunft **3** 4
– weiterer Vollstreckungsgläubiger
1 48
Zubehör **2** 187
Zuchtstuten **2** 202
Zug-um-Zug-Leistung **2** 20 ff.
– Abtretung **2** 23
– Annahmeverzug des Schuldners
s.a. dort **2** 33 ff.
– Beginn der Vollstreckung **2** 27

– Höhe der Gegenleistung **2** 26
– Holschuld **2** 29
– identifizierbare Gegenleistung **2** 25
– Inhaberschuldverschreibung **2** 21
– Investmentfonds **2** 23
– Kommanditgesellschaft **2** 24
– Software **2** 25
– Übergabe eines Grundstücks **2** 31
– Wertpapiere **2** 22
– wörtliches Angebot **2** 28 ff.
Zusatzfragen **3** 18 ff.
– Ablehnung **3** 25 ff.
– Auskunftspflichten **3** 22
– Ergänzungsverfahren **3** 89
– Fragerecht **3** 21
– juristische Personen **3** 18
– konkrete Anhaltspunkte **3** 20
– Zulässigkeit **3** 18 ff.
Zuständigkeit
– Durchsuchungsanordnung **2** 68
– eidesstattliche Versicherung **2** 175
– Ergänzungsverfahren **3** 98
– Haftbefehl **3** 101
– Nacht-, Sonn- und Feiertags-
beschluss **2** 96
– Öffentliche Versteigerung **2** 240 f.
– Vermögensauskunft **3** 5 ff.
– Vollstreckungsauftrag **2** 3
Zustellungsaufträge **1** 42
Zwangsvollstreckungsformular-Verord-
nung **2** 76